Le Guide Vert, l'esprit de découverte

Avec Le Guide Vert, voyager c'est être acteur de ses vacances, profiter pleinement de ce temps privilégié pour se faire plaisir : apprendre sur le terrain, découvrir de nouveaux paysages, goûter l'art de vivre des régions et des pays. Le Guide Vert vous ouvre la voie, suivez-le ! Grands voyageurs, nos auteurs parcourent chaque année villes et villages pour préparer vos vacances : repérage et élaboration de circuits, sélection des plus beaux sites, recherche des hôtels et des restaurants les plus agréables, reconnaissance détaillée des lieux pour réaliser des cartes et plans de qualité... Aujourd'hui, vous avez en main un guide élaboré avec le plus grand soin, fruit de l'expérience touristique de Michelin. Régulièrement remis à jour, Le Guide Vert se tient à votre écoute. Tous vos courriers sont ainsi les bienvenus. Partagez avec nous la passion du voyage qui nous a conduits à explorer plus de soixante destinations, en France et à l'étranger. Laissez-vous guider, comme nous, par cette curiosité insatiable, qui donne au voyage son véritable esprit : l'esprit de découverte.

Jean-Michel Dulin
Rédacteur en Chef

Sommaire

I. Galos

Église luthérienne de Siófok

MAGYAR KEPEK Kft

Porcelaine d'Herend

R. Mattes

Jeux aquatiques

MAGYAR KEPEK Kft

Budapest – Pont de la Liberté

Cartographie

LES PRODUITS COMPLÉMENTAIRES AU GUIDE VERT

Carte Michelin n° 925 Hongrie

– carte routière et touristique au 1/400 000 indiquant le réseau routier et autoroutier, les distances sur routes et autoroutes, les limites administratives des départements, et comportant un répertoire permettant de localiser les noms de lieux cités.

Et pour se rendre en Hongrie :

Carte Michelin n° 970 Europe

– carte routière et touristique au 1/3 000 000 indiquant les grands axes routiers et autoroutiers, les villes ou sites touristiques exceptionnels, le relief, et comportant également un répertoire des principaux noms de lieux.

Atlas routiers et touristiques Europe n°s 136 et 130

– n° 136 : atlas à spirale (Europe de l'Ouest au 1/1 000 000, Europe de l'Est au 1/3 000 000) contenant des informations routières, un tableau des distances entre grandes villes, 74 plans de villes et d'agglomérations, une carte des climats, un répertoire des localités et noms de lieux cités permettant de les localiser facilement.

– n° 130 : atlas relié (mêmes échelles).

Sachez également qu'en complément de ces cartes et atlas, un serveur Minitel 3615 Michelin permet le calcul d'itinéraires détaillés avec leur temps de parcours et bien d'autres services. Les 3617 et 3623 Michelin vous permettent d'obtenir ces informations sur fax ou imprimante. Les internautes pourront bénéficier des mêmes renseignements en surfant sur le site www.ViaMichelin.fr

CARTES THÉMATIQUES

PLANS DE VILLE

CARTES DES CIRCUITS DÉCRITS

M: Guillot/MICHELIN

Budapest – Promenade sur le Duna korzó

Votre guide

Votre guide est une mine de renseignements. Vous y trouverez :

- des **cartes thématiques** : Plus beaux sites, circuits de découverte (ce qu'il ne faut pas manquer lors d'un court séjour), lieux de séjour (comment choisir sa principale destination, en fonction de l'hébergement et de l'environnement), ainsi qu'un plan des transports en commun de Budapest en fin de volume sur la couverture.
- des **informations pratiques** : adresses utiles, hébergement, activités sportives, horaires de visite des curiosités présentées par ordre alphabétique (ils sont annoncés, dans la description des « Villes et sites », par une pendule bleue), dates de festivals, etc.
- une **invitation au voyage** : pour en savoir plus avant de partir, ou en cours de route, sur le paysage, l'histoire, les coutumes, la gastronomie, l'art et... le pays aujourd'hui.
- les **villes et sites** : une présentation par ordre alphabétique des villes et curiosités. Les localités plus modestes sont abordées à titre d'excursion au départ des plus importantes. Le guide a privilégié l'usage du hongrois dans l'évocation des curiosités afin de faciliter votre orientation sur place.

Pour certaines destinations (Baja, Balaton, Budapest, Bugac-Puszta, Bükk, Csongrád, Debrecen, Eger, Esztergom, Gyöngyös, Győr, Hévíz, Hollókő, Hortobágy-Puszta, Kalocsa, Kaposvár, Kecskemét, Keszthely, Komárom, Kőszeg, Mátra, Miskolc, Nagycenk, Nyíregyháza, Pannonhalma, Pápa, Pécs, Sárospatak, Sopron, Szeged, Székesfehérvár, Szentendre, Szolnok, Tapolca, Tata, Tihany, Tisza-Tó, Tokaj, Visegrád) est proposé un choix d'adresses d'hôtels et restaurants, annoncé par un bandeau bleu portant la mention « carnet d'adresses ». Le symbole ⓥ placé à la suite de certaines curiosités renvoie au chapitre des Conditions de visite dans la dernière partie du guide.

- un **index** en fin de volume : pour retrouver rapidement la description d'un monument, des informations sur une personnalité de la région ou un encadré passionnant.

Votre avis nous intéresse. À votre retour, faites-nous part de vos critiques, de vos idées, de vos bonnes adresses. Bibendum attend votre courrier au 46, avenue de Breteuil, 75324 Paris Cedex 07, ou sur Internet : LeGuideVert@fr.michelin.com et vous souhaite un

bon voyage

J.-Ch. Gérard/MICHELIN

Dans la région de l'Hortobágy

Légende

	Curiosité	Station balnéaire	Station de Sports d'hiver	Station thermale
Vaut le voyage	★★★			
Mérite un détour	★★			
Intéressant	★			

Curiosités

Conditions de visite en fin de volume

Itinéraire décrit
Départ de la visite

Église – Temple

Synagogue – Mosquée

Bâtiment

Statue, petit bâtiment

Calvaire

Fontaine

Rempart – Tour – Porte

Si vous le pouvez : voyez encore...

AZ B Localisation d'une curiosité sur le plan

Information touristique

Château – Ruines

Barrage – Usine

Fort – Grotte

Monument mégalithique

Table d'orientation – Vue

Curiosités diverses

Sports et loisirs

Hippodrome

Patinoire

Piscine : de plein air, couverte

Port de plaisance

Refuge

Téléphérique, télécabine

Chemin de fer touristique

Sentier balisé

Base de loisirs

Parc d'attractions

Parc animalier, zoo

Parc floral, arboretum

Parc ornithologique, réserve d'oiseaux

Autres symboles

Autoroute ou assimilée

Échangeur : complet, partiel

Rue piétonne

Rue impraticable, réglementée

Escalier – Sentier

Gare – Gare routière

Funiculaire – Voie à crémaillère

Tramway – Métro

Bert (R.)... Rue commerçante sur les plans de ville

Poste restante – Téléphone

Marché couvert

Caserne

Pont mobile

Carrière – Mine

B F Bacs

Transport des voitures et des passagers

Transport des passagers

③ Sortie de ville identique sur les plans et les cartes MICHELIN

Abréviations et signes particuliers

C	Chambre de commerce (Kereskedelmi kamara)
H	Hôtel de ville (Városháza)
J	Palais de Justice (Bíróság)
M	Musée (Múzeum)
P	Préfecture (Megyeháza)
POL.	Police (Rendőrség)
T	Théâtre (Színház)
U	Université (Egyetem)
	Promenade en calèche (Városnézés hintón)
	Vignoble (Borvidèk)

Les plus beaux sites

BUDAPEST	★★★	Vaut le voyage
Hollókő	★★	Mérite un détour
Veszprém	★	Intéressant
Szolnok		Autre site décrit dans ce guide

La cotation des stations (balnéaires et thermales) répond à des critères liés à leur activité.

Itinéraire décrit dans ce guide: rechercher dans l'index en fin de guide un des sites du parcours pour retrouver la description détaillée de l'ensemble du circuit.

Košice
Prešov
Mukačeve
Bodrog
Ukraïna
Gönc
Sátoraljaujhely
Vizsoly
Sárospatak
Edelény
Tokaj
Szerencs
Sóstófürdö
Miskolc
Szamos
Mátészalka
Nyíregyháza
Tiszavasvári
Satu Mare
Negresti-Oas
Miskolctapolca
Diósgyőri Vár
Nyírbátor
Máriapócs
Mezőkövesd
Hajdúböszörmény
Tisza
Tiszafüred
Mata
Debrecen
Hortobágy-Puszta
Tisza-tó
Haidúszoboszló
Karcag
Berettyóújfalu
Oradea
Cluj-Napoca
Túrkeve
Berettyó
Sebes-Körös
Szeghalom
România
Körös
Crişul Negru
Gyula
Békéscsaba
Crişul Alp.
Orosháza
Hódmezővásárhely
Arad
Maros
Mureş
Sibiu
Timişoara
Beograd
Craiova
1 La Grande Plaine: 950 km (5 jours)
2 Les Massifs et les Grottes du Nord: 550 km (4 jours)
3 Tokaj et le Pays des Chapelles: 400 km (2 jours)
4 Les Villes et les Collines de la Transdanubie du Nord: 800 km (6 jours)
5 Pécs et les Vignobles du Sud: 350 km (3 jours)
6 Les Monastères et les Évêchés de Transdanubie: 350 km (3 jours)
7 Les Hauts Pays du Balaton: 400 km (3 jours)

Groupe folklorique à Tihany

Informations pratiques

Organiser son voyage

ADRESSES UTILES

Offices de tourisme

En France – Office du tourisme de Hongrie, 140, avenue Victor-Hugo, 75016 Paris, métro Victor-Hugo, ☎ 01 53 70 67 17, fax 01 47 04 83 57.

En Belgique – S'adresser à l'ambassade de Hongrie à Bruxelles *(voir ci-dessous)*.

En Suisse – Ungarisches Verkehrsbüro Schweiz, Stamfenbachstrasse 78, Zürich, ☎ 01 361 1414, fax 01 361 3939.

Sur le Net

Informations générales – www.hongrie.org

Informations touristiques – www.hungarytourism.hu (en anglais, allemand et hongrois) ; www.budapestinfo.hu

Hébergement – www.travelport.hu ; www.budapest.nethotels.hu

Programmes culturels à Budapest – www.festival.city.hu

Informations touristiques par téléphone

Pour téléphoner en Hongrie : 00 + 36 (code du pays) + code de la ville + numéro du correspondant

00 36 60 55 00 44 renseignements en anglais ou allemand

00 36 1 438 80 80 renseignements en anglais ou allemand

Ambassades et consulats de Hongrie

En Belgique – Ambassade et consulat : 41-45, rue Edmond-Picard, 1150 Bruxelles, ☎ (32) (2) 346 52 70, fax (32) (2) 347 60 28.

Au Canada – Ambassade : 299 Waverley Street, Ottawa, Ontario K2P OV9, ☎ (1) (613) 230 96 14.
Consulat : 1200 McGill College Av. Suite 2040, Montréal, Québec H3B 4G7.

En France – Ambassade : 7-9, square Vergennes, 75015 Paris, métro Crimée, ☎ 01 56 36 07 54, fax 01 56 36 02 68. Consulat : 92, rue Bonaparte, 75006 Paris, métro St-Sulpice, ☎ 01 43 54 66 96.

En Suisse – Ambassade : Muristrasse 1, 3006 Bern, ☎ (41) (31) 352 85 72.
Consulat : Eigerplatz 5, 3007 Bern, ☎ (41) (31) 351 20 01.

Agences de voyages spécialisées

Les organismes suivants sont également en mesure d'apporter tout renseignement concernant votre voyage en Hongrie : circuit organisé, voyage en individuel ou « à la carte », réservation de chambres d'hôtels ou chez l'habitant, etc.

Balaton – 67, boulevard Pasteur, 75015 Paris, métro Pasteur, ☎ 01 40 47 01 70, fax 01 45 38 99 06, E-mail : balaton@wanadoo.fr, www.balaton.fr. Cet organisme dispose également d'une boutique dans laquelle vous trouverez des livres sur la Hongrie ainsi que des produits alimentaires typiques et des objets artisanaux.

Pragomedia – Bastide d'Aubadiac, 30580 Lussan, ☎ 04 66 72 70 70, fax 04 66 72 70 71, E-mail : pragomedia.@aol.com

Rhapsodie hongroise – 7, rue Maître-Albert, 75005 Paris, ☎ 01 55 42 60 75, fax 01 55 42 60 71, www.lacollection.com
E-mail : collectionextraordinaire@wanadoo.fr. Voyages à thème, week-ends, circuits individuels.

CGTT-Voyages – 82, rue d'Hauteville, 75010 Paris, ☎ 01 40 22 88 14, fax 01 40 22 88 54.

Transtours – 49, avenue de l'Opéra, 75065 Paris, ☎ 01 53 24 34 01 à 04.

Voyageurs en Europe – 55, rue Sainte-Anne, 75002 Paris, ☎ 01 42 86 17 20, fax 01 42 86 17 87.

Formalités d'entrée

Papiers d'identité – Pour les Français et les Belges, la carte d'identité en cours de validité suffit. Pour les Suisses et les Canadiens, le passeport en cours de validité est exigé (sans visa).

Documents pour la voiture – La carte grise, la carte verte d'assurance, la plaque d'identification nationale.

Conducteurs – Le permis de conduire à trois volets est obligatoire.

Assistance sanitaire – La Hongrie ne faisant pas partie de l'Union européenne, il n'est pas superflu de souscrire avant le départ une assurance couvrant les risques de maladie, d'accident, etc.
Europ Assistance, 3, rue Scribe, 75009 Paris, métro Opéra, ☎ 0142 85 85 85.
Mondial Assistance, 2, rue Fragonard, 75017 Paris, métro Porte de Clichy, ☎ 01 40 25 52 24.

Animaux domestiques – Nos amies les bêtes peuvent être du voyage à condition que leur propriétaire puisse présenter un certificat de vaccination.

COMMENT SE RENDRE EN HONGRIE

En voiture – Pour choisir l'itinéraire entre votre point de départ et votre point de destination, utiliser :
– le **Minitel 3615 code Michelin** : ce service permet d'établir plusieurs itinéraires. Vous avez le choix entre le plus rapide en temps, le plus court en kilomètres, l'itinéraire favorisant les autoroutes ou évitant les péages, et celui conseillé par Michelin (le meilleur compromis). Le kilométrage total et le temps de parcours sont alors indiqués (ainsi que les sites touristiques et la sélection Michelin des hôtels, restaurants et terrains de camping). Pour les itinéraires privilégiant les autoroutes, le coût des péages sur le parcours français est indiqué.
– le **Minitel 3617 code Michelin** : ce service vous permettra d'obtenir par fax votre feuille de route détaillée.
– le **Minitel 3623 code Michelin** : ce service vous permettra d'obtenir par fax et en utilisant le Télétel Vitesse Rapide (TVR) vos informations plus rapidement.
– la **carte Michelin n° 970 Europe** au 1/3 000 000 indique les autoroutes, les routes nationales, les routes régionales. Elle est également pourvue d'un répertoire des noms de lieux mentionnés.
– **Internet** : www.ViaMichelin.fr
– la **carte Michelin n° 925 Hongrie** au 1/400 000.
– l'**atlas routier et touristique Michelin Europe** à spirale ou relié (Europe de l'Ouest au 1/1 000 000, Europe de l'Est au 1/3 000 000) contient notamment des informations routières, un tableau des distances, 74 plans de villes et d'agglomérations, une carte des climats, un index des localités et noms de lieux cités.

En train – La capitale Budapest est reliée directement ou avec changement à 15 capitales européennes. De Paris (gare de l'Est), départ à 17 h 49, arrivée à Budapest (Keleti pályaudvar) à 12 h 03. De Bruxelles, départ dans la soirée à la gare du Midi (arrêt à la gare du Nord) avec changement à Vienne en Autriche.

En avion – La Hongrie ne faisant pas partie de l'Union européenne, la zone Duty Free est ouverte aux voyageurs membres de l'Union.
Seule la ville de Budapest dispose d'un aéroport international (Ferihegy). Au départ de Paris-Roissy-Charles-de-Gaulle, Air France et la compagnie aérienne hongroise MALÉV organisent plusieurs vols quotidiens (durée environ 2 h) ; de Bruxelles, MALÉV (durée environ 2 h) ; de Zurich, MALÉV (durée environ 1 h 30).
Pour bénéficier de prix réduits, il faut réserver suffisamment à l'avance et inclure un week-end dans le voyage.
Renseignements sur le Net : MALÉV : www.malev.fr ; Air France : www.airfrance.com

En autocar – De Paris à Budapest, la compagnie **Eurolines** assure trois liaisons par semaine en haute saison (le mercredi, le vendredi et le dimanche), deux liaisons hors saison (le mercredi et le dimanche), avec arrêts à Reims, Metz et Strasbourg en France, Győr en Hongrie. Les horaires sont les suivants :
– **départ de Paris à 16 h** : gare routière internationale de Paris-Gallieni, 28 avenue du Général-de-Gaulle, Bagnolet, **arrivée à Budapest à 13 h 45 le lendemain** : gare routière Erzsébet tér située en plein centre de Pest.
Compter 93 € pour un aller simple Paris-Budapest en haute saison, 145 € aller et retour.
Eurolines assure également une liaison **Lille-Budapest** avec arrêts à **Bruxelles** (gare du Nord, changement de car) et Győr. Départ quotidien de début juillet à début septembre à 17 h 15, hors saison les lundi, mercredi, vendredi et samedi à 17 h 15. Arrivée à Budapest à 14 h le lendemain. Compter 89 € un aller simple, 146,50 € un aller et retour.
Service de cars également à partir de Zurich et Bâle.
Les personnes âgées de moins de 26 ans et de plus de 60 ans bénéficient de réductions, de même que les enfants de 4 à 12 ans.
Les autocars sont équipés pour assurer le meilleur confort : sièges inclinables, toilettes, air conditionné, TV/vidéo, suspension pneumatique.
Pour tout renseignement ou réservation : ☎ 08 36 69 52 52 ; fax : 01 49 72 51 61 ; Minitel : 3615 Eurolines ; Internet : www.eurolines.fr
La compagnie **Eurolines Travel** propose également une formule car + hébergement. Les prix varient selon le type d'hébergement et la catégorie de l'hôtel. Ils incluent le transport aller et retour + 2 nuits ou plus avec le petit-déjeuner.

En hydroglisseur – D'avril à octobre, il est possible à partir de Vienne (Autriche) avec arrêt à Bratislava (Slovaquie) de rejoindre Budapest. En haute saison à raison de deux liaisons par jour : Vienne 8 h et 13 h, Bratislava 9 h 20 et 14 h 20, arrivée à Budapest à 13 h 30 et 18 h 30.

Au pays des Magyars

Voir également dans Villes et sites les pages consacrées à Budapest.

CONDUIRE EN HONGRIE

Limitations de vitesse – Attention, les contrôles sont fréquents !
– agglomération : 50 km/h,
– routes à une seule chaussée : 90 km/h (avec remorque 70 km/h),
– routes à chaussées séparées : 110 km/h (avec remorque 70 km/h),
– autoroutes : 130 km/h (avec remorque 80 km/h).

Autoroutes – La Hongrie compte quatre autoroutes.
– **M 1** : Budapest-Győr-Hegyeshalom (péage sur la partie Győr-Hegyeshalom, frontière autrichienne)
– **M 3** : Budapest-Gyöngyös-Füzesabony
La circulation sur la M 1 et la M 3 est subordonnée à l'achat d'une vignette (dans les stations-service). Le prix pour 9 jours est de 1 400 Ft.
– **M 5** : Budapest-Kecskémet- Kiskunfélegyháza (péage : 2 450 Ft)
– **M 7** : Budapest-Balatonvilágos
Au Sud de Budapest, une route à quatre voies, la **M 10**, évite la capitale et relie les autoroutes M 1, M 7 et M 5.

Carburant – L'approvisionnement en carburant ne pose aucun problème. Les stations-service sont fréquentes et fonctionnent en libre-service ou non. MOL est la société hongroise qui se partage le marché avec les grands trusts européens ou américains (BP, ARAL, ESSO, SHELL, TOTAL...).
– Super : *szuper* – Super sans plomb : *szuper ólommentes*
– Gazole : *diesel* – Le plein, svp : *tele kérem*

Signalisation – Dans l'ensemble conforme à de nombreux pays européens.

Ceintures de sécurité – Port obligatoire à l'avant comme à l'arrière.

Enfants – Les enfants de moins de 12 ans doivent être assis à l'arrière du véhicule. Les bébés et les enfants en bas âge doivent être installés dans un siège pour enfants à l'arrière du véhicule.

Éclairage – En dehors des agglomérations, sur toutes les routes et autoroutes, tous les véhicules doivent avoir leurs **feux de croisement (codes) allumés de jour comme de nuit**. Attention, les contrôles sont fréquents, même pour les touristes ! Pour les motos, feux allumés de jour comme de nuit quel que soit l'endroit.

Alcool au volant – « Boire ou conduire, il faut choisir. » Cette formule prend ici toute sa valeur car la loi hongroise ne badine pas dans ce domaine et le taux d'alcool au volant est de **0**. Là aussi, les contrôles sont fréquents et les touristes étrangers ne doivent pas considérer pouvoir bénéficier d'un régime de faveur. Les sanctions encourues peuvent aller de la simple amende (en forints à payer sur-le-champ) à la confiscation du permis de conduire.

Téléphones mobiles – Leur utilisation est proscrite tout en conduisant.

Rendőrség – Ce terme désigne la police. Il est inscrit sur les véhicules.

VIE PRATIQUE

Ambassades

France – Lendvay utca 27, 1062 Budapest, ☎ 1/332 4980, fax 1/489 4222, www.ambafrance.hu

Belgique et Luxembourg – Donáti utca 34, 1015 Budapest, ☎ 1/201 1571, fax 1/266 8622

Canada – Budakeszi út 32, 1121 Budapest, ☎ 1/392 3360, fax 1/392 3390

Suisse – Stefánia út 107, ☎ 1/460 7040, fax 1/343 9492

Monnaie, change et paiement

L'unité monétaire est le **forint** (abréviation nationale : **Ft.**, abréviation internationale : **HUF**). Cette monnaie est maintenant convertible, mais il convient d'emporter avec soi des traveller's chèques ou de l'argent liquide : euros, francs suisses, dollars US, etc. À titre indicatif et compte tenu des variations du forint, il n'est pas étonnant de trouver des prix indiqués en euros. C'est souvent le cas pour les chambres d'hôtel.
Le change peut se faire dans les banques, les bureaux de change (argent liquide), les agences de voyages, les hôtels (à éviter car le taux est moins intéressant).
En aucun cas ne changer de l'argent dans la rue à des gens qui vous proposent « sous le manteau » des taux attractifs, les risques d'arnaque sont maximaux.

Billets : 200, 500, 1 000, 2 000, 5 000, 10 000 et 20 000 Ft.
Pièces : 1, 2, 5, 10, 20, 50 et 100 Ft.
Les **cartes de crédit** comme Visa, American Express, MasterCard, Eurocard, Diners sont partout acceptées.
Il est également possible avec ces cartes de tirer de l'argent à partir de distributeurs automatiques souvent reconnaissables à la mention **Bankomat**. Les indications apparaissent souvent en plusieurs langues, anglais et allemand notamment.

Téléphone

Les cabines téléphoniques sont à pièces (10, 20, 50 et 100 Ft.) et à carte. Les cartes sont en vente dans les bureaux postaux, les kiosques, les bureaux de tabac *(Trafik)* ou les marchands de journaux. Prix : 900 Ft. pour 50 unités, 1 800 Ft. pour 120 unités.

Pour téléphoner vers l'étranger – 00 + l'indicatif du pays concerné (33 : France, 32 : Belgique et Luxembourg, 41 : Suisse, etc.).

Pour appeler une autre ville – 06 + code de la ville + numéro du correspondant.

Courant électrique, heure et horaires

Courant électrique – 220 volts.

Heure – GMT + 1 en hiver et GMT + 2 en été, soit la même heure que dans la majorité des pays de l'Union européenne (dont la France, la Belgique, la Suisse).

Horaires – Les heures d'ouverture des magasins sont généralement du lundi au vendredi de 10 h à 18 h, et le samedi de 9 h à 13 h. Remboursement de la TVA *(voir dans la rubrique Budapest, Shopping)*.

Jours fériés

– 1er janvier : Jour de l'an
– 15 mars : fête nationale (anniversaire de la révolution de 1848-1849)
– Pâques et lundi de Pâques
– Pentecôte et lundi de Pentecôte
– 1er mai : fête du Travail
– 20 août : fête de saint Étienne (Étienne Ier premier roi de Hongrie) et de la Constitution
– 23 octobre : jour de la République (anniversaire de l'insurrection d'octobre 1956)
– 1er novembre : Toussaint
– 25 et 26 décembre : Noël

Offices de tourisme

Les bureaux **TOURINFORM** sont à la disposition des visiteurs pour tout renseignement concernant les sites, les modes d'hébergement, etc. Les adresses des principaux offices figurent dans le chapitre Conditions de visite en fin de volume.

Informations touristiques
Numéros verts 24h/24 pour les touristes étrangers :
☎ 06 80 66 00 44
☎ 06 80 55 00 44

La Hongrie en train

De Budapest partent des trains express et InterCity desservant les différentes régions touristiques.
– l'Ouest du pays : Győr, Sopron, Veszprém, Szombathely,
– l'Est et le Sud : Debrecen, Nyíregyháza, Szolnok, Békéscsaba, Gyula,
– le Sud : Kecskemét, Szeged, Kaposvár, Gyékényes, Pécs,
– le Nord : Miskolc,
– le lac Balaton : Balatonfüred, Tapolca, Siófok, Fonyód.
De plus tous les chefs-lieux des départements sont reliés directement à la capitale.

Tarifs réduits – Les touristes peuvent souscrire des abonnements nominatifs pour 7 ou 10 jours en 1re ou 2e classe. Il existe également un billet journalier permettant de circuler sans limitation autour du lac Balaton.

La Hongrie en car

La compagnie hongroise **VOLÁNBUSZ** (cars de couleur jaune) dispose de nombreuses lignes desservant les grandes villes et stations de villégiature. Depuis Budapest, renseignements et réservations :

Destination l'Ouest – Gare routière, Erzsébet tér (Ve arrondissement).

Destination l'Est – Station Népstadion út (XIVe arrondissement).

Destination la courbe du Danube – Station Árpád híd.

HÉBERGEMENT, RESTAURATION

Carnets d'adresses du Guide Vert – Dans ce guide, au fil des pages de description des villes et curiosités, vous trouverez des adresses d'hôtels et de restaurants. Tous ces établissements ont été sélectionnés avec soin, privilégiant l'originalité du décor, la situation exceptionnelle au cœur de la ville, et dans certains cas le prix. Confort, tranquillité, cuisine de qualité font également partie de nos critères. Pour vos repas, afin de vous faire découvrir la diversité de la gastronomie hongroise, nous avons sélectionné, dans la plupart des cas, des restaurants proposant une cuisine traditionnelle.

Magyar Turizmus kártya (Carte du tourisme hongrois) – Son prix est d'environ 6 000 Ft. Elle est valable un an et permet d'obtenir des réductions dans certains hôtels et restaurants, sur le réseau ferroviaire, les lignes de bus Volánbusz, les bateaux de la compagnie Mahart sur le lac Balaton, la Budapest Card, certaines locations de voiture, taxis à Budapest, etc. Carte en vente dans certaines stations de la compagnie Volánbusz, stations-service, agences de voyages.

Hôtels

Les prix sont très souvent indiqués en euros et incluent le petit-déjeuner.
Si Budapest comme beaucoup de capitales ou de grandes villes reste chère en matière d'hôtellerie, vous trouverez en province des hôtels de bon confort à des prix nettement plus avantageux. Essayez aussi une *panzió*, petit hôtel familial souvent situé dans un cadre agréable. Dans l'Hortobágy, la région du cheval, plusieurs établissements organisent des promenades à cheval, rendant ainsi l'étape ou le séjour particulièrement attrayant.
Tourinform ou les offices de tourisme dans chaque pays distribuent gratuitement un catalogue intitulé **Hotel** donnant par ville les adresses des hôtels et autres formules d'hébergement.
Sur le **web** : www.miwo.hu ; www.hotelinfo.hu ; www.travelport.hu

Restauration

Voir également le chapitre intitulé La Gastronomie.

En ville ou à la campagne, vous trouverez toujours un endroit pour vous restaurer à toute heure de la journée. Il existe plusieurs enseignes :
– *étterem* : restaurant classique proposant menu et carte
– *csárda* : auberge de campagne
– *büfé* : restauration rapide, on se sert au comptoir (sandwiches, gâteaux, boissons chaudes et fraîches)
– *vendéglő* : brasserie et restaurant
Sitôt assis, on vous demandera – en vous présentant le menu – ce que vous voulez boire. C'est l'usage en attendant de faire son choix.
Un repas traditionnel est souvent composé d'une soupe, d'un plat de résistance, d'un dessert, d'une boisson et pour terminer un café. Souvent, quand vous commanderez un café, on vous demandera *capuccino* ou *espresso* ?

Service et pourboires

Le service n'est pas toujours compris dans l'addition. Dans ce cas, rajouter 10 à 15 %. Le pourboire est laissé à l'appréciation.

Chambres d'hôte

Le logement chez l'habitant est une formule d'hébergement très courante. Ainsi verrez-vous autour du lac Balaton en saison estivale un grand nombre de panneaux *Zimmer frei* ou bien même des particuliers brandissant un carton portant cette inscription.

Auberges de jeunesse

Les titulaires d'une carte de la Fédération internationale des auberges de jeunesse peuvent bénéficier de prix réduits dans plusieurs auberges.
Demander à l'Office de tourisme la brochure **Ifjúsági szálláskatalógus/Hungarian youth hostels/Jugendherbergen in Ungarn**. S'adresser également à **Hungarian Youth Hostels Association**, 1077 Budapest, Almássy tér 6, ☎ et fax 352 1572.

Camping-caravaning

L'Office de tourisme hongrois distribue gratuitement une carte **Camping Ungarn/Hungary/Hongrie/Ungheria/Magyarország** (1/550 000) indiquant au recto l'emplacement des terrains de camping et au verso, un tableau des terrains avec leur équipement. Sur les rives du lac Balaton, la « mer hongroise », les terrains de camping sont légion.

Découvrir la Hongrie

BUDAPEST

En réalité, trois villes Buda, Óbuda et Pest séparées par un fleuve mythique, en un mot, Budapest, surnommée « la perle du Danube ». *Voir dans Villes et sites les pages consacrées à la capitale hongroise.*

CIRCUITS DE DÉCOUVERTE

En début de guide, nous proposons 7 circuits à thème représentés sur la carte p. 13 à 15 par des couleurs différentes et numérotés. En fonction du temps dont vous disposez, et selon vos centres d'intérêt, ils vous permettront de faire connaissance avec un pays enchanteur. Ces circuits sont les suivants :
– la Grande Plaine : 600 km (5 jours)
– les massifs et les grottes du Nord : 550 km (4 jours)
– Tokaj et le pays des chapelles : 400 km (2 jours)
– les villes et les collines de la Transdanubie du Nord : 800 km (6 jours)
– Pécs et les vignobles du Sud : 350 km (3 jours)
– les monastères et les évêchés de Transdanubie : 350 km (3 jours)
– les hauts pays du Balaton : 400 km (3 jours)

THERMALISME

En début de guide, nous indiquons sur la carte des circuits de découverte et des lieux de séjour l'emplacement des principales stations thermales.

La Hongrie peut être considérée comme le pays des bains thermaux. Le nombre de sources d'eau chaude curative dans cette partie de l'Europe centrale est en effet exceptionnel. Plus de 100 agglomérations et plus de 400 stations thermales attendent les curistes et les touristes. Selon la législation en vigueur dans le pays, une eau thermale est une eau dont la température dépasse 30°. Ces eaux sont utilisées au sein d'établissements balnéaires spécialisés à vocation purement médicale, mais aussi dans des piscines, lacs, bains saisonniers destinés davantage à l'agrément et au repos.

Budapest compte une quarantaine de bains alimentés par des sources thermales naturelles ou des puits. Certains remontent à l'époque romaine ou turque, d'autres au début du 20e s. En plus de leur côté curatif, plusieurs de ces bains présentent un intérêt architectural unique.

La particularité de **Hévíz** *(voir ce nom)* réside dans son lac d'eau chaude. À l'extérieur ou dans les pavillons, vous pourrez goûter en toutes saisons les bienfaits de cette eau, notamment si vous souffrez de rhumatismes ou d'affections des membres. Même durant les hivers les plus froids, la température de l'eau ne descend pas au-dessous de 26° ; de plus, elle est constamment en mouvement et se renouvelle toutes les 28 à 30 h.

Nous donnons ci-dessous quelques stations et leurs caractéristiques :

Balf : rhumatologie, troubles gastro-intestinaux ; **Bük** : rhumatologie, troubles gastro-intestinaux ; **Sárvár** : rhumatologie, gynécologie, dermatologie, voies respiratoires, troubles gastro-intestinaux ; **Zalakaros** : rhumatologie, gynécologie ; **Harkány** : rhumatologie, gynécologie ; **Balatonfüred** : gynécologie, troubles gastro-intestinaux ; **Eger** :

Gabler/MAGYAR KEPEK Kft

Hárkany

rhumatologie : **Hajdúszoboszló** : rhumatologie, gynécologie, dermatologie, troubles gastro-intestinaux ; **Mezőkövesd-Zsórifürdő** : rhumatologie ; **Debrecen** : rhumatologie ; **Gyula** : rhumatologie, troubles gastro-intestinaux.

PÊCHE

La pratique de la pêche à la ligne est subordonnée bien entendu à l'observation de la réglementation nationale et régionale en vigueur qui prévoit notamment la possession d'une carte de pêcheur et d'un permis territorial. Toute personne âgée de plus de 18 ans peut utiliser deux cannes à pêche, chacune portant trois hameçons au maximum. Bien se renseigner sur la réglementation concernant les périodes de pêche et les prises selon les départements. À condition de respecter les tailles autorisées, les prises pour un adulte sont limitées à cinq poissons par jour.
Quelques endroits poissonneux : lac de Velence (carpes, sandres, brochets, brèmes bordelières, poissons-chats, anguilles), bras du Danube à Ráckeve (carpes, sandres, poissons-chats, brochets, brèmes bordelières), lac Balaton (sandres, anguilles, brèmes bordelières, brochets, carpes), lac de Pécs (carpes, silures), lac de la Tisza (carpes, silures, sandres, brochets, brèmes bordelières).
Renseignements : Horgászvizek Magyarországon/Fédération nationale des pêcheurs à la ligne, Korompai utca 17, 1124 Budapest, ☏ 1/248 5127, fax 1/248 5128. Se procurer également auprès de Tourinform ou des offices de tourisme la brochure **Pêcher en Hongrie** (textes en français, anglais, allemand et hongrois).

CHASSE

Les chasseurs étrangers doivent adresser une demande à l'Office de la chasse de la région choisie en précisant le type de gibier qu'ils veulent chasser. Vous aurez à remplir et à renvoyer un dossier, puis vous recevrez une « lettre d'invitation » et autres documents officiels. Muni de cette lettre, vous vous présenterez à l'ambassade de Hongrie de votre pays pour obtenir un permis vous autorisant à apporter votre fusil personnel. Tourinform ou l'Office du tourisme hongrois distribuent gratuitement une brochure intitulée **Hunting in Hungary**. Vous y trouverez les adresses des Offices de la chasse classées par département.

CHEVAL

La Hongrie et le cheval : deux noms qui s'associent parfaitement. Si la Grande Plaine reste l'endroit privilégié pour les longues promenades ou les spectacles équestres, chaque département dispose de centres d'équitation où chacun peut selon son niveau s'adonner à la pratique de ce sport.
Tourinform distribue gratuitement une brochure en anglais intitulée **Riding in Hungary**. Vous y trouverez les adresses des principaux centres équestres avec leur équipement, les niveaux, les langues parlées, etc.
Se renseigner également auprès de **L'Association hongroise du tourisme équestre**, Ráday utca 8, 1092 Budapest, www.equi.hu
Il existe aussi une carte de poche **Lovasturizmus Magyarországon**, éditée par Top Gráf (légende en hongrois, allemand et anglais), qui situe les lieux où le cheval est roi : sports équestres, randonnées, promenades en carriole, écoles, etc. Au recto figurent les adresses des centres équestres.
Dans la région de l'Hortobágy, le **Epona Rider Village** est le paradis des cavaliers qui peuvent y amener leur cheval. Ce centre compte une cinquantaine de chambres, des appartements et des maisons avec écuries attenantes. Les débutants y trouveront leur bonheur pour apprendre l'équitation ou la conduite d'attelages et galoper sans jamais rejoindre l'horizon. C'est aussi une base pour visiter la région. Le centre peut organiser des survols en ballon, des promenades en carriole ou en bateau. Piscine, tennis pour se détendre. ☏ et fax 52/369 020.

J.-Ch. Gérard/MICHELIN

VOILE

Le lac Balaton est le lieu de villégiature préféré des Hongrois. Les sports nautiques y occupent une place importante et parmi eux la planche à voile et la voile. Keszthely, Badacsony, Siófok et Balatonfüred sont les principaux ports pour pratiquer cette activité.

RANDONNÉES PÉDESTRES

Des paysages restés quasiment intacts, des plaines, des marécages, des forêts, des reliefs : tous ces trésors naturels constituent un enchantement pour ceux dont la passion est la découverte d'une région voire d'un pays sac au dos et chaussés des meilleures chaussures. Les adeptes de la marche à pied trouveront en Hongrie plus de 10 000 km de sentiers de randonnée pédestre. Une grande partie des territoires protégés sont ouverts aux amis de la nature. Ainsi les neuf parcs nationaux (Aggtelek, lac Balaton, monts Bükk, Danube et Drave, Danube et Ipoly, Fertő-Hanság, Kiskunság, Kőrös et Maros) sont-ils des endroits privilégiés. Certains secteurs ne peuvent se visiter qu'avec un guide. Se renseigner dans les bureaux du Tourinform local.

Dans les Bükk à partir de Lillafüred – Que vous souhaitiez faire une simple promenade ou une longue randonnée en forêt, tout est possible, les sentiers sont parfaitement balisés, d'excellentes cartes permettent de s'orienter dans les collines et la forêt. Il faut bien mesurer son temps et s'équiper pour n'être pas surpris sans gîte et sans couvert.

PETITS TRAINS

Ces petits trains à vapeur dits « nostalgiques » permettent de découvrir sous un autre angle deux sites touristiques importants.

Rive Nord du Balaton – De Keszthely à Badacsonytomaj, le trajet dure 1 h 45. Il est possible de descendre à Balatonederics et de combiner le voyage avec la visite d'une cave (dégustation). De Balatonederics, il est également possible de prendre un train spécial pour la Grande Plaine ou Puszta. Le forfait comprend un repas typique, un spectacle équestre, musique et danse traditionnelles.

Courbe du Danube – De Budapest à Szob, le train suit la rive gauche offrant différents points de vue sur le fleuve mythique. Le trajet dure 2 h.

Pour tout renseignement, s'adresser à **MÁV Nostalgia**, Belgrád rakpart 26, 1056 Budapest, ☎ 1/317 1665, fax 1/269 5242.

PETITE REINE

Les pistes cyclables se trouvent à Budapest, entre Budapest et Szentendre, sur la rive Nord du lac de Velence et près du lac Balaton. La Hongrie dispose d'un réseau de routes départementales à faible circulation qui se prêtent facilement à la pratique de la bicyclette. Les bureaux de tourisme Tourinform peuvent organiser des randonnées, louer des vélos, se charger du transport des bagages et prévoir même des pique-niques en forêt.
Tourinform distribue gratuitement une carte en anglais **Bicycle tour map**. Au recto figurent les routes (y compris celles interdites ou déconseillées aux cyclistes), les portions de routes cyclables, les localités avec hébergement, etc. Au verso, plusieurs circuits et itinéraires sont proposés à travers le pays afin d'en découvrir les sites majeurs. Demander également la brochure **Hungary by bike** sur laquelle vous trouverez un choix d'itinéraires. La brochure **En bicyclette à travers la Hongrie** propose des randonnées de 5 jours à raison de 55 à 75 km par jour, des randonnées de 3 jours, d'une journée, ou bien des randonnées à thème comme les monts de Sopron et la Petite Plaine, les collines du département du Vas, les collines de Zala, les monts Bükk, les monts Cherhát, les monts de Zemplén et Tokaj-Hegyalja. La carte figurant sur la brochure indique les régions recommandées à parcourir à vélo, le réseau des autoroutes, routes nationales et départementales ainsi que les principales lignes ferroviaires.

GOLF

Les adeptes de ce sport pourront choisir parmi les clubs suivants :
– **Bük** (57 km de Sopron), **Birdland Golf & Country Club**, 96 ha, 18 trous, école de golf, hébergement sur place,
– **Hencse** (25 km de Kaposvár), Hencse National Golf & Country Club, 97 ha, 18 trous, école de golf, hébergement sur place,
– **Kisoroszi** (35 km de Budapest), **Budapest Golf Park & Country Club**, 66 ha, 18 trous, école de golf, hébergement sur place,
– **Szentlőrinc** (9 km de Pécs), St Lorence Golf & Country Club, 57 ha, 18 trous, école de golf.

QUE RAPPORTER DE HONGRIE ?

Quelques règles douanières – Pour les personnes âgées au moins de 16 ans, il est possible d'exporter sans avoir à payer de droits :
– 250 cigarettes ou 50 cigares ou 250 g de tabac,
– 2 l de vin et 1 l de boisson alcoolisée,
– 1 l d'eau de Cologne et 100 ml de parfum,
– des marchandises non considérées comme commerciales et dont la valeur ne dépasse pas 270 000 Ft.

Art populaire – Broderies de Kalocsa, broderies et blouses de la région de Matyó, céramique noire de Nádudvar, sculptures en bois, poterie, cruches Michka de Mezőcsát, tissus de Sárköz, tissus bleus de Pápa, *papucs* (pantoufles pour femmes) de Szeged.

Porcelaine et cristal – Porcelaines d'Herend, de Zsolnay, cristal d'Ajka.

Produits alimentaires – Vins comme le célèbre tokaji aszú, l'egri bikavér ou sang de taureau, le badacsony, etc. Eau-de-vie d'abricot ou *barackpálinka*. Foie gras et salamis. Guirlandes de paprika, d'ail ou d'oignon ou paprika en poudre (doux ou fort).

Principales manifestations

1er janvier

Budapest .... Concert du Nouvel An à la Redoute de Pest (Vigadó) : opérettes hongroises et valses viennoises.

Janvier

Budapest .... Festival international du cirque.

Février

Debrecen .... Carnaval de la région de Hajdúság.

Le 7e dimanche avant Pâques

Mohács............................ Défilé des « Busó » : masques sculptés en bois de saule et peints défilent avec crécelles et clochettes pour annoncer la mort de l'hiver et l'arrivée du printemps. Bûcher le 3e jour.

Deuxième quinzaine de mars

Budapest, Debrecen, Eger, Gödöllő, Győr, Kaposvár, Kecskemét, Pécs, Sopron, Szentendre, Szombathely.. Festival de printemps : musique classique et moderne, théâtre, opérettes, opéras, ensembles folkloriques, ballets hongrois et étrangers, films.

Avril-octobre

Szentendre/ Musée de plein air...................... Fêtes et traditions : métiers artisanaux, ensembles folkloriques, fêtes religieuses et champêtres.

Samedi saint

Magyarpolány .... Calvaire et résurrection : la Passion jouée par les villageois se termine par un feu d'artifice.

Samedi saint, dimanche et lundi de Pâques

Hollókő............................ Festival de Pâques : arts et traditions populaires dans ce village inscrit sur la Liste du patrimoine mondial de l'Unesco.

J.-P. Garcin/PHOTONONSTOP

Groupe folklorique à Szentendre

Mai

Salgótarján .... Festival international de Dixieland.

Balatonfüred.................. Fête du déploiement des voiles sur le lac Balaton.

Szentendre/ .... Cohue de Pentecôte : traditions folkloriques et religieuses,
Musée de plein air .... arts et métiers, musique et danse.

Fin mai

Debrecen .... Festival international de musique militaire.

Tiszaújváros.................... Compétition internationale de montgolfières

Miskolc .... Festival du château de Diósgyőr : théâtre, marionnettes, tournois, foire médiévale, banquet médiéval et musique de l'époque.

Juin

Budapest .... WOMUFE (Festival de World Music) : musique et chants du monde entier.

Balatonföldvár .... Festival de Földvár : concerts, programmes folkloriques, feu d'artifice.

Juin-juillet

Győr .... Festival culturel international : marionnettes, théâtre de rue, danses folkloriques, musique populaire.

Nyírbátor .... Festival international des théâtres de rue : acteurs masqués sur des échasses.

Juin-août

Gödöllő........................... Dans la cour d'honneur du château royal, concerts, théâtre, spectacles hippiques.

Juillet

Château de Fertőd .... Réjouissances d'Esterháza, festival Haydn : opéras, ballets, marionnettes, théâtre, pyrotechnie.

Máta .... Journées internationales d'équitation d'Hortobágy.

Apaj .... Journée des bergers et du cheval de Kiskunság : présentation de troupeaux, jeux, courses d'attelages, concours de cuisine et bal des cavaliers.

Budapest .... Jazz Jam : festival international de jazz.

Miskolc .... Festival international de Dixieland.

Siófok............................. Festival international du folklore « Coquille d'or » : groupes folkloriques hongrois et étrangers.

Eger .... Réjouissances des Eger : spectacles historiques dans l'enceinte du château.

Baja .... Fête de la soupe de poisson : celle-ci est préparée dans plus de mille chaudrons. Musique, ensembles folkloriques, feu d'artifice.

Juillet-août

Szeged .... Festival de plein air : pièces de théâtre, opéras, concerts.

Début août

Budapest/Óbudai-sziget... Pendant une semaine, le festival de la musique de la jeunesse attire des jeunes du monde entier.

Août

Mogyoród/Hungaroring ...... Grand Prix de Hongrie : championnat du monde de Formule 1.

Balatonfüred.................. Semaines du vin : les régions viticoles sont représentées ; ensembles folkloriques, feu d'artifice le 20.

Debrecen .... Carnaval floral : défilé de chars fleuris, ensembles folkloriques, feu d'artifice.

Budapest .... Fête des arts et métiers dans le quartier du château de Buda.

Septembre

Szilvásvárad................... Festival d'équitation de lippizans et compétition internationale d'attelages.

Budapest .... Festival international du vin : défilés, bal, vente aux enchères, élection de la reine du vin.

Makó .... Festival international de l'oignon : foires, concerts, théâtre, spectacles hippiques, feu d'artifice.

Kalocsa. .... Journées du paprika : musique classique, folklore, danses populaires, défilés.

Pécs .... Festival européen des chansons bachiques : le raisin et le vin sont à l'honneur.

Octobre

Békéscsaba .... Festival du saucisson de Csaba.

Octobre à mi-novembre

Győr .... Festival artistique des nostalgies baroques : théâtre, musique.

Quelques livres

Histoire

Histoire de la Hongrie, par Miklós Molnár *(Hatier)*

Histoire illustrée de Hongrie, par István Lázár *(Corvina)*

Histoire de la culture hongroise, par Béla Köpeczi *(Corvina)*

Le Génie de l'Autriche-Hongrie, par Miklós Molnár et André Reszlet *(PUF)*

Requiem pour un Empire défunt : histoire de la destruction de l'Autriche-Hongrie, par François Fejtö *(Édima/Lieu commun)*

La Révolution hongroise de 1956, Journal d'un témoin, par Guy Turbet-Delof *(Éd. Ibolya Virág)*

La Hongrie, par János Szávai *(PUF, Que sais-je ?)*

Histoire de Budapest, par Catherine Horel *(Fayard)*

Ces villes qui ont fait l'Europe : Budapest, par László Nagy *(Georg Éditeur, Genève)*

Sauver la démocratie à l'Est, par George Soros *(Albin Michel)*

Du socialisme au capitalisme, l'exemple de la Hongrie, par János Kornai *(Gallimard, Le Débat)*

La Transition hongroise, par Laurent Nagy *(Georg Éditeur, Genève)*

Hongrie, la transition pacifique, par Thomas Schreiber *(Le Monde Éditions)*

Ouvrages généraux

La Hongrie, par Zoltán Halász *(Corvina)*, photographies

Budapest, *(Merhávia/Hungarian Pictures)*, photographies

Souvenirs de ma vie hongroise, par Aurélien Sauvageot *(Corvina)*

Les Cafés littéraires de Budapest, anthologie de textes littéraires hongrois et photographies anciennes *(Le Passeur/Cecofop)*

Les Tziganes de Hongrie et leurs musiques, par Patrick Williams *(Actes Sud)*

La Musique hongroise, par Emil Haraszti *(Lanore-Laurens)*

Vie pratique

La Cuisine hongroise, par Károly Gundel *(Corvina)*

La Cuisine hongroise et ses couleurs, par Judit Miklósi *(In Fine)*

Petit livre sur le paprika hongrois, par Zoltán Halász *(Corvina)*

Littérature

Introduction à la littérature hongroise, par János Szávai *(Jean Maisonneuve)*

Auteurs hongrois d'aujourd'hui, anthologie dirigée et présentée par Tamás Szende *(In Fine)*

Poèmes choisis, par Endre Ady *(Le temps qu'il fait, Cognac)*

Poèmes et chansons de Hongrie, par Jean-Luc Moreau *(L'Atelier)*

L'Œillade de la comtesse Hahn-Hahn, par Péter Esterházy *(Gallimard)*

Le Compagnon de voyage, par Gyula Krúdy *(Albin Michel)*

Le Prix des dames, par Gyula Krúdy *(Albin Michel)*

Les Braises, par Sándor Márai *(Albin Michel)*

Les Confessions d'un bourgeois, par Sándor Márai *(Albin Michel)*

Les Révoltés, par Sándor Márai *(Albin Michel)*

Cher beau-père, par Tibor Déry *(Albin Michel)*

La Phrase inachevée, par Tibor Déry *(Albin Michel)*

Musique

Œuvres de **Franz Lehár, Franz Liszt, Ferenc Erkel, Béla Bartok, Zoltán Kodály** interprétées par d'éminents chefs d'orchestre d'origine hongroise comme Antal Doráti, George Széll, Eugène Ormándy, Georg Solti et des instrumentistes comme György Cziffra, György Sebők, János Starker, Joseph Szigeti.

Chants tziganes interprétés par le groupe **Kalyi Jag**.

Lexique

Quelques règles de prononciation

c = **ts** comme tsar	**e** = bref comme père
cs = **tch** comme Tchécoslovaquie	**é** = plus long comme été
gy = **di** commme adieu	**i** = **i** bref comme vif
h = le **h** est expiré	**í** = plus long comme rire
j = **y** comme yoga	**o** = **o** bref comme mot
ly = **ill** comme bille	**ó** = **o** plus long comme prose
ny = **gn** comme bagnard	**ö** = **e** comme je
s = **ch** comme chocolat	**ő** = **eu** comme meute
sz = **s** comme soleil	**u** = **ou** comme ouverture
ty = **ti** comme Katia	**ú** = **ou** plus long
zs = **j** comme jour	**ű** = **u** comme musée
á = **a** long comme pâte	

JOURS DE LA SEMAINE ET MOIS

		hónap	mois
nap	jour	**január**	janvier
hét	semaine	**február**	février
hétfő	lundi	**március**	mars
kedd	mardi	**április**	avril
szerda	mercredi	**május**	mai
csütörtök	jeudi	**június**	juin
péntek	vendredi	**július**	juillet
szombat	samedi	**augusztus**	août
vasárnap	dimanche	**szeptember**	septembre
		október	octobre
		november	novembre
		december	décembre

NOMBRES

0	**nulla**	10	**tíz**
1	**egy**	20	**húsz**
2	**kettő**	30	**harminc**
3	**három**	40	**negyven**
4	**négy**	50	**ötven**
5	**öt**	60	**hatvan**
6	**hat**	70	**hetven**
7	**hét**	80	**nyolcvan**
8	**nyolc**	90	**kilencven**
9	**kilenc**	100	**száz**
		1000	**ezer**

MOTS USUELS

oui	**igen**	entrée	**bejárat**
non	**nem**	sortie	**kijárat**
s'il vous plaît	**kérem**	aujourd'hui	**ma**
merci	**köszönöm**	hier	**tegnap**
bonjour	**jó reggelt kivánok**	demain	**holnap**
	(tôt le matin)	poste	**posta**
	jó napot kivánok	boîte aux lettres	**postaláda**
bonsoir	**jó estét kivánok**	timbre	**bélyeg**
au revoir	**viszontlátásra**	police	**rendőrség**
excusez-moi	**elnézést**	hôpital	**kórház**
bon, d'accord	**jó**	médecin	**orvos**
ouvert	**nyitva**	dentiste	**fogorvos**
fermé	**zárva**	pharmacie	**patika, gyógyszertár**

SITES ET CURIOSITÉS

apátság	abbaye	**híd**	pont
barlang	grotte	**kápolna**	chapelle
bazilika	basilique	**kastély**	château
dóm	cathédrale	**kert**	jardin
domb	colline	**palota**	palais
emlékmű	monument	**piac**	marché
erőd	forteresse	**rom**	ruine
erdő	forêt	**strand**	plage
folyó	rivière	**temető**	cimetière
ház	maison	**templom**	église
hegy	montagne	**tó**	lac
		vár	château fort

SUR LA ROUTE ET EN VILLE

stationnement	**parkolás**
station-service	**benzinkút**
super	**szuper**
super sans plomb	**szuper ólommentes**
gazole	**diesel**
le plein SVP	**tele kérem**
garage	**autójavító műhely**

LA TABLE

petit-déjeuner	**reggeli**
déjeuner	**ebéd**
dîner	**vacsora**
menu	**étlap**
manger	**enni**
boire	**inni**
assiette	**tányér**
fourchette	**villa**
couteau	**kés**
cuillère	**kanál**
verre	**pohár**
serviette	**szalvéta**
tasse	**csésze**
l'addition SVP	**a számlát kérem**
poisson	**hal**
brochet	**csuka**
sandre	**fogas**
poisson-chat	**harcsa**
truite	**pisztráng**
œufs	**tojás**
carpe	**ponty**
viande	**húsételek**
frit	**sült**
grillé	**roston sült**
rôti	**sült**
agneau	**bárányhús**
bœuf	**marhahús**
bleu	**alig sütve**
saignant	**félig átsütve**
à point	**közepesen átsütve**
bien cuit	**jól átsütve**
porc	**sertés**
jambon	**sonka**
veau	**borjú**
gibier	**vadételek**
volaille	**szárnyasok**
poulet	**csirke**
canard	**kacsa**
dinde	**pulyka**
oie	**liba**
foie gras	**libamáj**
soupe	**leves**
sel	**só**
poivre	**bors**
confiture	**lekvár**
beurre	**vaj**
pain	**kenyér**
végétarien	**vegetáriánus**
légumes	**zöldség**
haricots	**bab**
haricots verts	**zöldbab**
pommes de terre	**burgonya**
champignons	**gomba**
chou-fleur	**karfiol**
maïs	**kukorica**
lentilles	**lencse**
tomates	**paradicsom**
asperges	**spárga**
salade	**saláta**
fromage	**sajt**
fruit	**gyümölcs**
pomme	**alma**
orange	**narancs**
banane	**banán**
melon	**sárgadinnye**
pastèque	**görögdinnye**
raisin	**szőlő**
pêche	**őszibarack**
poire	**körte**
dessert	**édesség, desszert**
pâtisseries	**sütemények**
sucre	**cukor**
glace	**fagylalt**

BOISSONS/ITALOK

eau	**víz**
eau plate	**sima víz**
eau minérale	**ásványvíz**
glaçons	**jégkocka**
eau minérale gazeuse	**szénsavas ásványvíz**
jus de fruit	**gyümölcslé**
jus d'orange	**narancslé**
jus de pomme	**almalé**
jus de tomate	**paradicsomital**
bière	**sör**
	pohár (0,3 l)
	korsó (0,5 l)
vin	**bor**
vin rouge	**vörösbor**
vin blanc	**fehérbor**
bouteille	**üveg**
demi-bouteille	**fél üveg**
à votre santé	**egészségére**
café	**kávé**
thé	**tea**
chocolat chaud	**meleg kakaó**
lait	**tej**
chaud	**meleg**
froid	**hideg**

À L'HÔTEL

hôtel	**szálloda**
chambre	**szoba**
chambre à un lit	**egyágyas szoba**
chambre double	**kétágyas szoba**
lits jumeaux	**ikerágy**
grand lit	**franciaágy**
salle de bains	**fürdőszoba**
douche	**zuhanyzó**
climatisation	**légkondicionáló**
clé	**kulcs**
combien ?	**mennyi ?**

La Liste du patrimoine mondial

En 1972, l'Organisation des Nations unies pour l'éducation, la science et la culture (Unesco) a adopté une convention concernant la protection des sites culturels et naturels. Aujourd'hui, plus de 150 « États parties » ont ratifié la Convention et plus de 600 sites de « valeur universelle exceptionnelle » de par le monde sont inscrits sur la Liste du patrimoine mondial. Chaque État partie propose l'inscription de ses propres sites nationaux ; chaque année, les demandes sont examinées par un comité de représentants de 21 États membres, assisté d'organisations techniques : ICOMOS (Conseil international des monuments et des sites), UICN (Union internationale pour la conservation de la nature), ICCROM (Centre international d'études pour la conservation et la restauration des biens culturels, Centre de Rome). La Liste du patrimoine mondial s'enrichit ainsi au fur et à mesure que sont acceptées les nouvelles propositions et que de nouveaux pays signent la Convention.

La Convention définit comme éléments du **patrimoine culturel** des monuments (édifices, sculptures, structures de caractère archéologique), des ensembles (groupe de bâtiments) et des sites (œuvres combinées de l'homme et de la nature) ayant une valeur exceptionnelle du point de vue de l'histoire, de l'art ou de la science. Le **patrimoine naturel** est constitué, notamment, de monuments naturels, de formations géologiques, de zones strictement délimitées constituant l'habitat d'espèces menacées, de sites naturels.

Les signataires de la Convention s'engagent à coopérer afin de préserver et protéger ces sites en tant que patrimoine universel et contribuent financièrement au **Fonds du patrimoine mondial**, utilisé aussi bien pour participer à la restauration d'un monument que pour aider à la surveillance d'un parc naturel.

Parmi les biens inscrits sur la Liste du patrimoine mondial, on peut citer la Grande Barrière corallienne d'Australie (1981), la Grande Muraille de Chine (1987), le Mont-Saint-Michel et sa baie (1979), le Canal du Midi (1996), ou encore le site historique de Lyon (1999).

En Hongrie, les sites culturels et naturels inscrits sur la Liste du patrimoine mondial de l'Unesco sont :

La grotte karstique d'Aggtelek ;

Budapest : le quartier du château et le panorama du Danube ;

Le village palóc d'Hollókő ;

L'abbaye bénédictine de Pannonhalma ;

Le cimetière paléochrétien de Pécs.

Lac Balaton

Invitation au voyage

La Hongrie avant et après le traité de Trianon

Parler de l'histoire de la Hongrie, c'est évoquer de très riches heures, des périodes de grandeurs et de fastes. Au travers des siècles, son influence s'est fait sentir sur une grande partie de l'Europe et de 1867 jusqu'à la fin de la Première Guerre mondiale dans un empire partagé avec l'Autriche, la Hongrie fut un royaume fort de 20 millions d'habitants répartis sur 325 000 km^2.

Parler de l'histoire de la Hongrie, c'est aussi rappeler des moments douloureux et tragiques, et le visiteur ne manquera pas d'entendre, surtout s'il est français, évoquer le traité de Trianon. Ce traité signé le **4 juin 1920** lui imposa un châtiment très dur pour son appartenance au camp des vaincus. Les conséquences en furent très graves et marquèrent son destin durant tout le 20e s.

La Hongrie dans la Première Guerre mondiale

Avant la Première Guerre mondiale, au sein de l'Empire austro-hongrois, la Hongrie avait pour roi François-Joseph de Habsbourg, empereur d'Autriche. Élisabeth l'Impératrice, plus connue sous le nom de « Sissi », était en même temps reine de Hongrie. Dans le cadre de la structure Empire et Royaume (K. und K., Kaiserlich und Königlich), trois ministères étaient communs : affaires étrangères, finances et défense, les autres étaient dédoublés. L'Empire engagé dans le conflit qui prit les dimensions que l'on sait fut accusé de l'avoir déclenché pour dénouer les tensions créées par les revendications de nombreuses nationalités. De façon plus précise, le Premier ministre hongrois **István Tisza**, en particulier, participa directement au déclenchement du conflit. Son accord était en effet nécessaire à la déclaration de guerre de l'Empire. Il hésita plusieurs jours avant de le donner, craignant – à juste titre – le démantèlement de la Hongrie en cas de défaite, à cause de sa population pluriethnique : Slovaques, Roumains et Croates aux côtés des Hongrois. Pour le malheur de son pays, il céda finalement aux pressions de l'Autriche. Dans les soubresauts de la défaite, il sera abattu fin octobre 1918 par des soldats hongrois mutinés.

Les conséquences de la défaite germano-autrichienne

Les conséquences de la défaite des empires centraux furent des plus dramatiques pour la Hongrie. En effet, à Versailles, au Trianon ou à Saint-Germain, les négociations se déroulèrent pour l'essentiel entre vainqueurs et guère avec les vaincus. Dès novembre 1918, la France faisait parvenir au président Wilson une note évoquant les discussions préliminaires de paix avec l'Allemagne, indiquant : « pour ce qui concerne l'Autriche-Hongrie la question ne se pose même pas puisque cette puissance a disparu ».
Ainsi une grande puissance européenne disparut de la carte au nom du principe des nationalités. Beaucoup pensent qu'aujourd'hui nous payons encore les conséquences de ce démantèlement, qui a notamment joué un rôle non négligeable dans le déclenchement de la crise de 1929. L'Empire désagrégé, éclaté portait-il déjà les germes de sa destruction avant Trianon ? Peut-être, faute d'avoir su évoluer d'un système dynastique archaïque vers un système d'État fédéral moderne, offrant l'égalité politique aux différentes nationalités qui le composaient. Toujours est-il que si l'Allemagne fut sévèrement châtiée, elle conserva malgré tout son unité politique et économique. L'Autriche-Hongrie fut mise en pièces, et la Hongrie déchiquetée.

L'établissement du traité et ses conséquences

Les années qui suivirent la fin de la Première Guerre mondiale furent particulièrement agitées en Hongrie. Les responsables politiques changèrent à plusieurs reprises. Les luttes internes étaient vives et la république des Conseils qui, en 1919, dura 133 jours fit craindre une contagion communiste. Elle était menée par Béla Kun (prisonnier de guerre en Russie, converti au communisme) qui avait rencontré Lénine en 1917 et travaillé au service de l'Internationale à Moscou. Seule l'Autriche entretint des relations avec la république des Conseils qui, dans l'enthousiasme, lança une politique généreuse de partage et de répartition, créa une **armée rouge** et installa des hommes comme Bartók, Kodály à la culture et le philosophe Lukács à l'instruction publique. En conflits ouverts avec ses voisins tchèques et roumains, la Hongrie se vit obligée par l'Entente de cesser les combats. Le 4 août 1919, les Roumains entraient dans Budapest, la république des Conseils avait vécu. Béla Kun rejoignit le Komintern en Russie où il fut fusillé sur ordre de Staline en 1938.
Le 16 novembre 1919, l'amiral **Miklós Horthy**, soutenu par les Alliés, entra dans Budapest sur un cheval blanc. Des élections générales furent organisées en janvier 1920. Elle se déroulèrent dans un climat de terreur qui fit quelque 6 000 victimes. Le 1er mars, l'amiral Horthy devint régent d'un pays sans rive maritime (pour avoir perdu avec la Croatie le port de Fiume, aujourd'hui Rijeka), et un gouvernement de petits propriétaires et de légitimistes signa le 4 juin 1920 le traité de Trianon.
Le gouvernement de Clemenceau était déjà tombé depuis plusieurs mois quand le traité qu'il avait préparé avec les autres vainqueurs fut signé. L'intention déclarée de ses rédacteurs était de restaurer dans leurs droits les nationalités considérées comme opprimées dans l'Empire vaincu. Le territoire formé par le royaume de Hongrie était particulièrement concerné. Sur un total de 20 millions d'habitants, la population de souche magyare était inférieure à 50 %, la majorité étant composée essentiellement de Slovaques, de Roumains et de Croates. Les deux premiers n'avaient accès qu'à des fonctions politiques limitées, les derniers disposaient d'une large autonomie. Au moment de la défaite, Serbes, Tchèques et Roumains firent pression sur les vainqueurs pour obtenir le maximum de découpage de la Hongrie. Et de fait, dans toutes les zones contestées, ou pour assurer la solidité des nouvelles frontières, les arbitrages furent conclus au détriment des Hongrois.
Sur les 325 000 km^2 que totalisait la superficie de la Hongrie, 232 000 furent distribués, l'Autriche en reçut 4 000, la Roumanie 102 000, la Serbie 63 000 ainsi que la Bohême. Après le traité de Trianon, la Hongrie ne comptait plus que 93 000 km^2 (cette surface fut amputée après la Seconde Guerre mondiale, la Hongrie ayant dû céder d'autres territoires près de Bratislava en Tchécoslovaquie de l'époque). Cette répartition territoriale sans déplacer les populations (deux millions de personnes) changea leur nationalité en les installant sous de nouvelles autorités politiques. La Hongrie perdait également sans compensation 58 % de son réseau ferroviaire, 43 % de ses terres arables, 83 % de ses ressources en minerai de fer. Un événement dans cette suite historique fut le retour après référendum de la ville de Sopron, d'abord attribuée à l'Autriche, au sein de la nation hongroise. Certes, l'irrédentisme hongrois ne facilita pas l'entente et la coopération avec ses voisins, mais ce traité, au lieu d'être fondateur de sécurité pour l'avenir, fut considéré comme un « traité châtiment » par les Hongrois.
Dans les musées qui présentent des expositions historiques, le traité de Trianon est toujours mentionné et illustré de nombreuses cartes. Les Alliés, et parmi eux plus particulièrement Clemenceau et les Français, sont accusés d'être à l'origine de tous les malheurs de la Hongrie au 20e s. L'**hymne national hongrois**, écrit en 1823 par **Ferenc Kölcsey**, mis en musique en 1844 par **Ferenc Erkel**, toujours chanté avec ferveur en toute occasion, appelle la protection de Dieu sur un peuple dont certains disent qu'il a vocation pour le malheur :

« Prends pitié, Dieu, du Hongrois
Battu par les périls ;
Étends sur lui un bras protecteur,
Dans la mer de ses tourments.
À lui que l'adversité depuis longtemps déchire
Apporte de joyeuses années.
Il a déjà expié, ce peuple,
Le passé et l'avenir. »

Quelques faits historiques

L'Etelköz

1000-1500 avant J.-C.	Installés au Nord de l'Oural sur le versant occidental de la montagne, les Hongrois s'installent progressivement sur les rives de la moyenne Volga, où ils deviennent cavaliers semi-nomades.
Début de notre ère	Les Romains soumettent les Celtes, occupent la Transdanubie et lui donnent le nom de Pannonie.
Début 2e s.	Aquincum (aujourd'hui Óbuda, quartier de Budapest) devient la capitale de la Pannonie inférieure.
5e s. après J.-C.	Au début du siècle, les Huns occupent les positions laissées par les Romains. **Attila** unifie les tribus en un vaste empire avant de s'attaquer à l'empire d'Orient. Certaines tribus hongroises descendent vers le Sud et s'installent non loin de la mer Noire.
9e s.	Après s'être détachés des Khazars, les Hongrois s'établissent entre le Don et le Dniestr dans la région appelé Etelköz, « Espace entre les deux fleuves ».
896	Conquête du bassin des Carpates par le prince **Árpád** et les sept tribus magyares

La dynastie arpadienne

902	Avec l'aide de l'empereur Arnoulf, les Hongrois détruisent l'empire morave de Svatoplouk et Moïmir II.
10e s.	Les cavaliers magyars se rendent tristement célèbres par leurs raids et pillages qui les amènent jusqu'en Bourgogne et Aquitaine, jusqu'à Naples et sur les rives du Bosphore.
955	Les Hongrois sont défaits à Lechfeld près d'Augsbourg par le roi germanique Othon Ier le Grand. Leurs chefs sont exécutés. Cette défaite met fin à leurs raids et contribue à leur sédentarisation.
972-997	Règne de **Géza**, arrière-petit-fils d'Árpád. Le roi se fait baptiser, et à sa demande, Bruno, moine de Saint-Gall, entreprend la christianisation du pays au profit de l'église romaine et du Saint-Empire.
997-1038	Vajk, le fils de Géza, baptisé István (Étienne), règne sous le nom d'Étienne Ier, et poursuit l'œuvre de son père. Il est considéré comme le véritable fondateur de l'État hongrois.

Étienne Ier et la naissance de l'État hongrois

Au début du Moyen Âge, le règne d'Étienne Ier revêt une très grande importance pour la Hongrie. Comme saint Wenceslas en Bohême 70 ans plus tôt, c'est lui, en effet, qui ouvre son pays aux influences de l'Occident en favorisant le christianisme romain.
Étienne, soutenu dans son œuvre par le pape français Sylvestre II, qui lui envoie une couronne en signe de souveraineté, aide l'Église à s'organiser en fondant 10 évêchés dont ceux d'Esztergom et Kalocsa. Il couvre le pays d'églises et oblige chacun à participer à la messe dominicale et à payer la dîme à l'église.

ROGER-VIOLLET

Dans le même temps, tournant le dos à la politique traditionnelle des tribus hongroises, le roi dote son pays d'un embryon d'organisation administrative en divisant le territoire en « comiti » (comtés) avec à leur tête un « comte ». L'instauration d'un impôt direct et de droits de péage assure les revenus nécessaires au fonctionnement de cet État naissant.
Le règne d'Étienne Ier s'accompagne d'une grande évolution dans le mode de vie des Hongrois. Une vie de cour, même si celle-ci est encore itinérante, s'installe. Les pèlerinages de l'Occident vers la Terre sainte empruntent le chemin de la Hongrie. Des échanges fructueux s'établissent dans tous les domaines. En 1018, Étienne établit d'ailleurs sa capitale sur cet itinéraire, à Székesfehérvár. Étienne, canonisé dès 1083, laisse le souvenir d'un monarque lettré, profondément humain, comme en témoignent ses *Exhortations*, préceptes dans l'art de gouverner, rédigées à l'intention de son fils, le prince héritier.

1er janvier 1001	Couronnement d'Étienne Ier dans la basilique d'Esztergom.
1054	Schisme d'Orient : rupture définitive entre les Églises de Rome et de Constantinople.
1077-1095	Après de longues querelles de succession, règne de László Ier (saint Ladislas).
1095-1116	Règne de Kálmán (Coloman) le Bibliophile. Sous son règne, les Hongrois conquièrent la Croatie-Slavonie, la Dalmatie et le centre de la Bosnie.

Béla III et la Hongrie à la fin du 12e s.

Ce grand roi, tant par le mérite que par la taille (1,90 m), gouverna en cherchant un équilibre entre ses relations avec Byzance (élevé à la cour de Byzance, il fut fiancé à la fille de l'Empereur) et l'Occident (en secondes noces, il épousa Marguerite Capet, sœur de Louis VII).
Pour l'organisation de son État, il prend modèle sur l'Europe occidentale. En 1180, il met en place la première chancellerie. Par les actes qu'elle promulgue, l'écriture devient obligatoire. Le conseil royal prend sa forme.
Sous Béla III, une armée nouvelle se forme avec les « servientes ». Les « jobagiones », commandants des châteaux, deviennent, au détriment du domaine royal, propriétaires des terres. Les paysans et esclaves ne forment plus alors qu'une seule et même classe servile.
En s'appuyant sur l'ordre des Cisterciens, Béla III rénove l'Église (Zsámbék près de Budapest, Bélapátfalva à l'image de Fontenay et Ják sont élevées ou étendues).
En 1189, à l'occasion de la 3e croisade, Béla III reçoit Richard Cœur de Lion et Frédéric Barberousse, marquant ainsi l'apogée de son règne.
En cette fin du 12e s., l'originalité de la Hongrie s'affirme : le royaume n'a jamais été terre d'Empire, ni état vassal.

1141-1162 Règne de Géza II. Le roi de France Louis VII et l'empereur germanique Conrad III séjournent en Hongrie pendant la 2e croisade.

1172-1196 Règne de Béla III.

1217-1218 André (András) II organise une croisade. Il se fait accompagner par les Minnesänger Ruenthal et Tannhäuser.

1222 La **Bulle d'or** accorde aux nobles le droit de résister au roi, même par les armes, au cas où celui-ci toucherait à leurs privilèges. Les conséquences de cette charte de libertés seront considérables.

1241-1242 Invasions des Tatars ou Mongols qui battent l'armée hongroise à Muhi. Béla IV doit s'installer à Trau (aujourd'hui Trogir en Croatie).

1301 Avec la disparition d'András III s'éteint la dynastie arpadienne.

Les guerres contre les Turcs

1308-1342 Avec **Charles-Robert d'Anjou** (Robert Károly) commence le règne des rois issus de maisons étrangères. Il s'attaque à la puissance des grands seigneurs qui « détiennent presque tout le pays contre lui ».

1357 Les Ottomans s'établissent sur la rive opposée du Bosphore à Gallipoli puis à Andrinople.

1371 Sous le règne de **Louis Ier d'Anjou** (1342-1382), les Turcs attaquent pour la première fois la Hongrie.

1387-1437 Sigismond de Luxembourg, par son mariage avec la fille de Louis Ier, devient roi de Hongrie.

1396 Sigismond mène une croisade contre les Turcs. Ceux-ci sont victorieux à Nicopolis. La nouvelle plonge l'Occident dans la terreur.

1444 Vladislas Ier est défait par les Turcs à Varna.

1453 Mahomet II s'empare de Constantinople.

1456 János Hunyadi, noble originaire de Valachie, défend Nándorfehérvár (Belgrade actuelle) contre les Turcs. Son fils Mathias est élu roi.

1458-1490 Règne de Mathias Hunyadi, connu aussi sous le nom de **Mathias Corvin**.

1514 Révolte paysanne conduite par György Dózsa.

1521 Les Turcs s'emparent de Nándorfehérvár.

29 août 1526 Défaite de Mohács : le sultan Soliman Ier dit le Magnifique écrase les troupes de Louis II Jagellon, roi de Hongrie et de Bohême. Le roi périt, noyé, dans la bataille.

Mathias Corvin, un prince de la Renaissance

János Hunyadi servit successivement Sigismond, Vladislas Jagellon, puis le roi-enfant Ladislas de Habsbourg. Il mit honnêtement son pouvoir grandissant au service de la grande cause de la lutte contre l'Islam.
À sa mort, alors qu'il concentrait entre ses mains la réalité du pouvoir royal, son premier fils fut décapité tandis que le second, Mathias, était pris en otage par les conseillers du roi Ladislas et emmené à Vienne puis à Prague.
Dès 1458, pourtant, Mathias est élu roi par la Diète, devenant ainsi le premier roi national de Hongrie.
L'intelligence, la culture et la forte personnalité de cet homme expliquent les 32 années glorieuses de son règne.
Véritable prince de la Renaissance, il fait de la Hongrie après son mariage avec la Napolitaine Béatrice d'Aragon un centre de civilisation raffiné. Un érudit ayant fait remonter les origines de la famille Hunyadi au consul Marcus Valerius Corvinus, Mathias en adopte le patronyme.
Surtout, aidé par le pape Paul II, il s'engage du côté de l'Église contre le royaume hussite, conquérant la Bohême, la Moravie, la Lusace et la Silésie, et se fait couronner roi de Bohême à Olomuc. Devant le refus de l'Empereur de reconnaître son titre, Mathias lui enlève les provinces de Styrie, de Carinthie et une partie de la Basse-Autriche avec Vienne.
Il meurt à Vienne en 1490.
Son œuvre ne résista pas à sa disparition d'autant plus que la Diète lui choisit pour successeur le faible Vladislas II Jagellon.

LA HONGRIE EN 1541

Les Habsbourg en Hongrie

22 octobre 1526	À Prague, Ferdinand d'Autriche est élu roi de Bohême.
11 novembre 1526	La Diète de Székesfehérvár élit un roi national en la personne de János Ier Szapolyai (1526-1540). Face aux Habsbourg, János Ier, soutenu par les Turcs, voit son royaume se réduire à la Transylvanie.
17 décembre 1526	À Presbourg, Ferdinand d'Autriche est élu roi de Hongrie sous le nom de Ferdinand Ier.
1541	15 ans après la défaite de Mohács : Ferdinand contrôle le Nord et l'Ouest de la Hongrie (la Hongrie royale). Soliman occupe le centre. Buda est sous le contrôle des Turcs. Szapolyai est prince de Transylvanie.
1566	Mort de Soliman Ier le Magnifique lors du siège de Szigetvár.
1571	Victoire des troupes de la Sainte Ligue (à laquelle s'est jointe la Transylvanie) sur les Turcs.
1591-1606	Guerre de 15 ans menée par les Habsbourg pour chasser les Turcs de Hongrie et de Transylvanie.
1685	L'armée impériale occupe la Transylvanie.
1686	Libération de Buda.
1687	La Diète déclare la couronne de Hongrie héréditaire au profit de la maison d'Autriche.
1699	Paix de Karlowitz qui marque la fin de l'occupation turque en Hongrie.
1740-1790	Les règnes de Marie-Thérèse (1740-1780) et de Joseph II (1780-1790) introduisent des réformes en Hongrie et une coopération se développe entre la cour de Vienne et la noblesse hongroise.
1792-1835	Avec François II, empereur germanique et roi de Bohême et de Hongrie sous le nom de François Ier, l'absolutisme reprend le dessus dans tous les domaines.

La résistance aux Habsbourg

Durant la plus grande partie du 17e s., la Transylvanie va devenir un foyer de résistance aux Habsbourg. Trois princes représentants de trois grandes familles hongroises vont s'illustrer dans cette lutte.

István (Étienne) Bocskai (1605-1606), le premier, avec l'aide de soldats en mal de batailles, se dresse victorieusement contre Vienne. En 1606, l'Empereur est obligé d'accepter l'indépendance de la Transylvanie, le libre exercice des cultes protestants et le respect des privilèges de la noblesse. La politique centralisatrice des Habsbourg est battue en brèche.

Gábor Bethlen (1613-1629) poursuit la même politique et après quelques concessions aux Turcs, développe sagement l'économie de la principauté. Alors que la guerre de Trente Ans se développe, il n'hésite pas à s'allier aux princes protestants contre les Habsbourg. Il réussit même à se rendre maître de la Hongrie royale avant de signer un compromis avec Vienne.

Une troisième famille, les **Rákóczi**, continue la politique engagée par Bethlen : Georges Ier Rákóczi (1630-1648) et son fils Georges II Rákóczi (1648-1660). L'aventure malheureuse de ce dernier en Pologne entraîne la Transylvanie dans sa perte. La semi-indépendance de la principauté est terminée.

La révolution de 1848-1849

Diète de 1825-1827	La réunion de cette diète ouvre l'ère des réformes. Le comte István Széchenyi joue un rôle très actif pour moderniser le pays. La langue hongroise est déclarée langue officielle.
Diète de 1832-1836	**Lajos Kossuth** se présente à la diète de 1832. Il est arrêté par les conservateurs.
Diète de 1839	Cette troisième diète, après avoir libéré les détenus politiques, accorde le droit aux non-nobles de posséder des terres et d'exercer des fonctions administratives.
1841	Kossuth lance le journal libéral *La Gazette de Pest*.
1843-1844	L'Assemblée déclare le hongrois langue officielle. Cette décision provoque l'opposition des minorités nationales.
Février 1848	Révolution à Paris où la IIe République est proclamée.
15 mars 1848	Manifestation populaire à Pest. Un programme en 12 points visant à l'instauration d'une démocratie bourgeoise est voté.
17 mars 1848	Sous la pression des événements, l'empereur Ferdinand V nomme le comte **Lajos Batthyány** à la tête du gouvernement. Il confirme les lois votées par la Diète : abolition du féodalisme, constitution d'une assemblée nationale représentative, liberté de la presse, égalité des cultes et rattachement de la Transylvanie à la Hongrie.
Septembre 1848	L'armée impériale du général J. Jelaçic marche sur la capitale hongroise. Elle est stoppée à Székesfehérvár. Le général Lamberg, dépêché par Vienne, est tué par la foule à Pest. Kossuth prend la tête d'un comité de défense nationale.
Janvier 1849	L'armée impériale (François-Joseph a succédé à Ferdinand V) occupe la capitale. Le comité et l'assemblée se réfugient à Debrecen.
14 avril 1849	Kossuth fait voter la déchéance des Habsbourg.
Avril-mai 1849	L'armée hongroise reprend Pest et Buda.
Août 1849	L'empereur ayant demandé l'aide du tsar Nicolas Ier, l'armée hongroise, cernée, dépose les armes. Le comte Batthyány et 13 généraux sont exécutés. La Hongrie est placée sous l'autorité de Vienne.
29 mai 1867	Après la défaite de Sadová devant la Prusse, l'Empire cherche à apaiser l'agitation hongroise. Un traité dit de « compromis » met en place la double monarchie. – La Hongrie, la Croatie et la Transylvanie forment un État indépendant avec son gouvernement. Cet État reconnaît pour roi l'empereur d'Autriche. – L'État nouveau admet une armée commune, une politique étrangère impériale et un financement spécial des affaires communes.
1868	Loi sur les nationalités : égalité civique et reconnaissance de certains droits culturels et religieux.

La Hongrie après la Première Guerre mondiale

J.-L. Charmet/EXPLORER

1913	Gouvernement de **István Tisza**, qui avait déjà été 20 ans aux affaires.
1914-1918	L'Autriche-Hongrie en guerre aux côtés de l'Allemagne comptera un million de morts.
31 octobre 1918	Révolution bourgeoise démocratique et gouvernement de Mihály Károlyi.
21 mars 1919	Le parti communiste de **Béla Kun** installe une république des Conseils qui ne durera que 133 jours. Cette période restera comme celle de la « terreur rouge ».
Mars 1920	Avec l'aide de l'armée roumaine, **Miklós Horthy**, amiral d'un pays désormais sans rive maritime, s'établit comme régent du royaume de Hongrie. Une période de « terreur blanche » suivra.
4 juin 1920	Le **traité de Trianon**, imposé par les Alliés, prive la Hongrie des deux tiers de son territoire et de la moitié de sa population. Le ressentiment hongrois est à son comble. Il est en outre attisé par le régime d'Horthy qui fait du traité la cible principale de sa propagande. Hitler et Mussolini exploiteront cette situation.
	Première loi antisémite instaurant un *numerus clausus* dans les universités.
1938	Deuxième loi antisémite adoptée sous la pression du régime hitlérien, interdisant totalement aux Juifs l'accès à l'enseignement supérieur.
27 juin 1941	Déclaration de guerre à l'URSS.
1943	Contacts secrets de l'amiral Horthy avec les Alliés.
15 octobre 1944	Les Croix-Fléchées (nazis hongrois) prennent le pouvoir : persécutions et déportations de juifs suivent. 700 000 Juifs sont déportés en grande partie vers Auschwitz et Birkenau. Raoul Wallenberg, le consul de Suède à Budapest, en sauvera plusieurs milliers avant de disparaître enlevé par les Soviétiques.
1946	La république est proclamée. Zoltán Tildy devient président.
	Une nouvelle monnaie, le *forint* (monnaie actuelle), remplace le *pengő*.
1946-1953	Opposition entre les deux blocs, l'Est et l'Ouest, c'est le temps de la guerre froide. L'Armée rouge est bien présente en Hongrie.

L'insurrection d'octobre 1956

Le **23 octobre** marque le début de ce qu'il convient d'appeler l'insurrection d'octobre 1956. Un vaste soulèvement populaire réclame entre autres des élections libres, le départ des troupes soviétiques, la liberté de la presse. La police politique tire sur la foule. Le 24, Imre Nagy, le président du Conseil, promulgue la loi martiale et annonce qu'il va développer un « socialisme national et indépendant ». Le soulèvement gagne tout le pays. De Moscou arrive une délégation conduite par Mikoyan et Souslov. Le 25 octobre, János Kádár est nommé à la tête du parti communiste. La grève générale s'étend partout. La répression s'accroît. Nagy adopte la cause des contestataires.

Le 1er novembre, Nagy annonce la neutralité du pays et son retrait du pacte de Varsovie. Le 4 novembre, les chars russes investissent la capitale et écrasent l'insurrection. Kádár (réfugié en URSS) est nommé à la tête d'un gouvernement « révolutionnaire, ouvrier et paysan ». Nagy et ses ministres sont accueillis à l'ambassade de Yougoslavie. Il est prévu ensuite de les conduire vers la Roumanie en leur promettant l'impunité. En réalité, les Soviétiques vont les arrêter et les déporter en Roumanie. Jugés secrètement, ils seront condamnés à la peine capitale.

MTI Agency/MAGYAR KEPEK Kft

Imre Nagy

1948 Les pays « de l'Est » forment un bloc homogène avec l'URSS.

Commence la lutte contre l'Église. Le 26 décembre, le cardinal Mindszenty est arrêté sous l'inculpation de complot contre l'État.

1949 Mátyás Rákosi, le chef du parti communiste, devient chef du gouvernement. Procès du ministre de l'Intérieur, László Rajk, accusé de « titisme ». Ses anciens amis, dont János Kádár, le lâchent. Il est condamné à mort et exécuté.

1953-1955 La mort de Staline annonce une période de « dégel ». **Imre Nagy**, un communiste réformateur, devient Premier ministre. S'ensuit une période troublée marquée par la lutte incessante entre les réformateurs et les staliniens purs et durs. Nagy est exclu du Parti des travailleurs hongrois en mars 1955 et remplacé par Mátyás Rákosi.

1956 Un vent de liberté souffle notamment chez les intellectuels. László Rajk est réhabilité le 27 mars. Le 14 octobre, Nagy est réintégré au sein du parti.

16 juin 1958 Exécution d'Imre Nagy à Budapest avec plusieurs de ses compagnons.

1963-1988 Le parti dirigé par **János Kádár** prend des mesures de clémence. Kádár va ensuite entreprendre des réformes économiques et agraires. Il restera au pouvoir jusqu'en 1988, années pendant lesquelles il cherchera à éviter toute divergence avec l'URSS et à entretenir de bons rapports avec les Occidentaux, au point de lancer avec l'Autriche un projet d'exposition internationale sur le thème « Un pont vers l'avenir ». Le projet n'aboutira pas.

Dans les années 1980, le pays connaît des difficultés économiques. Il vit surtout grâce aux crédits occidentaux et son endettement est important. Une crise économique éclate en 1987. Le mécontentement grandit. Le 22 mai 1988, au cours d'une réunion extraordinaire du PSOH (parti communiste), Kádár est destitué.

1989 Le **3 mai**, à Hegyeshalom, le principal poste frontière entre la Hongrie et l'Autriche, le ministre des Affaires étrangères Gyula Horn et son homologue autrichien coupent symboliquement les barbelés qui séparaient les deux pays.

Le **16 juin**, Budapest réserve des funérailles nationales à la mémoire d'Imre Nagy et des victimes de 1956.

Le 6 juillet, la Cour suprême de Hongrie prononce officiellement sa réhabilitation, le jour même de la mort de János Kádár.

Dans la nuit du **10 au 11 septembre**, environ 70 000 Allemands de l'Est arrivés en Hongrie sont autorisés à rejoindre l'Allemagne occidentale en traversant l'Autriche.

Le **23 octobre**, la république populaire socialiste de Hongrie devient la **République hongroise**.

11 novembre 1989 La **chute du mur de Berlin** annonce la décomposition du bloc soviétique.

1990 8 mars : signature d'un accord prévoyant le départ des troupes soviétiques avant le 30 juin 1991.
Le **25 mars** et le **8 avril** ont lieu les premières élections libres : le Forum démocratique accède au pouvoir. József Antall devient Premier ministre. Árpád Göncz est élu président de la République par le Parlement. En novembre, la Hongrie entre au Conseil de l'Europe.

1993 La Hongrie devient membre associé à l'Union européenne.

1994 Élections législatives remportées par le parti socialiste. Gyula Horn devient Premier ministre et forme un gouvernement de coalition avec la Ligue des démocrates libres.

1998 Par référendum, les Hongrois se prononcent pour l'adhésion de leur pays à l'Otan.
Le FIDESZ MPP, parti de droite, remporte les élections législatives. Viktor Orbán devient Premier ministre.

13 mars 1999 La Hongrie entre officiellement dans l'Otan.

2000 Le Parlement élit un nouveau président de la République en la personne de Ferenc Mádl.

2001 L'adhésion de la Hongrie à l'Union européenne reste une question clé. Objectif en 2003 ?

Les visages de la Hongrie

Nichée au centre de l'Europe, la Hongrie se trouve à égale distance de l'océan Atlantique, de l'Oural, de la Méditerranée et de la mer Baltique. Elle s'étire au centre du bassin danubien, partageant 2 266 km de frontière avec sept États : l'Autriche à l'Ouest, la Slovaquie au Nord, l'Ukraine au Nord-Est, la Roumanie à l'Est, et au Sud la République fédérale yougoslave, la Croatie et la Slovénie.
Longue de 530 km, large de 270 km et d'une superficie de 90 066 km^2, la Hongrie se parcourt aisément d'un bout à l'autre.

LES PAYSAGES

La Hongrie n'a pas vraiment de frontières naturelles, hormis quatre cours d'eau : le Danube et l'Ipoly au Nord, la Drave et la Mura au Sud. Les plaines occupent les deux tiers de son territoire, dont 2 % seulement se trouvent à plus de 400 m d'altitude.
Par sa situation géographique, la Hongrie subit plusieurs influences. La tendance continentale domine, marquée par des hivers rigoureux : en janvier, le thermomètre descend de 0° à - 10 en moyenne. Certaines années, il peut atteindre - 20 et le Danube charrie des plaques de glace. En même temps, la moyenne d'ensoleillement fait de la Hongrie l'un des pays les plus favorisés d'Europe centrale (2 000 heures par an). C'est en juillet qu'il fait le plus chaud, avec une moyenne de 23.
La moyenne des précipitations (500 mm^3 par an) est plutôt faible, avec des nuances océaniques : le Nord et le Sud-Ouest du pays (800 à 900 mm^3 de pluie) sont les régions les plus arrosées, tandis qu'au centre, la sécheresse de la Grande Plaine (600 mm^3) annonce les steppes de l'Europe orientale.

La dorsale montagneuse

Du Nord-Est au Sud-Ouest, une chaîne montagneuse de 8 000 km^2 relie en diagonale les derniers contreforts des Alpes autrichiennes aux Carpates. Peu élevée, elle s'étage entre 500 et 800 m et comprend de petits massifs cristallins, calcaires et volcaniques, qui ont été fragmentés au tertiaire. Trois régions composent cet ensemble.

Le Danube

Deuxième fleuve d'Europe après la Volga, le Danube (Duna en hongrois) prend sa source en Forêt-Noire et parcourt 2 850 km jusqu'à la mer Noire. Appelé Duna en Hongrie, il traverse le pays sur un septième de sa longueur (428 km). Tous les autres fleuves y confluent, comme la Tisza, venue des Carpates, et la Drave (en hongrois : Dráva). Cette dernière borde la Transdanubie méridionale, marquant la frontière avec la Croatie sur 150 km. La plupart des autres affluents gagnent le Danube sur sa rive droite : Váli-Viz, Sió et d'autres modestes rivières. Le Danube est peu profond : 3 à 4 m en moyenne, pour 300 à 600 m de large. Si, durant sa traversée de la Hongrie, ce grand fleuve subit de très importantes pertes dues aux infiltrations et à l'évaporation, il est pourtant parfaitement navigable, et constitue depuis le Moyen Âge une voie de communication essentielle entre l'Est et l'Ouest de l'Europe. En 1992, l'ouverture du canal reliant le Danube au Main et au Rhin a créé une nouvelle voie fluviale reliant la mer du Nord à la mer Noire.

Les monts de l'Ouest – À l'Ouest du Danube, les massifs prennent différents noms : les monts Bakony, les Vértes, et le Pilis-Gerecse *(voir Transdanubie)*.

La boucle du Danube (Dunakakanyar) – Après avoir marqué au Nord la frontière entre la Hongrie et la Slovaquie sur 130 km, le Danube creuse son lit entre les monts Börzsöny et les Pilis. Il bascule à 90 degrés formant la courbe du Danube (Dunakanyar), en quittant Esztergom pour s'écouler entre Buda et Pest vers le Sud.

Les massifs du Nord – Le **Börzsöny** précède les collines du **Cserhát** où se blottit Hollókő, avec ses clochers de bois et ses maisons blanchies à la chaux. Couvert de chênes et de hêtres, le massif atteint sa plus haute altitude dans les monts **Mátra**, où le Kékestető culmine à 1 015 m. Les rudes paysages karstiques de **Bükk** et d'**Aggtelek**, qu'égayent les touffes de genévriers, s'étirent jusqu'aux monts de **Zemplén** : ceux-ci dominent le prestigieux vignoble de **Tokaj**, qui festonne les pentes douces de Hegyalja.
Dans les bassins qui séparent les massifs, les villes se sont développées autour des activités minières : houille, bauxite, lignite. Miskolc, troisième ville hongroise, exploite l'unique gisement de fer du pays (Rudabánya). Seul minerai rare, le manganèse est exploité à Úrkút.

Les massifs de cette dorsale sont limités au Sud par une grande faille qui a favorisé l'émergence de nombreuses sources thermales.
La Hongrie compte plus de mille sources chaudes, et en exploite près d'une centaine. Budapest détient un record mondial avec 128 sources qui alimentent 30 bains thermaux. Dès l'époque romaine, on connaissait leurs vertus médicinales. La culture des bains connut ensuite une éclipse, avant de connaître un regain de faveur à la fin du Moyen Âge, puis sous l'occupation turque. De véritables centres de soins furent construits aux 18e et 19e s. Les bains connaissent aujourd'hui un nouvel essor et 125 nouveaux centres ont été ouverts en trois ans.
Les localités qui recèlent des sources thermales se reconnaissent à leur suffixe *–füred* ou *–fürdő*. Parmi les sources les plus connues, citons : Budapest, Balatonfüred, Eger, Hévíz, Miskolctapolca et Parádfürdő.

La Grande Plaine

Limitée par le Danube et les massifs du Nord, l'**Alföld** s'étend jusqu'aux frontières de la Roumanie, de la Serbie et de la Croatie : elle couvre plus de la moitié du pays (50 800 km^2). C'est un vaste bassin du tertiaire, comblé au quaternaire par des formations marines, lacustres, fluviales et éoliennes. Son point culminant (182 m) se trouve au Nord-Est, près de Debrecen ; son point le plus bas (76 m) est situé au Sud, près de Szeged.

Un paysage modelé par l'homme – Du Nord au Sud, la Grande Plaine est traversée par le second fleuve hongrois, la **Tisza** : elle prend sa source en Ukraine pour rejoindre le Danube, 1 300 km plus bas. C'est la rivière « blonde », ainsi dénommée à cause du sable qu'elle charrie, et qui s'est aggloméré en dunes sous l'effet du vent.
Jadis, la Grande Plaine était dénommée *puszta*, ce qui signifie « terrain nu », « désert » : en effet, son paysage a payé un lourd tribut à l'occupation turque. Dévastée par les troupes ottomanes de Soliman le Magnifique après la bataille de Mohács en 1526, la région n'a été reconquise qu'à la fin du 17e s. Entre-temps, sa prairie marécageuse avait été saccagée, sa population décimée. La Grande Plaine était en voie de désertification au 19e s., période où des artistes ont exalté sa beauté sauvage, tel Sándor Petőfi (1823-1849) qui a dédié à la Grande Plaine plusieurs poèmes. Les couleurs sèches et vibrantes des tableaux de József Tornyai (1869-1936) restituent également l'aridité de cette région, lorsqu'elle n'était pas encore cultivée.
Depuis un siècle, une savante révolution agricole a bouleversé la physionomie de la Grande Plaine : des barrages, construits dans les années 1960 en amont de la Tisza, ont permis de réguler les crues dévastatrices de la rivière, tout en développant l'irrigation. Des rizières, des acacias, des peupliers ont été plantés comme rideaux protecteurs pour fixer le sable et valoriser les sols médiocres, tandis que se développait la culture extensive des céréales, des fruits et des légumes. Signe de cette vitalité retrouvée, des villages au plan à damier se sont développés, qu'encerclent aujourd'hui des maisons neuves.

La « puszta » – De la steppe désolée de naguère, il ne reste à présent que deux enclaves : le parc national de l'Hortobágy (80 000 ha), à l'Ouest de Debrecen, et celui de Bugac, au Sud-Ouest de Kecskemét (16 000 ha). Ces landes sablonneuses, parsemées de marais et d'étangs salés, gardent un caractère sauvage.
Le **parc de l'Hortobágy** constitue la plus vaste steppe d'Europe centrale : l'élevage traditionnel des **moutons** aux longues cornes torsadées *(racka)* se pratique encore, de même que celui des bœufs à robe grise : une ancienne race hongroise, réputée infatigable, qui sert de banque de gènes pour les croisements avec d'autres races.
Les gardiens, montés sur des chevaux *nóniusz*, sont accompagnés de *puli*, **chiens de berger** au poil long et frisé de couleur noire ou blanche. Le *pumi* à livrée gorge-de-pigeon, le *komondor* à poils blancs et le *kuvasz* blanc et brun sont trois autres races de chiens typiques de Hongrie. Le parc abrite aussi plus de 230 espèces d'**oiseaux** : canes, hérons, outardes, grandes oies à gorge blanche.
La puszta de **Bugac** est la partie la plus visitée du parc de Kiskunság, protégé comme bioréserve par l'Unesco.
Interdite aux voitures, c'est le domaine des bergers à cheval, dont les visiteurs peuvent admirer les spectacles équestres.

Le Sud, « verger du pays » – Extrêmement productive, la Grande Plaine se voue à une agriculture à hauts rendements, qui en fait l'une des régions les plus fertiles de la Hongrie. Entre le Danube et la Tisza, le **Nagykunság** (Grande Coumanie) bénéficie d'un sol de lœss où poussent des céréales (blé, maïs, riz). Oasis de verdure, **Kecskemét** est entourée de vignes et d'abricotiers dont la ville tire sa célèbre eau-de-vie *(barackpálinka)*. **Szeged** la méridionale est la principale productrice de paprika : dans les villages, la tradition veut qu'à l'automne on accroche ce piment aux fenêtres qui s'ornent ainsi de guirlandes rouge vif. Le sous-sol procure du pétrole, du gaz naturel, et de l'énergie géothermique (serres, chauffage urbain).

PICTOR

Lac Balaton

La rive orientale de la Tisza – C'est la région du **Nyírség**, qui se voue aux plantes industrielles (tabac, blé, tournesol, betterave sucrière) et aux vastes plantations de pommiers. Les troupeaux d'oies y prennent le frais sous les arbres, comme partout en Hongrie. L'élevage de porcs, de canards, de dindes, de pintades complète cette mise en valeur intensive du terroir. Au Nord-Est, **Debrecen** est la seconde ville de Hongrie après Budapest.

La Transdanubie

Des contreforts alpins au Danube, cette région appelée **Dunántúl** (32 000 km²) occupe la partie occidentale du pays. C'est sur ce territoire que les Romains avaient établi la Pannonie.

Le lac Balaton – Au cœur de la Transdanubie, terre de plaines et de collines, s'étend la plus grande « mer intérieure d'Europe » (598 km²). La formation du lac, à la suite d'éruptions volcaniques, remonte à l'ère tertiaire. Long de 74 km, sa largeur fluctue entre 1,5 km (devant la presqu'île de Tihany) et 12 km. Sa profondeur varie également, de quelques centimètres au Sud à plus de 12 m au Nord, près de Tihany.
Situé à 100 km seulement de Budapest, le Balaton offre 256 km de côtes et un climat particulièrement agréable : durant quatre mois, de mai à septembre, la température de l'eau avoisine 25°. C'est le site de villégiature favori des Hongrois, avec le lac Velence situé au Nord-Est (420 ha).
Le lac Balaton abrite 42 sortes de poissons, parmi lesquels le fogas, une variété de sandre, la carpe, le sterlet, la brème, le poisson-chat et l'anguille. Avec le barbarin et le silure, ce sont les espèces de poissons les plus répandues du pays.

L'architecture paysanne

L'installation des Magyars dans le bassin du Danube, au terme d'un nomadisme de plusieurs siècles, a marqué le début d'un habitat fixe, avec des matériaux trouvés sur place. En Transdanubie, on utilisait le bois et la pierre. Dans la Grande Plaine, la maison de terre, longue et sans étage, a longtemps constitué l'habitat traditionnel. On compressait la boue dans des coffrages pour faire les murs. Le toit était fabriqué avec des roseaux ou de la paille. À l'intérieur, dans la grande salle commune, on installait un foyer sans cheminée, la fumée s'échappant librement par les interstices du toit. Des galeries furent accolées à la façade de la maison.
Plus tard, pour accompagner le développement de l'agriculture, on bâtit des fermes d'été à l'extérieur des villages : ces *tanyas*, blanchies à la chaux et disséminées dans les champs, se transformèrent peu à peu en habitat permanent. Ce patrimoine a beaucoup souffert de l'invasion ottomane, puis du sous-développement durant la monarchie austro-hongroise et enfin d'une industrialisation très rapide. Dans les bourgades, les maisons en pisé ont cédé la place à des quartiers modernes. Celles qui subsistent sont souvent transformées en maisons de campagne. À Szentendre et Zalaegerszeg, des maisons paysannes ont été reconstituées dans des musées de plein air.

Au Nord du Balaton – Le relief apparaît comme une succession de petits massifs : le Pilis-Gerecse, le Vértes et les monts Bakony, d'origine volcanique. Les paysages évoquent l'Autriche : **Székesfehérvár** est une ancienne ville royale, tout comme **Veszprém**, qui regorge de maisons et d'églises baroques. Sur les rives verdoyantes du Balaton poussent la vigne et les arbres fruitiers. La presqu'île de **Tihany** est l'un des plus jolis sites du Balaton : recouverte de peupliers, d'acacias et de champs de lavande, elle conserve une allure sauvage. Des sources gazeuses se jettent dans le lac, dont l'eau douce, légèrement alcaline, a fait la réputation de plusieurs stations balnéaires. La plus réputée, **Hévíz**, est située à l'Ouest du Balaton, au bord du plus grand lac d'eau chaude d'Europe (47 000 m^2).

La Transdanubie méridionale – Moins accidentée, la rive Sud du Balaton comporte quelques plages aménagées, notamment à **Siófok**. Au Sud-Est, la zone marécageuse du Kis-Balaton déploie ses roseaux, où de nombreuses espèces d'oiseaux trouvent refuge. L'influence méditerranéenne se fait sentir lorsqu'on descend vers **Pécs**, adossée au petit massif karstique de **Mecsek**. Dans les monts **Villány**, figuiers et amandiers se marient avec la vigne, évoquant la Toscane.
Outre ses richesses agricoles, la Transdanubie possède un intéressant sous-sol : gaz naturel, manganèse, uranium, bauxite et quelques nappes de pétrole.

La Petite Plaine

Au Nord-Ouest des monts Bakony, le **Kisalföld** (8 403 km^2) est une plaine de remblaiement tertiaire et quaternaire, qui s'articule autour de **Sopron** et du **lac Fertő** (322 km^2). Aux deux tiers caché par les roseaux, ce lac marque la frontière avec l'Autriche où il prend le nom de Neusiedler See – la Hongrie n'en possède que 23 km^2.
La Petite Plaine bénéficie d'un climat relativement doux, qui en fait l'une des régions les plus verdoyantes de Hongrie. Chênes et hêtres poussent sur les sols pauvres, tandis que s'étendent jusqu'au Danube les exploitations vouées à la production intensive : céréales, maïs, betteraves sucrières, plantes fourragères, pommes de terre, vaches, porcs. Pourtant, l'agriculture a moins bouleversé le paysage que dans la Grande Plaine : la polyculture l'emporte, les fermes sont de taille moindre, les bourgades restent des marchés agricoles.
Épargnée par l'occupation turque, la Petite Plaine conserve des cités à l'architecture médiévale quasi intacte, telles **Kőszeg** et **Sopron**, des églises gothiques et des palais baroques comme **Fertőd**, le « Versailles hongrois ». Culturellement, cette région reste proche de l'Autriche dont elle n'est séparée que depuis le référendum de 1921 : ici, la population parle le hongrois et l'allemand, et les villages ont la même allure des deux côtés de la frontière.

LES HABITANTS

Portrait démographique – La Hongrie comptait 10,1 millions d'habitants en 1998, soit une densité moyenne de 109 habitants au km^2. Comme dans de nombreux autres pays d'Europe, depuis une vingtaine d'années, le taux de natalité est en diminution constante.
Par ailleurs, si en 1920, 49 % des Hongrois vivaient en ville, ils sont 63 % aujourd'hui. L'industrialisation, très rapide durant l'après-guerre, a eu recours à la main-d'œuvre rurale, sans faire appel à l'immigration.
Budapest compte 2 millions d'habitants, soit un cinquième de la population du pays. Son importance démesurée s'explique facilement : c'est à la fin du siècle dernier que la capitale a vu sa population enfler de façon spectaculaire, alors qu'elle était le cœur politique et économique d'un pays trois fois plus grand, en plein essor économique. En comparaison, les principales agglomérations du pays ne suivent Budapest que de loin : Debrecen (210 000 hab.), Miskolc (182 000 hab.), Szeged (170 000 hab.), Pécs (168 000 hab.) et Győr (130 000 hab.).

Les Magyars – Longtemps pluriethnique, la Hongrie a été amputée de 61 % de sa population par le traité de 1920. C'est aujourd'hui un pays très homogène : 97 % des habitants sont de souche et de langue magyares.
À cause du traité de Trianon qui mit fin à l'empire multiethnique des Habsbourg, d'importantes minorités hongroises vivent aujourd'hui dans les États limitrophes de la Hongrie : plus de 2 millions en Roumanie, environ 700 000 en Slovaquie, 400 000 en Serbie, 200 000 en Ukraine, et quelques dizaines de milliers en Croatie et en Slovénie. En outre, la Hongrie est, avec la Russie, le pays européen qui compte le plus de nationaux en dehors de son territoire (environ 1,5 million de personnes en Europe et dans les deux Amériques).

Les Tziganes – Ce groupe ethnique reste la principale minorité de Hongrie.
Les statistiques officielles recensaient 143 000 Tziganes en 1990, mais en réalité, ils sont beaucoup plus nombreux, quoique les chiffres restent invérifiables : entre 450 000 et 800 000 personnes, soit 5,2 % à 7,3 % de la population hongroise.

Originaires du Nord de l'Inde, les Tziganes sont arrivés en Hongrie par vagues, du 15e au 17e s. Ils parlent une langue qui a des similitudes avec le sanskrit. Malgré les tentatives d'intégration effectuées par le régime communiste, ils sont restés en marge, concentrés à la périphérie des grandes agglomérations. À Miskolc, ville industrielle du Nord-Ouest, ils représentent environ 15 % de la population : un record avec Debrecen et Nyíregyháza, à l'Est du pays.

Très peu scolarisés, les Tziganes ont été durement touchés par le chômage depuis l'introduction de l'économie de marché à la fin des années 1980.

LA LANGUE HONGROISE

La famille finno-ougrienne – Par ses origines, la langue hongroise est presque unique en Europe : elle n'a aucun rapport avec les langues néolatines, germaniques et slaves. En effet, elle appartient à la famille finno-ougrienne, tout comme l'estonien, le finnois et le carélien : au total, une quinzaine de langues, toutes parlées dans des contrées nordiques, de la Sibérie occidentale à la Norvège... sauf le hongrois.

Le creuset primitif des langues finno-ougriennes fut la steppe comprise entre l'Oural et le cours moyen de la Volga. Sur ce vaste territoire, l'unité linguistique des populations se brisa vers le milieu du 1er millénaire, sous l'effet des migrations. Aujourd'hui, ce sont les différences qui l'emportent entre ces langues : un Finnois et un Estonien parviennent à se comprendre, mais le hongrois reste pour eux une langue étrangère.

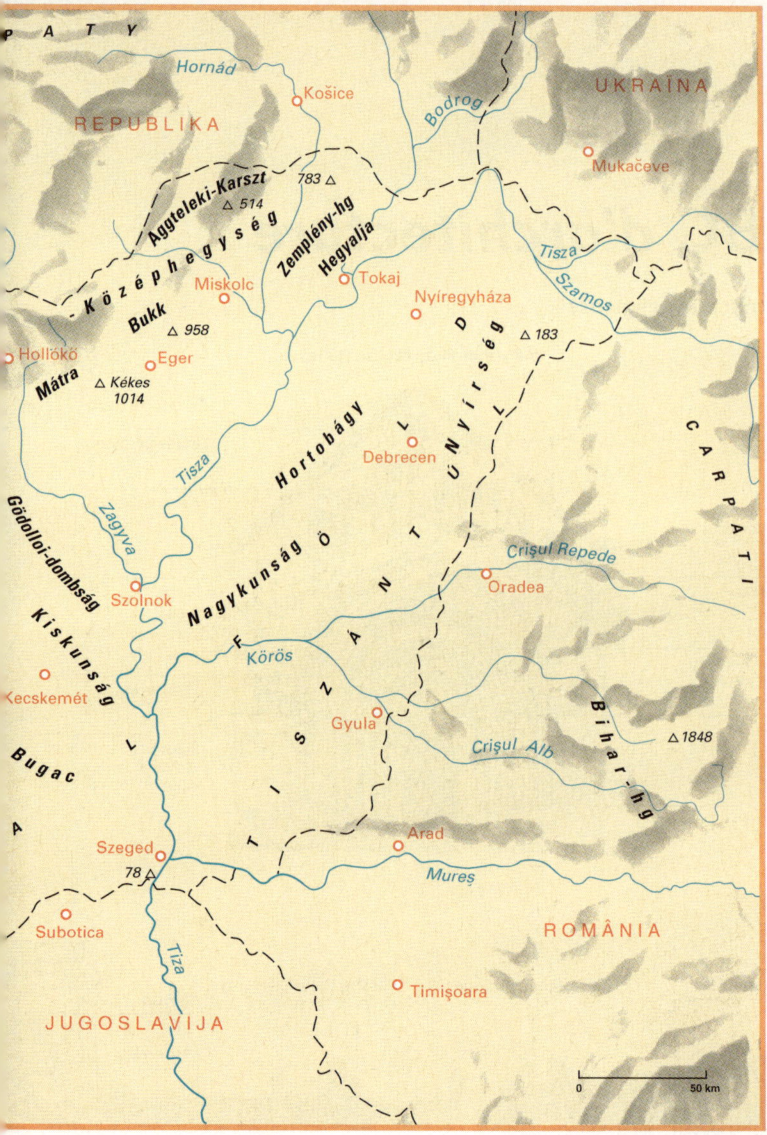

Le hongrois moderne – Il porte la trace des contacts millénaires que les Magyars ont entretenus avec d'autres peuples : dans la région de l'Oural, ils ont fait des emprunts aux populations parlant un indo-européen de la lignée indo-iranienne. Plus tard, les peuplades turques et slaves ont innervé la langue hongroise de milliers de mots.
En outre, les élites ont joué un rôle essentiel dans le renouveau de la langue hongroise : le premier document connu comprenant des mots hongrois est la lettre de fondation de l'abbaye de Tihany, en 1055. Cette langue ne s'est vraiment substituée au latin qu'après la Renaissance, notamment dans la littérature. Au début du 19e s., une réforme acharnée a été entreprise par l'écrivain Ferenc Kazinczy, parmi d'autres défenseurs de la langue. Pour enrichir le hongrois dans le domaine des expressions abstraites, de nouveaux termes ont été forgés, issus du patois ou créés par analogie. Près de 10 000 mots ont ainsi été intégrés à la langue moderne.

ABC d'architecture

Architecture religieuse

JÁK – Portail de l'Église (13e s.)

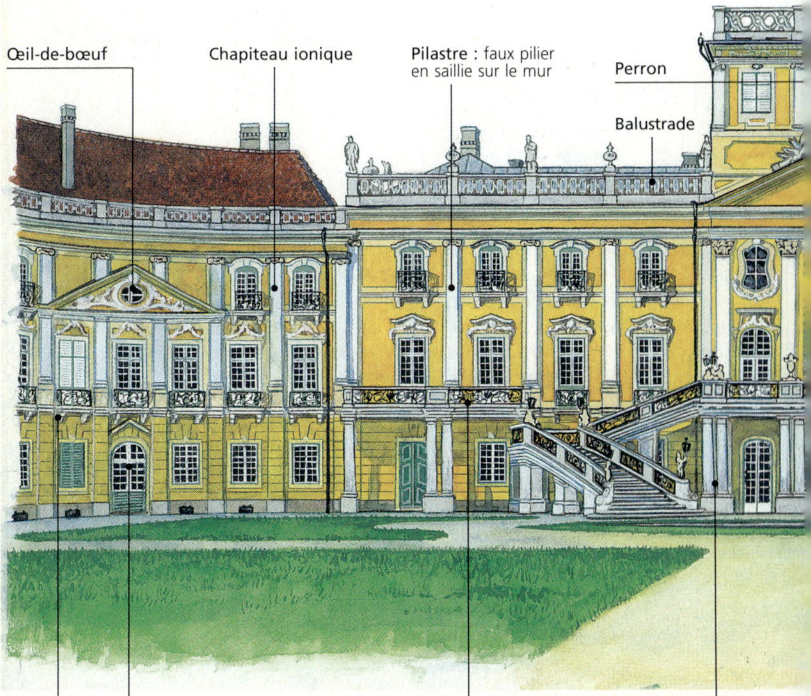

ESZTERGOM – Chapelle du Château royal (12e s.)

Architecture civile

FERTŐD – Ancien château Esterházy (18e s.)

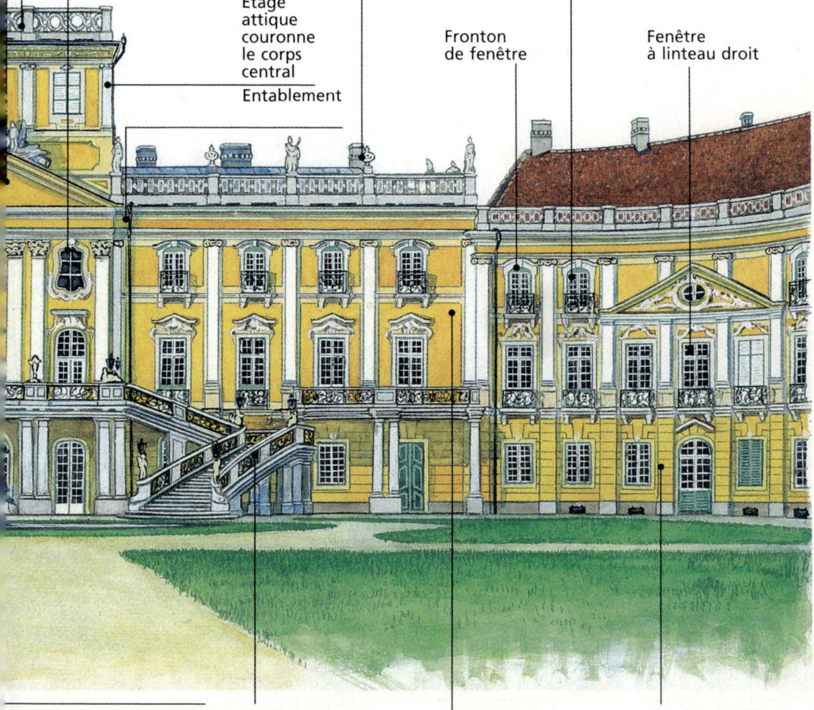

M. Guillou/MICHELIN

SAROSPATAK – Escalier couvert du château (16e s. - 17e s.)

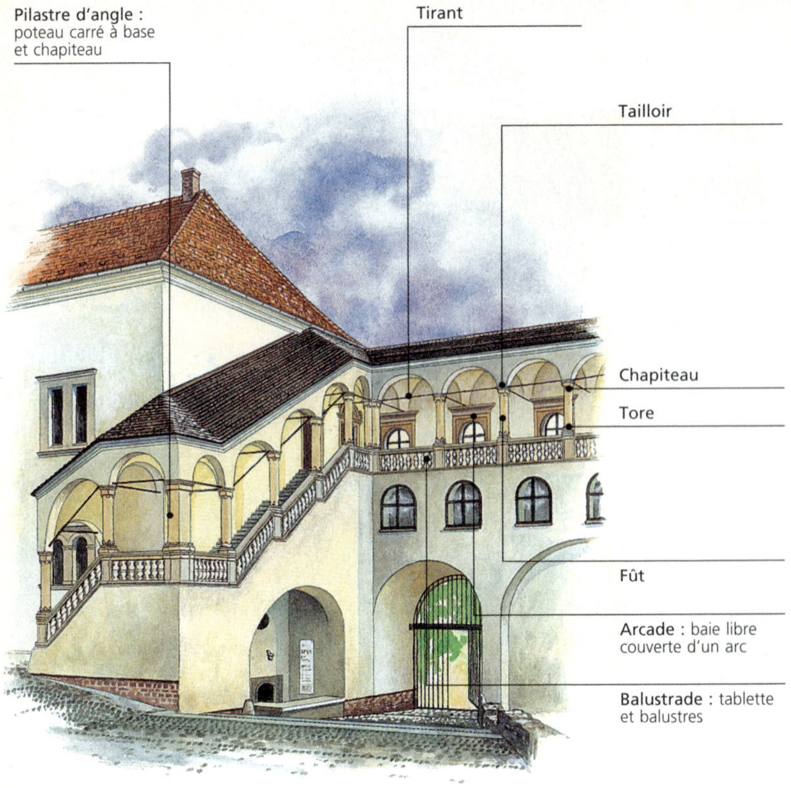

BUDAPEST – Opéra (fin 19e s.)

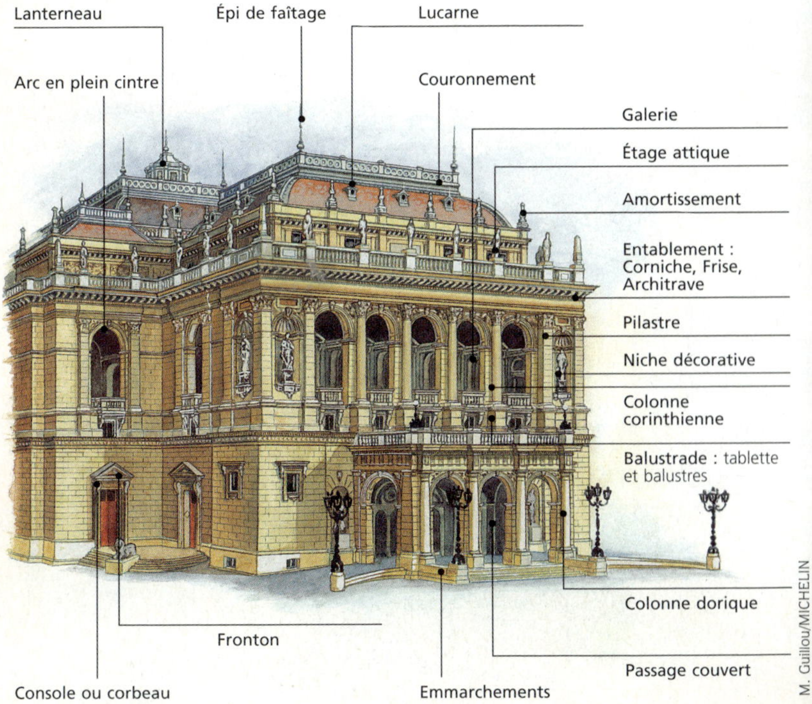

BUDAPEST – Ancienne Caisse d'Épargne de la Poste (fin 19e s. - début 20e s.) – style Sécession

Toit en majoliques : éléments de faïence de Szolnay décorés de dessins, guirlandes et fleurs colorés

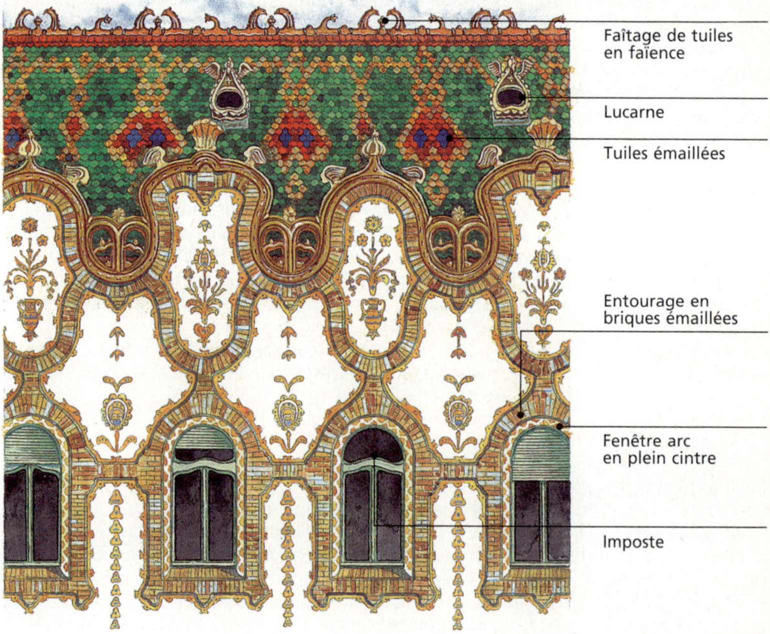

Architecture religieuse

PÁKS – Église (20e s.)

Style organique hongrois : architecture dont la symétrie s'inspire des organismes vivants et notamment humains

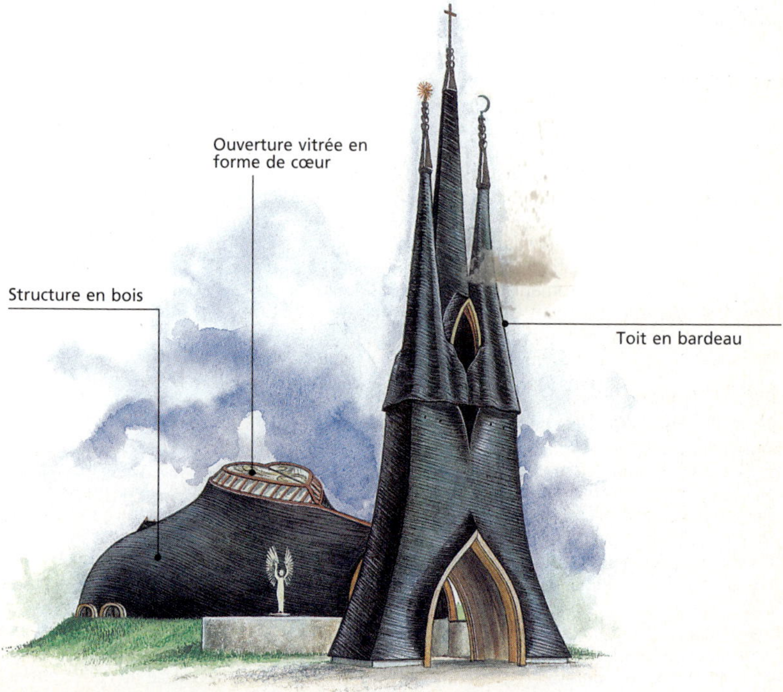

M. Guillou/MICHELIN

La Hongrie et les arts

La Hongrie a été un lieu de passage, un carrefour où se sont croisées des tribus venant des différents points cardinaux. Elle a été un lieu de confrontation, où les pouvoirs se sont substitués à d'autres pouvoirs, où des peuples sont passés, se sont arrêtés, ont été chassés, ont placé les marques de leurs cultures, de leurs modes de vie, de leurs habitudes, ont abandonné leurs objets quotidiens, enterré leurs morts. Ceux qui se sont implantés là pour y habiter sont partis en conquête, sont revenus victorieux ou vaincus. Ils ont voyagé, échangé. La Hongrie est un pays riche d'inspirations diverses apportées, importées, inventées. Ceux qui s'appellent aujourd'hui les Hongrois ont au travers de toutes les vicissitudes de l'histoire formé un peuple qui a su affirmer son intelligence, son originalité, sa personnalité, en un mot son génie.
Garder vivante une langue parlée par douze millions de personnes quand le monde compte plusieurs milliards d'individus est déjà une gageure. Faire que cette langue produise autant d'œuvres littéraires, poétiques qui enrichissent le patrimoine mondial est la preuve de la force imaginative des Hongrois. Faire qu'elle porte les inventions, les découvertes scientifiques de ses citoyens parmi les plus importantes du 20e s. sur la scène internationale en confirme la vitalité.
La littérature, la poésie, mais également la peinture, la sculpture, l'architecture et aussi ce grand art que l'on appelle, avec quelque condescendance, populaire ou folklorique, ont toujours exprimé fortement l'âme hongroise.

AVANT L'OCCUPATION ROMAINE

C'est à 25 km de Budapest, à Vértesszőlős, qu'ont été découverts les restes de Samuel, le premier homo erectus, également appelé homo sapiens paleohungaricus, un des premiers hommes à marcher debout, déjà doté d'une intelligence imaginative puisqu'il utilisait le feu, fabriquait les premiers artefacts, les premiers objets d'art locaux.
Plus tard, vers 35 à 40 000 ans avant J.-C., d'autres néandertaliens se sédentarisèrent aux environs de Érd (banlieue de Budapest) et dans les monts des Bükk, chassant, pêchant, s'abritant dans les grottes et fabriquant eux aussi outils et instruments de chasse. Mais c'est plus à l'Est, dans la Grande Plaine, que la civilisation s'épanouit. Les fouilles dans la vallée de la Tisza ont mis au jour des vestiges néolithiques et découvert de véritables objets d'art comme la *Divinité à la faucille*, qui date de 3 500 à 4 000 ans avant J.-C.
Les Celtes arrivèrent aux 3e et 4e s. en important le tour qui permit de fabriquer des poteries révélant aussi la force de leur imagination. Ils se faisaient enterrer avec armes et chevaux ; aussi les fouilles ont-elles livré quantité de témoignages de leur art. Toutes ces richesses sont visibles au Musée national de Budapest.

L'OCCUPATION ROMAINE

Les Romains occupèrent une partie des territoires qui forment aujourd'hui la Hongrie et s'implantèrent sur la partie Ouest de la Hongrie actuelle qu'ils appelèrent Pannonie. Ils y restèrent près de cinq siècles. Ils se retirèrent au début du 5e s., non sans avoir marqué le pays et sa population. Parmi les villes de l'époque romaine qui ont conservé des vestiges plus ou moins importants, on peut citer : Intercisa (Dunaújváros), Savaria (Szombathely), des routes, et le sanctuaire d'Isis, Aquincum, ancienne cité civile capitale de la Pannonie inférieure, située dans le quartier d'Óbuda à Budapest.
Les Romains construisirent des fortifications le long des *limes* (frontières) qu'ils avaient fixés. Il reste de leur passage toute une statuaire représentant les dieux qu'ils honoraient ainsi que de nombreuses pierres tombales. Pendant cette époque romaine, quelques foyers de christianisation s'organisèrent aux 2e et 3e s. En 492 arrivèrent les Huns, et la population romanisée quitta la Pannonie. Se succédèrent alors Ostrogoths, Lombards, Avars... Puis vint Charlemagne, qui étendit l'Empire franc jusqu'à la Tisza.

LE STYLE ROMAN

La fin du 10e s. et le début du 11e s. marquent l'avènement des descendants d'Árpád. La conversion de Géza, le baptême de Vajk son fils, qui devint István (Étienne) et reçut la couronne de roi des mains de l'envoyé du pape, conduisirent la Hongrie à intégrer le monde chrétien. Le roi organisa le pays en *vármegye*, comitats appartenant au château. Ces comitats correspondent aujourd'hui aux départements. Le règlement de ces unités administratives obligeait les habitants au baptême et à construire une église pour dix villages. À cette époque, le roi octroyait d'importantes sommes aux monastères et aux églises. Des ecclésiastiques, moines ou prêtres, sont invités de France ou d'Italie et, jusqu'à l'invasion des Mongols, l'art roman s'épanouit en Hongrie (abbaye de Pécsvárad, crypte de l'abbaye de Tihany).
C'est sous Béla III que les réalisations reçurent le plus de soutien du roi. Veuf d'Agnès (ou Anne) de Châtillon, il épousa en secondes noces Marguerite Capet. Moines, maîtres et ouvriers français vinrent ensuite construire et décorer palais et églises. On peut parler

K. Szelényi/MAGYAR KEPEK Kft

Abbaye de Bélapátfalva

d'école bourguignonne et d'école normande. De cette période datent l'agrandissement de Kalocsa, Eger, Győr, l'église de Ják (1212), la chapelle royale d'Esztergom, le début de la construction de Pannonhalma, l'abbaye cistercienne de **Bélapátfalva**, construite par des cisterciens français en 1232 et qui figure parmi les plus beaux exemples du roman, Zsámbék, construite par la famille française Aynard venue dans la suite de Marguerite Capet.
À cheval sur deux époques et deux styles, l'église de l'ancienne abbaye des prémontrés à Ócsa est un rare exemple de construction marquant la fin du roman et le début du gothique. Le chœur montre des fragments de fresques du 13e s.

LE STYLE GOTHIQUE

L'architecture gothique hongroise s'est développée un siècle plus tard que son inspiratrice française. Pour des raisons techniques vraisemblablement, elle est plus simple mais moins sévère que la germanique. Il en reste peu de traces, les restes originaux ayant été repris dans des restaurations baroques.
Parmi les exemples à retenir : la chapelle du château de Siklós qui dans cet univers fermé du château est un exemple clair et lumineux. Le Püspöki Palota dans l'enceinte du château d'Eger a conservé sa galerie gothique ainsi que le Királyi Palota (palais royal) de Visegrád. À Buda, sur le site du château, l'église Mathias ne conserve que quelques éléments d'origine, de même le cloître de l'église Szent Miklós (St-Nicolas) intégré dans l'hôtel Hilton. Côté Pest, à l'extrémité du pont Élisabeth, l'église paroissiale de la ville, construite sur les ruines d'une église romane, conserve une chapelle latérale gothique et plusieurs ouvertures ogivales. À remarquer dans cette église une curiosité non gothique, la présence d'un *mirhab*, souvenir du temps où l'église était devenue mosquée.
À Sopron, l'église Szent Mihály a subi les injures non du temps ou des Turcs, mais celle de la famille Storno qui y a sévi, ajoutant même un clocher. À Nyírbátor, le Református Templom dans sa sobriété offre une magnifique dentelle de nervures gothiques qui couvrent la voûte.

LE STYLE RENAISSANCE

Mathias Corvin fut élu roi à 15 ans. Il ne tarda pas à faire preuve des qualités de sagesse et de force attribuées au corbeau du blason familial. Il y ajouta son goût pour les livres, les nouveautés, et transforma la cour en un lieu de culture. Il fit venir des artistes d'Italie, Camicia, Chimenti, Giovanni Dalmate, etc, transforma le château de Buda, ainsi que celui de Visegrád dont la réputation dépassa les frontières. Beaucoup d'éléments Renaissance, cheminées, sols, sculptures, sont visibles au musée du château. À Esztergom, la chapelle Bakócz est un bel exemple de l'art de la Renaissance.

LA PÉRIODE TURQUE

Elle fut malheureuse pour bon nombre de monuments dont il ne reste parfois que le souvenir ou quelques pierres. Les Turcs ont transformé les églises en mosquées qui par la suite furent rendues au culte chrétien. C'est le cas de l'église de Szigetvár. Par contre, à Pécs, celle que l'on appelle l'église-mosquée était à l'origine une mosquée. Toujours à Pécs, un autre petit édifice d'origine turque, bien conservé, est la mosquée de Jakovali Hasszan. À Eger, le minaret est le seul vestige de la mosquée. À Budapest, les bains Rudas et Király sont de très beaux exemples de la période ottomane.

LE BAROQUE

Le baroque s'est épanoui en Europe entre 1600 et 1800. En Hongrie, ce que l'on appelle le baroque précoce a pu voir le jour dans la partie que n'occupaient pas les Turcs dès 1630 jusqu'en 1710, les deux autres périodes importantes de ce style étant le baroque « mûr » de 1710 à 1760 et le baroque tardif de 1760 à 1800.
Le baroque dans ses différentes expressions, musique, danse, peinture, habillement, a été considéré comme « l'art du paraître ». L'homme baroque doit « paraître ce qu'il est, mais surtout être ce qu'il paraît ». De cet esprit, l'architecture n'a retenu que l'importance du paraître. Elle est surtout une représentation à tel point que l'artifice y est la règle. Le trompe-l'œil remplace la réalité. C'est l'art du faux-semblant. Le marbre n'est pas du marbre, le bois est faux, les vraies structures du bâtiment sont souvent remplacées par de fausses colonnes, de faux pilastres, et *a contrario*, des colonnes apparemment vraies ne supportent rien. Si l'architecture baroque ignore la fonction et ses exigences, elle traite cependant l'espace ou les espaces au point d'en faire des espaces architecturaux. Elle crée des lieux où la personne se sent exister dans une relation avec son environnement. Il est pratiquement impossible de rester étranger à un lieu baroque.
Quelques exemples de chacune de ces périodes permettront de mieux appréhender les villes hongroises. Il faut aussi savoir que des constructions d'apparence baroque sont le résultat d'une volonté d'annexion de la Hongrie par la maison des Habsbourg qui a fait disparaître sous les stucs, les ornements et les décors, des éléments du patrimoine hongrois qui avaient échappé à la destruction.

Le baroque précoce – Il est surtout présent à Sopron : la tour du Feu, la maison Storno, l'hôtel particulier de la famille Esterházy ; à Győr, l'église St-Ignace.

Le baroque « mûr » – Présent dans toutes les villes de Hongrie, il s'exprime par des formes arrondies, dynamiques. Les plans s'appuient sur des courbes que l'on retrouve dans les parties verticales, les colonnes torses, tout ce qui contribue à l'accentuation des dimensions. La décoration utilise les effets d'ombre et de lumière et cherche à surprendre par de fausses perspectives, des trompe-l'œil, un excès dans les dimensions, l'interpénétration des volumes, tout ce qui participe de l'apparence. Quelques exemples de cette époque :
À Budapest : l'église de l'Université (Egyetemi Templom) ; l'église Ste-Anne ; l'hôtel de ville construit par Martinelli ressemble plutôt à un baroque précoce, les volumes sont simples, de grands couloirs voûtés distribuent des pièces et des salles. À Eger : l'église des Minorités, l'un des plus représentatifs édifices baroques de Hongrie ; l'hôtel du département réalisé par Heinrik Fazola de même que les grilles en fer forgé. À Ráckeve : le château du prince Eugène de Savoie (aujourd'hui un restaurant) ; à Gödöllő : le château royal ; à Győr : l'église des carmélites ; à Fertőd : l'ancien château Esterházy.

Le baroque tardif – Le **style copf** lui est associé. Ce style est une expression apurée du baroque ; c'est une variante d'Europe centrale dont le nom provient du fait qu'il utilise comme élément décoratif des copf ou guirlandes. De plus, ce style simplifie l'architecture en réduisant les plans de façades et les parties en relief au point de remplacer les colonnes par des pilastres ou même de peindre ces éléments sur le mur. L'architecte qui a mis ce style en valeur est **Franz Anton Hildebrandt** (1719-1797), qui fut architecte de la cour royale et intendant de toutes les grandes opérations.
Les exemples en sont à Buda le Palais royal, à Szombathely et à Vác la cathédrale, à Székesfehérvár, le palais épiscopal, dont l'architecte est Jakab Rieder.

19e ET 20e SIÈCLES

L'architecture classiciste – Cette période s'exprime en intégrant dans l'architecture des éléments de l'école classique, colonnes, frontons, ordres codifiés. Elle couvre la première moitié du 19e s. Une façon de rompre avec le baroque et l'hégémonie des Habsbourg qui a suivi la domination ottomane. La Hongrie reprend ses esprits, la classe noble locale devient entreprenante, s'enrichit et le montre. Il est dit : « en Europe le style classique est rigoureux, en Hongrie il est plein d'esprit ». Cette architecture marque la fin du féodalisme sous ses différentes formes et donne le départ d'une période d'activité et de développement.
Cette époque est caractérisée par quelques grands noms d'architectes. **Mihály Pollack**, auteur de l'hôtel du hépartement de Szekszárd, du Musée national de Budapest ; **József Hild**, qui construisit de nombreux immeubles d'habitation, des bâtiments publics. Après avoir réalisé la cathédrale d'Eger, il participa aux derniers travaux de la cathédrale d'Esztergom.

Le style romantique – Il couvre la fin du 19e s. Il s'oppose à la rigueur de l'architecture classiciste et s'emploie à satisfaire l'imagination, l'émotion face à la raison. Il introduit un certain exotisme et des rappels du passé.
Miklós Ybl, formé à Vienne et à Munich, travaille dans l'atelier de Mihály Pollack, puis prend son indépendance : c'est le grand architecte de l'époque. Il gagne le concours pour la construction de l'opéra de Pest, construit ce qui à l'époque était l'hôtel des Douanes et est devenu l'université des sciences économiques implantée sur la rive gauche du Danube face à l'hôtel Gellért. Les grandes réalisations de Ybl sont connues,

mais deux œuvres, modestes par leurs dimensions, expriment ses qualités d'architecte : l'église Szent István à Nagycenk et l'église Réformée à Kesckemét. Dans leur simplicité et leur austérité, elles délivrent chacune un espace intérieur très dense.

Imre Steindl est l'architecte du parlement de Budapest, grande construction de style néogothique dont l'intérieur est richement décoré et peint.

Samu Petz construit, lui, dans la suite de Gustave Eiffel des marchés où s'associent la structure métallique en fonte au remplissage de briques et de verre. C'est le cas du grand marché couvert de Budapest situé à proximité de l'université des sciences économiques.

Albert Schickedanz et **Fülöp Herzog** sont les architectes de la place des Héros, du monument du Millénaire ainsi que du musée des Beaux-Arts et de la galerie des Arts qui lui fait face.

L'architecture éclectique – Elle est parfois appelée historiciste parce qu'elle utilise et s'inspire de styles historiques différents. Ce style se trouve parfaitement illustré à Budapest dans le Bois-de-Ville (Városliget) par le château de Vajdahunyad, œuvre de **Ignác Alpár**.

À cette époque, on veut construire vite à moindre prix, toutefois il faut quand même paraître, se différencier. On construit en brique et on enduit en imitant la pierre. L'inspiration est imposée par le goût du client, les sympathies de l'architecte pour tel ou tel moment de l'histoire. Fleurissent le néogothique, le néoroman (bastion des Pêcheurs à Budapest), le néo-Renaissance (l'Académie hongroise des sciences ou le musée d'Ethnographie).

Le style Sécession et l'Art nouveau – C'est un désir de liberté qui, sans doute, a poussé les concepteurs à se libérer du carcan des styles classicistes ou historicistes, à rechercher la fantaisie, à considérer qu'en architecture il y avait une relation entre l'intérieur et l'extérieur. Les architectes font sécession, ils rompent avec tous les néo-styles et inventent leur propre écriture.

C'est le style Sécession, l'apparition de la fantaisie, de l'imagination, de la couleur, la recherche de l'accord entre l'intérieur et l'extérieur où les concepteurs associent sans hiatus toutes les parties constitutives d'un bâtiment.

Sans vouloir utiliser de grands mots, cette architecture est totale. Par exemple, il n'y a pas de rupture dans les interventions des corps de métiers qui apportent tous leurs qualités pour réaliser l'œuvre. Les matériaux sont utilisés avec une telle science que leurs associations semblent toujours et partout aller de soi. Parmi les exemples facilement accessibles, entrez dans un hall de banque, de la poignée de porte en passant par les rampes d'escalier, les sols, les vitraux, les indications, dans la forme, la couleur, le matériau, tout est en harmonie. La partie fonctionnelle est intégrée dans un décor, elle se poursuit en feuillage, en oiseau, dans une liberté qui épanouit.

F. Tulok/MAGYAR KEPEK Kft

Kiskunfélegyháza – Hôtel de ville

Le pape de ce mouvement est sans réserve **Ödön Lechner** (1845-1914). Citons parmi ses réalisations les plus marquantes : à Budapest, l'église de Kőbánya (Kőbányai Templom), le musée des Arts appliqués (Iparművészeti Múzeum), l'Institut de géologie (Földtani Intézet), l'ancienne Caisse d'épargne de la poste (Posta Takarékpénztár). Un exemple étonnant de la disponibilité et de l'ouverture de Lechner se trouve dans le XIVe arrondissement, au n° 47 Hermina út. C'est l'Association nationale pour les aveugles (Vakok és Gyengénlátók Országos Szövetsége), à l'origine une villa dont le dessin libéré et souple accompagné du jardin d'hiver dit toute la liberté de ses auteurs. D'autres architectes ont construit avec le même bonheur, l'hôtel de ville (Városháza) de Kiskunfélegyháza, l'hôtel de ville et le palais Cifra (Cifrapalota) de Sándor Baumgartner à Kecskemét, le palais Reők de Ede Magyar à Szeged.

Dans ce domaine, Budapest n'a rien à envier à Bruxelles, Vienne ou Nancy. L'Art nouveau plein de vitalité a su évoluer et laisser s'épanouir des écritures nouvelles. Les exemples sont nombreux à Budapest pour illustrer cette nouvelle expression de l'architecture qui va précéder le mouvement du Bauhaus et qui va associer art et respect du

contexte urbain. L'immeuble au n° 11/b Váci utca date de 1912 ; ses architectes **Sámuel Révész** et **József Kollár** ont été, dit-on, influencés par le Jugendstil allemand et un certain orientalisme. Le résultat est un bâtiment qui s'accorde au contexte.
Il faut aussi citer l'influence de Gustave Eiffel qui conçut la gare de l'Ouest. Les ingénieurs et architectes qui travaillèrent pour lui poursuivirent dans le même esprit et construisirent un certain nombre de marchés couverts selon les mêmes principes. Le marché central de Budapest en est une belle illustration.
Dans les années 1930, influencés par les idées du Bauhaus, une vingtaine d'architectes hongrois traitèrent avec intelligence des villas et de petits immeubles qui à l'époque correspondaient au besoin des gens. Plusieurs exemples de ces réalisations peuvent être vus sur Napraforgó u. dans le IIe arrondissement (n°s 1 à 19 et 2 à 22), sur Pasaréti út aux n°s 96 et 97, l'église franciscaine Szent Antal templom au n° 137 et l'immeuble au n° 32 à l'angle de Trombitás u.

MAGYAR KEPEK Kft

Mémorial d'Ópusztaszer – Maison de la Couronne

L'architecture organique – Pendant la période communiste, quelques architectes s'affirmèrent au travers de ce que l'on a appelé ici l'architecture organique. Le chef de file fut **Imre Makovecz** qui réalisa le pavillon hongrois pour l'Exposition universelle de Séville en 1992. À son nom peut être associé celui de **György Csete**. L'architecture organique hongroise ne fait pas référence à l'architecture organique américaine de Frank Lloyd Wright, elle est ici teintée d'une sorte de volonté régionaliste, disons même nationaliste. Parmi les nombreux exemples de cette architecture : la maison de la culture à Sárospatak, l'église évangélique de Siófok, le funérarium de Budapest, l'église de Paks, plusieurs pavillons du mémorial d'Ópusztaszer...

La peinture – La Hongrie a été et est toujours riche en artistes dans tous les domaines, et nombreux sont ceux qui, surtout lors du régime communiste, se sont expatriés. Sculpteurs, peintres, cinéastes, photographes, architectes ont fait reconnaître leurs œuvres sur la scène internationale. Sait-on que Székely, Schöffer, Vasarely, Brassai, Capa, Vágó, Szenes, Kertész et bien d'autres sont d'origine hongroise ?
Ce pays que les guerres, les occupations successives ont bouleversé de façon permanente n'a pu conserver les œuvres de ses artistes. Il y a peu d'œuvres anciennes, sauf celles que le sol ou les murs ont permis de conserver.
Dans ce domaine, la peinture, trop fragile, n'a pas laissé beaucoup de traces. Ici et là, quelques restes de fresques, des peintures, des sculptures. On peut dire que pour ce qui précède le 19e s., les plus belles pièces peuvent être vues à la Galerie nationale de Budapest et au Musée chrétien d'Esztergom. La Galerie nationale présente aussi les œuvres de tous les grands peintres hongrois. Au cours de la deuxième moitié du 19e s. apparaissent **Miklós Barabás** et **Bertalan Székely**, qui tous deux se sont adonnés au portrait. *Le Portrait de Madame Bittó* montre l'habileté et la finesse de touche d'un Barabás classique. À côté, Bertalan Székely, qui entre autres a peint des scènes de guerre illustrant l'histoire de la Hongrie, se distingue par des œuvres comme *La Sortie de Zrínyi* et aussi *Les Femmes d'Eger*.
Gyula Benczúr, lui aussi intéressé par l'histoire, fut un excellent portraitiste. On lui doit un portrait de la reine Élisabeth de Hongrie, Sissi, ainsi que ceux du comte Andrássy et d'István Tisza. **Pál Szinyei Merse** (1845-1920) a peint de merveilleuses études et esquisses

K. Szelényi/MAGYAR KEPEK Kft

Lazarine et Anella dans le parc par Rippl-Rónai

qui malheureusement perdaient de leur richesse sur la toile définitive. Le *Champ de coquelicots* (1902) est une des toiles les plus connues. **Mihály Munkácsy** (1844-1900), apprenti menuisier, apprit d'un peintre baladin les rudiments du métier avant d'être aidé par deux artistes connus, Antal Ligeti et Mór Than. Il participa à l'école de Barbizon. Il est l'auteur du triptyque exposé au musée Déri de Debrecen, mais il a peint des toiles plus libres comme *Le Chemin poussiéreux* qui rappelle Turner. Mednyánszky, **Károly Ferenczy**, dont on retiendra la toile *Octobre*, sont des peintres habiles qui ont cherché leur voie. **Adolf Fényes** faisait partie de la colonie de Szolnok, il en a sans doute été la personnalité la plus marquante. Ses toiles colorées aux à-plats animés témoignent d'une maîtrise de la lumière hongroise, telle la toile intitulée *Matinée dans une petite ville*. Enfin, le maître des peintres de cette époque, **Rippl-Rónai** *(voir Kaposvár)*, a lui évolué à partir de ses propres réflexions et analyses et proposé une œuvre personnelle. De *La Femme en robe à pois blancs* à *Lazarine et Anella dans le parc* en passant par son *Vitrail pour une cabine téléphonique au café Japan*, il fait à chaque fois preuve de sa maîtrise.

La Galerie nationale propose une *Femme au chapeau noir* de János Vaszary, œuvre de jeunesse sans aucun doute influencée par l'environnement parisien qu'il fréquentait. Dans la liste des nombreux peintres, un nom, **Tivadar Csontváry Kosztka** (1853-1919). Cet artiste offre une œuvre originale et personnelle. Pour les amateurs, une visite au musée de Pécs qui rassemble ses principales œuvres vaut le déplacement. La Galerie nationale de Budapest présente une de ses plus belles toiles, *La Cavalcade au bord de la mer*.

Parmi les Hongrois de l'extérieur, **Victor Vasarely** évidemment *(voir Budapest et Pécs)*, **Árpád Szenes**, **László Hajdú** qui, entre autres, a peint une iconostase de huit tableaux inspirés de poèmes de Saint-John Perse.

La sculpture – Elle a toujours été un moyen d'expression cher aux Hongrois. Objets, statuettes, bijoux nous permettent d'identifier les peuples qui se sont succédé sur le territoire hongrois d'aujourd'hui. Des Romains en passant par le Moyen Âge et jusqu'à l'époque moderne, nous avons des témoignages sculptés des artistes hongrois. Le Musée chrétien d'Esztergom

A. Farkas

Le retour infini par Ádám Farkas

expose de très belles sculptures en bois. Pendant tout le 18e et 19e s., le baroque a donné aux sculpteurs les possibilités de s'exprimer.
Au 20e s., les sculpteurs sont présents dans toutes les villes. **Miklós Ligeti** est célèbre pour une œuvre dans le Bois-de-Ville à Budapest, la statue d'Anonymus, le moine scribe dont le visage est dissimulé sous un capuchon. Né au début du 20e s., **Imre Varga** est un sculpteur prolifique dont les sculptures sont visibles dans de nombreuses villes de Hongrie : sainte Élisabeth à Sárospatak, Prométhée à Szekszárd, le monument du saule pleureur près de la Grande Synagogue de Budapest. **Ádám Farkas**, né après la Seconde Guerre mondiale, est de notoriété internationale. Il a posé des sculptures au Japon, en France. Il est l'auteur du monument à la mémoire des martyrs de Recsk, le camp des prisonniers politiques sous le régime communiste.

MAGYAR KEPEK Kft
Budapest – Quartier général de la police

L'urbanisme à Budapest – Budapest a vécu une grande époque à la fin du 19e s. et au début du 20e s. Lors de la dernière décennie du 19e s., devant la frénésie de l'économie et la floraison des projets, les édiles de Budapest s'inquiètent et s'inspirant de ceux de Vienne, lancent un concours international d'urbanisme pour maîtriser le développement de la capitale d'un pays qui alors compte 15 millions d'habitants. Deux grandes opérations sont décidées : le tracé de Andrássy út et Nagykörút (le Grand Boulevard). La réglementation est définie en 1894 et les grandes transformations de la ville commencent. Elles ont certes modifié beaucoup de choses et certainement sacrifié quelques beaux éléments, mais le visage de Budapest qui est aujourd'hui défendu est celui qui a été construit par des hommes entreprenants, dont « le plus grand des Hongrois », **István Széchenyi**, fut un précurseur.
Depuis cette époque, Budapest n'a pas eu de projet de politique urbaine à la mesure d'une capitale. Un exemple, le théâtre national dont le projet de construction est ancien a fait l'objet d'un concours national entre architectes hongrois. La construction commencée place Déak tér a été interrompue à la suite des élections de 1998 ; elle laisse une énorme excavation qui doit devenir un parc urbain (la gare routière voisine devrait être déplacée). Ce théâtre, reconstruit à un autre emplacement situé au bord du Danube, doit ouvrir en 2002. Il fera partie d'un nouveau quartier implanté sur les terrains qui avaient été réservés dans le cadre du grand projet d'exposition universelle « Expo 96 ». La période communiste a vu la poussée de grands ensembles sans apparente organisation. Depuis le changement de régime, quelques grands projets sont en cours ou ont vu le jour, comme celui qui va occuper une partie du terrain de la gare de l'Ouest. C'est surtout dans les domaines hôtelier, commercial et de services que des nouveaux chantiers s'ouvrent à Budapest.
Parmi les concepteurs contemporains, un nom d'architecte revient souvent, **József Finta**. Il était déjà connu avant le changement de régime pour avoir construit les grands hôtels sur les rives du Danube. Sur Erzsébet tér, József Finta et Antal Puhl Associés ont conçu le Kempinski Hotel Corvinus, d'une architecture contemporaine qui ne cède pas à la mode et qui intérieurement développe des espaces variés. On peut aussi citer l'immeuble situé Teve utca qui abrite les services de police, lui aussi dû à Finta.
Ouvert en 1992, l'Institut français (Fő utca 17), dessiné par le Français Georges Maurios, est installé au bord du Danube. Les Hongrois regrettent qu'il « lui tourne le dos ». Sa couleur s'inscrit dans le contexte urbain et son revêtement le protège de la pollution. Sur le parvis, une sculpture de Pierre Székely, un artiste français d'origine hongroise, symbolise l'amitié entre les deux peuples.

La musique hongroise

« ... chacune de nos mélodies populaires est un véritable modèle de perfection artistique. Je les considère comme des chefs-d'œuvre en miniature au même titre que le sont, dans le domaine des formes plus importantes, une fugue de Bach ou une sonate de Mozart. »
Béla Bartók

DES ORIGINES AU 15e SIÈCLE

Les premières manifestations de la musique hongroise d'une gamme pentatonique, c'est-à-dire à cinq sons, figurent dans les sources antiques. Au 7e s., un historien grec, Théophylactus Simoccata, informe ses contemporains de l'existence d'une coutume ancestrale hongroise, le culte à la terre sous forme de chants.
Le scribe Anonymus du roi Béla II (1131-1141) relate avec enthousiasme les fêtes organisées en l'honneur des chefs des sept tribus magyares arrivés à Óbuda. Lors de ces fêtes, les chants étaient accompagnés par des instruments anciens tels que cithares et chalumeaux (instrument à vent ancêtre de la clarinette).
Avec le christianisme, les traditions littéraires et musicales de l'époque païenne trouvent définitivement leur fin. Cet esprit d'un peuple d'origine nomade – à la fois guerrier avec un tempérament impétueux et vagabond imprégné de la mélancolie des steppes – se perpétue dans la musique hongroise : un lamento lent, suivi d'un allegro *gioioso*. Les premiers chants chrétiens sont constitués de ceux des liturgies latines, remplacés plus tard par des cantiques hongrois.
Après l'extinction de la dynastie des Árpádiens, les rois issus de la maison d'Anjou offrent une nouvelle dimension à la musique profane hongroise. Le développement de l'art des chanteurs de geste appelés *regös* prend ensuite un essor pendant et après le règne de Sigismond de Luxembourg (1387-1437).
Le roi Mathias Corvin, fils de János Hunyadi, vainqueur des Turcs, ainsi que sa femme Béatrice d'Aragon, fille du roi de Naples, invitent au 15e s. à leur cour « Buda regia » des musiciens de renommée internationale.

16e ET 17e SIÈCLES

Au 16e s. revivent les anciennes légendes hongroises de l'époque arpadienne sous forme de chansons épiques. Après l'occupation turque de Buda (1541), dans les chansons héroïques du remarquable luthiste **Sebestyén Tinódi Lantos** (*lantos* signifie luthiste), défilent tous les héros d'autrefois qui ont lutté contre l'ancien ennemi ottoman. Son œuvre principale, la *Cronica* (parue en 1554), rassemble 23 chansons historiques, bibliques, morales et satiriques. Certes, Tinódi associe de façon originale la poésie à la musique instrumentale, mais le luthiste-compositeur le plus brillant du siècle demeure sans doute **Bálint Bakfark** (1507-1576).

MAGYAR KEPEK Kft

Véritable « homme du monde », Bálint (Valentin) Bakfark effectue plusieurs voyages dans de nombreux pays, dont la Pologne, l'Italie, l'Allemagne et la France où, en 1552, paraît sa première tablature chez l'éditeur Jacques Moderne de Lyon. Même Nostradamus en fait l'éloge dans ses œuvres. Le secret de la popularité de cet artiste est à chercher d'une part dans son style individuel : une rythmique intense et une sensualité exceptionnelle de sa sonorité, d'autre part dans une technique brillante.
Le prince **Pál Esterházy** (1635-1713) fut également un grand musicien qui puisa son inspiration dans la musique religieuse en y apportant des tournures mélodiques hongroises. Son œuvre *Harmonia* contient 9 chœurs, 50 concertos et cantates, la majorité accompagnée par des instruments ou un orchestre.

18ᵉ SIÈCLE

L'âme du peuple hongrois s'exprime à travers les chansons *kuruc* pendant la guerre d'indépendance conduite par Ferenc Rákóczi II (1705-1711). Les *kuruc* étaient les soldats de Rákóczi qui interprétaient des chants patriotiques et des chansons satiriques sur les *labanc*, surnom donné aux Hongrois fidèles à la cour des Habsbourg.
Grâce à la source des chansons *kuruc*, la célèbre *Marche de Rákóczi* émerveillera son public au cours du 19ᵉ s. avec la technique fascinante du premier violon tzigane **János Bihari**. Selon une anecdote, avant une bataille contre l'armée de Napoléon en 1809, les soldats hongrois utilisèrent cette mélodie pour s'armer de courage.
La traduction hongroise de *La Marseillaise* est due à **Ferenc Verseghy** (1755-1822), musicien et propagateur des idées jacobines en Hongrie.
Après 1750, la vie musicale hongroise est dominée par un nouveau style héroïque dont la meilleure réussite devient incontestablement le *verbunkos*, « danse de recrutement », accompagné par la musique tzigane (*Werbung* mot allemand signifiant recrutement). Dans la danse *palotás* – une imitation de la polonaise – s'entrecroisent le motif lent hongrois et la danse sautée. Le grand connaisseur de ces deux types de danse s'appelle **János Lavotta**. Les traditions du *verbunkos* et du *palotás* perdurent ensuite dans le *csárdás* (*csárda* signifie auberge, *csárdás* de l'auberge). Le style du *csárdás* s'est maintenu jusqu'à nos jours.

L'opéra – Dès le début très apprécié par le public, l'opéra trouve vite son caractère spécifiquement hongrois. Le premier opéra hongrois, *Le Prince Pikko et Jutka Perzsi* vient de la plume de **József Chudy** (1793). Seul le livret est connu car la musique a entièrement disparu. Le sujet de l'opéra *Béla futása*, considéré comme la première œuvre mélodique spécifiquement hongroise, remonte au 13ᵉ s., à l'époque de l'invasion des Tartares. Son compositeur, **József Ruzitska**, adapte les éléments du *verbunkos* et du *palotás* au style des opéras viennois, autrefois très à la mode.

19ᵉ SIÈCLE

Ce siècle est marqué par la musique nationale, avec à sa tête **Ferenc Erkel** (1810-1893). Compositeur et chef d'orchestre, il fonda l'Opéra national où il produisit sa première œuvre historique *Mária Báthory* (1840). En 1844, dans *László Hunyadi*, Erkel évoque l'histoire tragique du frère du roi Mathias. Un des principaux rôles était interprété par la chanteuse française Anne Lagrange. L'apogée de l'activité artistique d'Erkel se traduit en 1860, à l'occasion de la première de son opéra ***Bánk Bán***, composé autour de la tragédie d'un auteur dramatique contemporain, József Katona. Le nom d'Erkel reste indissociable de l'hymne national, il en a écrit la musique.

AKG Paris
Franz Liszt

Le monde musical hongrois du 19ᵉ s. se divise en deux groupes. Ferenc Erkel crée un groupe conservateur dont les membres restent fidèles aux traditions de la musique italienne, tandis qu'à la tête des modernistes on trouve Ferenc (Franz) Liszt.
Franz Liszt (1811-1886) est le grand nom de la musique romantique. Compositeur et pianiste prodige, il composa entre autres des poèmes symphoniques comme les *Préludes* (1854), les célèbres *Rhapsodies hongroises* (1846-1885), ses *Portraits historiques* (1884-1886). C'est dans ces œuvres que ce génie de la partition rend hommage à son pays, qu'il ne regagnera qu'en 1844. L'Académie de musique de Budapest, fondée en 1875 par Liszt lui-même (elle porte aussi son nom), devient rapidement le symbole de l'éducation musicale en Europe.

20ᵉ SIÈCLE

L'Académie de musique servait d'école et de modèle à de nombreux artistes célèbres dans le monde entier. Citons parmi eux les chefs d'orchestre **Ferenc Fricsay**, **Antal Doráti** (1906-1988), **Jenő Ormándy**, **George Széll**, **Frigyes Reiner**, **János Ferencsik** ainsi que **sir George Solti** (1912-) ; les pianistes **Ernő Dohnányi** (1877-1960), **Annie Fischer** (1916) ; les violonistes **József Szigeti**, **Ede Zathureczky** ; et deux immenses personnages qui ont bouleversé la théorie musicale du 20ᵉ s. : Béla Bartók et Zoltán Kodály *(voir Kecskemét)*.
Comme **Zoltán Kodály** (1882-1963), **Béla Bartók** (1881-1945) aussi confronte la chanson populaire avec la chanson paysanne qu'il considère comme le seul élément conservant fidèlement les sources de la musique hongroise.

Pour découvrir et recueillir ces sources, ils parcourent ensemble de nombreux villages en Hongrie et en Transylvanie, et ils enregistrent environ 15 000 chants populaires. Leur chemin se sépare par la suite, quand Bartók choisit la musicologie afin d'analyser les échantillons de cette collection, tandis que Kodály met en valeur son talent de compositeur, inspiré aussi de la tradition populaire. En 1923, ce dernier compose le célèbre *Psalmus Hungaricus*, un chef-d'œuvre pour chœur et orchestre, suivi en 1926 par son opéra comique *János Háry*. Entre 1930 et 1933 naissent ses deux œuvres orchestrales, dominées par les motifs de la musique folklorique : les *Danses de Marosszék* et les *Danses de Galánta*.

ROGER VIOLLET

Béla Bartók

Une forte attirance pour le symbolisme français ainsi qu'un désir de mettre en valeur les traditions de la musique populaire hongroise s'entrecroisent dans le premier opéra de Bartók, *Le Château de Barbe-Bleue* (1911). Kodály qui, lui aussi, commence sa carrière sur les traces de Claude Debussy avec *Sonate pour violoncelle et piano* en 1912 ou *Sonate pour violoncelle* en 1915, compare l'immense succès de cet opéra à celui de *Pelléas* en France. Selon lui, Bartók a créé « une œuvre d'une puissance suggestive, irrésistible de la première mesure jusqu'à la dernière, la plus expressive qu'il n'ait jamais écrite ». Les sept portes du château symbolisent le monde intérieur de l'homme. En franchissant ces barrières par curiosité, même l'amour le plus profond cesse d'exister. En 1916, à la demande du comte Bánffy, intendant de l'opéra de Budapest, Bartók compose la musique du ballet *Le Prince de bois*. Son ballet expressionniste *Le Mandarin merveilleux* voit le jour en 1919. En 1930, sous-titré *Les Cerfs ensorcelés*, apparaît son seul ouvrage choral, la *Cantata Profana*. Il construit la musique autour d'une ancienne ballade d'origine magyare.

Bartók crée une musique moderne et originale en tissant un lien entre les traditions européennes et hongroises. Jusqu'à sa mort en exil, à New York, il se consacre aux recherches des traits ancestraux ainsi qu'aux problèmes communs aux peuples du monde entier. Son humanisme est présent dans chacune de ses œuvres.

De nombreux compositeurs contemporains considèrent Bartók et Kodály comme leurs maîtres spirituels. Parmi eux, citons **Ferenc Farkas** (1905) et **Endre Szervánszky** (1911-1977) qui ont créé une école de ce nouveau style musical, ou **György Ligeti** (1923), **György Kurtágh** (1926), **Rudolf Maros** (1917-1982) et **András Szöllősy** (1921), compositeurs avec leurs tons individuels, ou les pianistes talentueux **György Cziffra** (1921-1994), **Zoltán Kocsis** (1952), **Dezső Ránki** (1951) et **András Schiff** (1953). Les compositeurs d'opéra hongrois les plus fertiles d'esprit sont **Emil Petrovics** (1930), **Sándor Szokolay** (1931), **Sándor Balassa** (1935), **Attila Bozay** (1939) et **Zsolt Durkó** (1934).

L'opérette – Ce genre très apprécié conquit vite le public. Le premier grand nom de l'opérette hongroise fut **Jenő Huszka** (1879-1960). Il composa *Le Prince Bob, Gül Baba, La Baronne Lili.* Un autre nom qui suscite l'intérêt est celui de **Pongrác Kacsóh** (1873-1924), compositeur de *Jean le Preux, La Belle au bois dormant.*

L'opérette hongroise est mondialement reconnue avec **Imre Kálmán** (1882-1953) qui remporte en 1908 son premier succès avec l'*Invasion des Mongols*, suivi plus tard par la *Comtesse Marica*, la *Reine de Csárdás*. *La Veuve joyeuse* de l'incontournable **Franz (Ferenc) Lehár** (1870-1948) est une valeur immortelle dans l'histoire de l'opérette. Ses autres chefs-d'œuvre sont entre autres *Amours tziganes*, *Le Pays du sourire*. En tant que compositeur contemporain, le nom de **Szabolcs Fényes** (1912) est le plus connu. Son œuvre la plus réussie est intitulée *Lulu.*

Arts et traditions populaires

Les traditions populaires hongroises représentent aujourd'hui une valeur incontestable de la culture nationale. Nulle part en Europe il n'existe par exemple une telle richesse de types et modes de danse qu'en Hongrie. Dès le 11e s., la culture populaire prend une distance par rapport à la culture professionnelle et subit les influences des grands courants des siècles suivants, notamment de la Renaissance au 16e s. et du baroque au 17e s. La Renaissance apporte des modifications considérables entre autres dans la poésie, l'ornementation, les traditions des costumes, l'architecture populaire. Les circonstances géographiques, sociales et religieuses du 18e s. contribuent à l'épanouissement de styles régionaux très différents dans les domaines de la broderie, du costume, etc. À partir du 19e s., on peut citer un certain **style paysan homogène**, qui désigne l'ensemble de l'habitation de la paysannerie : costume, appartement, textiles – tissus, broderies, literie –, céramique. Dès le 19e s., c'est la paysannerie qui devient le dépositaire social d'une culture qui conserve les éléments les plus archaïques du peuple hongrois, et c'est ainsi que le terme de culture paysanne devient synonyme de culture populaire.

Attila-WOSTOK Press

La Hongrie du Nord

Entre les rivières Ipoly et Sajó, dans les montagnes Mátra, Bükk et Karancs se trouve le territoire de la population **palóc**. Son art folklorique est soigneusement cultivé et se caractérise par sa fameuse architecture, ses meubles sculptés, ses vêtements, ses broderies qui font partie des fêtes populaires dans de nombreux petits villages. Parmi ces traditions, citons entre autres le **festival du tissu palóc** qui se déroule en été dans les communes d'**Hollókő** et de **Szécsény** ; la **fête du dimanche** à **Buják**, qui est très célèbre, tout comme les **foires** de **Kazár** et de **Felsőtárkány**. Au cours du **festival** annuel du **palóc** de **Parád**, les habitants présentent leur musique traditionnelle, des danses et des vêtements folkloriques, des objets de la vie quotidienne des paysans et des bergers d'autrefois.

Hollókő, village de 450 personnes situé sur les pentes de la montagne Cserhát, est considéré par l'Unesco comme le premier village enregistré sur la liste de l'héritage mondial à protéger depuis 1987.

M. Guillou/MICHELIN

Les habitants vivent de l'artisanat et du tourisme. Le musée du village abrite une **exposition ethnographique** permanente à la disposition des visiteurs, tandis que la **maison des artisans** comprend les techniques d'apprentissage relatives aux différents métiers : sculpteurs sur bois, enfileurs de perles, tisseurs.

Les fêtes de **Pâques** à **Hollókő** sont fidèles aux traditions : une messe en plein air est célébrée, suivie d'un bal. Bien sûr, les coutumes d'autrefois comme la peinture des œufs et l'arrosage des jeunes filles avec de l'eau tirée du puits avec un seau – symbole de la fécondation et de la purification rituelle à la fois – sont au rendez-vous.

R. Mattes

Œufs peints

Au bord de la plaine hongroise vivent les membres de la population **matyó**, réputée entre autres pour ses costumes multicolores. Les broderies d'origine *Mezőkövesd*, de **Szentistván** ou de **Tard**, riches en motifs de fleurs, de feuilles, de petits oiseaux, de cœurs et d'étoiles qui s'embrassent, sont appréciées à juste titre. Les plus belles réalisations de ces techniques se trouvent dans le **musée de l'Art folklorique matyó. Mezőcsát** est un des lieux renommés pour sa poterie.

Les cruches à vin allongées dites **Miska**, dont le col affecte la forme d'une tête d'homme coiffée d'un shako, font partie de ses spécialités. Les traditions de musique et de danse populaires sont vivantes grâce au travail passionné de nombreuses formations telles que le **groupe Nógrád** ayant une réputation internationale ou le **groupe Muzsla** de **Pásztó**, le **groupe d'enfants Kenderike** de **Palotás**, le **groupe Vidróczki** de **Gyöngyös**.

LA GRANDE PLAINE HONGROISE

Les traditions populaires telles que l'élevage de chevaux, le tissage, la sellerie, la dentellerie, la broderie, la poterie, la préparation des pains d'épice, la sculpture en bois et la vannerie y sont très respectées et ont été soignées jusqu'à nos jours.

À part ses nappes et ses vêtements brodés, **Kalocsa** est connue dans le monde entier pour sa production de *paprika*. Les femmes cueillent les *paprika* mûrs, les font sécher sur les murs des maisons afin de les moudre finalement dans les moulins à vent. Ces techniques traditionnelles de préparation sont à découvrir dans le musée du Paprika.

Quant à l'**oignon**, autre spécialité de la région, c'est à **Makó** et au musée de l'Oignon que l'on peut avoir une présentation détaillée de cette culture florissante. Les pantoufles, ou **papucs** de **Szeged**, brodées et cousues à la main évoquent les temps de l'occupation turque. En tant que ville organisatrice du **Festival de plein air** depuis 1931, et mis à part les pièces de théâtre, les opéras et les ballets qui se déroulent chaque été, Szeged accueille le **Festival international de danses populaires** depuis trente ans. La technique de la fameuse broderie à l'aiguille de **Kiskunhalas** peut être suivie dans sa Maison de la dentelle. Au mois de septembre, à l'occasion des festivals folkloriques à **Kalocsa**, **Kecskemét** et **Szeged**, les habitants vêtus de costumes populaires traditionnels chantent et dansent comme autrefois en évoquant l'ambiance des noces paysannes. À **Debrecen** et à **Hajdúböszörmény**, on peut admirer les produits d'un travail minutieux : la préparation et la décoration de pains d'épice, alors que le métier du tressage de la paille est toujours exercé à **Hajdúnánás**.

Les arts populaires caractéristiques aux bergers de la Puszta sont la sculpture sur bois ainsi que les objets fabriqués en cuir ou en corne. Les **Journées hippiques internationales de Hortobágy** au mois de juillet ou les **Journées de Bugac** au mois d'août sont une excellente occasion pour acheter quelques-uns de ces souvenirs.

LA TRANSDANUBIE

Le Sud de la Transdanubie est certainement une des régions les plus riches en traditions populaires de Hongrie, qui fait revivre un grand nombre d'anciens métiers artisanaux tels que la peinture de toile, la poterie, la fabrication de tapis, la hucherie, et même la fabrication de masques pour le **défilé des Busó**. Cette manifestation spectaculaire, animée par des Slaves du Sud vivant à **Mohács**, a lieu au mois de février afin de chasser l'hiver rigoureux.

Le **Festival international folklorique** à **Pécs** et la **Rencontre de Pentecôte** à **Buzsák** en mai offrent un large répertoire des traditions populaires régionales aux spectateurs, comme la **préparation de l'arbre de mai**, décoré de rubans multicolores.

Parmi les coutumes liées au travail agricole, nous pouvons mentionner les fêtes de la moisson et des bergers, ainsi que les divertissements des vendanges qui mettent fin aux travaux des champs. Les régions viticoles historiques de **Villány-Siklós**, de **Szekszárd** et de **Balatonboglár** produisent les grands crus du Sud de la Transdanubie : le *kékfrankos*, le *kadarka*, le *bikavér*, et organisent des **festivals de vendange** en septembre.

Pécsvárad organise en octobre, vers la fête de saint Luc, la **foire aux jeunes filles**, qui n'est pas le lieu de l'échange des filles bien entendu, mais celui des chansons populaires. Un autre événement pas moins célèbre est le **Festival folklorique des pays du Danube**, mis en scène tous les trois ans, qui permet de revivre la **cérémonie de mariage** de **Sárköz** ainsi que de faire mieux connaître l'artisanat et la culture paysanne de ces peuples.

La porcelaine peinte à la main de **Herend**, recherchée dans le monde entier, est fabriquée sous plusieurs centaines de formes et selon des dizaines de milliers de motifs, dont plusieurs sont à admirer lors de la visite du musée ou de l'atelier de démonstration...

I. Benko/WOSTOK PRESS

Mohács - Défilé des Busó

Littérature, cinéma et photo

LA LITTÉRATURE

Les sources de la littérature hongroise sont toujours aussi mystérieuses que la genèse de son histoire. Grâce aux **chroniqueurs hongrois** – appelés **regős** –, les ouvrages historiques en langue latine nous font connaître les chants et légendes épiques du peuple *magyar : La Légende du cerf merveilleux* ou *La Légende du touroul*. Avec l'adoption du christianisme, la langue écrite latine a vite triomphé de la culture orale prédominante et s'est imposée comme langue officielle. Les chroniques, les légendes et les hymnes ont constitué les trois genres littéraires préférés entre les 11e et 16e s. La première prose hongroise se manifeste sous forme d'une oraison funèbre (env. 1200) ; le poème hongrois le plus ancien est sans doute *La Complainte de Marie* (env. 1270).

La première version hongroise de l'Ancien et du Nouveau Testament, traduite par deux prédicateurs – **Tamás** et **Bálint** – vers 1430, est le fruit du mouvement hussite, répandu en Hongrie à partir des années 1410, mais la traduction intégrale de la Bible est née sous la plume du calviniste **Gáspár Károli** (1529-1591) en 1590, lequel réussit à créer une langue biblique vivante. **János Hunyadi**, vainqueur légendaire des Turcs, qui a mobilisé la diplomatie européenne contre l'envahisseur ottoman, et son fils, le roi **Mátyás** (1458-1490), sont les esprits créateurs de l'humanisme et de la **Renaissance** en Hongrie. Ce dernier invite à sa cour les plus grands savants et artistes italiens et crée la célèbre *Bibliotheca Corviniana*, inégalée en Europe. La poésie lyrique marque la littérature hongroise dès cette époque, grâce au premier grand poète célèbre jusqu'en Italie sous le nom de **Janus Pannonius** (1434-1472), et elle restera un genre majeur jusque dans les années 1970. Cette atmosphère culturelle incite **Bálint Balassi** (1554-1594) à élaborer une poésie lyrique originale portant un caractère à la fois hongrois et de la Renaissance. L'œuvre de ce grand soldat luttant contre les Turcs se compose pour l'essentiel de poèmes d'amour, truffés de clichés poétiques pétrarquistes à la mode et reflétant fidèlement sa vraie nature amoureuse.

La Réforme qui se déroule au 16e s. permet la rencontre de la Renaissance et du protestantisme, tandis que le catholicisme opposé trouve sa voix dans l'esprit **baroque** du début du 17e s. L'homme d'État et grand poète épique, **Miklós Zrínyi** (1620-1664), a écrit la célèbre épopée du *Siège de Sziget*, inspirée des œuvres du Tasse. Ce poème comprenant 15 chants raconte la lutte héroïque de son arrière-grand-père et de ses soldats contre l'armée de Soliman II en 1566.

Vers 1755, les idées philosophiques du **Siècle des lumières** et celles de la Révolution française réveillent la conscience nationale et donnent un sens nouveau au concept de révolution. Le cercle d'**Ignác Martinovics** regroupe les pionniers de ces idées, le grand rénovateur de la langue hongroise **Ferenc Kazinczy** (1759-1831) et le poète **Mihály Csokonai Vitéz** (1773-1805). En raison du langage poétique vivant et coloré de son épopée comique *Dorottya*, le grand poète du 20e s., **Endre Ady**, le considère comme un des précurseurs de la **poésie lyrique moderne** en Hongrie. C'est **Dániel Berzsenyi** (1776-1836) qui reprend le flambeau de la poésie antique afin d'offrir un nouveau cadre aux odes et poèmes philosophiques véhiculant les idées du Siècle des lumières. La littérature conserve un statut particulier dans la lutte pour l'indépendance de la Hongrie.

József Katona (1791-1830), mort avant que son œuvre *Bánk Bán* ne soit considérée comme la plus grande tragédie nationale, traite d'un fait historique du 12e s. en analysant le problème de la présence des étrangers au sommet du pouvoir. La grande époque des réformes politiques à partir de 1825 prépare la **littérature révolutionnaire** de 1848. Quatre grands poètes romantiques ont dominé cette période : **Ferenc Kölcsey** (1790-1838), auteur de l'***hymne national***, **Mihály Vörösmarty** (1800-1855) avec son épopée *La Fuite de Zalán*, son drame poétique *Csongor et Tünde* et son *Exhortation*, qui avec ses notions de raison, force et volonté sacrée, symbolise le plus le sentiment hongrois.

János Arany (1817-1882), poète épique, auteur de la trilogie de *Toldi*, trouve son sujet à l'époque du roi Louis le Grand au 14e s. Dans la *Mort de Buda*, il remonte jusqu'à l'époque mystérieuse d'Attila, qui a précédé la conquête du pays. Bien qu'Arany soutienne les idées révolutionnaires de 1848 et tente de les justifier en évoquant le passé, c'est son contemporain **Sándor Petőfi** (1823-1849) qui joue un rôle capital le 15 mars 1848 en enflammant les citadins de Pest par son poème intitulé *Chant national*, véritable appel à la lutte pour la liberté nationale. Son personnage est devenu légendaire étant donné que son corps n'a jamais été retrouvé après la bataille de Segesvár le 31 juillet 1849.

Sándor Petőfi

Pendant les années de désillusion, la littérature hongroise traverse une crise profonde. Les meilleurs écrivains et poètes cherchent une nouvelle voie pour assurer la survie de l'existence nationale. Parmi eux, **Imre Madách** (1823-1864) incarne cette imagination dans son poème dramatique intitulé *La Tragédie de l'homme*, qui retrace l'histoire de l'humanité en projetant l'avenir triste. Pessimiste, Madách montre la déception de son héros Adam – idéaliste qui se heurte chaque fois à la réalité et se retrouve confronté entre l'incroyance et la volonté de croire. **Mór Jókai** (1823-1904), romancier et ami de jeunesse de Petőfi, choisit la voie de la réconciliation avec l'Autriche dans les années 1860. Ses romans *Un homme en or*, ou *Un nabab hongrois, Zoltán Kárpáthy*, qui sont empreints de cette idée, ont eu une influence considérable sur l'opinion publique. **Kálmán Mikszáth** (1847-1910), considéré comme successeur de Jókai, évoque un monde étrange : celui de la noblesse foncière des petites villes provinciales. Dans sa représentation de la société comme dans *Un étrange mariage, Histoire du garçon Noszty et de Marie Tóth* ou *Le Siège de Beszterce* percent la tristesse et le désespoir d'un réalisme typiquement hongrois.
Le grand tournant arrive au début du 19e s. avec la fondation en 1908 de la revue ***Nyugat*** *(Occident)* qui rallie les grands esprits littéraires tels qu'**Endre Ady** (1877-1918), **Zsigmond Móricz** (1879-1942), **Mihály Babits** (1883-1941), **Dezső Kosztolányi** (1885-1936) et **Árpád Tóth** (1886-1928). Dans *Nyugat* se conjuguent l'impressionnisme, le symbolisme, le naturalisme, la sécession ainsi que le réalisme. Les mouvements littéraires d'avant-garde n'en font pas partie ; au contraire, **Lajos Kassák** (1887-1967) crée en 1916 une autre revue, ***Tett*** *(Acte)*, qui encouragera la modernité dans la littérature, les beaux-arts, la musique. Parmi les romanciers déterminants à l'époque, il faut mentionner le nom de **Gyula Illyés** (1902-1983) avec son autobiographie *Ceux des Pusztas*, et **Gyula Krúdy** (1878-1933) avec son monde des mystères de *Sindbad* ou de *La Diligence rouge*. Le plus grand représentant de la poésie de la première moitié du 20e s. est **József Attila** (1905-1937), célèbre pour l'expressivité de son langage étonnamment simple et profond.
Les personnages de **Lőrinc Szabó** (1900-1958), **István Vas** (1910-1991), **Sándor Weöres** (1912-1989), **János Pilinszky** (1921-1981) ainsi que ceux de **László Nagy** (1925-1978), **László Lator** (1927) et **Ferenc Juhász** (1928) sont fondamentaux aussi dans l'élaboration d'une **nouvelle poésie lyrique**.
Le succès du **genre romanesque** à partir des années 1970 serait inimaginable sans la présence d'un **Géza Ottlik** (1912-1990), d'un **Miklós Mészöly** (1921), d'un **Péter Nádas** (1942) ou d'un **Péter Esterházy** (1951) avec son somptueux roman *Trois anges me surveillent*, paru en 1979.

LE SEPTIÈME ART

Avant 1945 – Les traditions cinématographiques parisiennes et viennoises trouvent en Hongrie un terrain fertile. Le cinéma devient vite un facteur déterminant dans la vie culturelle et exerce une influence considérable sur la politique. Après 1912, le pionnier légendaire des cinéastes **Sándor Korda** (1893-1956) dirige plusieurs revues qui publient des articles des grands écrivains contemporains dont Zsigmond Móricz. Le premier film de fiction hongrois, intitulé *Aujourd'hui et demain*, est réalisé par **Mihály Kertész** (1888-1962).

Entre 1945-1954 – Après la guerre, les réalisateurs néoréalistes dévoilent la vérité sur la guerre et sur les origines nationales du fascisme. La production la plus signifiante de cette époque fait l'éloge de **Géza Radványi** (1907-1986). *Quelque part en Europe* est un réquisitoire bouleversant contre l'inhumanité du monde. À la fin de l'ère Rákosi, à partir de 1953, les fruits de l'opposition intellectuelle se manifestent : *Liliomfi* de **Károly Makk** (1925), *Ceux de la famille, Printemps à Budapest* de **Félix Máriássy** (1919-1975).

Après 1956 – Sous le régime Kádár, il y a une volonté de réconciliation avec les intellectuels, qui suscite une attitude réaliste envers la « réalité » dans l'activité artistique. Entre 1960 et 1963, quatre studios produisent des films de fiction dont le financement et la diffusion sont entièrement assurés par l'État. Le **studio Béla Balázs**, fondé en 1958, est une des rares exceptions où les jeunes cinéastes peuvent librement se consacrer à la recherche d'une nouvelle forme subjective et libre ; citons entre autres **István Szabó, Sándor Sára, Pál Gábor, István Gaál**.
Les deux films les plus signifiants de cette époque sont *20 heures* (1964) de **Zoltán Fábri**, et *Jours glacés* (1966) d'**András Kovács**.
Les réalisations de **Miklós Jancsó**, depuis l'achèvement de ses études à l'Académie du film en 1950, enrichissent sans cesse la cinématographie hongroise en analysant l'essence du caractère magyar. Ce metteur en scène et inventeur infatigable de nouvelles formes expressives vient de la génération de Bergman, de Fellini, de Resnais, et il s'intéresse avant tout aux grands moments historiques de son pays : *Les Sans-Espoir* (1965) évoque la période post-révolutionnaire de 1848, *Ah ! Ça ira* (1968) dévoile la vraie nature du pouvoir sous forme de montages allégoriques. Dans son film *Cantata* (1962), il adapte à l'écran la ballade folklorique de *Cantata profana* de Bartók : l'histoire d'un père qui ne reconnaît plus ses fils transformés en cerfs, et y interprète les événements de 1956. Dans son drame *Psaume rouge* (1972), il fait preuve d'un grand lyrisme en montrant la révolte d'ouvriers agricoles à la fin du 19e s.

CAT'S Collection

Une scène de *Psaume rouge* de Miklós Jancsó

Après le grand cinéma des années 1960 et 1970, une crise économique importante éclate expliquant les faibles tournages : au total 8 films entre 1987 et 1990. L'**école de Budapest**, mouvement né en 1980, regroupe des cinéastes documentaristes, dont **Lívia Gyarmathy**, **Géza Böszörményi** qui travaillent au **studio Társulás** entre 1981 et 1985. Quelques échantillons des meilleures productions des années 1980 sont : *Journal intime* et *Journal à mes amours* de **Márta Mészáros** ; *Méphisto*, *Colonel Redl* et *Hanussen* de **István Szabó** ; *Gueuse de vie !* de **Péter Bacsó** ; *Un autre regard* de **Károly Makk**, primé à Cannes en 1982 ; *Le Temps suspendu* de **Péter Gothár** ; *Daniel prend le train* de **Pál Sándor**.

La photographie d'hier et d'aujourd'hui

Les premiers daguerréotypes réalisés en Hongrie sont présentés en 1840, peu de temps après l'invention de Jacques Daguerre en 1838. Pendant la période austro-hongroise apparaissent les premières prises de vues de guerre en série qui seront suivies des grands événements autour du millénaire de la nation hongroise par le premier reporter-photographe, **János Müllner**.

Le genre de photo « message » est lié à l'activité de **Károly Escher** (1890-1966) qui découvre la valeur artistique des événements quotidiens et la transmet au public. Entre les deux guerres mondiales, des artistes comme **Rudolf Balogh**, **Frigyes Haller**, **Tibor Csörgő** ont élaboré un nouveau style *magyar* caractéristique de son milieu authentique : le village hongrois. Les meilleurs représentants de la photographie absolue sont **Károly Divald** et **György Klösz** grâce à leurs magnifiques compositions de la nature, du paysage rustique. La tendance réaliste, appelée sociophotographie en Hongrie, se manifeste avec éclat avec **Károly Escher**, **Kata Kálmán**, **Lajos Lengyel**, **Lajos Tabák**, **Judit Kárász**.

Dans la deuxième moitié du 20e s., **Károly Gink**, **Péter Korniss**, **Tamás Fener** travaillent avec une liberté et une variété de style dans la plupart des domaines, comme par exemple la sociographie ou la photographie appliquée.

De nos jours, le mouvement de la photographie artistique est guidé par la **Fédération des artistes photographes hongrois** qui a un excellent support avec les **revues Fotó** et **Fotóművészet**. Parmi les artistes membres de la fédération, citons : **László Cseri**, **Tibor Hajas**, **Péter Tímár**, **György Tóth**, **László Török**, **Attila Vécsy**. D'autres artistes d'origine hongroise, mondialement reconnus, ont excellé dans l'art de la photographie. Qui n'a jamais entendu les noms de **Gyula Brassai**, **Robert Capa** ou **André Kertész** et son incontournable *Paris*, album paru en 1934 ?

La gastronomie

Généreuse et épicée, mais douce au palais, la gastronomie hongroise résume un long périple, celui des Magyars venus d'Asie. À leurs traditions de nomades, comme les soupes consistantes ou les boulettes de pâte qu'ils transportaient à cheval, se sont mêlés tous les métissages culinaires : ceux des Turcs, des Bavarois, des Bulgares... jusqu'à l'empreinte austro-hongroise, qui culmine dans l'art de la pâtisserie.

LES PLATS

Ingrédients – La cuisine populaire se caractérise par l'usage du « roux » dit *rántás*, farine de blé que l'on fait revenir dans du saindoux, et l'ajout très généreux d'oignon rouge. Celui-ci constitue la base d'une sauce fortement épicée au paprika rouge : une épice omniprésente dans la gastronomie hongroise, au point que *paprikás* est le nom attribué à tous les plats qu'agrémente cette sauce, en particulier le poisson, la volaille et la viande de veau.

Amuse-gueule – Introduites par les Turcs, les *pogácsa* sont de petites brioches croustillantes et salées à base de farine de froment ou de pomme de terre, comprenant du saindoux et du fromage ou des épices.

Entrées – Les **soupes** y figurent en bonne place, comme la consistante *Jókai bableves*, une soupe de haricots garnie de lamelles de porc et de saucisse fumée. Spécialité de la Grande Plaine, la *hortobágyi palacsinta* est une **crêpe** épaisse, garnie de viande et d'oignons. Vous pouvez également attaquer votre repas avec une tranche de **foie gras** *(libamáj)*, généralement servie grillée ou poêlée.

Soupes et viandes – Le plus célèbre des plats hongrois est le *gulyás*, du nom des bergers de la Grande Plaine qui le préparaient à l'origine. Il ne s'agit pas d'un ragoût, comme on le croit trop souvent, mais d'une véritable **soupe de bœuf** aux oignons et au paprika, accompagnée de pommes de terre et de carottes. Le « goulash » tel qu'on l'entend en France s'appelle *pörkölt* : cette **potée** de viande braisée, de tomates et de poivrons verts, où s'affirme avec force le goût de l'oignon, est le plat favori des Hongrois le dimanche. Ce plat peut se composer de bœuf ou de veau, ou encore de porc ou de poulet. Dans le *tokány*, autre version du ragoût, le paprika est remplacé par du poivre. Tout aussi populaire, le jarret de porc rôti *(csülök)* est à l'honneur dans les petits restaurants.

Volailles et gibier – Rôti ou en sauce, le gibier est à l'honneur, surtout dans le Nord du pays. La Grande Plaine fournit ses volailles : le poulet au paprika *(csirkepaprikás)* est une spécialité incontournable, de même que la soupe au poulet *(újházi tyúkhúsleves)*, préparée avec des petits pois, des champignons, des carottes et des pâtes. Quant au **foie gras**, il est servi en escalope, ou frit en gros dés, dans la graisse même de l'oie, et relevé à l'ail et l'oignon.

Charcuteries – Le *hurka* est un **boudin** dont la farce, élaborée avec les poumons, le foie et les rognons du porc, s'agrémente d'épices et de riz bouilli. Les **saucissons** se déclinent à l'infini : au premier rang trône le salami, une spécialité de renom, surtout celui de Szeged, épicé au paprika et fumé. Dans le Sud de la Hongrie, deux villes voisines, Gyula et Békéscsaba se disputent la fabrication du meilleur saucisson. Tous les ans a lieu à Békéscsaba la foire aux saucissons.

Le paprika

Obtenue à partir de piments rouges, cette fine poudre est considérée comme « typiquement hongroise ». En réalité, c'est au 18e s. que le paprika, originaire d'Inde ou d'Amérique, a été introduit en Hongrie. C'est, dit-on, lorsque Napoléon mit l'embargo sur les produits et notamment les épices en provenance d'Angleterre, que le poivre vint à manquer et que les Hongrois inventèrent le « poivre du pauvre ». Le paprika a lentement conquis les livres de cuisine, avant d'intéresser la médecine : en effet, il est très riche en vitamine C, comme l'a démontré le prix Nobel Szent-györgyi dans les années 1930. Cultivé dans les régions de Kecskemét et de Szeged, le paprika se décline en sept variétés, de l'extra-doux au fort.

M. Guillou/MICHELIN

Légumes – Bien souvent, les plats sont servis avec du riz, des pâtes « maison » *(galuska)* ou de petites **boulettes** rôties *(tarhonya)*, mélange de farine et d'œufs : un héritage des nomades magyars, qui préparaient ces boulettes à l'avance et pouvaient les cuire à l'improviste, selon leurs besoins. En revanche, la consommation de légumes verts n'est pas vraiment entrée dans les mœurs, sauf dans les restaurants de luxe. La **salade**, quand elle figure au menu, se compose de concombres, de chou macéré ou de poivrons au vinaigre.

Poissons – Le plus réputé est le **sandre** argenté, ou fogas. Ce poisson maigre, de huit à dix kilos, se cache dans les eaux du lac Balaton. Son transport est délicat, et sa chair très appréciée. On le consomme bien sûr, fraîchement pêché, sur les rives du lac. Tous les bons restaurants le proposent au menu. Autre poisson de choix, l'esturgeon *(tok)* est pêché dans la Tisza. Plus courante, la carpe *(ponty)* se déguste panée ou « à la serbe », saupoudrée de l'indispensable paprika. Le plat favori des pêcheurs est la *halászlé* : une **soupe** exclusivement composée de poissons d'eau douce, où l'on retrouve la carpe, le silure et le brochet. Cette bouillabaisse à l'oignon a du caractère : les Hongrois y ajoutent volontiers un poivron entier, coupé en morceaux. Dans certains restaurants et surtout l'été elle est préparée en plein air, dans d'immenses chaudrons, et servie souvent fortement épicée.

DESSERTS ET DOUCEURS

Crêpes – Les *palacsinta* sont présentées de mille manières. On les fourre au fromage blanc, aux noisettes, ou encore à la confiture d'abricots. À moins de les préparer « à la Gundel », nom d'un célèbre restaurateur : elles sont alors pliées en quatre, farcies à la crème de noix, arrosées de chocolat chaud et flambées !

Gâteaux – Les pâtisseries au pavot, aux pommes ou aux noix, sont une tradition d'Europe centrale. Le chausson au fromage blanc *(túró)* semble modeste, comparé au *dobostorta*, inventé par le célèbre pâtissier József Dobos : une tarte crémeuse au moka, dont chaque portion est décorée d'une gaufrette caramélisée à l'orange. Le *rigó jancsi* est un feuilleté au chocolat, fourré de crème fouettée au chocolat. Nul ne résiste au **« gâteau-éponge »** *(somlói galuska)*, un onctueux biscuit au rhum, fourré de noix et de raisins, et surmonté de crème fouettée. Le *rétes* est une sorte de **mille-feuille** dont la pâte feuilletée a la saveur particulière du blé hongrois, riche en gluten : on le farcit aux pommes, au fromage blanc, au pavot ou aux noix, ou encore aux cerises. Le *túró rudi* est très apprécié des jeunes et moins jeunes. C'est du fromage blanc enveloppé de chocolat.

LES VINS

La Hongrie, où les premiers cépages furent introduits à l'époque romaine, est la plus grande région viticole d'Europe centrale. Réputée pour ses crus de haute qualité, elle produit 4 millions d'hectolitres par an, dont 30 % de vins rouges et rosés, et 70 % de vins blancs, qui sont les plus connus. Sixième exportateur mondial de vins, le pays exporte les deux tiers de sa production.

Les vins portent généralement le nom de la ville ou de la région d'origine, auquel s'ajoute une terminaison en « i » : badacsonyi, egri, etc. Le nom du cépage s'y ajoute parfois. Les vignobles s'étendent sur 135 000 hectares, bénéficiant d'un bon ensoleillement et d'une arrière-saison souvent chaude. Ils se répartissent en quatre régions.

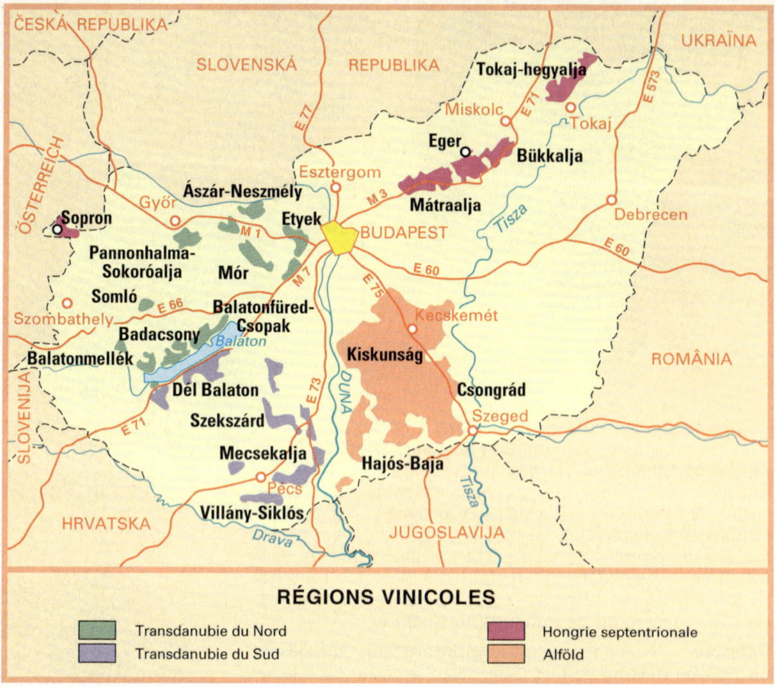

Transdanubie du Sud

Mecsekalja – Les cépages fournissent une large gamme de vins blancs secs, du plus doux au plus généreux. Très aromatiques, ils sont à base de cirfandli.

Szekszárd et Villány-Siklós – Les vignes, qui poussent sur des sols de lœss et d'argile, produisent des rouges corsés, à base de kékfrankos et de kadarka. Le **szekszárdi bikavér**, qu'appréciait Franz Liszt, est aujourd'hui concurrencé par d'autres crus, élaborés avec des cépages français comme le **merlot** au goût velouté et le **villányi cabernet**, dont les arômes évoquent la mûre et le pruneau. Ces vins capiteux se savourent avec le ragoût ou les grillades.

Alföld

Entre le Danube et la Tisza, la Grande Plaine représente la moitié du territoire viticole du pays. La vigne y fut introduite pour fixer le sable mouvant de la *puszta*. Cette région produit d'excellents vins de table, essentiellement des blancs.

Hajós-Baja – Au Sud-Est de Kalocsa, la minorité allemande a introduit le kadarka : le **riesling** du Rhin et le kékfrankos sont donc devenus des vins locaux.

Kiskunság – Cette région produit des « vins sableux » typiques de la Grande Plaine : ils sont légers, rafraîchissants et doux, comme l'**olaszrizling**, d'une belle couleur jaune. La ville de Kecskemét produit un bon vin blanc, le **kecskeméti leányka**.

Csongrád – Plus à l'Est, cette contrée jouit du meilleur ensoleillement du pays (2 100 h par an). Les vins rosés ou rouges se caractérisent par la finesse de leur bouquet. Les vins blancs sont d'une faible acidité comme le **tramini**, qui s'accorde bien aux plats de gibier.

Transdanubie du Nord

Balatonfüred-Csopak – Au Nord du lac Balaton, cette région favorisée par d'excellentes conditions climatiques produit des vins corsés, dotés d'une acidité subtile. Cultivé sur des sols de schiste et de grès, le cépage le plus fameux est l'**olaszrizling**, au bouquet de réséda et d'amande amère. Le **cabernet** de la presqu'île de Tihany est l'un des meilleurs vins rouges du pays. Il met très bien en valeur le veau farci ou le poulet au paprika.

Badacsony – Sur les flancs de ce massif d'origine volcanique, les vins blancs sont corsés et moelleux, avec de nombreux cépages. Le **kéknyelű**, au bouquet affirmé, accompagne à merveille la grillade de sandre du lac. L'**olaszrizling** s'harmonise avec la carpe, mais peut aussi se déguster seul. Le **muscat ottonel** est apprécié avec les desserts.

Balatonmellék – Cette région est réputée pour ses vins capiteux à base de szürkebarát (pinot gris ou moine gris). Leurs arômes fruités et épicés se marient bien avec les plats de volaille. Le **zöldvelteni** et le **zenit** se servent volontiers avec le porc rôti.

Sopron – Point de rencontre entre les Alpes et la plaine, cette région produit des vins rouges au bouquet affirmé, à base de **kékfrankos**. Les sols gravelo-sableux donnent des vins blancs épicés, à base de **veltliner**.

Somló – À l'Ouest du lac Balaton, c'est la plus petite région vinicole de Hongrie (500 ha de vigne). Ses vins sont puissants, de caractère viril, avec une forte teneur en acide et en alcool. Le **furmint** met en valeur le gibier ou le foie gras.

Mór – Entre les monts Bakony et Vértes, les sols basaltiques favorisent les vins secs, avec une grande teneur en acide. C'est la patrie de l'**ezerjó**, d'origine germanique, au bouquet complexe et élégant.

Ászár-Neszmély – Les sols, mélange de limon, sable et gravier, donnent des vins vifs riches en arôme et bouquet. L'**olaszrizling** accompagne très bien les filets de sandre rôtis, le **rajnai rizling** les grillades de canard.

Etyek-Buda – Au Sud-Ouest de Budapest, le sol composé de sable et d'argile donne des **chardonnay** et **sauvignon** blancs.

Pannonhalma-Sokoróalja – Sur un domaine de 1 000 ha, les cépages olaszrizling, rajnai rizling et tramini produisent des vins blancs moelleux et parfumés.

Hongrie septentrionale

Tokaj-Hegyalja – Au Nord-Est de la Hongrie, sur les versants méridionaux du massif de Zemplén, cette région est favorisée par son sol volcanique recouvert de lœss. Elle produit le plus célèbre des vins hongrois, le **tokaj** : un nectar liquoreux à la couleur dorée.
Le tokaj est principalement issu du **furmint**, un petit cépage dont le nom vient du français « froment », à cause de sa teinte jaune. Ses arômes de pain, de noix et de champignon s'accordent parfaitement aux plats de poisson. Le tokaj peut aussi provenir du **hárslevelű**, qui donne un vin doux et fruité, et du **muscat de Lunel**. Le **szamorodni** est le tokaj le plus commun et le moins cher : il est élaboré à partir de grappes entières, et non de grains soigneusement triés. Plutôt charpenté, il se sert à l'apéritif ou en dessert.
Le meilleur tokaj est le **tokaji aszú**, un nectar moelleux, exceptionnellement sucré, qui figure parmi les vins les plus réputés du monde. Produit depuis le 16e s., ce fut le premier vin de dessert obtenu à partir de grains de raisin déshydratés. Louis XIV l'aurait baptisé « le roi des vins et le vin des rois ». Son bouquet inoubliable se marie au foie gras, aux fromages bleus et aux desserts.

Eger – Aux confins des massifs Mátra et Bükk, cette localité produit le fameux **egri bikavér** (« sang de taureau d'Eger »). Épais, de couleur sombre, il est composé de plusieurs cépages. Son bouquet évoque la vanille et le clou de girofle. Autre vedette, l'**egri leányka** (« demoiselle d'Eger ») est un vin blanc demi-doux au subtil arôme de miel. Ces vins puissants s'associent très bien au gibier, de même que l'**egri medoc** (noir).

Bükkalja – Des pentes douces au sol composé d'argile et de limon donnent des blancs de caractère comme le **olaszrizling**, sans égal avec les truites, et des rouges moelleux comme le **kékfrankos**, très agréable avec le ragoût de cerf.

Mátraalja – Protégés par les contreforts Sud des Mátra, les vignobles donnent des blancs capiteux comme les **hárslevelű**.

AUTRES BOISSONS

Les spiritueux – Les Hongrois boivent rarement du vin à midi, d'autant plus qu'il titre 13 ou 14 degrés. En revanche, ils font une grosse consommation d'**eau-de-vie**. La variété la plus célèbre est la **barackpálinka**, l'eau-de-vie d'abricot de Kecskemét, qui est l'alcool national par excellence. Un verre pourra vous être offert en apéritif, ou même au beau milieu de la journée : c'est l'un des traits de l'hospitalité hongroise. Le **puszta cocktail** est un mélange très parfumé composé de vin de Tokaj (doux ou sec), d'alcool d'abricot et d'une liqueur parfumée. L'**unicum**, vendue dans des bouteilles originales, est une liqueur noire et épaisse qui pour certains possède un goût de médicament. Ses vertus pour faciliter la digestion sont d'ailleurs reconnues.

La bière – Comme dans beaucoup de pays, la bière *(sör)* à la pression ou en bouteille fait partie des boissons très courantes. Parmi les marques nationales : *Dréher, Kaiser.*

La recette du vin *aszú*

Vendu en bouteille de 1/2 l, le vin *aszú* n'est produit que les années où l'arrivée des premières gelées coïncide avec le moment bien précis de la maturité avancée du raisin.
Les grains sont alors récoltés un à un, déposés dans des hottes calibrées (28 à 30 l de grains) où sous leur propre poids s'exprime un premier jus qui constitue « l'essence de *aszú* », entre un litre à un litre et demi d'un jus d'une teneur de 40 à 60 % en sucre.
Ensuite, les grains qui ont donné cette essence sont pétris en une pâte qui est ajoutée à du vin dans un tonneau de Gönc (nom du lieu où sont fabriqués ces tonneaux d'une capacité de 136 l). Le nombre de *puttony* qui qualifie le vin *aszú* correspond au nombre de hottes de pâte qui ont été mises à macérer dans un tonneau, soit de 2 à 6 *puttonyos.* Le mûrissement de l'*aszú* demande au moins quatre années et au plus huit, comptées comme suit : deux années pour le tonneau, deux années pour les deux premières hottes et une année supplémentaire par hotte de pâte ajoutée. Ce vin, à l'époque de Rákóczi, devint une sorte de monnaie, de devise servant parfois à obtenir les alliances, à faciliter les négociations.

Sopron – Fő tér

Villes et sites

AGGTELEKI NEMZETI PARK★★

Parc national d'AGGTELEK – Département de Borsod-Abaúj-Zemplén

Carte Michelin n° 925 A 11 – Schéma : BÜKK

À environ 63 km au Nord de Miskolc par les routes n°s 26 et 27, le **Parc national d'Aggtelek** Ⓥ est un site classé sur la Liste du patrimoine mondial de l'Unesco depuis 1995. Le centre du parc est le village d'**Aggtelek** situé sur le haut d'une colline. Son église réformée d'origine médiévale, plusieurs fois transformée, s'orne aujourd'hui d'un clocher néobaroque.

Un monde souterrain exceptionnel – Les grottes karstiques d'Aggtelek-Jósvafő se trouvent en territoire hongrois, les grottes de Domica en territoire slovaque. L'ensemble dénommé Baradla se développe sur 25 km, la partie hongroise est de 17 km.
Au nombre de 700 environ, les grottes ont été creusées au fil des temps dans un massif karstique d'une surface de 560 km^2 dans la vallée de la Bodva ; elles abritent une réserve biologique protégée depuis 1985, de nombreux ruisseaux apparaissant et disparaissant dans les avens – *barlang* en hongrois –, ce qui caractérise les régions karstiques. Des millions de petites brèches laissent passer l'eau de surface légèrement acide qui dissout la pierre calcaire enrichie des matériaux solubles. Cette eau en s'écoulant goutte à goutte des parois dépose lentement une partie des matières qu'elle transporte et suivant l'emplacement de l'écoulement forme des stalactites et des stalagmites ou d'autres formes qui décorent et enchantent ce monde souterrain.
La végétation est typiquement karstique avec quelques espèces rares. En ce qui concerne la faune des grottes, plus de cinq cents espèces ont été identifiées par les spéléologues-biologistes d'Aggtelek.
La formation de cette curiosité naturelle remonte à plus de 200 millions d'années et certains sédiments ont un passé de plus de 4 millions d'années. La présence de l'homme dans ces grottes a été vérifiée et date d'environ 35 000 années. Les documents les plus anciens font apparaître une carte du secteur réalisée en 1704. C'est au début du 18e s. que les premières visites des grottes ont eu lieu.

DESCENTE AU PAYS DES MERVEILLES

Vous pourrez choisir entre plusieurs circuits : court (1,3 km en 1 h), moyen (2,3 km en 2 h 30), long (7 km en 5 h) et exceptionnel (9 km en 8 h).

Côté hongrois, deux entrées sont proposées, l'une à **Aggtelek** où se trouve celle de la plus grande grotte, l'autre à **Jósvafő**. L'entrée de la **grotte d'Aggtelek** est la plus fréquentée et donne accès au circuit le plus confortable. L'entrée par Jósvafő, moins fréquentée, présente un tout aussi grand intérêt.

P. Borzsak/MAGYAR KEPEK Kft

Les grottes de Hongrie

La Hongrie a créé neuf parcs nationaux. Dans cinq d'entre eux (Parc national de Aggtelek, de Bükk, de Budapest, des hauts pays du Balaton et du Sud de la Transdanubie), les grottes représentent un attrait touristique certain. Sur les 3 000 grottes naturelles protégées, 125 bénéficient d'une protection particulière. Le nombre de grottes de plus de un kilomètre est de 26, dont les plus longues sont la Baradla de Aggtelek (17 km), et la Pálvölgyi de Budapest (11 km), qui se trouve sous le quartier nommé Rózsadomb (la colline des Roses). Certaines grottes sont qualifiées de médicinales. Budapest est la seule capitale au monde qui compte plus de 30 km de grottes dans ses entrailles.
Neuf grottes sont aménagées pour les visites touristiques et cinq sont ouvertes aux spécialistes ; l'une d'elle fonctionne comme bain. Les cours d'eau des grottes alimentent souvent les villes en eau potable (par exemple Pécs) ou sont des lieux privilégiés (comme la chapelle de l'ordre de Saint-Paul dans les grottes du mont Gellért à Budapest). Les conditions climatiques des grottes sont exceptionnelles et peuvent favoriser le traitement des maladies des bronches.
Pour les tours de spéléologie, un équipement spécial est nécessaire. Ce sont les directions des parcs nationaux et l'Association de spéléologie et de recherches karstiques qui aident les intéressés en organisant ces tours spéciaux. Certaines agences de voyages se sont spécialisées dans l'écotourisme (ecoVISTA au centre de voyages VISTA à Budapest).

Sans danger et même en chaussures de ville, la visite se fait dans des conditions agréables. Les différences de niveau sont acceptables, la température constante (entre 9 et 10°), l'éclairage bien conçu et l'arrêt musical bien préparé.
Un seul circuit suffira à votre curiosité. Le circuit moyen vous donne le temps d'admirer et vous permettra d'apprécier l'acoustique de la salle de concerts naturelle du côté Aggtelek ou d'une immense grotte côté Jósvafő.
Pour les **concerts** qui sont organisés durant l'été, prévoir une petite laine.
À l'intention des passionnés et des sportifs bien équipés (casque, bottes, etc.), il existe des visites de 5 h ou de 8 h pour lesquelles il faut s'inscrire à l'avance auprès de la direction du parc : 3758 Aggtelek, Baradla Oldal 1, ☎ et fax 48/343 073.
En ce qui concerne les souvenirs, à côté de l'entrée de la grotte se trouve le musée des Grottes et de la Spéléologie, présentation établie à partir des collections du Musée national et du musée des Sciences naturelles de Hongrie.

BAJA★

Département de Bács-Kiskun – 39 000 habitants

Carte Michelin n° 925 H 8

Les ramifications du Danube et de la Sugovica découpent de nombreuses îles, dont Petőfi-sziget et Nagy-Pandúr-sziget, qui donnent à Baja un air de ville de villégiature. Baja est la ville de la bonne entente, qui réunit dans une parfaite harmonie différentes ethnies. Populations d'origine serbe, croate, allemande, tzigane, et hongroise bien sûr cohabitent sans problème.

Un pont sur le Danube – À 155 km de Budapest, à une cinquantaine de kilomètres au Sud de Kalocsa, c'est le dernier pont sur le Danube avant la frontière Sud. Placé sur la rive Est du fleuve, c'est un port fluvial au trafic important qui fait de la ville un lieu d'échanges et de commerce. Cette ville fut autrefois le point de rencontre des marchands qui venaient acheter du vin et du grain. D'où de nombreuses caves pour stocker le vin et une industrie pour la fabrication des tonneaux. Le grain, le vin, la farine remontaient le Danube sur de petites barges qui étaient halées sur le fleuve, et le bois destiné à la fabrication des tonneaux descendait du Nord par flottage. À Baja, il y eut jusqu'à 70 moulins à eau sur le Danube et ses petits affluents. Les meuniers, corporation aisée, fêtaient leur saint patron, saint Jean Népomucène, lors d'une fête qui existe toujours à la mi-mai, le **Lancement de János**, et qui aujourd'hui est en même temps une grande fête folklorique.
Le pont qui permet de traverser le Danube est partagé entre rail et route. Baja est un lieu de passage ; à l'Ouest la Transdanubie riche, boisée, peuplée, à l'Est la plaine de l'entre-deux fleuves (Danube et Tisza), qui annonce l'**Alföld** (la Grande Plaine de l'Est) et qui déjà répond à l'image de la **puszta** avec ses vastes étendues, ses chevaux, ses dunes et ses puits à balancier. Une région où la population est plus clairsemée.

Les fêtes – Durant la **fête de la soupe de poisson** a également lieu la **fête des minorités**. Antal Grassalkovich, qui a construit le palais qui abrite aujourd'hui l'hôtel de ville, signa un contrat avec la ville pour que le Conseil rassemblât les trois ethnies majoritaires à raison d'un tiers des membres chacune. Il institua également la responsabilité alternée du pouvoir judiciaire. Le juge était choisi chaque année dans une ethnie différente et de fait ne conservait son poste qu'une année.

La fête de la soupe de poisson

Chaque année, le deuxième samedi de juillet, Szentháromság tér, la place de la Sainte-Trinité est envahie par une foule de cuisiniers et de gourmets ou gourmands qui viennent déguster la **halászlé** ou soupe de poisson. Dans plus de 2 000 grandes marmites de cuivre posées sur des trépieds mijotent sur des feux de bois des soupes faites avec des poissons pêchés dans le Danube, les rivières ou les lacs des environs. Le spectacle vaut la peine et la dégustation aussi. Ici comme ailleurs, il y a la recette et puis le tour de main, le secret du cuisinier.

CURIOSITÉS

Városháza (Hôtel de ville) – *Szentháromság tér.* La place de la Sainte-Trinité que borde à l'Ouest la Sugovica est entourée sur trois côtés de bâtiments baroques dont l'hôtel de ville. Il fut bâti au milieu du 18ᵉ s. par Antal Grassalkovitch, l'intendant de Marie-Thérèse, qui construisit le château de Gödöllő. Il ne se visite pas, mais il est possible d'en traverser la cour pour ressortir sur la façade opposée face au **Ferences Templom** *(Bartók Béla u. 1).* Dans cette église franciscaine se trouve un orgue baroque parfaitement accordé.

★ **Türr István Múzeum** ⓥ – *Deák Ferenc u. 1.* Le musée porte le nom d'István Türr (1825-1908), né à Baja, héros de la guerre d'indépendance de 1848-1849 et contraint à l'exil. Il servit les Anglais durant la guerre de Crimée. Ceux-ci lui en furent reconnaissants et lui sauvèrent la vie après sa capture par les Autrichiens en 1856. Il s'engagea par la suite aux côtés de Garibaldi, revint en Hongrie en 1867, participa aux travaux de régulation des fleuves et des systèmes de canaux, ce qui lui valut de participer à la préparation des réalisations des canaux de Panama et de Corinthe.

Le musée présente la « vie sur le Danube ». Il s'agit de l'exposition la plus importante et la plus intéressante. On y découvre la flore et la faune aquatiques, la vie des pêcheurs, leur façon de pêcher, la construction des bateaux. Vous y verrez des maquettes de moulins sur l'eau, en fait des bateaux amarrés à la berge munis d'une roue que faisait tourner le courant du fleuve. Une collection ethnographique présente les différents peuples qui habitent Baja et sa région. Une exposition d'œuvres de peintres contemporains hongrois complète la visite.

Quittant le musée, revenez vers Szentháromság tér, passez devant l'hôtel de ville et poursuivez jusqu'à **Eötvös János utca**, la principale rue commerçante de Baja entièrement réservée aux piétons.

Se loger et se restaurer

Hotel Duna – *Szentháromság tér. Chambres à 23 €.* Placé à l'angle le plus calme de la place, cet hôtel offre une vue intéressante sur le bras du Danube Sugovica.

Au pied du pont qui conduit à Petőfi-sziget, le quai qui longe la Sugovica a été aménagé. Vous y trouverez plusieurs **cafés** et **restaurants** ainsi que **Infotourist** qui vous renseignera sur les richesses de la région.

Vizafogó Panzió – *Petőfi-sziget, Március u. 15. ☎ 79/326 585. Chambres à 18 €.* Au bord d'un bras du Danube, charmante *panzió* avec cinq chambres et un restaurant de poisson.

Sugovica Hotel – *Petőfi-sziget. ☎ 79/321 755. Chambres de 18 à 46 €.* Hôtel moderne aux chambres propres et confortables.

Véndió Vendéglő – *Petőfi-sziget u. 1. ☎ 79/325 195.* Sur la petite île tranquille de Petőfi-sziget, restaurant avec une large terrasse. Spécialités de poisson.

Fadd-Dombori – À 22 km au Nord de Szekszárd, autour d'un bras mort du Danube, s'est développée une zone de loisirs et de vacances composée de petits pavillons familiaux et de terrains de camping. Il est possible de trouver un hébergement en bungalows pour profiter de cette étendue d'eau de plus de 7 km de longueur et de 400 à 500 m de largeur où s'entraînent les champions hongrois d'aviron.

Camping : **Hullám** (La Vague), **Kemping Tolna Tourist Kft.** du 15 avril au 15 octobre *71333 Fadd-Dombori, Nyirfa u. 5.*

★**Nagy István Képtár** ⓥ – *Arany János u. 1.* Après avoir passé Tóth Kálmán tér, prendre Vörösmarty u. jusqu'à la place du même nom pour trouver ce musée où sont exposées les œuvres de peintres dont la plupart habitèrent cet hôtel particulier après 1946, et que l'on appela l'**école d'Alföld**. La visite en est agréable et montre bien l'activité artistique provinciale de l'époque. On y trouve aussi des œuvres du peintre Gyula Rudnay et du sculpteur Ferenc Medgyessy. Quelques mètres plus loin, la place András-Jelky ne présente pas d'intérêt particulier si ce n'est d'évoquer la mémoire de ce « globe-trotter » né à Baja au 18e s. Cet apprenti tailleur partit pour Paris et revint dans son pays natal pour rédiger ses mémoires après avoir traversé la Chine, le Japon, Ceylan et bien d'autres pays.

Szerb Ortodox Templom – *Táncsics Mihály u. 21.* La plus intéressante des deux églises orthodoxes serbes de la ville possède une belle iconostase du 19e s.

Petőfi-sziget – Un pont relie le centre-ville à Petőfi-sziget, une petite île où vous trouverez des plages, le port de plaisance, l'hôtel Sugovica, des campings, des terrains de sport installés sous d'immenses arbres qui se développent sur des terres humides et offrent des promenades ombragées. Tout ce qui incite à la détente et au repos. L'été, il est difficile de trouver de la place sur les plages ou dans les campings.

EXCURSIONS

★★**Circuit en train et/ou en bateau dans le Gemenc** – C'est un voyage qui donnera satisfaction aux amoureux de la nature. Ce parcours est possible chaque fin de semaine du 1er mai au 30 octobre tout en sachant que les bateaux eux terminent leurs croisières le 15 octobre. C'est un voyage de 30 km en petit train à voie étroite géré par la MÁV (société des chemins de fer hongrois) et dont la société **Gemenci Erdő és Vadgazdaság Rt.** (*6500 Baja, Szt Imre tér 2.* ☎ *79/324 144)* est le répondant local. Il est possible de faire ce parcours en le combinant avec une exploration en bateau sur le canal de Sió qui relie le Balaton au Danube.
Ce que l'on appelle la **forêt de Gemenc**, qui s'étend sur environ 20 000 ha, est l'illustration de ce qu'étaient les zones inondables qui, çà et là, bordaient le Danube et la Tisza avant que ces fleuves ne soient régulés. La faune et la flore sont d'une extrême richesse. On peut y observer cerfs, sangliers, oiseaux aquatiques, ainsi que la végétation particulière des zones inondables. Des sociétés comme **Trófea Vadászatszervező** et **Vadászatelszámoló kft**. *7100 Szekszárd. Arany János u. 3.* ☎ *74/316 718* organisent des chasses. La pêche est également soumise à réglementation mais de nombreuses zones sont totalement libres d'accès.

Őcsény – *38 km au Nord-Ouest par les routes nos 55 et 56, puis une petite route prise sur la droite avant Várdomb.*
Entre Baja et Szekszárd, un petit aéroport réunit chaque année à la fin du mois de juillet le **Gemenci Vitorlázó Repülő Bajnokság** (championnat des planeurs) et au début du mois d'août la **Nemzetközi Hőlégballon Találkozó** (réunion internationale des ballons à air chaud). On peut pratiquer les sports aériens sur cet aéroport qui offre des possibilités d'hébergement et de camping. Se renseigner auprès de **Gábor Talabos**, *7143 Őcsény Pf. 6,* ☎ *74/496 265.*

Szekszárd – *37 km au Nord-Ouest par les routes nos 55 et 56.* Comme Kalocsa, Szekszárd se trouvait au bord du Danube jusqu'à la fin du 19e s. Les travaux de régulation et d'aménagement du fleuve ont laissé, en pleine terre, cette ville qui faisait partie des *limes* romains. Elle s'allonge le long d'une grande rue qui porte successivement les noms de Béri Balogh Ádám, Széchenyi, Rákóczi. C'est à l'endroit où l'avenue abandonne le nom de Béri Balogh Ádám pour prendre celui de Széchenyi que vous pourrez prendre à gauche et monter jusqu'à Béla tér où sont visibles dans la cour de la **Megyeház** ⓥ (Maison du département), les fondations d'un **monastère bénédictin** que Béla Ier fit construire en 1061. Redescendant pour traverser l'avenue, vous passerez Liszt Ferenc tér et prendrez Mártírok tere (place des Martyrs). Au n° 26 se trouve **Wosinsky Mór Múzeum** ⓥ★★, du nom d'un prêtre archéologue qui fit des fouilles très importantes dans la région. Ce musée fut construit à la fin du siècle dernier pour exposer les collections qui l'habitent aujourd'hui. Il y a là de nombreuses pièces et bijoux celtes et avars. Au premier étage, une belle exposition évoque la vie en Hongrie au début du siècle.
Szekszárd est aussi la patrie de différentes personnalités dont **Mihály Babits**, l'un des grands poètes nationaux. On peut visiter sa **maison natale** ⓥ *(Babits u. 5)*. **János Garay** est un écrivain né à Szekszárd, qui a créé un personnage éloquent et hâbleur, János Háry. Kodály a repris ce personnage dans une œuvre musicale très appréciée en Hongrie.

BALATON★★★

Départements de Veszprém et Somogy

Carte Michelin n° 925 F 4 et 5, G 3

Le plus grand lac d'Europe Centrale – Au cœur de la Transdanubie, à environ 100 km de Budapest, le lac Balaton s'étire sur une longueur de 77 km. Sa largeur varie de 1,5 km à hauteur de la presqu'île de Tihany à 14 km dans sa partie la plus ouverte. Sa surface est de 598 km^2, sa profondeur moyenne d'environ 2,5 m. Près de la presqu'île de Tihany, les fonds sont de 12 m environ. La surface exposée au soleil est donc importante par rapport à la masse d'eau, ce qui explique en partie la température relativement élevée de l'eau (proche de 25°) très appréciée des baigneurs, et l'influence du lac sur le climat.

LA MER HONGROISE

Le nom du lac pourrait venir du mot avar *blatno* signifiant eau stagnante. La présence de marécages, donc d'eau, n'est peut-être pas étrangère à cette appellation.

Le Balaton fut toujours au cours de l'histoire source de vie. Poissons, gibier, roseaux ont puisé dans l'eau l'élément indispensable à leur évolution. Il fut par la beauté de ses sites, les lumières qu'il dispense lieu de recueillement et de méditation. Ce fut également une sorte de frontière naturelle qui au 16e s. sépara les Habsbourg des Turcs. Ceux-ci réussirent cependant à passer sur la rive Nord qu'ils saccagèrent. Au 18e s., Allemands, Croates, Slovaques vinrent s'installer et construire dans la région. À la fin du 18e s., Balatonfüred et Hévíz commencèrent à prendre des allures de stations d'été où venaient passer de longs moments de vacances les riches familles de Buda, de Pest et d'Autriche.

La **ligne de chemin de fer** reliant Nagykanizsa à Buda fut construite sur la rive Sud en 1861, puis en 1909 fut construite celle de la rive Nord. C'est à ce moment que le Balaton, dont une partie fut remblayée, prit sa forme actuelle et que l'activité touristique se développa vraiment.

Après la Première Guerre mondiale, 50 000 à 60 000 personnes se rendaient en vacances au Balaton. Vingt ans plus tard, à la veille de la Seconde Guerre mondiale, elles étaient près de 250 000.

La riviera des pays communistes – Le régime socialiste qui s'installa en Hongrie après la Seconde Guerre mondiale s'efforça de développer le tourisme social au bénéfice des travailleurs. Il s'ensuivit une **nationalisation** des équipements existants, l'expropriation de villas et la réalisation de centres de vacances.

Durant le régime communiste, le lac Balaton permettait aux familles allemandes de l'Ouest et de l'Est de se retrouver facilement. La Hongrie était accessible sans trop de problèmes aux ressortissants occidentaux ; quant aux habitants de l'Allemagne de l'Est, il leur était plus facile de venir dans un pays frère que de passer le rideau de fer. À côté des centres de vacances ouverts par les entreprises ou les organisations ouvrières, certains secteurs, comme le camp de vacances de Balatonaliga, étaient réservés aux « membres du parti ». Dans cet ensemble protégé, la hiérarchie était parfaitement respectée. Les surfaces octroyées aux vacanciers ainsi que la qualité du service et des prestations étaient fonction de la situation de l'intéressé. C'est de cette époque que date la construction de grands bâtiments d'hébergement qui, depuis les années 1990, ont été transformés en hôtels.

Et maintenant... – La région du Balaton, qui a joué un rôle essentiel dans le développement du tourisme en Hongrie, en est toujours un des moteurs essentiels. Après Budapest, c'est la zone la plus visitée du pays. Chaque année, plus de 950 000 touristes séjournent dans les différentes structures d'accueil implantées sur les rives ou dans l'arrière-pays. Les touristes allemands sont majoritaires et il est fréquent de voir sur le bord des routes des habitants brandissant une pancarte sur laquelle est écrite la mention *Zimmer frei*, tant ce genre d'hébergement chez l'habitant est courant. La langue allemande est certainement la langue étrangère la plus pratiquée autour du Balaton, que ce soit dans les boutiques, les hôtels, les restaurants, les cafés, les boîtes de nuit.

C'est dans cette région que sont consommées 32 % des nuits touristiques de Hongrie. Pendant la belle saison, lors des week-ends prolongés, les Budapestois viennent grossir le rang des touristes qui fréquentent les bords du lac. Le succès de cette région que l'on appelle parfois la « mer hongroise » tient bien sûr à la qualité de l'environnement, au microclimat, mais aussi aux services qui sont proposés, l'ensemble contribuant à faire de cette zone une immense station balnéaire.

Les vacanciers qui souhaitent se reposer, se relaxer, faire du sport, etc., c'est-à-dire tout simplement profiter de leur temps libre, trouvent autour du lac quelque 130 plages et des services de toute nature à des prix variés. De plus, le lac n'est pas le seul centre d'intérêt de la région, l'arrière-pays est agréable et pittoresque.

Entre Budapest et le lac Balaton, le **lac de Velence** *(voir Székesféhérvár, Excursions)* et à l'extrémité Ouest de la mer intérieure le **Kis-Balaton** (Petit Balaton) sont deux paradis pour les écologistes et les amis de la nature.

/MAGYAR KEPEK Kft

Au bord de la mer hongroise

LE TOUR DU LAC

Nord-Sud, les deux rives – La rive Nord et la rive Sud sont très différentes. Les paysages, témoins d'un passé très riche, les réserves naturelles de la faune et la flore, les sources thermales, les plages, le folklore, l'artisanat, les produits de la vigne, et bien d'autres choses encore offrent à l'hôte de passage de quoi satisfaire son envie ou sa curiosité.

★★La rive Nord

En venant de Budapest, quitter l'autoroute M 7 par la route n° 71 qui contourne l'extrémité Est du lac.

Cette rive est la plus intéressante. On y trouve plusieurs stations balnéaires mais aussi des vignes qui, bien accrochées aux pentes volcaniques, donnent des vins blancs agréables.

Balatonalmádi – La première station d'importance qui peut retenir le visiteur est Balatonalmádi, dont la population permanente est de l'ordre de 8 500 habitants. Son existence en tant que station balnéaire remonte à la fin du 19e s. Pas de curiosités particulières, son activité est tournée vers le lac : un grand hôtel, immeuble tour, l'hôtel Auróra, la plage de Budatava, des établissements de sports nautiques.

Après 2,5 km, prendre une petite route sur la droite en direction de Veszprém.

Felsőörs – Là, une sympathique petite église romane du 13e s. en grès rouge placée au milieu du village ne suffirait pas à justifier le déplacement, mais la montée vers Felsőörs vous aura permis de parcourir et de traverser une zone qui a gardé son caractère. Paysage de vignes où les ressources des carrières donnent leurs couleurs aux anciennes maisons, noires pour les basaltes et les roches volcaniques, blanches pour les calcaires, rouges pour les grès.

Revenir à la route principale.

Balatonfüred – La plus ancienne des stations balnéaires et thermales de la rive Nord du lac, fréquentée depuis plus de deux siècles tant pour ses plages que pour ses cures thermales.

L'ancien centre de Balatonfüred est au Nord de la voie ferrée qui coupe l'agglomération en deux. La route qui se déroule parallèlement à la voie ferrée au Sud forme la limite du Balatonfüred balnéaire installé au bord du lac. Avec plus de 6 km de plages, ce secteur offre tous les services d'une station balnéaire. Dans le prolongement de Jókai Mór utca, un embarcadère permet de prendre le bateau pour Tihany, Siófok, Keszthely.

Balatonfüred a conservé son air aristocratique qui remonte au temps où elle était un lieu de rendez-vous du monde politique, culturel et artistique. À l'origine de la notoriété de la station, une comédienne et chanteuse, **Lujza Blaha** (surnommée le rossignol de la nation), qui avait coutume de venir passer ses vacances dans sa villa, aujourd'hui transformée en hôtel *(Blaha Lujza utca 4)*.

J.-P. Coureau/EXPLORER

Vignobles sur la rive Nord

Ce fut à Balatonfüred qu'István Széchenyi inaugura, en 1846, le premier bateau à vapeur sur le lac. Plusieurs écrivains et poètes hongrois ont séjourné dans la ville. **Sándor Kisfaludi** y établit là le premier théâtre en langue hongroise. **Mór Jókai**, ami de Sándor Petőfi, romancier prolifique très apprécié dans les pays anglo-saxons, écrivit là plus d'une centaine d'œuvres. Il est parfois comparé à Charles Dickens. Le célèbre prix Nobel de littérature, l'écrivain indien **Rabindranath Tagore**, vint se faire soigner à Balatonfüred en 1926 et planta un tilleul avant son départ (une allée bordée d'arbres porte son nom). Depuis, de nombreuses personnalités ont suivi son exemple.

Jókai Múzeum Ⓥ – *Angle Honvéd utca et Jókai Mór utca.* Ce fut dans sa villa, aujourd'hui un musée, que Jókai, qui fut aussi membre du Parlement, écrivit presque toute son œuvre à l'encre violette, sur papier à en-tête officiel.

À l'angle opposé du carrefour, on voit l'**église ronde** (Kerektemplom), construite à la fin du 19e s.

★ **Gyógy tér** – Au centre de la place de la Cure se trouve la buvette Kossuth Lajos (construite en 1800). Vous pourrez, entre le 1er mai et le 30 septembre, sans être pour cela curiste, goûter l'eau sulfureuse de Balatonfüred.
Au 18e s., on servait l'**eau amère** des sources carbogazeuses mélangée à du petit-lait de brebis pour soigner les maux d'estomac. Elle était aussi utilisée comme remède contre la tuberculose. Depuis, à la fin du 19e s., on a découvert les vertus curatives et thérapeutiques de ces eaux qui soignent les affections du cœur et du système circulatoire.

Szanatórium – Ce grand bâtiment fut construit en 1810 (le mot szanatórium désigne en Hongrie un établissement de convalescence). C'est dans le grand hall que se déroule chaque année le **bal d'Anna**. C'est une tradition qui dure depuis 1825, quand la riche famille Szentgyörgyi-Horváth passait ses vacances à Balatonfüred. Le 26 juillet, jour de la sainte Anne, ils avaient l'habitude de donner un grand bal en l'honneur de leur fille Anna. Si vous êtes là le 26 juillet, vous pourrez admirer les invités en costumes d'époque. Le premier bal fut donné dans la villa Horváth *(angle Gyógy tér et Blaha Lujza utca)*. Après avoir servi de maison de repos pour les travailleurs des mines, elle a été laissée à l'abandon et attend aujourd'hui d'être restaurée. Sous les arcades du sanatorium, le « Panthéon balatonien » vous indiquera quelles célébrités ont fréquenté Balatonfüred. Des plaques commémoratives portent les noms de savants, artistes, écrivains, musiciens et politiciens tant hongrois qu'étrangers.

En quittant ces rives très peuplées l'été, vous pourrez trouver une autre atmosphère dans l'arrière-pays qui domine le lac sur les coteaux et dans les vallées qui font alterner forêts et vignes suivant l'exposition. Pour vous échapper ou si le temps n'est pas au bronzage prenez – à pied ou à cheval – les petits chemins réservés à ceux qui aiment la campagne.

Sept kilomètres après Balatonfüred, à quelques centaines de mètres de la route qui relie Aszófő à Pécsely, se trouve une auberge qui fonctionne également comme centre équestre (possibilité de promenades à cheval en forêt).

De Pécsely en continuant vers Barnag, vous buterez contre une autre route de même caractère ; là, vous tournerez à droite pour vous diriger vers une ancienne halte du Pony Express. Prenant modèle sur le Far West américain, les Hongrois avaient créé une sorte de Pony Express pour acheminer le courrier à cheval.

Nagyvázsony – Nagyvázsony est une halte historique sur les chemins de la poste. À cet endroit, les **Postakocsi** (les coches de la poste) changeaient leur attelage composé de six chevaux.

Kinizsi vár – Du nom de son propriétaire, le château Kinizsi est des plus étonnants. **Pál Kinizsi** était un meunier doté d'une force herculéenne. Sa ville natale n'est pas connue avec certitude, car plusieurs localités montrent la **pierre de Kinizsi**, c'est-à-dire la meule qu'il soulevait d'une seule main lorsqu'il n'était qu'un jeune homme. Fort, courageux, intelligent, Pál Kinizsi rendit de tels services au roi Mathias que celui-ci en fit un des chefs de ses armées et lui offrit en reconnaissance le château de Nagyvázsony.

Un héros pour Hollywood – Plusieurs faits sont rapportés illustrant la force du héros qui ne faisait qu'une bouchée de ses adversaires. Il est dit qu'à la suite d'une bataille gagnée sur les Turcs, il prit trois prisonniers, un sous chaque bras, le troisième par la ceinture tenue entre ses dents et les fit tourner dans une ronde folle pour les lancer loin de lui. Il mata également la révolte des gardes noirs du roi. Ceux-ci réclamaient leur solde après une victoire. Kinizsi en fit massacrer plus de mille. Il reçut le château en 1492 et mourut deux années plus tard.

Visite – Le château épargné par les Habsbourg est aujourd'hui un musée. La vie dans un château hongrois y est illustrée grâce à une exposition de meubles et d'objets. La période du 18e s., durant laquelle il servit de prison, est également évoquée. La pierre tombale de Kinizsi est exposée dans la chapelle restaurée où quelques documents illustrent sa vie.

★★ **Posta Múzeum** – Le musée de la Poste évoque à travers le temps et l'espace les moyens utilisés par les hommes pour communiquer. L'été, il est possible d'y déposer le courrier qui portera le cachet du musée.

Revenir vers le lac et reprendre la route n° 71.

En arrivant au pied de la presqu'île de Tihany, la route fait un petit crochet.

★★★ **Tihany** – *Voir ce nom.*

Les personnes qui n'ont pas le temps de faire le tour du lac et qui souhaitent rejoindre la rive Sud, peuvent prendre le bac qui se trouve à l'extrémité de la presqu'île *(durée de la traversée : 15 mn)*. On y fait la queue en été mais les rotations sont fréquentes. Boutiques de souvenirs et cafés aident à faire passer le temps agréablement.

★ **Örvényes** – Ce village a conservé un moulin à eau qui fonctionne encore. À l'intérieur, un petit musée ethnographique expose des objets usuels et des pièces d'artisanat.

Balatonudvari – Voir dans le cimetière les pierres tombales en forme de cœur (fin 18e-début 19e s.).

Révfülöp – L'origine de cette localité remonte au 11e s. C'était alors un village de pêcheurs. Détruit par les Turcs au 16e s., il ne reprend vie qu'au 18e s. pour se transformer en station touristique. Loin du gigantisme, bien exposés au pied du mont Fülöp, les bords du lac sont ici calmes et reposants.

Badacsony – Un nom qui désigne une petite ville, un massif, une station balnéaire, une région vinicole et surtout un site protégé. Comme Tihany, Badacsony possède un site particulier. Un mont domine le lac du haut de ses 438 m. D'origine volcanique, il semble s'être imposé là pour la beauté du geste et pour offrir aux randonneurs de magnifiques promenades avec en prime de splendides **points de vue★★** sur le Balaton. En traversant la ville, la route prend le nom de Balatoni út. C'est au Nord de cette voie, en vous éloignant du lac et après avoir traversé la voie ferrée, que vous trouverez les sentiers de randonnée. Si la randonnée et surtout les pentes raides vous impressionnent, des véhicules tout terrain vous transporteront au sommet du massif. Ils partent de la poste sur Sétány Park. Les randonneurs expérimentés trouveront des cartes détaillées en vente chez les commerçants ou au bureau de tourisme. Le sentier balisé bleu conduit au **belvédère Kisfaludy** qui offre une très belle **vue★★** sur le Balaton et les cônes volcaniques. Lors de l'ascension, faites une pause à la terrasse du **Kisfaludy ház** pour admirer le paysage.

Une région vinicole – La légende dit que l'on aurait trouvé à Balatonfelvidék un vase de terre vieux de plus de 2 000 ans, qui aurait contenu du vin. Ce qui réfuterait l'histoire qui prétend que ce sont les Romains qui auraient importé la vigne et les techniques de fabrication du vin ; peu importe, les badacsony sont d'excellents vins blancs, à consommer bien sûr avec modération.

Szigliget – Jadis une île, de nos jours un petit village pittoresque dominé par les ruines d'un château du 13e s. sur lesquelles flotte le drapeau hongrois. Du haut de la tour, la vue s'étend sur les vignobles et sur le lac.

★★ **Keszthely** – *Voir ce nom.*

Hévíz – *Voir ce nom.*

La rive Sud

Revenir à Keszthely et poursuivre sur la route n° 71.

Cette rive présente moins d'attrait, c'est surtout le domaine des stations de vacances qui regorgent de monde à la belle saison. C'est le cas de **Fonyód**, **Balatonboglár**, **Balatonlelle**, **Balatonszemes** et **Balatonföldvár** qui se suivent et se ressemblent.

Szántód – Embarcadère pour Tihany et Balatonfüred. Grand terrain de camping.

De Szántód à Siófok s'étale tout un développement urbain qui concentre une grande partie des estivants.

★ **Szántód-puszta Majormúzeum** – Ce centre touristique et culturel rassemble des bâtiments des 18e et 19e s. parfaitement restaurés, qui permettent de se faire une idée de l'environnement campagnard de l'époque. On peut visiter fermes, celliers, écuries, etc. Un aquarium présente plusieurs espèces de poissons du Balaton. L'artisanat populaire occupe également une place non négligeable. Possibilité de pratiquer l'équitation et de faire des promenades en calèche. Il est également possible d'y loger, mais il faut réserver longtemps à l'avance. Une *csárda* confortable avec terrasse sert une cuisine classique hongroise.

☼☼ **Siófok** – La station balnéaire par excellence pour ceux qui aiment la foule. Pour simplifier, Siófok, c'est au Nord le lac, le long du lac les plages, le long des plages les constructions (villas, hôtels, campings, restaurants, discothèques, etc.) et les boutiques (vêtements, sacs, souvenirs).
C'est après la construction d'une ligne de chemin de fer à la fin du 19e s. que Siófok se développa comme Balatonfüred dans un style plutôt élégant et bourgeois. Pour les Budapestois, c'était une destination facile, les bords du lac apportant la fraîcheur qui manquait dans la capitale. Au fil des années, Siófok dut s'étendre le long du lac sur plusieurs kilomètres pour accueillir et satisfaire une clientèle en constante progression.

Se loger et se restaurer autour du Balaton

En dehors de la saison estivale pendant laquelle l'animation bat son plein, bon nombre d'établissements sont fermés.

Badacsony

Halászkert – *Park u. 5. Ouv. avril-nov.* Grand restaurant avec de nombreuses spécialités. Carte en français, ce qui est rare ! De nombreuses animations folkloriques l'été.

Balatonalmádi

Viktória – *Bajcsy Zs. u. 42. ☎ 88/338 940. 10 chambres à 31 €.* Charmant petit hôtel familial avec des chambres soignées. Terrasse sur jardin. Une excellente adresse !

Club Hotel – *Neptun u. 15. ☎ 88/339 150. Fax 88/339 152. Ouv. juin-sept.* Très bien situé au bord du lac, cet hôtel-restaurant propose des chambres propres et modernes.

Balatonföldvár

Budalakk Üdülőház Kft – *Petőfi u. 11. ☎ 84/340 270. Chambres à 13 €.* C'est un coup de cœur et un très bon rapport qualité/prix. Cette *panzió* est tenue par des Hongrois qui ont travaillé en Algérie. Français parlé.

Balatongyörök

Margaréta Panzió – *Eötvös u.* Une panzió-restaurant avec vue sur le lac.

Balatongyöröki Kastélyszálló – *Petőfi u. 2. ☎ 83/349 510. Fax 83/346 001. Ouv. 15 avril-15 oct. 36 chambres de 13 à 26 €.* Dans une petite rue bien calme, à deux pas du lac Balaton, hôtel de standing dans un manoir néobaroque (1945).

Balatonmáriafürdő

Janette – *Ady Endre u. 93. ☎ 85/376 522. Fax 85/376 027. Chambres de 22 à 32 €.* À une vingtaine de kilomètres de Keszthely, dans une petite rue au bord du lac, panzió-restaurant familiale avec chambres et bungalows.

Zamárdi

Kocsi Csárda – *Siófoki u. ☎ et fax 84/349 010.* Sur la route 7, grande auberge traditionnelle avec plats hongrois et musique folklorique. Derrière l'auberge a été créée une rue bordée de petites maisons aux toits de chaume où il est possible de dormir (maison pour 5 personnes : compter 90 €). Idéal pour une famille. À défaut d'y manger ou d'y dormir, c'est à voir !

Balatonfüred

Korona Panzió – *Vörösmarty u. 4. ☎ 87/343 278. 18 chambres à 39 €.* Belle *panzió* avec des chambres propres et soignées. Restaurant également en été.

Balázs Villa – *Deák Ferenc u. 1. ☎ 87/580 060. Fax 87/580 061. Chambres de 31 à 46 €.* À l'écart du centre-ville, dans une rue calme, charmante villa avec tout le confort possible. Piscine, sauna et solarium.

Park – *Jókai u. 24. ☎ 87/343 203. Fax 87/342 005. Ouv. avril-sept. Chambres de 46 à 62 €.* Certainement le plus bel hôtel de la ville. Chambres décorées à l'ancienne avec armoires et portes en bois.

Flamingó – *Széchenyi u. 16. ☎ 87/343 707. Chambres de 49 à 62 €.* Hôtel moderne sans charme particulier, mais possédant l'énorme avantage d'être ouvert toute l'année. Les chambres sont spacieuses. Piscine avec vue sur le lac en été.

Koloska Csárda – *Koloska Tál. Ouv. avril-oct.* Sur les hauteurs du village, dans la forêt, immense auberge traditionnelle spécialisée dans les viandes grillées.

Borcsa – *Tagore Sétány. Ouvert fév.-déc.* Au bord du lac, l'un des restaurants les plus connus de la ville. Terrasse avec vue sur le Balaton. Spécialités : viandes grillées et poissons.

Arany Korona – *Kossuth L. u. 11.* Restaurant populaire et très fréquenté. Spécialités hongroises : poissons et volailles.

Stefánia Vitorlás Étterem – *Tagore Sétány. Ouvert toute l'année.* Un restaurant pour touristes installé dans une belle maison. Grande terrasse donnant sur le lac.

À l'Ouest du canal de la Sió, Ezüst-part (la côte d'Argent), à l'Ouest, Aranypart (la côte d'Or) sont les deux zones balnéaires qui s'étendent de part et d'autre du débouché du canal où se trouve le port. C'est dans ce dernier secteur que se trouve ce que l'on peut appeler le centre-ville. La gare (Vasútállomás) est une petite curiosité sur Váradi Adolf tér, qui a conservé un air début du siècle. À proximité, le **château d'eau** (Víztorony) en béton fait partie des monuments classés. Il abrite l'Office de tourisme Tourinform. Au n° 2 Sió utca, le **musée József Beszédes**, du nom de l'ingénieur en hydraulique, raconte l'histoire de l'aménagement du Danube et du Balaton. Le **musée Imre Kálmán** Ⓥ *(Szabadság tér)* est dédié au compositeur d'opérettes (il composa la célèbre *Princesse Csárdás*) et retrace la vie de ce musicien qui émigra aux États-Unis. Enfin, l'**église évangélique**★ (Evangélikus Templom) située dans Oulupark est un exemple d'architecture contemporaine, du style dit « organique » dû à Imre Makovecz.

★ KIS-BALATON (PETIT BALATON)

Le Kis-Balaton, qui s'inscrit dans le Parc national du Haut Balaton (Balaton Felvidéki Nemzeti Park), faisait autrefois partie du Balaton. Cette zone a été comblée petit à petit par les alluvions de la rivière Zala. Il reste environ 3 500 ha couverts de roseaux, parsemés de flaques d'eau peu profondes. Une centaine d'espèces d'oiseaux a élu domicile dans cette zone. C'est aussi une étape pour les oiseaux migrateurs. Ce parc est protégé et ne peut être visité sans autorisation. Cette protection concerne 1 400 ha, toutefois un point d'observation est accessible aux visiteurs sans permis, c'est **Kányavári Sziget** (l'île du Kányavár), que vous pourrez rejoindre à 2 km au Nord du centre de Balatonmagyaród. Un **pont** semi-circulaire aux arcades en bois vous conduit à une tour d'observation.

-MAGYAR KEPEK Kft

Zalakaros – Au Sud du Kis-Balaton, cette cité des bains et du thermalisme, très fréquentée, est parfaitement aménagée pour le tourisme et les soins thermaux (et dentaires). Elle offre tous les types d'hébergement : hôtels, village de vacances, logement chez l'habitant et camping. Treize piscines dont une couverte, œuvre de Makovecz, sont à la disposition des baigneurs. Seule la piscine couverte est accessible toute l'année, les autres ouvrent de mai à septembre. La clientèle est surtout allemande et autrichienne. Vous y trouverez tous les services d'une station de vacances, peut-être même le calme et le repos.

Vue de Buda

Budapest

Carnet d'adresses

SE LOGER À BUDAPEST

Vous pouvez également consulter le **Guide Rouge Michelin Europe** qui offre une sélection d'hôtels dans la capitale hongroise. Les adresses que nous vous proposons ont été sélectionnées pour leur cadre, leur emplacement ou leur caractère. Nous indiquons également des petits hôtels ou *panziók* (au singulier *panzió*) souvent situés dans un quartier calme éloigné du centre, à l'atmosphère familiale et de bon rapport qualité/prix.

Les établissements choisis ont été classés en trois catégories afin de proposer un éventail d'établissements accessibles à toutes les bourses. Compte tenu des fluctuations de la monnaie hongroise (le forint), bon nombre d'établissements indiquent les prix en euros. Ces prix incluent généralement le petit-déjeuner. La catégorie **À bon compte** propose des hôtels dont le prix d'une chambre double en haute saison ne dépasse pas 61 €. Toutes les chambres ont une salle de bains ou douche et TV. L'ameublement peut être démodé. La catégorie **Valeur sûre** propose des hôtels plus centraux dont les prix pour une chambre double en haute saison sont nettement supérieurs à 61 €. Sous la rubrique **Une petite folie !**, vous trouverez des hôtels de charme, de grand confort, avec des prix bien sûr à la hauteur du cadre et des prestations.

Hôtels et panziók

À BON COMPTE

Hotel Papillon – *Buda II., Rózsahegy utca 3/b. ☎ 212 4750. Fax 212 4003. 20 chambres de 30 à 61 €.* Sur la colline des Roses, un petit hôtel tranquille très facile d'accès. Terrasse pour le petit-déjeuner.

Hotel Noé – *Buda III., Királyok útja 301. ☎ 454 0742. Fax 243 9400. 18 chambres de 30 à 40 €.* En voiture à 15 mn du centre. Le calme absolu dans un parc. Toutes les chambres ont vue sur le Danube. Restaurant. Location de bungalows tout équipés.

Kék Duna Panzió – *Buda III., Nánási út 1/c. ☎ et fax 240 5040. 16 chambres de 47 à 61 €.* Calme, piscine en été. Jardin et barbecue. Petite salle de restaurant en sous-sol.

Hotel Vénusz – *Buda III., Dózsa György utca 2-4. ☎ 368 7252. Fax 368 6407. 77 chambres de 45 à 50 € (petit-déjeuner 3 €).* Non loin des ruines romaines d'Aquincum, ce genre de motel dispose de chambres simples en rez-de-chaussée. Piscine et sauna.

VALEUR SÛRE

Hotel Délibáb – *Pest VI., Délibáb utca 35. ☎ 479 8600. Fax 342 8153. 34 chambres de 56 à 76 €.* Dans un ancien hôtel particulier des Esterházy et tout près de la place des Héros et de la station du métro M 1, à 15 mn du centre de Pest. Chambres un peu vieillottes mais propres. Bruyantes sur l'avenue malgré le double vitrage. Prix relativement intéressants compte tenu de l'emplacement.

Korona Panzió – *Buda XI., Sasadi utca 127. ☎ 319 1255. Fax 319 5734. 8 chambres de 56 à 62 €.* Une adresse sympathique loin du bruit de la ville. Jardin et possibilité de prendre ses repas.

Kapu Panzió – *Buda XI., Ugron Gábor 9. ☎ 319 2985. Fax 319 2986. 10 chambres de 52 à 62 € et une suite avec baignoire romaine.* Une maison cossue au grand portail en bois dans un environnement reposant. Sauna. Terrasse. Garage privé. Petite salle de restaurant.

Beatrix Panzió – *Buda II., Széher út 3. ☎ 275 0550. Fax 394 3750. 18 chambres de 55 à 65 €.* L'endroit est calme dans la verdure. Jardin.

Queen Mary – *Buda XII., Béla Király utca 47. ☎ 274 4000. Fax 395 8377. 22 chambres de 38 à 55 €.* Au calme sur les collines de Buda. Chambres avec une petite terrasse et vue. Sauna. Parking.

Hotel Centrál – *Pest VI., Munkácsy utca 5-7. ☎ 321 2000. Fax 322 9445. 42 chambres de 24 à 72 €.* Un petit immeuble dans le quartier calme des ambassades. Chambres spacieuses. Restaurant.

Radio Inn – *Pest VI., Benczúr utca 19. ☎ 322 0237. Fax 322 8284. Chambres de 55 à 72 €.* Dans le quartier calme des ambassades. Toutes les chambres (ameublement ancien) possèdent une cuisinette. Le jardin fleuri est agréable en été.

Gold Hotel Panzió – *Pest XIV., Ungvár utca 45. ☎ et fax 252 0470. 24 chambres de 56 à 70 €.* Loin de la vie trépidante du centre-ville. Ambiance familiale. Parking privé.

City Panzió Mátyás – *Pest V., Március 15 tér 8. ☎ 338 4711. Fax 317 9086. 56 chambres de 64 à 84 €.* Situation excellente tout près du pont Élisabeth. Chambres confortables au mobilier standard, bruyantes sur l'avenue. Un avantage, le petit-déjeuner pris dans la cave décorée de fresques historiques du restaurant Mátyás Pince.

City Panzió Pilvax – *Pest V., Pilvax köz 1-3. ☎ 266 7660. Fax 317 6396. 32 chambres de 64 à 84 €.* Également très bien situé près du secteur piétonnier.

City Panzió Ring – *Pest XIII., Szent István krt. 22. ☎ 340 5450. Fax 340 4884. 39 chambres de 64 à 84 €.* Situé sur le Grand Boulevard. D'un confort égal aux deux précédents (même société, même ameublement). Préférer une chambre donnant sur la petite rue.

UNE PETITE FOLIE !

Hotel Nemzeti – *Pest VIII., József körút 4. ☎ 47 2000. Fax 314 0019. 76 chambres de 105 à 135 €.* Très bien situé sur le Grand Boulevard, à deux pas de la station de métro Blaha Lujza tér. Immeuble à la belle façade bleue. L'intérieur a été rénové avec beaucoup de soin. Décoration Art nouveau. Les chambres ont été refaites entièrement, remeublées et décorées avec fraîcheur. Très belle salle de restaurant.

Hotel Gellért – *Buda XI., Szent Gellért tér 1. ☎ 385 2200. Fax 466 6631. 233 chambres de 125 à 204 €.* Un monument, un ancien palace au décor des années 1900 et en prime l'accès gratuit aux bains thermaux et à la piscine (peignoirs fournis). Un rêve ?

Art'Otel – *Buda I., Bem rakpart 16-19. ☎ 487 9487. Fax 487 9488. 165 chambres de 125 à 143 €.* Un hôtel ou une galerie d'art ? L'ensemble inclut quatre maisons baroques joliment restaurées. Les chambres sont spacieuses et décorées tout comme le reste de l'établissement avec des œuvres de Donald Sultan, un artiste américain contemporain. Vue sur le Danube et le Parlement ou sur la colline du château.

Auberges de jeunesse, campings

La chaîne **Travellers' Youth Hostels** dispose d'un certain nombre d'auberges dans Budapest. Pour réserver : XII., Dózsa György út 152, ☎ 329 8644, fax 320 8425, Internet : www.travellers-hotels.com, E-mail : travellers@mail.matav.hu

Hotel Citadella – *Buda XI., Citadella sétány. ☎ 466 5794. Fax 386 05 05. 17 chambres de 41 à 47 €.* Dans l'enceinte de la Citadelle, au sommet du mont Gellért.

Museum Youth Guest House – *Pest VIII., Mikszáth Kálmán tér 4. ☎ 318 9508. Fax 266 8876. Chambres à 2, 4 ou 6 lits à partir de 20 € par lit.* À 10 mn à pied du Danube, non loin du Musée national.

Best Hostel – *Pest VI., Podmaniczky utca 27 (sonnette au n° 33). ☎ 332 4934. Fax 269 2926. Chambres de 2, 4, 7 ou 8 lits. Prix de 15 à 20 € par lit.* Très bonne situation géographique à l'angle du Grand Boulevard. Bien équipé. Location de vélos.

Zugligeti Niche Camping – *Buda XII., Zugligeti út 101. ☎ 200 8346. Ouvert toute l'année.* Bien situé sur les collines de Buda, ombragé.

Római Camping – *Buda III., Szentendrei út 189. ☎ 368 6260. Fax 250 0426. Ouvert toute l'année.* Une « petite ville » avec piscine. Location de bungalows.

Mikro Camping – *Buda III., Rozgonyi Piroska utca 19. ☎ 240 1072. Ouvert de mai à octobre.* Petit camping ombragé.

Logement chez l'habitant

Ibusz – *Pest V., Ferenciek tere 10. ☎ 317 3500. Fax 338 4987.*

Budapest Tourist – *Pest V., Roosevelt tér 5. ☎ 317 3535.*

SE RESTAURER À BUDAPEST

Les restaurants que nous vous proposons ont été choisis pour leur cadre, leur ambiance, leur gastronomie typique ou leur caractère unique. Selon les prix, nous avons établi trois catégories : **À bon compte** (compter 2 500 Ft. pour un repas boissons comprises), **Valeur sûre** (de 2 500 à 5 000 Ft.), **Une petite folie !** (prix nettement au-dessus de 5 000 Ft.). Pour une sélection fondée sur des critères surtout gastronomiques, consulter le **Guide Rouge Michelin Europe**.

Ne soyez pas surpris si à peine assis on vous demande ce que vous voulez boire. C'est l'usage de commander une boisson avant de choisir son menu et cela permet de patienter.

À BON COMPTE

Fakanál – *Pest IX., Vásárcsarnok. Fermé le soir et le dimanche.* Dans la galerie supérieure du marché central, un petit coin agréable pour manger correctement et rapidement. Libre-service : plats froids sur une charrette, plats chauds sur un vieux fourneau rustique en fonte.

Kádár Étkezde – *Pest VII., Klauzál tér 9. Ouvert de 11 h 30 à 15 h 30.* Les prix défient toute concurrence. Au cœur du quartier juif, une adresse qui a ses fidèles. C'est très simple, à la limite de la cantine, mais il y a du choix, et c'est bon et sympathique. La bouteille d'eau de Seltz est sur la table, chaque verre est payant. On règle à la caisse en sortant et on revient donner un pourboire à la serveuse. Aux murs, photos de clients célèbres dont Marcello Mastroianni (jeune).

Kispipa Vendéglő – *Pest VII., Akácfa utca 38. ☎ 342 2587.* Carte en plusieurs langues avec un choix de plats à peine croyable. Décor bistrot, vieilles affiches aux murs, piano le soir. Vous pouvez essayer le gibier, le foie gras, un poisson du Balaton et de bons desserts, le tout à des prix très raisonnables, vin hongrois compris.

Fészek – *Pest VII. Kertész utca 36. ☎ 322 6043.* Même propriétaire, même carte et mêmes prix que le précédent, mais un tout autre décor. En effet, atmosphère club puisque ancien club réservé aux artistes. Grande salle assez sombre et cour intérieure très agréable en été.

Mérleg Vendéglő – *Pest V., Mérleg utca 6. ☎ 317 6911.* Beaucoup de monde notamment le midi où les employés des bureaux voisins viennent se restaurer. Cuisine hongroise simple, du choix et des prix peu élevés.

VALEUR SÛRE

Rondella – *Pest V., Régiposta utca 4.* Une cave aux murs de pierre, très fraîche en été. Un côté rustique, une carte variée aux prix raisonnables. Le vin est servi dans une sorte de fontaine originale.

Fatál – *Pest V., Váci utca 67 (entrée Pintér utca). ☎ 266 2607.* On y fait la queue sans doute pour son cadre et son originalité. Pour le décor : une cave voûtée en longueur, des tables en bois massif. Pour la cuisine : les plats (copieux et consistants) sont servis sur des planches en bois (*fatál* en hongrois) ou directement dans des poêles. Pour les affamés...

Sir Lancelot – *Pest VI., Podmaniczky utca 11. ☎ 302 4456.* Retour au Moyen Âge dans cette cave aux murs de pierre, aux lourdes tables et bancs rustiques. Un orchestre anime les dîners au son d'une musique Renaissance. Nourriture abondante (viandes ou poulets grillés par exemple) servie sur des planches en bois par des damoiselles et damoiseaux en costumes d'époque. Le couvert respecte le style.

Múzeum – *Pest VIII., Múzeum körút 12. ☎ 338 4221.* Un établissement renommé à côté du Musée national. Stylé, très bien pour un dîner aux chandelles dans un cadre rétro. Céramiques et miroir du plus bel effet.

Bagolyvár – *Pest XIV., Állatkerti út 2. ☎ 343 0217.* Une annexe du Gundel voisin, mais à des prix nettement plus abordables. Belle salle au plafond en bois. Cuisine traditionnelle avec une recherche certaine dans l'élaboration des plats. Le soir, un joueur de cymbalum bercera votre dîner.

Cyrano – *Pest V., Kristóf tér 7-8. ☎ 266 3096.* Si vous avez vu le film *Cyrano de Bergerac*, peut-être reconnaîtrez-vous le lustre au milieu d'un décor à la Gaudí alliant métal et céramique. Les plats sont savoureux, les prix convenables.

Horváth Gösser Restaurant – *Buda I., Krisztina tér 3. ☎ 375 7573.* Un des endroits préférés de l'ancien joueur de football Ferenc Puskás (vedette du Real Madrid et de l'équipe de Hongrie en 1958). Sa table est réservée et plusieurs photos ornent les murs. On y mange correctement sans se ruiner.

Régi Sipos Halászkert – *Buda III., Lajos utca 46. ☎ 368 6480.* Cuisine traditionnelle. Une bonne adresse pour les amateurs de poisson. Musique tzigane pour accompagner le repas.

Csalogány Étterem – *Buda I., Csalogány utca 26. ☎ 212 3795.* Carte en plusieurs langues, la cuisine est bonne. Un très bon rapport qualité/prix.

Remíz – *Buda II., Budakeszi út 5. ☎ 275 1396.* Près du dépôt de tramways, un restaurant qui offre une cuisine hongroise de qualité, comme des filets de fogas, de l'oie rôtie, du foie gras poêlé aux pommes et de succulentes pâtisseries. Bonne carte des vins. En été, choisir de préférence une table dans le jardin.

Náncsi Néni – *Buda II., Ördögárok utca 80. ☎ 397 2742.* Sur les collines de Buda, loin du centre mais dans un endroit qui respire le calme et la fraîcheur. Bonne cuisine familiale traditionnelle, plats copieux, le tout accompagné par un petit air d'accordéon. Jardin très agréable en été. Réservation conseillée.

UNE PETITE FOLIE !

Gundel – *Pest XIV., Állatkerti utca 2. ☎ 321 3550.* Le cadre, l'ambiance, le jardin d'été, la musique, tout contribue à la renommée du lieu. Gastronomie oblige, les prix sont à la hauteur.

Alabárdos – *Buda I., Országház utca 2. ☎ 356 0851.* Salle voûtée gothique décorée d'armes, d'armures et de boucliers (le nom signifie hallebardier). Médaillon de foie gras grillé, volaille, gibier et viandes diverses, la carte est alléchante, les plats savoureux.

Vivre à Budapest

La langue hongroise ne vous est sans doute pas familière... Vos connaissances d'anglais ou d'allemand vous seront fort utiles.

Arrivée en avion – Les vols internationaux ou nationaux arrivent à l'aéroport de Ferihegy (situé à 24 km au Sud-Est de la capitale), terminal A ou B. Le meilleur moyen de rejoindre le centre-ville est d'utiliser les navettes **Airport Minibus Service** (véhicules Ford à 8/9 places, de couleur blanche, portant l'inscription Airport Minibus). Se présenter au comptoir LRI Airport Passenger Service et indiquer l'endroit où vous voulez aller, que ce soit un hôtel ou une adresse particulière. Vous paierez une somme d'environ 1 800 Ft (AR 3 300 Ft) et attendrez que le chauffeur appelle le nom de l'hôtel ou l'adresse. Une réduction de 15 % est accordée aux personnes qui achètent en même temps la **Budapest Kártya**.
Pour le retour, vous pourrez demander à la réception de votre hôtel de commander Airport Minibus ou vous pourrez vous-même réserver d'un logement privé ou d'une cabine. Il est recommandé de réserver la veille du jour du vol retour. La navette viendra vous chercher à l'heure précise à l'endroit demandé. Il vous en coûtera la même somme au retour. Cependant, si vous achetez un billet aller-retour dès votre arrivée, vous bénéficierez d'une réduction sur le prix total (billet valable 3 mois).
Réservation : ☎ 296 8555, fax 296 8993.

Location de voiture – Sociétés internationales à l'aéroport bien sûr et en ville :
– Europcar : IXe arrondissement, Üllői út 60-62, ☎ 313 1492,
– Avis : V[e] arrondissement, Szervita tér 8, ☎ 318 4240,
– Hertz : V[e] arrondissement, Apáczai Csere utca 4, ☎ 296 0997 ou 266 4344.
– Budget : XIIe arrondissement, Krisztina körút 41-43, ☎ 214 0420.

INFORMATIONS TOURISTIQUES

Tourinform : Office de tourisme – Bureau principal à Pest : Sütő utca 2. ☎ 438 8080 ; ouvert de 8 h à 20 h. Vörösmarty tér : ouvert 24 h/24. Il existe également un comptoir Tourinform à l'aéroport international de Ferihegy 2. Autres bureaux d'information dans Pest : Nyugati pályaudvar (gare de l'Ouest), Liszt Ferenc tér, et dans Buda, Szentháromság tér.
Sur le Net : www.budapestinfo.hu

Vista Travel Agency – Andrássy út 1, H-1061 Budapest. Tout pour le tourisme : voyages, excursions, cartes et guides, bagages, etc.

Noms de rues – Pour vous repérer dans Budapest, sachez que la capitale est divisée en 23 arrondissements indiqués en chiffres romains sur les plans, les adresses ou les plaques de rues. Les Ier et XIe arrondissements (rive droite) englobent le quartier du château de Buda et le mont Gellért, les Ve, VIe, VIIe et VIIIe arrondissements (rive gauche) englobent les secteurs très visités de Pest. Une adresse est libellée de la façon suivante :
V. Sütő utca 2 : le chiffre romain indique l'arrondissement ; suivent le nom de la rue et le numéro. Quand il s'agit d'un nom de personne, le prénom vient après le patronyme, ainsi Clark Ádám tér, Liszt Ferenc utca.
Quelques termes utiles pour se repérer :
utca (abréviation *u.*) = rue
út = chemin
körút (abréviation *krt.*) = boulevard
tér ou *tere* = place
rakpart = quai
híd = pont
sétány = allée
köz = passage
pályaudvar = gare

Code postal – Les deux chiffres centraux indiquent l'arrondissement. Ainsi une adresse avec 1062 Budapest signifie qu'elle se trouve dans le VIe arrondissement, une autre avec 1113 Budapest dans le XIe arrondissement, etc.

Dates – En France, comme dans d'autres pays, on abrège une date de la façon suivante : 10/12/01 pour 10 décembre 2001. Les Hongrois écrivent 2001/12/10, l'année précédant le mois et le jour.

Budapest Kártya/Budapest Card – Cette carte touristique est à recommander pour tous ceux qui désirent visiter les musées et utiliser sans restriction les transports en commun à l'intérieur des limites territoriales de la ville (au-delà il

D.R.

convient d'acheter un complément de billet depuis le point de départ en présentant sa carte). Parmi les services que donne cette carte :

– réduction Airport Minibus,
– circulation gratuite dans les transports publics (métro, bus, trolleybus, tramways, trains de banlieue HÉV),
– entrée gratuite dans la plupart des musées et sites culturels,
– réductions sur certains spectacles, dans certains magasins, restaurants, cafés, pubs, piscines,
– réductions sur certaines locations de voitures et de vélos sur l'île Marguerite (Margitsziget).

La Budapest Kártya est en vente à l'aéroport, à Tourinform, dans les grandes stations de métro, les agences de voyages et dans tous les endroits signalés par une affichette. Prix : de l'ordre de 3 400 Ft., valable 2 jours ; 4 000 forints, valable 3 jours. Ne pas oublier de la signer. Un petit guide est remis à chaque acheteur lui indiquant la totalité des avantages offerts.

Publications – La brochure **Budapest Panorama** (disponible gratuitement à Tourinform et dans la plupart des hôtels), éditée tous les mois et comportant cinq langues (anglais, allemand, italien, russe et français), donne le programme des événements culturels, des spectacles, les adresses de magasins, restaurants, musées, les services religieux, etc. Les brochures mensuelles et gratuites **Programme in Hungary** (en allemand et en anglais), **Where Budapest** et **Budapest Pocket Guide** (en anglais seulement) donnent également beaucoup d'informations pratiques.
Des brochures comme **Budapest Guide**, **Budapest Bains**, **Budapest Musées** ainsi que le plan de la ville sont disponibles gratuitement en plusieurs langues à l'Office de tourisme (Tourinform Sütő utca 2). Les noctambules pourront demander la brochure **The Budapest Night Life Guide**.
On peut aussi acheter dans les kiosques la revue **Budapest Week**. Si vous comprenez le hongrois, achetez la revue **Pesti Műsor**, comparable à L'Officiel des spectacles ou au Pariscope parisiens.

Banques, change, cartes de crédit – Les banques sont généralement ouvertes du lundi au vendredi de 8 h à 16 h. Plusieurs bureaux de change se trouvent dans le quartier de Váci utca, les taux peuvent varier, bien prospecter et demander un reçu.
Les distributeurs automatiques pour tirer de l'argent avec une carte de crédit sont indiqués *Bankomat*. Éviter de changer de l'argent dans les hôtels, le taux n'est pas intéressant. Il est fortement déconseillé et même interdit de changer de l'argent dans la rue à des gens qui vous proposent « sous le manteau » des taux attractifs.
Le paiement par carte de crédit est très courant.
Pièces de monnaie : 1, 2, 5, 10, 20, 50, 100 et 200 Ft. **Billets** : 200, 500, 1 000, 2 000, 5 000, 10 000 et 20 000 Ft.

M. Guillot/MICHELIN

Musées et monuments – La plupart des musées sont fermés le lundi. En saison, les heures d'ouverture sont de 10 h à 18 h.

Magasins – Ouverts de 10 h à 18 h (20 h le jeudi et 13 h le samedi). Les magasins d'alimentation sont souvent ouverts de 7 h à 19 h (15 h le samedi). Il existe également des petits commerces d'alimentation ouverts 24 h/24, reconnaissables à la mention Non Stop (un bon dépannage pour acheter une bouteille d'eau minérale, une bière ou un en-cas).

Numéros de téléphone et adresses utiles

Urgences – 104, 112

Police – 107, 112

Information internationale – 199

Institut français – Fő utca 17, ☎ 489 4200, fax 489 4222

Objets trouvés/Talált tárgyak – VII., Akácfa utca 18, ☎ 322 6613

Services de jour et de nuit

Médecins – ☎ 200 0100. II., Kapy utca 49/B.

Pharmacies/Gyógyszertár – II., Frankel Leó út 22 ; III., Szentendrei ut 2/A ; IV., Pozsonyi út 19 ; VII., Szigony utca 2 ; IX., Boráros tér ; X., Liget tér ; XII., Alkotás utca 1/B ; XIV., Örs vezér tere.

Médias – Vous trouverez des journaux français dans les kiosques du centre-ville, dans bon nombre d'hôtels, à l'Institut français. La chaîne francophone TV5 est captée dans la plupart des établissements équipés du câble. RFI peut être captée sur les ondes courtes, parfois France Inter et Europe 1 sur les grandes ondes.

Poste (Posta) – Les bureaux de poste sont ouverts de 8 h à 18 h.

Poste centrale : Petőfi Sándor utca 13-15, généralement ouverte de 8 h à 20 h (15 h le samedi), fermée le dimanche.
Bureaux également à la gare de l'Ouest (Nyugati pályaudvar) et à la gare de l'Est (Keleti pályaudvar).
Les boîtes aux lettres sont facilement reconnaissables. Elles sont souvent de couleur rouge et ornées d'un cor de chasse.

Téléphone – Les cabines téléphoniques sont à pièces (10, 20 et 50 forints) et à carte. Les cartes sont en vente dans les bureaux postaux, les kiosques ou bureaux de tabac *(Trafik)*, les stations de métro, la plupart des hôtels. Prix : environ 800 Ft. pour 50 unités, 1 600 Ft. pour 120 unités.

Pour téléphoner de Budapest vers l'étranger – 00 + l'indicatif du pays concerné (33 : France, 32 : Belgique et Luxembourg, 41 : Suisse, etc.).

Si vous possédez la carte France Télécom, pas de problème, le numéro de France Direct depuis la Hongrie est le 06 800 033 11. Le miniguide carte France Télécom vous donne la marche à suivre.

Pour téléphoner à l'intérieur de Budapest – Composer le numéro du correspondant à 7 chiffres uniquement (sans le préfixe de la ville).

Pour téléphoner de Budapest vers la province – Composer le 06 + l'indicatif de la ville + le numéro du correspondant.

SE DÉPLACER DANS BUDAPEST

Comme dans la plupart des grandes villes, la circulation automobile et les problèmes de stationnement sont tels qu'il vaut mieux laisser sa voiture au parking ou au garage, circuler à pied, utiliser les transports en commun (les tarifs sont très intéressants) ou prendre un taxi.

Stationnement – Les parkings payants se présentent souvent comme une sorte de terrain vague situé entre deux immeubles. Le gardien à qui on achète le ticket se tient dans une cabane vétuste ou une caravane.
Les parkings à plusieurs étages sont tout autres. Les principaux sont les suivants :
– V[e] arrondissement : Szervita tér ; Türr István utca 5 (caisse et sortie Aranykéz utca 4-6)
– VIIe arrondissement : Nyár utca 20
– VIIIe arrondissement : angle Üllői út et Baross utca ; Futó utca 52.
Pour les parcmètres, prévoir des pièces de 5, 10, 20, 50 ou 100 forints (3 h de stationnement). En cas de dépassement d'horaire ou de stationnement interdit, vous ne serez pas dispensé de fourrière ni même de sabot de Denver... Des complications à éviter.

Taxis – Il en existe des quantités, sociétés et indépendants. Négocier le prix de la course au départ et bien faire attention au compteur. Les risques d'arnaque ne sont pas exclus. Les sociétés suivantes ont une bonne renommée, le nom figure sur la voiture ou sur le voyant lumineux fixé sur le toit :
– Főtaxi ☎ 222 2222
– Rádiótaxi ☎ 377 7777

- City Taxi ☎ 211 1111
- Buda Taxi ☎ 233 3333
- 6x6 ☎ 266 6666
- Teletaxi ☎ 355 5555

Transports en commun – *Plan sur la troisième de couverture et le rabat en fin de guide.* Ils sont gérés par une société unique, la BKV, et fonctionnent généralement de 4 h 30 à 23 h. Les principales plaques tournantes se trouvent :
– à Buda : Batthyány tér et Moszkva tér
– à Pest : Deák tér et Blaha Lujza tér.

Tickets – *Voir aussi ci-dessus Budapest Kártya.* Il est important de souligner que les tickets ne s'achètent en aucun cas dans les bus, tramways ou trolleybus. Ils ne s'achètent que dans les stations de métro (signalées par la lettre **M**), les kiosques à journaux, les caisses de la BKV situées aux grands carrefours et aux terminus des lignes. Les tickets s'achètent à l'unité (compter un peu plus de 100 Ft.) ou par carnets de 10 ou 20. Les billets sont à composter (machines de couleur rouge ou orange) avant chaque ligne de métro ou de train HÉV ou à l'intérieur des bus, trolleybus et tramways. Il existe également plusieurs formules intéressantes pour circuler sans restriction à l'intérieur des limites territoriales de Budapest ; au-delà il faut acheter un complément de billet depuis le point de départ en présentant sa carte.
Les cartes sont valables pour 3 ou 7 jours (de 1 600 à 1 950 Ft). Pour les moins de 25 ans, il existe une carte valable 14 jours (environ 2 500 Ft.). N'oubliez pas de marquer votre nom. Un oubli peut entraîner une amende à payer sur-le-champ.
Il existe aussi des cartes d'abonnement pour 7, 14 ou 30 jours (de 1 700 à 3 500 Ft.). Se munir d'une photo.

Métro – Trois lignes existent à Budapest : M 1, M 2 et M 3. Chaque ligne se différencie par une couleur : M 1 jaune, M 2 rouge et M 3 bleue. La ligne M 1 dite « le petit métro » (trois petites voitures) est la première ligne ouverte en Europe continentale ; elle suit pratiquement le tracé de Andrássy út qui relie le centre-ville au Bois-de-Ville.
L'ouverture et la fermeture des portes sont automatiques. Chaque station est préalablement annoncée dans chaque voiture. Toutes les lignes passent par Deák tér. **Pour changer de ligne ou de direction, il faut obligatoirement composter un nouveau ticket.** Les contrôles sont fréquents. Les contrôleuses et contrôleurs ne portent pas d'uniforme, ils se reconnaissent à leur brassard rouge. Si vous êtes verbalisé, demandez bien un reçu.
Dans le monde souterrain du métro, deux panneaux importants : *bejárat*/entrée et surtout *kijárat*/sortie. Les lignes sont indiquées par leur couleur et leur destination sur chaque quai correspondant. Certaines stations se trouvant à une profondeur relativement importante, les escaliers roulants sont en pente et « roulent » assez rapidement. Attention à l'équilibre en montant ou en descendant !

M. Guillot/MICHELIN

Bus et trolleybus – Les premiers sont bleus, les seconds rouges. Les bus portant un numéro noir s'arrêtent à toutes les stations, les bus portant un numéro rouge sont express. Les noms des stations sont inscrits à chaque arrêt. Les fréquences sont indiquées sur les panneaux bleus à tous les arrêts (généralement de 5 à 15 mn en fonction de l'heure). Il existe 15 lignes de nuit. Les arrêts sont parfois annoncés. Appuyez sur un bouton situé au-dessus de la porte pour demander l'arrêt.

Tramways (Villamos) – Les voitures de couleur jaune (à une ou deux exceptions près) sillonnent la capitale en long, en large et en travers. Le réseau est très bon et très pratique. Les arrêts sont parfois annoncés. Il existe deux lignes de nuit.
Les lignes les plus utilisées par les touristes desservant plusieurs points ou quartiers touristiques sont :
– les **lignes n°s 4** et **6** qui empruntent le Grand Boulevard jusqu'à Moszkva tér,
– la **ligne n° 2** qui longe le Danube côté Pest de Közvágóhíd à Jászai Mari tér (à quelques pas du pont et de l'île Marguerite),
– la **ligne n° 19** qui longe le Danube côté Buda jusqu'à Batthyány tér.

HÉV – Ces trois lettres désignent les trains de banlieue assimilables au RER parisien, qui desservent plusieurs localités au-delà des limites de la capitale. Les lignes sont les suivantes (le premier nom indique la station de départ à Buda ou Pest) :
– Batthyány tér-Szentendre,
– Batthyány-tér-Békásmegyer,
– Örs vezér tere (terminus de la ligne de métro n° 2)-Gödöllő,
– Örs vezér tere-Cinkota,
– Vágóhíd-Tököl,
– Boráros tér-Csepel.

Budapest en car – Plusieurs sociétés proposent ce service en différentes langues :
– les titulaires de la Budapest Kártya bénéficient d'une réduction de 50 % auprès de Ibusz Travel/Budapest Sightseeing, V., Erzsébet tér, ☎ 318 1139, 318 1043,
– Budatours, V., Roosevelt tér, ☎ 353 0550, 331 1585, 312 4037,
– Queenybus, V., Erzsébet tér, ☎ 246 4755,
– Cityrama, ☎ 302 4382.
– N-Bus, ☎ 369 9089.

Budapest en bateau – Une autre façon de découvrir les rives de Buda et de Pest lors d'une excursion sur le Danube.
Les titulaires de la Budapest Kártya bénéficient d'une réduction de 24 % sur les excursions proposées par la compagnie Mahart : Danube Bella et Danube Legenda, embarcadère quai n° 6 Vigadó tér, ☎ 317 2203.
Vous pouvez avoir également envie d'une croisière avec dîner à bord et folklore tzigane.
Les **bateaux-mouches** fonctionnent de mai à août du jeudi au dimanche de 9 h à 17 h. Ils relient Boráros tér à Római Fürdő et s'arrêtent en plusieurs endroits.

Budapest à vélo – C'est possible. Bon courage. Demander à Tourinform la carte Kerékpárral Budapesten qui indique les itinéraires recommandés, les pistes cyclables, les agences de location et les réparateurs.
L'île Marguerite (Margitsziget) interdite aux voitures est le lieu idéal pour se faire les jambes.

Télésiège (Libegő) – Non, vous n'avez pas la berlue. C'est insolite dans une ville comme Budapest. Prenez le bus n° 158 qui part de Csaba utca près de Moszkva tér, descendez au terminus Zugliget et « envolez-vous » dans le calme absolu vers le mont János. 15 mn de trajet et une dénivellation de 262 m. La vue est impressionnante.

Survol de Budapest en montgolfière – En fonction des conditions météo, une heure de vol (deux personnes maximum) pour découvrir la ville d'en haut. Un service de minibus amène les passagers au lieu de décollage et assure leur retour. Réservation : **Sup-Air Ballon Club,** ☎ 322 0015.

LES BAINS

Gellért – *Buda XI., Szent Gellért tér 1,* ☎ *466 6166. Piscine extérieure : en été ouverte tous les jours de 6 h à 19 h ; piscine intérieure de 6 h à 17 h ; en hiver, piscine intérieure (bonnet fourni) ouverte du lundi au vendredi de 6 h à 19 h, samedi et dimanche de 6 h à 17 h ; bains de vapeur : ouverts du lundi au vendredi de 6 h 30 à 18 h, samedi et dimanche de 6 h à 17 h. Bus n°s 7 et 86, tramways n°s 18, 19, 47 et 49.* Le plus somptueux entre tous, avec sa merveilleuse décoration Art déco. Classé monument historique, il fait partie de l'hôtel Gellért. Ses eaux chaudes (37°), légèrement acides et radioactives, conviennent parfaitement pour soigner les rhumatismes. La piscine intérieure, avec ses colonnes de marbre et ses têtes de lion d'où l'eau jaillit, vaut à elle seule le déplacement. Le grand bassin extérieur, construit en 1918, est la première piscine à vagues d'Europe centrale.

Király – *Buda II., Fő utca 84, ☎ 315 3000. Ouvert de 6 h 30 à 19 h, mardi, jeudi et samedi uniquement pour les femmes et lundi, mercredi et vendredi pour les hommes. M 2 Batthyány tér, bus n°s 60, 86.* Le plus turc des bains de Budapest, pittoresque avec sa coupole verte ornée du croissant d'or.

Széchenyi – *Pest XIV., Állatkerti körút 11, ☎ 321 0310. Bains thermaux ouverts du lundi au vendredi de 6 h à 19 h, le samedi et dimanche de 6 h à 12 h ; piscine ouverte du 1er juin au 30 septembre de 6 h à 19 h tous les jours et du 1er octobre au 30 avril de 6 h à 19 h du lundi au vendredi et de 6 h à 14 h le samedi et dimanche. M 1 Széchenyi fürdő, bus n°s 4 rouge, 20, 30 et 105, trolleybus n°s 70, 72, 75 et 79.* En plein hiver, alors que les bassins sont entourés de glace ou de neige, on peut s'y baigner tout en disputant une partie d'échecs (eau à 38°) dans un nuage de vapeur.

Rudas – *Buda I., Döbrentei tér 9, ☎ 356 1322. Ouvert du lundi au samedi de 6 h à 18 h, dimanche de 6 h à 13 h. Bus n°s 7, 7A et 86, tramways n°s 18 et 19.* Ces bains datant de l'époque de la domination turque sont séparés pour les hommes et les femmes. Dans les bassins, la température de l'eau varie de 28° à 40°. La piscine est mixte.

Palatinus Strand – *XII., Margitsziget. Bus n° 26, tramways n°s 4 ou 6.* Un immense complexe comprenant bains thermaux et piscines, surpeuplé en été.

SHOPPING

Remboursement de la TVA – Cette disposition ne s'applique pas pour les objets d'art et les antiquités. La valeur des articles achetés en Hongrie doit être supérieure à 50 000 Ft. Se munir des tickets de caisse ou des factures. Pour les paiements effectués par carte de crédit, le remboursement se fera par virement bancaire. Le remboursement en argent liquide se fait dans les différents bureaux de l'agence Ibusz (en ville : à Pest Ferenciek tere), à l'aéroport, à la gare Keleti, aux postes-frontières. Pour tout renseignement, s'adresser à **Global refund Hungary**, II., Bég utca 3-5, ☎ 212 4906.

Centres commerciaux

Mammut – *Buda II., Lövőház utca 2-6. ☎ 345 8020. Tout près de Moszkva tér (bus, trams, métro). Ouvert 7 jours/7.* Statue de mammouth sur le parvis. Plus de 180 boutiques réparties sur plusieurs niveaux autour d'un grand patio central. Au dernier niveau, vous avez le choix entre plusieurs types de restaurants : restauration rapide, cafétéria, cuisine grecque, poissons, pizzeria, cuisine asiatique... Salle de jeux, fitness.

West End City Center – *Pest VI, Váci út 1-3, ☎ 238 7777. Ouvert 7 jours/7.* Un ensemble gigantesque en verre agrémenté de cascades et de fontaines construit près de la gare de l'Ouest. Il comprend quelque 400 boutiques, des restaurants hongrois et étrangers et qui plus est un hôtel Hilton. Les grandes marques dans le domaine de l'habillement, de l'audiovisuel, de la décoration, etc. sont présentes. Jardin public sur le toit.

Duna Plaza – *Pest XIII., Váci út 178, ☎ 465 4220. Ouvert du lundi au samedi de 10 h à 21 h. Métro M 3, station Gyöngyösi utca et bus n° 4.* Centre commercial à l'architecture avant-gardiste composé de 150 boutiques (dont le plus grand Virgin Mégastore d'Europe centrale), de nombreux restaurants et bars (ouverts 7 jours/7). Des lieux de loisirs (patinoire, salle de jeux électroniques, cinémas, centre de billard et de bowling) sont intégrés à ce centre.

Pólus Center – *Pest XV., Szentmihály út 131. Ouvert du lundi au vendredi de 9 h à 19 h (17 h le samedi, 15 h le dimanche). Bus n°s 7 ou 130 depuis Nyugati pályaudvar et Keleti pályaudvar.* Un complexe commercial avec restaurants, cinémas, jeux, patinoire, bowling...

Broderies

De beaux objets d'art populaire : broderies de Kalocsa, broderies et corsages aux motifs *matyó*, tissus de Sárköz (tissus de couleur bleue), objets sculptés sur bois sont proposés sur de nombreux stands installés sur Vigadó tér, au fameux marché central (Vásárcsarnok), dans les magasins du centre-ville et plus particulièrement de Váci utca ou vers le château à Buda.

Folkart Centrum – *Pest V., Váci utca 14.* Nombreux objets d'art traditionnel, broderies (vêtements hommes et femmes, services de table...).

Népművészeti Kft – *Pest V., Régiposta utca 12.* Broderies de Kalocsa, objets et produits traditionnels typiques.

Porcelaines de Herend, de Zsolnay et cristal d'Ajka

Herendi Porcelán – *Pest V., József Nádor tér 11. Métro M 1, terminus Vörörsmarty tér.* Des pièces somptueuses, les prix sont en conséquence. Un régal pour les yeux.

Ajka Kristály – *Pest XIII., Szent István krt 18, ☎ 340 5083. Ouvert du lundi au vendredi de 10 h à 18 h et le samedi de 10 h à 13 h.* Céramiques noires, carafes de céramique « Miska ».

Zsolnay Márkabolt – *Pest V., Kigyó utca 4, ☎ 318 3712. Ouvert du lundi au vendredi de 10 h à 18 h et le samedi de 9 h à 13 h.* Magnifique boutique où derrière les vitrines sont exposés de splendides objets en porcelaine de Zsolnay.

Herendi Márkabolt – *Pest V., Kigyó utca 5, ☎ 118 3439. Ouvert du lundi au vendredi de 10 h à 18 h et le samedi de 9 h à 13 h.* Très beau choix de services de table et de figurines en porcelaine d'Herend.

Kínál kft. – *Pest XIII., Nyugati tér 4, ☎ 131 5137. Ouvert du lundi au vendredi de 8 h à 19 h et le samedi de 8 h à 14 h.* Un grand choix de formes et de couleurs.

Vins, produits alimentaires

Nous vous conseillons de ramener du tokaji aszú *(voir chapitre sur la Gastronomie)*. Autres produits typiques : le salami Pick, le foie gras, l'eau-de-vie d'abricot ou de cerise, et bien entendu le fameux paprika de Kalocsa ou de Szeged que l'on trouve sous toutes ses formes.

Magyar Borok Háza – *Buda I., Szentháromság tér 6, ☎ 212 1031 : ouvert du lundi au samedi de 12 h à 20 h.* Ici, vous pouvez déguster et acheter 470 sortes de vins provenant des 22 régions vinicoles hongroises. Des explications permettent de comprendre la vinification du tokaji aszú et de découvrir certaines caves de production de l'egri bikavér.

/MAGYAR KEPEK Kft

Wine City – *Pest V., Párizsi utca 1, ☎ 118 2683.* Grand choix de vins (environ 400) de bonne qualité provenant de toutes les régions vinicoles du pays. Petit musée du vin et dégustation de vins en cave.

Menedzser Shop – *Pest V., Váci utca 74 (angle avec Szerb utca).* Un grand choix de vins hongrois et étrangers. Dégustation.

Marcipán – *Pest V., Párizsi utca 3, ☎ 117 3643. Ouvert du lundi au samedi de 10 h à 19 h.* Pour les amateurs de confiseries et de glaces, mais la pâte d'amandes sous toutes ses formes et couleurs est le produit roi.

Marchés

Vásárcsarnok (Marché central) – *Pest IX., Vámház krt. Ouvert du lundi au vendredi de 6 h à 18 h et samedi de 6 h à 13 h.* Célèbre marché couvert dans ces halles inaugurées en 1897 et magnifiquement rénovées. Le rez-de-chaussée est occupé par des magasins d'alimentation (boucheries-charcuteries, fruits et légumes avec leurs guirlandes de paprika, d'ail et d'oignons, foie gras et salamis, vins et alcools). À l'étage, la galerie rassemble de nombreux stands d'artisanat local. En plus de la broderie (grand choix de nappes et serviettes), quelques-uns sont à citer : Játék (K 10) pour ses jouets en bois ; Fajka Erzsébet (K 15), objets en verre et jeux d'échecs en bois ; Forrayné Ancsa (K 16/A), magnifiques compositions de fleurs séchées, vins à déguster au verre (K 23).

Ecseri piac – *Pest XIX., Nagykőrösi út 156. Au départ de Boráros tér, prendre le bus 54 ou de la station de métro Határ út, prendre le bus 54 rouge. Ouvert du lundi au vendredi jusqu'à 16 h, le samedi jusqu'à 13 h.* **Marché aux puces** où l'on trouve de tout comme il se doit. Si vous cherchez une pièce détachée, vous aurez peut-être une chance, à moins que vous ne soyez attiré par un vieux phonographe, une icône, une médaille de l'ordre de Lénine, une *chapka* ou une casquette de l'Armée rouge. À voir surtout le samedi, on y vient de partout.

Librairies, disques

Litea – *Buda I., Hess András tér 4.* Un endroit sympathique dans le quartier du château. On peut y consulter livres et revues et y prendre une tasse de thé. Également vente de CD.

Király – *Buda II., Fő utca 79, ☎ 214 09 72. Ouvert du lundi au vendredi de 9 h à 18 h et le samedi de 10 h à 17 h.* Une librairie franco-anglaise dans laquelle on trouve des livres en tout genre, journaux et magazines. Un espace convivial et un très bon accueil.

J.-C. Saturnin/MICHELIN

Des puces parmi tant d'autres !

Párizsi udvar – *Pest V., Petőfi Sándor utca 2, ☎ 118 3136. Ouvert du lundi au vendredi de 9 h à 19 h et le samedi de 10 h à 13 h.* Grand choix de guides de voyages, de livres-photos sur Budapest et la Hongrie, de livres en langues étrangères (anglais, allemand, italien et français).

Írók boltja – *Pest VI., Andrássy út 45, ☎ 322 1645.* Dans cette librairie d'ouvrages en majorité hongrois (petit rayon de revues internationales), vous pouvez feuilleter les ouvrages choisis en prenant un thé ou un café dans le coin salon.

Libri – *Pest V., Váci utca 32.* Située dans le centre piétonnier, cette librairie propose de nombreux ouvrages étrangers.

Könyvesház – *Pest XIII., Váci utca 19.* Immense librairie généraliste. Rayons presse (hongroise et internationale) et musique (CD, cassettes).

Pont – *Pest V., Mérleg utca 6.* Bien approvisionnée en livres et guides sur la Hongrie et Budapest. Coin salon pour consulter tranquillement les ouvrages.

Corvina – *Pest V., Kossuth Lajos utca 4.* La librairie de l'éditeur Corvina située au 3ᵉ étage d'un immeuble. De nombreux titres en langues étrangères. Insolite ! Prenez le « monte-charge » et non l'ascenseur.

Zeneszalon – *Pest V., Vörösmarty tér.* Grand choix de CD et cassettes de tout genre.

Amadeus CD Szalon – *Pest V., Duna korzó.* Grand choix de CD de musique classique.

Rózsavölgyi – *Pest V., Szervita tér 5.* CD, partitions et cassettes.

CAFÉS, SALONS DE THÉ

Budapest et son art de vivre, c'est aussi l'art de prendre le thé ou le café et de pouvoir déguster de succulentes pâtisseries. Pour cela, rien de tel que d'entrer dans une *cukrászda* (pâtisserie-salon de thé en hongrois), vous ne le regretterez pas.

M. Guillot/MICHELIN

Gerbeaud – *Pest V., Vörösmarty tér 7.* Le plus célèbre salon de thé, acheté en 1884 par Émile Gerbeaud, confiseur suisse renommé. Son portrait décore l'une des salles. Très fréquenté par les touristes du monde entier. Une institution. Terrasse en été.

Ruszwurm – *Buda I., Szentháromság utca 31.* Avec sa décoration Biedermayer et ses spécialités de *kremes*, c'est l'un des plus anciens et des plus fréquentés salons de thé de Hongrie. Souvent les touristes y font la queue pour trouver une table dans la charmante petite salle.

Angelika – *Buda I., Batthyány tér 7. Ouvert du lundi au samedi de 10 h à 23 h.* En bordure du Danube dans ce secteur de Buda, que ce soit en terrasse les jours de beau temps ou à l'intérieur dans une des salles aménagées avec goût, vous pouvez y déguster une des nombreuses pâtisseries proposées, dont la spécialité maison, l'*Angelika torta* (sorte de gâteau de Savoie au chocolat et à la vanille).

Hotel Gellért – *Buda XI., Szent Gellért tér 1, ☎ 385 2200.* Le décor du café viennois est magnifique, les gâteaux excellents.

Kid-Kervella/HOA-QUI

Gerbeaud

Művész – *Pest VI., Andrássy út 29,* ☎ *352 13 37. Ouvert de 9 h à 24 h.* Un classique situé tout près de l'opéra. De grands miroirs et d'imposants lustres décorent l'intérieur. Les pâtisseries y sont bien tentantes.

Lukács – *Pest VI., Andrássy út 70.* C'est surtout pour les pâtisseries que l'on pousse la porte de cet établissement. Vous y dégusterez le meilleur *somlói galuska* (biscuit fondant, nappé de chocolat et de crème chantilly) de la ville. À l'étage, très belle cheminée en marbre sculpté et très beaux lustres en cristal.

Centrál kávéház – *Pest V, Károlyi Mihály u. 9,* ☎ *266 45 72. Ouvert 7 jours/7.* Son origine remonte à 1887. Après des années de fermeture, il renoue avec la tradition des cafés hongrois d'autrefois et adopte – sur deux niveaux – un ameublement moderne. Un des derniers endroits chic à la mode où il n'est pas facile de trouver une table.

Café Mozart – *Pest VII., Erzsébet krt 36,* ☎ *352 1392. Ouvert du lundi au vendredi et le dimanche de 9 h à 23 h, le samedi de 9 h à minuit.* Fresques et ambiance musicale, tout vous transporte dans l'univers du célèbre compositeur. Le service est assuré par un personnel vêtu de costumes traditionnels. Un havre de paix et de fraîcheur sur ce boulevard si fréquenté.

OÙ PRENDRE UN VERRE ?

Bière se dit *sör*, une bière normale (0,3 l) *pohár*, une grande bière (0,5 l) *korsó*. Éviter de trinquer en buvant une bière. Ce geste peut être mal interprété. Il fait en effet allusion à une époque tragique de l'histoire quand les Autrichiens fêtaient une victoire sur les Hongrois. Vin se dit *bor*.
Les pubs fleurissent de plus en plus à Budapest. Comme au Royaume-Uni, on peut y venir le soir boire et discuter entre amis, mais on peut également venir y manger un morceau à toute heure de la journée.

Crazy Café – *Pest VI., Jókai utca 30,* ☎ *302 4003. Ouvert tous les jours de 10 h à 1 h.* Cet établissement installé dans une cave voûtée tout en longueur présente une décoration murale particulièrement originale faite des portraits de 145 personnalités hongroises du sport, du spectacle, de la politique... Carte des boissons au choix important (100 sortes de bières et près de 120 alcools). Soirées à thème proposées presque tous les jours (concerts, karaoké, variétés...).

Old Man's Music Pub – *Akácfa utca 13,* ☎ *322 7645. Ouvert tous les jours à partir de 15 h.* Haut lieu des concerts de tous styles (blues, country, rock...) tous les soirs à partir de 21 h. Une clientèle cosmopolite anime cet établissement.

Café Miró – *Buda I., Úri utca 30,* ☎ *375 5458. Ouvert tous les jours de 9 h à minuit.* À deux pas de l'église Mathias, dans ce secteur très fréquenté par les touristes, ce bar original avec sa décoration (peintures) et son ameublement vous transporte dans le monde de Miró. Des soirées à thème y sont régulièrement organisées.

For Sale Pub – *Pest IX., Vámház krt.* Paille sur le sol, un fusil et deux revolvers aux murs, bière au comptoir, on pourrait s'imaginer être dans un saloon du Far West. À l'étage, outils agricoles aux murs, plutôt un côté grange ou campagne. Musique le soir et un monde fou.

Beckett's – *Pest V., Bajcsy-Zsilinszky út 72,* ☎ *311 1035. Ouvert du lundi au samedi de 11 h à 2 h et le dimanche de midi à 22 h.* Pub irlandais fréquenté par bon nombre d'expatriés. Bières irlandaises bien sûr. Pour les amateurs de football, plusieurs écrans télé retransmettent les grandes rencontres. Musique live tous les soirs. Beaucoup de monde.

Ball'n Bull – *Pest VIII., Rákóczi út 29,* ☎ *338 2429.* Lieu de rendez-vous des inconditionnels des sports américains dont les rencontres sont retransmises sur écran géant et autres téléviseurs. De nombreux autographes de sportifs renommés (Pelé, Ali, Joe Montana...) ornent les murs. Choix de plus de 100 cocktails, petite restauration.

Kisrabló Pub – *Pest XI., Zenta utca 3,* ☎ *209 1588. Ouvert tous les jours de 12 h à 2 h.* Pub à la décoration originale. Après avoir descendu quelques marches, vous vous retrouvez au cœur d'un ancien navire. Au sous-sol, une salle accueille les amateurs de danse (musique actuelle).

Art Café – *Pest V., Vörösmarty tér 1,* ☎ *267 0297.* Son immense terrasse dont les tables et chaises recouvrent une partie de la place, sa situation entre Váci utca, la rue commerçante la plus fréquentée de la ville, et Vigadó tér en font peut-être un des cafés les plus animés de la ville. Les animations musicales et spectacles de variétés organisés en terrasse les jours de beau temps donnent à cette place un air de fête.

Paris Texas Café – *Pest VIII., Ráday utca 22,* ☎ *218 0570. Ouvert tous les jours de 10 h à 1 h.* Loin du brouhaha du centre-ville, ce bar est aussi très différent de la majorité des autres établissements. C'est le lieu de rencontre des étudiants de l'université toute proche, l'ambiance y est bon enfant. La décoration (photos anciennes accrochées aux murs, vieux postes TSF, lampes) et l'ameublement hétéroclite créent une atmosphère rétro.

Le Bistrot Pierrot – *Pest V., Aranykéz utca.* Un petit bar sympathique au style moderne et à la décoration sobre. La petite restauration proposée porte les noms de « salade Pierrot » ou de « French Bacon ».

The Stage – *Pest V., Aranykéz utca 5,* ☎ *267 0309. Ouvert du lundi au samedi de 11 h à 2 h et le dimanche de 19 h à 2 h.* Grand bar à bière qui fait fonction de cybercafé. Au 1er étage, plusieurs ordinateurs sont à disposition des inconditionnels d'Internet.

Fat Mo's – *Pest V., Nyári Pál utca 11,* ☎ *267 3199. Ouvert tous les jours de 12 h à 2 h.* Établissement proche du secteur piétonnier de Váci utca, dont le nom évoque l'époque de la prohibition. Un mur peint, quelques marches à descendre, une cave voûtée dont la décoration est entièrement consacrée à l'Amérique des années 1920. Les soirs de concerts (à partir de 21 h), il est pratiquement impossible de trouver une table et difficile de se frayer un passage. Les trois bars dont un bar à cocktails fonctionnent à plein.

Incognito – *Pest VI., Liszt Ferenc tér 3,* ☎ *351 9428. Ouvert du lundi au vendredi de 10 h à minuit.* Face à l'Académie de musique, c'est un des lieux préférés des mélomanes qui fréquentent assidûment ce secteur. L'été, il est très agréable d'y prendre un verre à l'ombre de sa terrasse.

Fregatt Pub – *Pest V., Molnár utca 26,* ☎ *118 9997. Ouvert tous les jours de 17 h à minuit.* Pub dont la décoration rappelle un intérieur de bateau. Grand choix de bières (irlandaise, tchèque et allemande). Jeu de fléchettes. Animation musicale en fin de semaine.

Irish Cat Pub – *Pest V., Múzeum körút 41,* ☎ *266 4085. Ouvert tous les jours de 11 h à 5 h.* Pub populaire typiquement irlandais installé dans une cave où bières et whiskeys coulent à flots. Clientèle d'habitués.

Morrison's – *Pest VI., Révay utca 25,* ☎ *269 4060.* Près de l'opéra. Un petit côté britannique dans cette cave, ne serait-ce que pour la cabine téléphonique londonienne.

OÙ DANSER ?

Fortuna Revü Bár – *Buda I., Hess András tér 4,* ☎ *155 8713. Ouvert tous les jours de 22 h à 5 h.* Night-club/dancing avec dîner-spectacle cabaret animé par des chanteurs, danseurs et artistes de variétés puis par un orchestre pour finir la soirée. Discothèque attenante ouverte mercredi, vendredi et samedi de 22 h à 4 h.

Made Inn – *Pest VI., Andrássy út 112,* ☎ *311 3437.* Le restaurant sert des plats italiens, grecs, mais aussi hongrois. Du mercredi au dimanche, la discothèque propose des animations sur des thèmes différents (karaoké et plusieurs genres de musique).

High Life Disco Club – *Buda III., Kalap utca 14. Ouvert vendredi et samedi de 22 h à l'aube.* La discothèque à la mode de la capitale, où les jeunes Budapestois viennent danser dans une débauche de lumières et de décibels. Musique disco, rock, funk, house et techno suivant les niveaux. Un bar à cocktails, un café et un restaurant complètent cet établissement.

CASINOS

En plus des machines à sous, on y trouve toute la panoplie des jeux traditionnels (roulette, black-jack, poker...).

Casino Las Vegas – *Pest V., Roosevelt tér 2,* ☎ *317 6022.*

Várkert Casino – *Buda I., Ybl Miklós tér 9,* ☎ *202 4244. Ouvert tous les jours de 19 h à 2 h.*

Casino Tropicana – *Pest V., Vigadó utca 2,* ☎ *327 7250.*

SPECTACLES

Les programmes sont indiqués dans les différentes brochures citées plus haut. Pour les réservations, s'adresser à la caisse de l'établissement même, dans les hôtels ou :

– **Vigadó Ticket Office** : *Pest V., Vörösmarty tér 1,* ☎ *327 4322. Ouvert du lundi au vendredi de 10 h à 18 h (fermé de 13 h 30 à 14 h).*

– **Central Ticket Office** : *Pest VI. Andrássy utca 18,* ☏ *312 0000. Ouvert du lundi au jeudi de 9 h à 16 h (15 h le vendredi).*

– **Music Mix 33** : *Pest V., Váci utca 33,* ☏ *317 7736. Ouvert du lundi au vendredi de 10 h à 18 h (13 h le samedi).*

– **Publika Ticket Office** : *Pest VII., Károly krt. 9,* ☏ *322 2010. Ouvert du lundi au vendredi de 10 h à 17 h.*

– Pour les titulaires d'une carte de crédit, ☏ *266 0000 de 8 h à 20 h.*

Musique classique, opéra, opérette

Zeneakadémia – *Pest VI., Ferenc tér 8.* Le premier lieu de concert de la capitale où se produisirent les musiciens les plus célèbres comme Liszt, Wagner, Brahms, Richard Strauss... En saison, les mélomanes peuvent y applaudir les meilleurs orchestres symphoniques du pays.

Pesti Vigadó – *Pest IV., Vigadó tér 2.* Spectacles de variétés et opérettes.

Magyar Állami Operaház (Opéra national hongrois) – *Pest VII., Andrássy út 22.* L'un des opéras les plus prestigieux d'Europe. Comme par le passé, les œuvres des plus grands noms de la musique y sont interprétées.

Erkel Színház – *Pest VIII., Köztársaság tér 30.* Un décor Art nouveau, une salle pouvant accueillir 2 400 personnes.

Folklore

Bábszínház – *Pest VI., Andrássy út 69. Spectacle à 20 h en alternance avec Budai Vigadó et Duna Palota.* Ensemble folklorique Rajkó fondé en 1952.

Budai Vigadó – *Buda I., Corvin tér 8, Budapest. Spectacle à 20 h en alternance avec Bábszínház et Duna Palota.* Ensemble folklorique national hongrois fondé en 1951.

Duna Palota – *Pest V., Zrínyi utca 5. Spectacle à 20 h en alternance avec Budai Vigadó et Bábszínház.* Ensemble folklorique Duna fondé en 1957.

Petőfi Csarnok – *Pest XIV., Zichy M. út 14.* En été, il y a plusieurs représentations par mois : pièces de théâtre, ballets présentés par des compagnies de renommée internationale. Réservation conseillée.

Jazz, pop-rock

Jazz Café – *Pest V., Balassi Bálint utca 25.* Un des plus anciens clubs de jazz de la ville. Atmosphère très existentialiste et enfumée à l'occasion des nombreux concerts qui y sont organisés.

The Long Jazz Club – *Pest VIII., Dohány utca 22-24. Ouvert tous les jours de 18 h à 2 h.* Dans ce lieu en forme de L, sur la scène dans l'angle de la salle, des orchestres se produisent tous les soirs à partir de 21 h 30. Souvent la soirée se finit par un « bœuf » avec la participation des clients.

Fél 10 Jazz Klub – *Pest VIII., Baross utca 30.* Établissement sur trois niveaux, à la décoration faite de métal brut. L'atmosphère un peu froide se réchauffe les soirs de concerts. Clientèle estudiantine.

Petőfi Csarnok – *Pest XIV., Zichy M. út 14.* C'est le lieu des concerts de musique rock de la ville. Chaque année, il accueille aussi le festival hongrois de jazz. Dans le jardin de bière attenant, animation musicale chaque mardi et mercredi en été.

Théâtre Laser – *Pest X., Népliget, Planétarium.* C'est là que se produisirent les groupes de renommée mondiale comme les Beatles, Pink Floyd, J.-M. Jarre... Ce temple de la musique actuelle utilise tous les artifices modernes : laser, jeux de lumière et moyens pyrotechniques.

BUDAPEST ET LES ENFANTS

Állatkert (Zoo) – *Pest XIV., Állatkerti krt 6-12. Ouvert tous les jours, du 1er mai au 31 août de 9 h à 19 h, du 1er septembre au 30 avril de 9 h à 17 h. 700 Ft. (enfants 500 Ft.). Métro M 1 Széchenyi fürdő, bus n° 4.* Considéré comme un des plus vieux zoos du monde (ouvert en 1866), il abrite plus de 500 mammifères, 700 oiseaux et 1500 reptiles et poissons.

Nagy Cirkusz (Cirque) – *Pest XIV., Állatkerti krt. 12. Spectacles lundi, jeudi et vendredi à 15 h, samedi à 10 h, 15 h et 19 h, dimanche à 10 h et 15 h. Métro M 1 Széchenyi fürdő, bus n° 4.* Des artistes hongrois de renommée internationale se produisent ici. Clowns, dompteurs et animaux sauvages, acrobates et autres sont acclamés par les nombreux enfants (et adultes) à chaque représentation.

Vidámpark (Parc d'attractions) – *Pest XIV., Állatkerti krt. 12. Ouvert tous les jours d'avril à septembre de 10 h à 20 h et d'octobre à mars de 10 h à 19 h. 100 Ft. (enfants 50 Ft.). Métro M 1 Széchenyi fürdő, bus n° 4.* Ce lieu de distraction situé près du Bois-de-Ville offre une multitude d'attractions pour petits et grands : grande roue, montagnes russes, manèges, autos tamponneuses, circuit quad... À voir absolument, le carrousel du 19e s. Un secteur de jeux pour les tout-petits est aussi disponible.

Planetárium – *Pest X., Népliget. Ouvert du mardi au dimanche de 10 h à 19 h. Métro M 3 Népliget.* Cet institut pour la banalisation de l'astronomie et des sciences spatiales se veut être accessible au plus grand nombre. Expositions et projections.

Budavári Labirintus (Labyrinthe du château de Buda) – *Buda I., Úri utca 9. Ouvert tous les jours de 9 h 30 à 19 h 30.* C'est insolite et mystérieux.

Gyermekvasút (Train des Enfants) – *Buda, Mont Széchenyi-Hűvösvölgy. Voir aussi Environs de Buda.* Petit train avec des wagons ouverts sur les côtés. Tous les postes sauf la conduite de la machine sont occupés par des enfants de 10 à 14 ans revêtus de l'uniforme des Pionniers (mouvement de jeunesse de l'époque communiste).

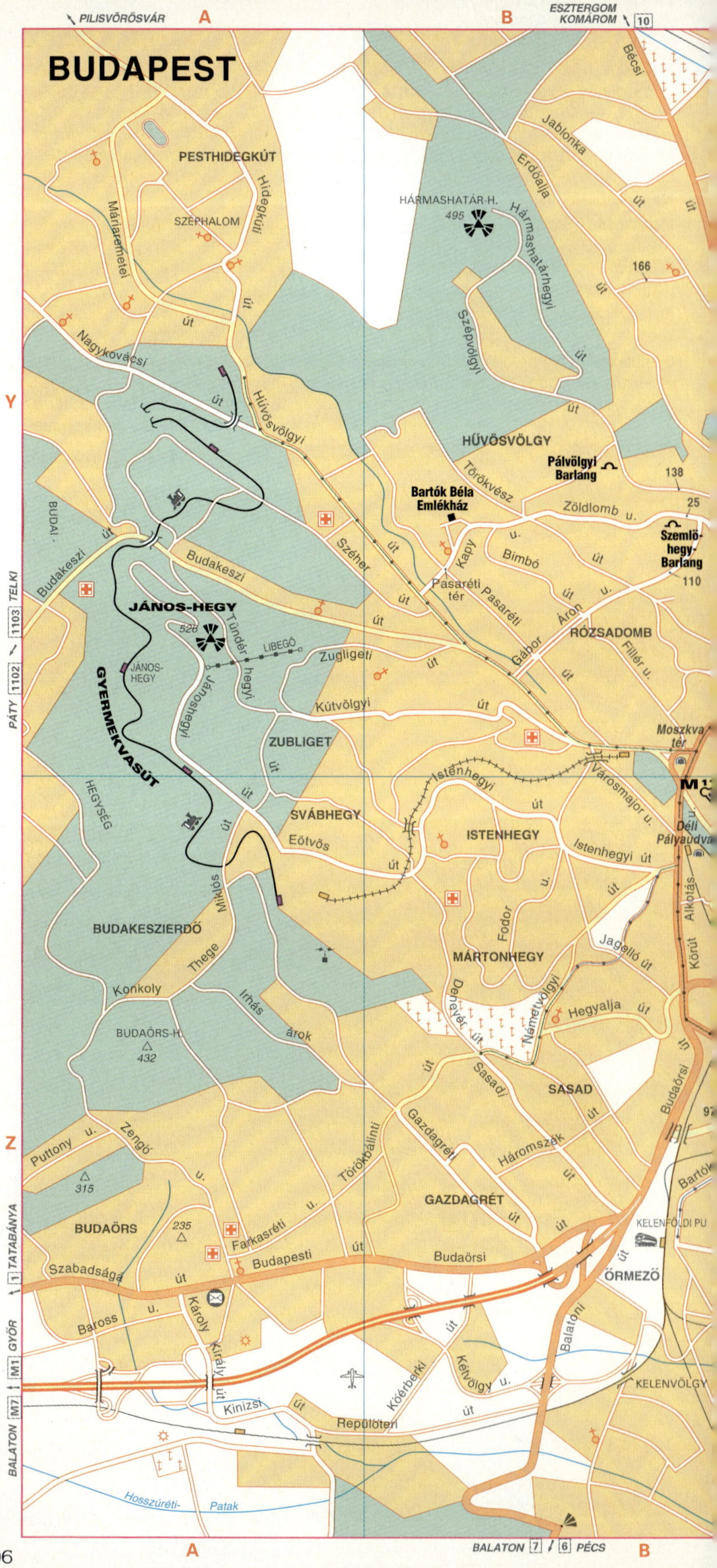

PILISVÖRÖSVÁR
A
B
ESZTERGOM
KOMÁROM
10
BUDAPEST
PESTHIDEGKÚT
SZÉPHALOM
Hidegkúti
Máriaremetei
HÁRMASHATÁR-H.
495
Hármashatárhegyi
Jablonka
Erdőalja
Bécsi
166
Szépvölgyi
Nagykovácsi
Hűvösvölgyi
HŰVÖSVÖLGY
Pálvölgyi
Barlang
138
25
Törökvész
Zöldlomb u.
Bartók Béla
Emlékház
Szemlő-
hegy-
Barlang
110
Y
BUDAI-
HEGYSÉG
Budakeszi
Széher
Kapy
Bimbó
Pasaréti
tér
Pasaréti
Áron
Gábor
RÓZSADOMB
Fillér u.
JÁNOS-HEGY
526
Tündér hegyi
LIBEGŐ
JÁNOS-
HEGY
GYERMEKVASÚT
Jánoshegyi
Zugligeti
Kútvölgyi
Moszkva
tér
ZUBLIGET
Istenhegyi
Városmajor u.
SVÁBHEGY
Eötvös
ISTENHEGY
Istenhegyi út
Déli
Pályaudvar
Alkotás
Körút
BUDAKESZIERDŐ
Miklós
Thege
Konkoly
Irhás
árok
Fodor
MÁRTONHEGY
Jagelló út
Denevér
Németvölgyi
Hegyalja
BUDAÖRS-H.
432
Sasadi
SASAD
Budaörsi
Z
Puttony u.
Zengő
315
Törökbálinti
Gazdagréti
Háromszék
GAZDAGRÉT
BUDAÖRS
235
Farkasréti
KELENFÖLDI PU
Bartók
Szabadsága
Budapesti
Budaörsi
ÖRMEZŐ
Balatoni
Baross
Károly
Király
Kőérberki
Kelenvölgy u.
KELENVÖLGY
Kinizsi
Repülőtéri
Hosszúréti-
Patak
PÁTY
1102
1103
TELKI
TATABÁNYA
1
GYŐR
M1
M7
BALATON
7
6
PÉCS

SZENTENDRE
VÁC
Amfiteátrum
AQUINCUM
ÚJPEST
RÁKOSPALOTA
Újpest-Városkapu
Újpest-Központ
FILATORIGÁT
ÓBUDAI-SZIGET
DUNA
Herkules Villa
Varga Imre Gyüjtemény
Lajoskassák Múzeum
Fő Tér
VASARELY MÚZEUM
Flórián Tér
ÓBUDA
Római Amfiteátrum
Árpád Híd
ANGYALFÖLD
Gyöngyösi u.
Forgách u.
Rákos-Patak
MARGIT-SZIGET
Dózsa György út
Vidámpark
Állarkert
Széchenyi Fürdő
Hősök Tere
VÁROSLIGET
Mexikói út
Lehel Tér
Vigszínház
Margit hid
NYUGATI PÁLYAUDVAR
KIRALY-GYÓFÜRDŐ
ORSZÁGHÁZ
TERÉZVÁROS
Kodály Köröndi
Oktogon
Andrássy
STZ ISTVÁN BAZILIKA
Széchenyi Lánchíd
MÁTYÁS-TEMPLOM
BUDAVÁRI PALOTA
PESTI VIGADÓ
Deák Tér
ZSINAGÓGA
Blaha Lujza Tér
Bélyegmúzeum
Keleti pályaudvar
Népstadion
BUDAPEST SPORTCSARNOK
Kerepesi temető
JÓZSEFVÁROSI PU
Szt. Gellért
CITADELLA
VÁSÁRCSARNOK
GELLÉRTHEGY
Szabadság Híd
Petőfi Híd
Klinikák
Nagyvárad Tér
Planetárium
Népliget
KELENFÖLD
FERENCVÁROS
CSEPEL-SZIGET
Ráckevei-Duna
Szabadkikötő
ALBERTFALVA
GYÖNGYÖS
GÖDÖLLŐ
MAGLÓD
SZOLNOK
KECSKEMÉT
BALATON, PÉCS
1000 m

BUDAPEST
0
300 m
BÉCSI KAPU
Bécsi kapu tér
Kapisztrán tér
Középkori Zsidó Imaház
Zenetörténeti Múzeum
Halászbástya
Hess András tér
HADTÖRTÉNETI MÚZEUM
Kereskedelmi és Vendéglátóipari Múzeum
MÁTYÁS-TEMPLOM
Patika Múzeum
VÁRNEGYED
Dísz tér
Várszínház
Sándor Palota
Ludwig Múzeum
BUDAVÁRI PALOTA
MAGYAR NEMZETI GALÉRIA
BUDAPEST TÖRTÉNETI MÚSEUM
Semmelweis Orvostöteneti Múzeum
Tabáni plébánia templom
SZÉCHENYI LÁNCHÍD
Clark Ádám tér
SZENT ANNA TEMPLOM
Budai Vigadó
Corvin tér
Batthyány tér
VÍZIVÁROS
DUNA
TABÁN
GELLÉRT-
BUDA
Déli pu.
DÉLI PU.
Moszkva tér
Széna tér
Krisztina tér
Naphegy tér
Ybl Miklós tér
Csalogány
Nagy Imre tér
Moszkva
Krisztina
Körút
Várfok u.
Lovas út
Városmajor u.
Attila
Úri Utca
Táncsics
Hunyadi János út
Lánchíd
Fő utca
Bem rakpart
Donáti
Toldy Ferenc u.
Kék Golyó u.
Alkotás
Márvány
Győri
Mészáros
Alagút
Palota út
Liszthyai
Tigris
Avar
Derék
Deszö u.
Fém u.
Kereszt u.
Csörsz
Aladár u.
Hegyalja út
Sánc u.
Mihály
Szirtes út
Kelenhegyi
Somlói út
Ménesi út
Alsóhegy
Villányi út
Budaörsi
E
F
U
V
X
143
46
5
49
128
85
36
150
104
135
136
148
132
56
95
75
78
100

BUDA...

... PEST

G
H
U
V
X
ORSZÁGHÁZ
Kossuth Lajos tér
NÉPRAJZI MÚZEUM
FÖLDMŰVELÉSÜGYI MINISZTÉRIUM
Vértanúk tere
Szabadság tér
M.T.V. Televízió
Magyar Nemzeti Bank
POSTA TAKARÉKPÉNZTAR
Vásárcsarnok
Patika Zrínyi
Magyar Tudományos Akadémia
SZENT ISTVÁN BAZILIKA
Postamúzeum
Gresham Palota
Roosevelt tér
Erzsébet tér
Deák tér
Deák Ferenc tér
Vörösmarty tér
PESTI VIGADÓ
Vigadó tér
Polgármesteri Hivatal
PEST MEGYEI TANÁCS
Párizsi udvar
Ferences templom
Ferenciek tere
Contra Aquincum
Belvárosi plébániatemplom
Petőfi irodalmi Múzeum
EGYETEMI TEMPLOM
MAGYAR NEMZETI MÚZEUM
ZSINAGÓGA
Zsidó Múzeum
Astoria
Kálvin tér
MAGYAR ÁLLAMI OPERAHÁZ
Opera
Andrássy
Liszt Ferenc Emlékmúzeum
Oktogon
Jókai tér
Liszt Ferenc tér
Liszt Ferenc Zeneművészeti Főiskola
Klauzál tér
Erzsébet híd
Szt. Gellért
RUDAS GYÓGYFÜRDŐ
HEGY
Citadella
Citadella Sétány
Szabadság szobor
Jubileumi park
Sziklakápolna
GELLÉRTFÜRDŐ
SZABADSÁG HÍD
Közgazdaságtudományi Egyetem
VÁSÁRCSARNOK
Csarnok tér
Szent Gellért tér
Kelenhegyi út
DUNA
Váci
korzó
Belgrád rakpart
Széchenyi rakpart
PEST

RÉPERTOIRE DES RUES DES PLANS DE BUDAPEST

BUDAÖRS

CURIOSITÉS DES PLANS DE BUDAPEST

(M) = voir **Musées**

Ady Endre Emlékmúzeum (M)		
Állatkert (Zoo)	DY	
Amfiteátrum (M)		
Aquincum (M)		
Bartók Béla Emlékház	BY	
Batthyány tér	FU	
Bécsi kapu tér	EU	
Bécsi kapu	EU	
Belvárosi plébánia templom	GHV	
Bélyegmúzeum (M)		
Budai Vigadó	FU	
Budapesti Történeti Múzeum (M)		
Budavári palota	FV	
Café New York	CZ	A
Citadella	GX	
Deák Ferenc tér	GV	
Dohány utcai zsinagóga	HV	
Egyetemi Könyvtár	HV	B
Egyetemi templom	HX	
Ferences templom	HV	
Ferenciek tere	GHV	
Flórián tér	CY	
Fö tér	CY	
Földalatti Vasúti Múzeum (M)		
Gellértfürdō	GXCZ	F^{1}
Gellérthegy	FGX	
Gerbeaud Cukrászáda	GV	C
Gresham palota	GUV	
Gül Baba türbe	CY	
Gyermekvasút	AYZ	
Hadtörténeti Múzeum (M)		
Halászbástya	FU	
Herkules villa	CY	
Hermész-diszkút	GV	D
Hopp Ferenc Kelet-Ázsiai Múzeum (M)		
Hōsök tere	DY	
Iparmûvészeti Múzeum (M)		
János-hegy	AY	
Jubileumi park	GX	
Keleti pályaudvar	DZ	
Kerepesi temetō	DZ	
Király Gyógyürdō	CY	
Kodály körönd	CY	
Kodály Zoltán Emlékmúzeum (M)		
Középkori Zsidó Imaház (M)		
Közgazdaságtudományi Egyetem	HX	
Közlekedési Múzeum (M)		
Lajos Kassák (M)		
Liszt Ferenc Emlékmúzeum (M)		
Liszt Ferenc Zeneművészeti Fōiskola	HU	
Ludwig Múzeum (M)		
Luxus (Áruház)	GV	F
Magyar Állami Operaház (M)		
Magyar Kereskedelmi és Vendéglátóipari Múzeum (M)		
Magyar Nemzeti Bank	GU	
Magyar Nemzeti Galéria (M)		
Magyar Nemzeti Múzeum (M)		
Magyar Televízió (M.T.V.)	GU	
Magyar Természettudományi Múzeum (M)		
Magyar Tudományos Akadémia	GU	
Március 15 tér	GV	
Margit híd	CY	
Margitsziget	CY	
Mátyás templom	FU	
Milléniumi emlékmû	DY	K

Musées

Ady Endre Emlékmúzeum	GHV	M^{1}
Amfiteátrum	CY	
Aquincum	CY	
Bélyegmúzeum	CZ	
Budapesti Történeti Múzeum	FV	
Földalatti Vasúti Múzeum	GHV	M^{2}
Hadtörténeti Múzeum	EUBZ	M^{11}
Hopp Ferenc Kelet-Ázsiai Múzeum	CDY	M^{3}
Iparmûvészeti Múzeum	CZ	M^{5}
Kodály Zoltán Emlékmúzeum	CDY	M^{6}
Középkori Zsidó Imaház	EFU	
Közlekedési Múzeum	DY	M^{7}
Lajos Kassák	CY	
Liszt Ferenc Emlékmúzeum	HUCZ	G
Ludwig Múzeum	FV	
Magyar Állami Operaház	HUCZ	E
Magyar Kereskedelmi és Vendéglátóipari Múzeum	EU	
Magyar Nemzeti Galéria	FV	
Magyar Nemzeti Múzeum	HVXCZ	M^{4}
Magyar Természettudományi Múzeum	DZ	M^{9}
Műcsarnok	DY	M^{10}
Néprajzi Múzeum	GUCY	M^{8}
Patika Múzeum	FU	
Petōfi Irodalmi Múzeum	HV	
Postamúzeum	HUV	
Ráth György Múzeum	CDY	M^{12}
Semmelweis Orvostörténeti Múzeum	FV	
Szépmüvészeti Múzeum	DY	M^{13}
Varga Imre Gyüjtemény	CY	
Vasarely Múzeum	CY	
Zenetörténeti Múzeum	EFU	
Zsidó Múzeum	HV	

Mücsarnok (M)		
Néprajzi Múzeum (M)		
Népstadion	DZ	
Nyugati pályaudvar	CY	
Óbudai plébánia templom	CY	L
Óbudai Zsinagóga	CY	N
Országház	GU	
Pálvölgyi Barlang	BY	
Párizsi udvar	GHV	
Patika Múzeum (M)		
Patika Zrinyi	GU	
Pesti Vigadó	GV	
Petōfi Irodalmi Múzeum (M)		
Planetárium	DZ	
Postamúzeum (M)		
Postatakarékpénztár	GU	
Ráth György Múzeum (M)		
Római Amfiteátrum	CY	
Roosevelt tér	GUV	
Római Amfiteátrum	CY	
Rudas Gyógyfurdő	GXCZ	F^{3}
Semmelweis Orvostörténeti Múzeum (M)		
Szabadság Szobor	GX	
Széchenyi Gyógyfürdō	DY	Q
Szemlō-hegyi Barlang	BY	
Szent Anna templom	FU	
Szent Flórián kápolna	CY	
Szent Gellért	GX	
Szent István bazilika	GUV	
Szépmûvészeti Múzeum (M)		
Szervita tér	GV	
Szervita templom	GV	R
Sziklakápolna	GX	
Tabáni plébánia templom	FV	
Tárnok utca	FUV	
Vajdahunyad vára	DY	S
Varga Imre Gyüjtemény (M)		
Várszínház	FV	
Vásárcsarnok	GU	
Vásárcsarnok	HX	
Vasarely Múzeum (M)		
Vértanúk tere	GU	
Vidám Park	DY	
Vígszínház	CY	
Víziváros	FU	
Vörösmarty tér	GV	
Zenetörténeti Múzeum (M)		
Zsidó Múzeum (M)		

Visiter Budapest

Curieux de découvrir des cités qui avant la chute du rideau de fer étaient souvent entourées de mystère, les touristes affluant en Europe centrale inscrivent bien volontiers à leur programme celle que l'on surnomme « la perle du Danube ».
Budapest s'étend de part et d'autre du fleuve mythique qui, né en Allemagne dans la Forêt-Noire, déverse ses flots majestueux sur un parcours de 2 800 km avant de se jeter dans la mer Noire.
Géographiquement, le contraste est étonnant entre les deux rives. Sur la rive droite, Buda s'étage sur un ensemble de collines boisées qui lui donnent en certains endroits un air de campagne, ou un côté résidentiel, voire aristocratique avec des maisonnettes et des villas cossues aux jardinets soigneusement entretenus. Sur la rive gauche, Pest, au contraire, c'est le plat pays, la plaine qui s'étend à perte de vue, ponctuée en majorité de bâtiments anciens et d'immeubles d'habitation en périphérie.

E. Baret

En voiture !

Administrativement, Budapest, qui compte 2,1 millions d'habitants, est divisée en 22 arrondissements qui occupent une superficie de 525 km^2 (l'île de **Csepel** au Sud, secteur portuaire et industriel, constitue le XXIe arrondissement).
Budapest, c'est un creuset dans lequel se fondent des cultures différentes et dont les empreintes toujours vivantes font partie du patrimoine national. Budapest c'est une ville originale où se mêlent les parfums de l'Orient et de l'Occident. Budapest, c'est bien sûr la ville des bains, réminiscences de l'époque romaine et de l'occupation turque. Budapest, c'est aussi une des vitrines de l'Art nouveau ou du style Sécession qui connut son âge d'or au tournant du 19e s. Budapest, c'est aussi une ville où la danse et la musique sont reines, que ce soit la musique classique avec Liszt, Kodály, Bartók, l'opérette avec Lehár ou la musique tzigane, sans oublier le jazz et le rock. Budapest c'est une ville dont il faut savourer l'atmosphère des légendaires pâtisseries-salons de thé (à Pest : Gerbeaud, Művész, à Buda : Ruszwurm, Angelika) ou des anciens cafés littéraires, comme le café New York à Pest. Budapest, c'est enfin une ville où le tokaji, l'egri bikavér et la *barackpálinka* doivent être consommés avec modération !
Bon séjour dans la capitale magyare ! Elle ne vous laissera certainement pas indifférent et saura vous séduire.

Une journée à Budapest

Le matin Buda – **Budavári palota★★★** : extérieur – **Várnegyed★★** : **Mátyás templom★★** – **Halászbástya : vue★★**

L'après-midi Pest – **Széchenyi lánchíd★★** – **Váci utca★** – **Vásárcsarnok★★** – **Hősök tere : Millenneumi emlékmű**

Deux jours à Budapest

1er jour Buda – **Budavári palota★★★** et **Magyar Nemzeti Galéria★★** – **Várnegyed★★** : **Mátyás templom★★** et rues (**Táncsis Mihály utca★★**, **Fortuna utca★★**, **Úri utca★★**) – **Halászbástya : vue★★**

Pest – **Gellérthegy★★** : **vue ★★★** de la citadelle – **Országház★★★** – **Széchenyi lánchíd★★** – **Vörösmarty tér★** – **Váci utca★** – **Vásárcsarnok★★**

2e jour Pest – **Magyar Nemzeti Múzeum★★** – **Andrássy út★★** – **Hősök tere : Milleneumi emlékmű★** – **Szépmű vészeti Múzeum★★★** – **Király Gyógyfürdő★★** – **Városliget★**

Trois jours à Budapest

Le programme des deux jours et le 3e jour : **Margit-sziget★★** et **Gyermekvasút★** (le train des Enfants sur les collines de Buda)

Dans tous les cas, ne manquez pas de vous attabler dans une pâtisserie-salon de thé, à Buda au **Ruszwurm** ou à l'**Angelika**, à Pest chez **Gerbeaud★**, **Művész** ou au **Centrál**, ne serait-ce que pour le cadre de ces établissements.

QUELQUES FAITS HISTORIQUES

1er-4e s. après J.-C.	Les **Romains** fondent la province de Pannonie (partie occidentale de la Hongrie actuelle), puis installent le camp militaire d'Aquincum sur le site d'Óbuda. Aquincum devient vite une cité florissante, capitale de la Pannonie inférieure sous le règne de l'empereur Trajan.
5e s.	Les **Huns** conduits par Attila s'emparent d'Aquincum. Plusieurs invasions barbares se succèdent ensuite mettant fin à la présence romaine.
896	Les **Magyars** commandés par le prince Árpád franchissent les Carpates. Árpád établit son campement d'été sur l'île de Csepel.
1241	Buda et Pest sont dévastées par les invasions des Tatars.
1243	Le roi **Béla IV** construit le château de Buda.
1458-1490	Sous le règne de **Mathias Ier Corvin**, Buda devient un haut lieu culturel en Europe.
1541	Les **Turcs** s'emparent de Buda.
1686	Les armées chrétiennes conduites par le Habsbourg **Charles de Lorraine** libèrent la ville. Buda devient une ville de garnison pour l'armée autrichienne.
1825	Le comte István Széchenyi, « le plus grand des Hongrois », fonde l'Académie des sciences et fait don d'une année de ses revenus.
1838	De terribles inondations ravagent la moitié de Pest.
1848-1849	**Révolution hongroise** contre les Habsbourg. Mort du poète Sándor Petőfi, farouche partisan de l'indépendance.
1849	Inauguration du pont des Chaînes (Széchenyi lánchíd).
1867	Compromis austro-hongrois et double monarchie. L'empereur François-Joseph et son épouse Élisabeth (Sissi) sont couronnés souverains de Hongrie en l'église Mathias de Buda.
1873	Réunion des trois villes indépendantes Buda, Pest et Óbuda pour former Budapest.
1896	Inauguration de la première ligne de métro (M 1 actuelle) en Europe. Célébrations du millénaire. Grandes festivités notamment dans le Bois-de-Ville (Városliget).
1902	Inauguration du Parlement.
1925	Première foire internationale.
1944	Régime de terreur des Croix-Fléchées, alliés des nazis.
1945	L'Armée rouge libère la ville.
1949	Procès et exécution de László Rajk.
1950	Formation du Grand Budapest et inauguration de l'aéroport de Ferihegy.
23 oct. 1956-nov. 1956	Soulèvement populaire. En novembre, **Imre Nagy** revient aux affaires et annonce entre autres mesures la neutralité du pays et son retrait du pacte de Varsovie. Les chars soviétiques investissent la capitale et écrasent l'insurrection. On dénombre quelque 3 000 morts, quantité d'immeubles sont endommagés par les balles et les obus. 200 000 Hongrois quittent le pays. Arrestations et exécutions vont suivre.
1973	Pour le centenaire de la ville, les maires des capitales européennes plantent un arbre dans le parc de l'Europe (Európaliget) à Buda.
1985	Le quartier du château de Buda et le panorama du Danube sont inscrits sur la Liste du patrimoine mondial de l'Unesco.
1989	Réhabilitation d'Imre Nagy (exécuté en 1958). Budapest lui réserve des funérailles nationales. Le **23 octobre**, la République populaire socialiste de Hongrie devient la **république hongroise**. L'étoile rouge va disparaître des édifices publics.
1991	Les dernières troupes russes quittent Budapest.
Août 1998	Les championnats d'Europe d'athlétisme se déroulent au Népstadion, le stade du Peuple.

L'ART FIN DE SIÈCLE : ART NOUVEAU OU SÉCESSION

La seconde moitié du 19e s. est marquée par plusieurs événements majeurs à l'origine d'un élan de modernité remarquable à Budapest : en 1867, après deux siècles de domination autrichienne, la Hongrie est enfin reconnue comme une nation indépendante ; 1873 est l'année de naissance de Budapest et 1896, l'année de son millénaire. La ville est prospère, l'industrie dynamique, la population croissante, le niveau de vie élevé et les échanges intellectuels abondants avec notamment la création de nombreuses écoles, de théâtres et d'un opéra. Le monde regarde Budapest : de grands travaux sont lancés notamment la première ligne de métro souterrain du monde, la plus grande Bourse du monde, le plus grand parlement du monde, le plus grand pont du monde, celui d'Erzsébet. Un profond esprit nationaliste se développe avec la reprise. Il se traduit par la glorification d'événements héroïques nationaux et trouve son expression dans un académisme romantique et un classicisme idéalisant. *La Conquête* par Mihály Munkácsy, exposée au Parlement de Budapest, est un exemple typique de cet art officiel.

Au tournant du siècle, cet « historicisme » académique est largement rejeté par le milieu artistique hongrois. La volonté de créer un art national, s'appuyant sur les origines magyares du peuple hongrois, anime beaucoup d'artistes. L'art devient le moyen d'expression de leurs idées sociales, éthiques et utopiques et prépare la société de demain. Plusieurs tendances artistiques nouvelles, liées à l'évolution de l'art en Europe, traversent la Hongrie : le naturalisme et la peinture en plein air, l'Art nouveau et le symbolisme. La Hongrie est en pleine effervescence. Ce renouveau artistique est le fruit de plusieurs expériences individuelles. Les styles sont parfois complètement opposés, mais ils trouvent leur unité dans le rejet de l'académisme.

L'Art nouveau explose et devient le meilleur moyen d'expression de cette modernité. S'il s'inscrit dans la vogue internationale, il revêt un caractère typiquement hongrois. En architecture, le style Art nouveau hongrois s'inspire de l'architecture médiévale et folklorique de Transylvanie récemment redécouverte et de l'architecture de Scandinavie. Le pionnier est sans aucun doute le célèbre architecte hongrois **Ödön Lechner** (1845-1914). Dès les années 1890, il établit un nouveau style d'architecture, remontant aux origines du peuple hongrois issu de l'Orient. Les motifs et les formes architecturales d'Orient et l'art folklorique des campagnes, en particulier celui des tapisseries hongroises, nourrissent son inspiration. Il utilise des majoliques produites par la célèbre industrie Zsolnay pour l'ornementation des toits et des façades parées « d'un costume national richement orné de broderies ». Avec le **musée des Arts appliqués**, construit de 1891 à 1896, il affirme son style, en marge des conceptions classiques de l'époque. L'Orient est très présent dans ses premières constructions modernes en acier : le vestibule d'entrée du musée est orné de céramiques aux motifs orientalisants, le spectaculaire hall d'exposition est encerclé par des arcades doubles islamiques, la coupole et les toits aux tuiles colorées évoquent également l'Orient. Par contre, les formes organiques, les lignes gracieuses et coulantes de l'entrée principale du musée sont typiquement Art nouveau. L'œuvre la plus réussie d'Ödön Lechner est sans doute l'ancienne **Caisse d'épargne de la poste**, réalisée de 1899 à 1902. La façade est ornée de mosaïques avec des motifs végétaux, d'une grande maîtrise technique et artistique. Le toit réalisé en majoliques est envahi de motifs floraux et d'animaux. Les références mythologiques sont omniprésentes et reflètent l'esprit nationaliste en vogue : ainsi la tête de taureau, récemment retrouvée, fait-elle référence à la légende hongroise du trésor d'Attila. À partir de 1905, l'architecture prend un caractère social. Tout en s'appuyant sur les recherches d'Ödön Lechner, la nouvelle génération d'architectes, représentée en particulier par **Béla Lajta** et **Károly Kós**, s'attache aux problèmes techniques et aux problèmes d'hygiène. Leur objectif est de créer un environnement meilleur en parfait accord avec la nature comme l'exprime l'art folklorique hongrois. Béla Lajta (1873-1920) combine Art nouveau hongrois et architecture en briques typiquement scandinave dans son Institut pour Juifs aveugles (1905-1908). Károly Kós (1883-1977) rétablit la continuité avec le passé avec des références au peuple magyar et aux Huns. Le **zoo** de Budapest, conçu avec Dezső Zreumeczky en 1908-1909, abrite des constructions en bois de style médiéval reflétant les formes architecturales typiques de Transylvanie (tourelles, flèches et balcons), remodelées par son imagination.

Cette idée d'harmonie avec la nature préoccupe le milieu artistique. Les œuvres du peintre hongrois **Károly Ferenczy** (1862-1917) développent une approche lyrique de la nature où l'homme évolue en harmonie avec elle. Il donne à l'art un sens mystique et religieux qui le rapproche du courant symboliste européen. Dans *Les Trois Mages* de 1899, exposé à la Galerie nationale, l'homme fait corps avec la nature et l'atmosphère y est mystique et propice aux miracles. **Simon Hollósy** (1857-1918) trouve son épanouissement dans la peinture en plein air, sur le modèle des impressionnistes français, et s'inspire des paysages de Transylvanie.

Style Sécession

STF/SUNSET

Gabler/MAGYAR KEPEK Kft

Et. Revault/PIX

Et. Revault/PIX

J.-C. Saturnin/MICHELIN

LES BAINS : UN RITUEL, UNE VÉRITABLE INSTITUTION

Vous serez sans doute surpris de voir bon nombre de personnes qui tôt le matin ou le soir tiennent à la main un petit sac en plastique. En fait ces gens vont ou reviennent des bains (ouverts dès 6 h du matin) et transportent shampoing, savonnette, effets personnels. Les bains, réminiscence de l'époque romaine et de l'occupation ottomane, font partie de la vie quotidienne des Budapestois, de leur hygiène de vie. On vient aux bains pour soigner des douleurs ou des maux, pour discuter, jouer aux échecs ou tout simplement pour se détendre. Il est vrai qu'on éprouve une réelle sensation de bien-être et qu'on se sent bien, très bien après une telle baignade qui peut se terminer par un bain de vapeur, une séance de massage, et obligatoirement par une bonne douche. L'impression d'avoir « décompressé » est évidente et une petite faim peut soudain vous envahir. Aussi ne quittez pas Budapest sans avoir tenté l'expérience, ne serait-ce que pour apprécier le cadre magnifique de certains établissements.

La région de Budapest est très riche en sources chaudes. On y a dénombré une centaine de sources dont une partie alimente les complexes thermaux et balnéaires de la capitale. Les vertus curatives des eaux n'échappèrent pas aux Romains qui en firent grand usage, les vestiges des thermes à Aquincum en sont la preuve. Au 16e s., les Turcs, qui occupèrent la Hongrie pendant plus d'un siècle, développèrent les bains publics et construisirent des établissements de bains, petites merveilles d'architecture qui sont précieusement entretenues aujourd'hui.

Il va sans dire que l'on ne peut citer tous les établissements thermaux, piscines ou complexes balnéaires de Budapest. Aussi donnons-nous ci-dessous les noms de ceux qui nous ont semblé les plus connus et les plus représentatifs pour leur architecture.

★★★ **Gellért Gyógyfürdő** – On distingue deux piscines mixtes (intérieure et extérieure) et les bains proprement dits où femmes et hommes sont séparés. La piscine couverte ou bain carbogazeux est célèbre pour sa décoration de style 1900. Elle a été construite en 1934 à la place de la serre d'hiver de l'hôtel. On s'y baigne après s'être obligatoirement coiffé d'un bonnet bleu en plastique remis à l'entrée. Sous une grande coupole de métal et de verre, le bassin rectangulaire est encadré de colonnes torsadées décorées de motifs floraux. Ces colonnes soutiennent une mezzanine-promenoir, elle-même ornée de plantes vertes et de piliers recouverts de céramique de Zsolnay. La piscine extérieure est appréciée pour ses vagues artificielles et son espace pour bronzer au soleil. Les bains thermaux tapissés de magnifiques mosaïques bleues valent vraiment la peine. Là, pas besoin de maillot de bain, chacun se voit remettre un pagne qu'il noue autour de sa taille pour ensuite s'adonner au plaisir du bain sec (sauna), du bain de vapeur, et du bain dans l'eau de bassins où la température varie de l'un à l'autre. À la fin, s'allonger quelques instants pour se reposer et se réaccoutumer à la température ambiante.

★★★ **Széchenyi Gyógyfürdő** – Un des établissements les plus courus. Vaste centre thermal avec une plage et piscine à ciel ouvert où l'on joue aux échecs dans une eau à 27° (même en hiver) et une piscine intérieure, les bains Széchenyi ont tout à fait l'apparence d'un grand palais néobaroque dont les dômes se détachent au milieu du Bois-de-Ville. Le hall de l'entrée principale qui mène aux bains thermaux vaut à lui seul le coup d'œil. Le revêtement en mosaïque de la coupole et des voûtes est superbe. L'entrée à la plage se fait de l'autre côté sur Állatkerti körút. Au milieu se trouve le grand bassin de 50 m de long (eau à 27°), de chaque côté deux bassins semi-circulaires. À droite, eau chaude à 38°, à gauche eau à 34°.

★★ **Rudas Gyógyfürdő** – Extérieurement, ces bains turcs n'ont rien de spécialement attirant. Et pourtant... Après avoir rangé vos vêtements dans une cabine qu'un employé tout de blanc vêtu vient fermer à clé, en route vers le cénacle – en ayant au préalable ceint autour de votre taille un pagne blanc donné à l'entrée. Ô combien surprenant pour les non-initiés ! Puis arrivée dans l'antre construit en 1566 par le pacha Mustapha Sokoli. Pénombre, chaleur moite, vapeurs et, au milieu, un grand bassin octogonal en marbre rouge bordé de huit colonnes soutenant une coupole sphérique sertie de morceaux de verre, une ambiance et un décor étranges. Dans chaque angle, un bassin où la température de l'eau varie du très froid au très chaud, à chacun de choisir. On peut aussi prendre un bain de vapeur (deux salles, 45 et 55°) et se faire masser énergiquement par des colosses qui auparavant vous auront enduit le corps d'huile. Après une douche vivifiante, vous vous enveloppez dans un drap pour vous sécher, quelques minutes de repos si besoin, et vous repartez en pleine forme.

★★ **Király Gyógyfürdő** – Achevés par Mustapha Sokoli en 1566, les bains Király sont reconnaissables à leurs coupoles surmontées du croissant turc, en retrait de Fő utca. Király est la « magyarisation » du nom allemand König, famille propriétaire des bains à la fin du 18e s. Comme les bains Rudas, ils sont un bel exemple de l'architecture ottomane. Le bassin octogonal couvert par une grande coupole est entouré d'arcatures aveugles.

Bains célèbres

G. Giulio/WOSTOK PRESS

Széchenyi

MAGYAR KEPEK Kft

Gellért

F. Szelényi/MAGYAR KEPEK Kft

Király

R. Mattès

Széchenyi

MAGYAR KEPEK Kft

Rudas

BUDA

VÁRHEGY (COLLINE DU CHÂTEAU)

Entourée d'une ceinture de remparts, elle s'élève d'une cinquantaine de mètres au-dessus du Danube, et le soir, sous l'effet des illuminations, elle prend une autre dimension. Le château ou palais royal avec son dôme immense, l'église Mathias avec ses toits vernissés, le bastion des Pêcheurs vus de la rive gauche du Danube côté Pest resplendissent alors de mille feux.

De Pest, pour accéder à la colline du château à pied, traverser le pont des Chaînes et prendre le **funiculaire** ⓥ *(Sikló)*. Peu avant la station inférieure sur Clark Ádám tér se trouve sur la gauche une sculpture en pierre symbolisant le **kilomètre 0** d'où sont calculées toutes les distances à partir de Budapest. Un peu plus loin, contre la muraille, on peut voir les armes de la Hongrie entourées de celles des anciennes provinces, réalisées en mosaïque.

De la station supérieure, déjà une première **vue★** intéressante se découvre sur le Danube et Pest (télescope).

★★★ Budavári palota (Palais royal)

C'est Béla IV, roi de 1235 à 1270, qui décida d'édifier une forteresse en cet endroit afin de prévenir Buda de l'invasion mongole. Sous le règne de Sigismond de Luxembourg (1387-1437), le château prit de l'extension. Mais c'est surtout avec Mathias Ier Corvin (1458-1490) qu'il connut son apogée. Ce brillant souverain, lettré, humaniste, en fit un haut lieu d'art et de science, avec des aménagements de style Renaissance. Le siège de 1686 pour chasser l'occupant turc n'épargna pas le château qui fut en grande partie détruit. Aux 18e et 19e s., les Habsbourg voulurent en faire une résidence royale à la hauteur de leur rang. D'abord, Marie-Thérèse d'Autriche fit élever d'imposantes constructions baroques, puis François-Joseph confia à Miklós Ybl et Alajos Hauszmann, en 1890, le soin de remodeler l'édifice en lui donnant un style néobaroque. En fait, l'empereur ne fit que de rares et brefs séjours dans ce palais qu'il avait voulu imposant et somptueux.

La fête des arts et métiers – Tous les ans au mois d'août, le château de Buda connaît une animation extraordinaire pendant quatre jours. Sculpteurs sur pierre ou sur bois, forgerons, tisserands, potiers, fabricants de jouets, boulangers, etc. installent leurs stands et ateliers tout autour du château pour faire revivre de vieux métiers et vendre leurs produits. Danses folkloriques, musique, jeux accompagnent la fête. À voir.

Pont des Chaînes et palais royal

Extérieur

Un rapace gigantesque aux ailes déployées serrant une épée entre ses griffes semble vouloir prendre son envol d'un pilier de la grille néobaroque en fer forgé qui ferme l'enceinte du château. Il s'agit du **turul** (prononcer touroul), oiseau mythique, emblème des tribus magyares souvent représenté.

La façade baroque du palais royal s'étend sur une longueur de plus de 300 m dominant le Danube. Au centre, un dôme s'appuie sur un ensemble de colonnes jumelées. Sur la vaste terrasse panoramique trône la **statue équestre d'Eugène de Savoie**, un des libérateurs des Turcs. Sur le piédestal figurent deux scènes de la bataille de Zenta (1697). Continuer le long de cette promenade jusqu'à l'avancée qui surplombe le fleuve. Point photo conseillé tant la **vue**★★ y est magnifique. De gauche à droite, on reconnaît parfaitement l'île Marguerite, le Parlement, le pont des Chaînes, la basilique St-Étienne, le pont Élisabeth, le pont de la Liberté puis au loin la colline de Gellért, la citadelle et le monument de la Libération.

Prendre le passage à droite de l'entrée de la galerie nationale.

L'attrait principal de la place (statue d'un palefrenier au centre) est incontestablement la **fontaine du roi Mathias**★. On ne peut la manquer, on s'arrête pour la détailler, la photographier ou se faire photographier devant. Ce groupe sculptural en bronze, œuvre d'Alajos Stróbl (1904), représente le roi dans une scène de chasse. Sujet inspiré par une ballade de Mihály Vörösmarty, poète romantique du 19ᵉ s., dans laquelle Mathias rencontre à la chasse une belle jeune fille, Ilonka.

À gauche après la fontaine, on accède à la **cour intérieure** par la **porte aux Lions**, (Oroszlános kapu) appelée ainsi en raison des lions (en pierre) qui gardent l'entrée. Se placer au milieu de cette belle cour pavée pour apprécier la majesté des bâtiments qui l'entourent. Au centre, à droite, s'ouvre la **bibliothèque nationale Széchenyi** (Nemzeti Széchenyi Könyvtár). Fondée par le comte Ferenc Széchenyi en 1802, c'est la plus importante bibliothèque du pays ; sa salle de lecture est ouverte à tous.

Traverser au fond de la cour le hall du musée d'Histoire de Budapest (Budapesti Történeti Múzeum) et descendre l'escalier qui conduit vers les remparts Sud et la **tour de la Massue** (Buzogány-torony) à toit conique, vestige des fortifications médiévales. On peut sortir de l'enceinte du château par une porte voisine, la porte Ferdinand (Ferdinand kapu), percée dans le rempart et voir la **barbacane**, ouvrage semi-circulaire construit aux 14ᵉ et 15ᵉ s. Au-delà des jardins commence le quartier de Tabán.

G. Siméone/PHOTONONSTOP

Le prince Eugène de Savoie

Eugène de Savoie-Carignan est né à Paris en 1663. Destiné à la religion par ses parents, il s'engage dans... l'armée de Louis XIV. Devant le refus du Roi-Soleil de lui confier le commandement d'un régiment, le bouillant petit homme atteint dans sa fierté, quitte – à l'âge de 20 ans – l'armée française et se met au service de Léopold Ier de Habsbourg, empereur germanique, archiduc d'Autriche, roi de Bohême et de Hongrie. À cette époque, les Turcs étendent leur domination sur une grande partie de l'Europe centrale, Buda est entre leurs mains. En 1683, Vienne est assiégée par le grand vizir Kara Mustapha. Le pape Innocent XI envoie plusieurs armées chrétiennes pour aider les Autrichiens et délivrer la ville. Eugène de Savoie rejoint l'armée alliée du roi de Pologne, Jean III Sobieski. Le 12 septembre, la victoire chrétienne de Kahlenberg sonne l'heure de la reconquête. En 1686, Buda est libérée par Charles de Lorraine. Eugène de Savoie y prend part. Devenu généralissime des armées impériales autrichiennes, il s'illustre ensuite dans la guerre de libération contre les Ottomans : bataille de Zenta (1697), paix de Karlowitz (1699) et traité de Passarowitz (1718) fixant les limites territoriales de l'empire des Habsbourg. Son rôle fut également de première importance dans la guerre de Succession d'Espagne. Politicien habile et influent, il impose à Louis XIV la paix de Rastatt en 1714 mettant fin à cette guerre. L'Autriche le couvre de gloire et d'argent. À Vienne, il se fait construire le Belvédère comme palais d'été et le Stadtpalais des Prinzen Eugen comme palais d'hiver (actuel ministère des Finances). C'est là qu'il meurt en avril 1736. Il repose dans la capitale autrichienne (chapelle Tirna dans la cathédrale St-Étienne).

Intérieur

Trois musées occupent le corps central et les ailes du palais royal.

★★ **Magyar Nemzeti Galéria** Ⓥ **(Galerie nationale hongroise)** – Ce musée est entièrement dédié à l'art pictural et sculptural hongrois du Moyen Âge au 20e s. Les collections sont réparties sur quatre niveaux (nom des œuvres en anglais et hongrois). Dans l'ancienne salle du trône au premier étage, on peut retenir une belle **collection de retables**★ du gothique tardif. L'art du retable qui florissait au 15e et début du 16e s. est représenté par des triptyques et polyptyques, certains monumentaux provenant des anciens comitats de Szepes *(Autel de Szepes)*, Sáros *(Autel de Marie-Madeleine)*, Liptó *(Autel de saint André)*, Zólyom *(Autel de saint Martin)* et Csík *(Maître-autel de la Descente du Saint-Esprit)*. Parmi les peintres du 19e s., citons **Mihály Munkácsy** et **László Paál**, tous deux liés par une grande amitié. Le premier étudia à Berlin, Munich et Paris. Dans le *Dernier jour d'un condamné*, sa peinture se veut réaliste, dramatique ; au contraire, sa *Porteuse de fagots* qu'il peignit lors d'un séjour à Barbizon se veut plus lyrique sur fond de paysage. Le second fut beaucoup influencé par l'école de Barbizon et s'illustra dans la peinture de paysages *(Midi, Sentier dans la forêt de Fontainebleau, Paysage avec vaches)*. De Pál Színyei Merse, remarquer un *Déjeuner sur l'herbe*, un sujet maintes fois traité par les impressionnistes. Le musée rassemble également des œuvres monumentales sur des sujets historiques, ainsi le *Baptême de Vajk* (le futur roi Étienne Ier) de Gyula Benczúr et sur le palier du premier étage *Miklós Zrínyi à la bataille de Szigetvár* de Péter Krafft, une œuvre forte.

★ **Budapesti Történeti Múzeum** Ⓥ **(Musée d'Histoire de Budapest)** – *Explications en anglais et hongrois.* Budapest à travers les âges peut résumer le contenu de ce musée. Archéologie, Moyen Âge, époque moderne (les grands moments de la vie de la ville), construction du château sont retracés par une suite de salles exposant des collections variées : produits de fouilles, bijoux, céramiques, objets de la vie quotidienne, etc. On retiendra particulièrement – au rez-de-chaussée – la **salle des sculptures gothiques** qui rassemble de très belles statues et statuettes en pierre calcaire souvent très expressives et bien mises en valeur par un éclairage adapté (prendre un plan à l'entrée de la salle pour bien suivre la numérotation). La visite dans les parties basses et les sous-sols, partie médiévale du château, permet de découvrir de belles salles voûtées d'ogives (imposante grande salle au poêle en faïence) qui datent pour la plupart de l'époque de Sigismond de Luxembourg, roi de 1387 à 1437. Retenons également la **chapelle royale**, construite au 14e s. sous le règne des rois d'Anjou. Éclairée par trois baies vitrées, elle s'orne au centre d'un retable à trois volets.

Ludwig Múzeum Ⓥ – Un musée pour les amateurs d'art contemporain. Œuvres permanentes et expositions temporaires (rez-de-chaussée et 2e étage). Dans le hall d'entrée, portrait des donateurs Irene et Peter Ludwig (industriel allemand, grand collectionneur). Parmi les noms les plus connus illustrant les grandes tendances de l'art contemporain à travers le monde, on note ceux de Roy Liechstenstein, Jean Tinguely, Frank Stella, Joseph Beuys, Robert Rauschenberg, Claus Oldenburg. Voir aussi une œuvre de Yoko Ono (ancienne compagne de John Lennon, assassiné à New York en 1980) : un jeu d'échecs blanc posé sur une table blanche. L'avant-garde hongroise n'est pas laissée pour compte (1956-1958), de même que la nouvelle génération d'artistes représentée par László Bartha, Béla Kondor, István Mazzag...

★★ Várnegyed (Quartier du Château)

Après une promenade dans l'enceinte du château pour les vues qu'elle procure ou la visite d'un musée, la visite du vieux quartier permet de flâner avec plaisir, en s'arrêtant çà et là pour regarder une devanture, une façade, un monument, pour filmer ou faire des photos. En cas de petite faim ou de petite soif, pas de problème, entre les marchands ambulants ou les établissements ayant pignon sur rue, vous aurez l'embarras du choix.

Szent György tér – Cette place qui s'étend devant l'entrée principale du château est bordée sur la droite par deux immeubles : le **palais Sándor** (Sándor palota), néogothique, ancienne résidence du Premier ministre, et le **théâtre du Château** (Várszínház) à la façade rococo, un ancien couvent de carmélites dissout en 1782 sur l'ordre de Joseph II et transformé en 1787 par Farkas Kempelen, architecte et inventeur d'un automate joueur d'échecs. Le 5 octobre 1790, la première représentation en langue hongroise y fut donnée.

Dísz tér – Place du Pacha, place St-Georges puis place des Parades (allusion aux parades militaires de jadis) depuis le 19e s., elle constituait le centre du quartier au Moyen Âge. Plusieurs édifices baroques et néoclassiques l'entourent, comme la poste (Posta) à la façade ocre. Une statue de hussard en uniforme du temps de Marie-Thérèse se trouve à l'embranchement avec Szent György utca. Plus loin, la **statue de honvéd** commémore la révolte des Hongrois contre les Habsbourg en 1848-1849. Le *honvéd*, soldat de l'armée nationale, y est représenté tenant une épée dans sa main droite et brandissant un drapeau dans sa main gauche. Derrière lui, un ange tient symboliquement le laurier de la victoire.

Tárnok utca – Rue commerçante au Moyen Âge (marchands allemands), la rue du Trésorier (allusion au grand argentier du roi) est bordée de belles maisons à façades peintes, en encorbellement ou ornées d'éléments baroques. Elles abritent pour la plupart des magasins de souvenirs, de vêtements folkloriques, de broderies et des cafés-restaurants. Pas de doute, il s'agit bien là d'une rue « à touristes ». Certaines façades méritent une attention particulière comme celle du **n° 14** (café Tárnok). Cette maison date des 14e et 15e s., sa restauration des années 1950.

Patikamúzeum ⓥ (Musée de la Pharmacie) – *Au n° 18.* Une ancienne maison de marchand du 15e s. est devenue la pharmacie Arany Sas (de l'Aigle d'or, comme le rappelle l'enseigne en fer forgé au-dessus de la porte) au milieu du 18e s. Aujourd'hui, ce petit musée présente des objets, pots et instruments pharmaceutiques du 16e au 19e s. Deux pièces sont particulièrement intéressantes : la reconstitution d'une apothicairerie du 18e s. et un laboratoire qui fait plutôt penser à l'antre d'un alchimiste.

Un peu plus loin, jeter un coup d'œil à gauche dans **Balta köz**, le passage de la Hache, un coupe-gorge au Moyen Âge.

Szentháromság tér – La place principale du quartier du château ou place de la Trinité, doit son nom à la **colonne de la Trinité★** (Szentháromság szobor) qui orne le centre. Ce monument baroque, œuvre de Fülöp Ungleich, fut élevé au 18e s. pour commémorer les épidémies de peste des 17e et 18e s. Il était de coutume à l'époque que les survivants érigent un monument à la gloire de Dieu pour le remercier de les avoir épargnés. Bon nombre de villes possèdent une telle colonne votive. Autour du monument attendent les calèches pour un petit tour dans le quartier. À droite de la place, l'église Mathias apparaît avec son clocher, véritable dentelle de pierre, et ses toits de tuiles vernissées. À l'angle de Szentháromság utca, un palais baroque construit à la fin du 17e s. par un architecte italien abritait l'**ancien hôtel de ville de Buda**. Un clocheton avec une horloge se dresse au-dessus de ce qui autrefois était une chapelle. À l'angle même, dans une niche au-dessous d'un oriel, se trouve la statue d'Athéna, protectrice de la ville. La déesse tient dans sa main droite un bouclier sculpté des armoiries de Buda. De l'autre côté de la place, un bâtiment néogothique abritait l'ancien ministère des Finances.

Magyar Borok Háza ⓥ (Maison des vins hongrois) – *Au n° 6.* La Hongrie est un pays producteur de vins. Si le tokaj reste peut-être le vin le plus connu à l'étranger, d'autres noms sont à découvrir. Les vingt régions productrices, avec leurs différents cépages et crus, sont clairement présentées par une carte et des panneaux explicatifs (en anglais, en hongrois, parfois en français). Des centaines de bouteilles étiquetées matérialisent chaque production. Dégustation et vente possibles.

★★ **Mátyás Templom** ⓥ **(Église Mathias)** – À l'origine, l'église s'appelait Notre-Dame-de l'Assomption. Elle prit son nom actuel au 19e s. en hommage au roi Mathias Corvin qui apporta en son temps des agrandissements à l'édifice, mais aussi pour ses noces célébrées ici une première fois en 1461 avec Catherine de Podebrády, princesse de Bohême, puis une seconde fois en 1476, avec Béatrice, fille du roi de Naples Ferdinand d'Aragon.

Au 13e s., le roi Béla IV fit construire sur l'emplacement d'une église dédiée à la Vierge une basilique à trois nefs. En 1309, Charles Robert d'Anjou y fut couronné roi (après avoir été couronné à Székesfehérvár selon la coutume par l'évêque d'Esztergom). L'édifice reçut ses dimensions actuelles sous les règnes de Sigismond de Luxembourg (14e s.) et de Mathias (15e s.) qui ajouta la tour Sud. Les Turcs,

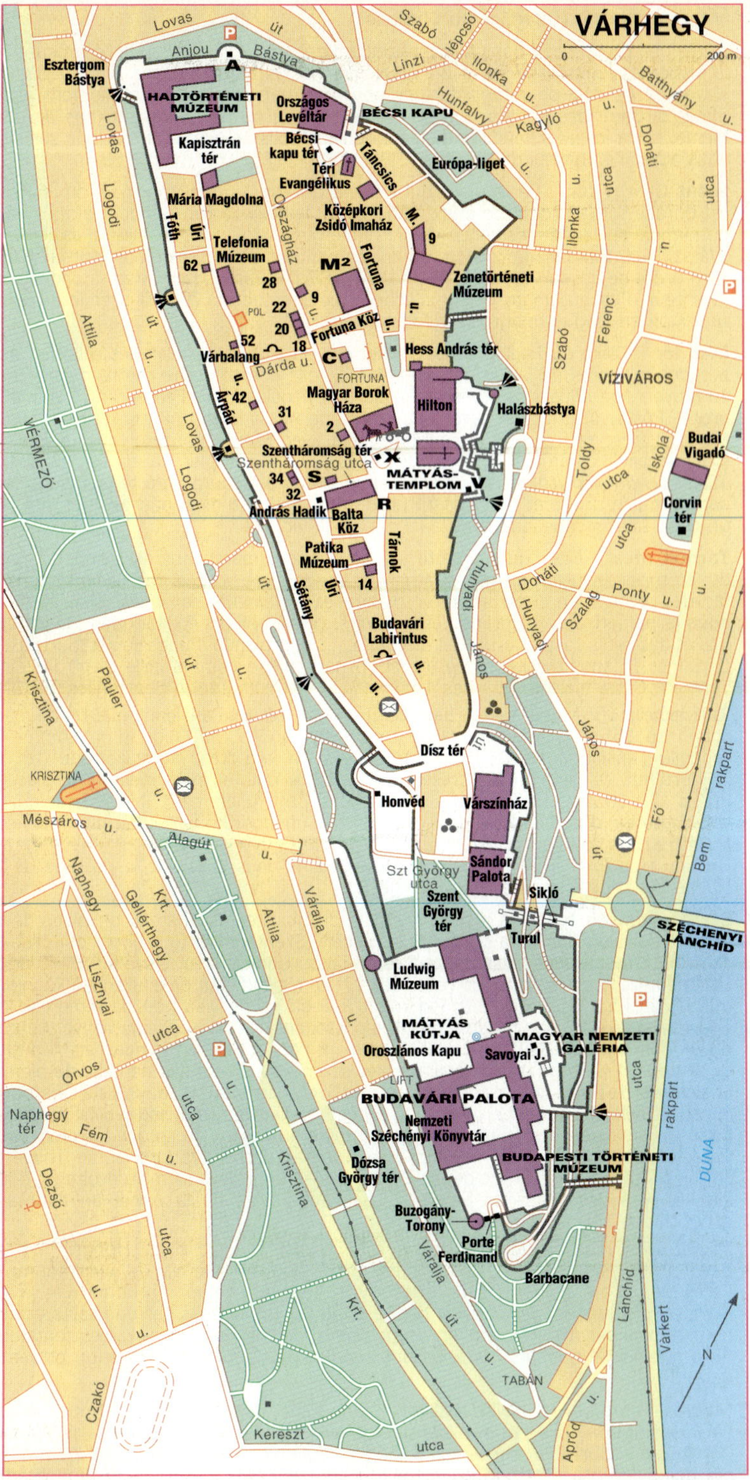

maîtres de Buda en 1541, détruisirent l'ameublement chrétien, transformèrent l'église en mosquée et couvrirent ses murs de tapis. Libérée en 1686 par les armées chrétiennes, Notre-Dame fut donnée aux jésuites par le roi Léopold Ier. Ces derniers la dotèrent d'éléments baroques. En 1867, l'empereur d'Autriche François-Joseph Ier et son épouse Élisabeth (Sissi) y furent couronnés souverains de Hongrie. Franz

CURIOSITÉS DU QUARTIER DE VÁRHEGY

(M) = **voir Musées**

Abdurrahman Abdi Pacha	X	A
András Hadik	XY	
Balta Köz	Y	
Budai Vidagó	X	
Bécsi kapu	X	
Bécsi Kapu tér	X	
Budapesti Történeti Múzeum (M)		
Budavári Labirintus	Y	
Budavári palota	Z	
Buzogány torony	Z	
Dísz tér	Y	
Esztergom Bástya	X	
Európaliget	X	
Fortuna utca	X	
Hadtörténeti Múzeum (M)		
Halászbástya	X	
Hess András tér	X	
Hilton	X	
Kapisztrán tér	X	
Könyvkereskedés Litea	X	C
Középkori Zsidó Imaház (M)		
Ludwig Múzeum (M)		
Magyar Borok Háza	X	
Magyar Kereskedelmi és Vendéglátóipari Múzeum (M)		
Magyar Nemzeti Galéria (M)		
Mária Magdolna templom	X	
Mátyás Kútja	Z	
Mátyás templom	X	
Budapesti Történeti Múzeum	Z	
Hadtörténeti Múzeum	X	
Középkori Zsidó Imaház	X	
Ludwig Múzeum	Z	
Magyar Kereskedelmi és Vendéglátóipari Múzeum	X	M²
Magyar Nemzeti Galéria	Z	
Patika Múzeum	Y	
Telefónia Múzeum	X	
Zenetörténeti Múzeum	X	
Nemzeti Széchenyi könyvtár	Z	
Országház utca	X	
Országos Levéltár	X	
Patika Múzeum (M)		
Régi Budai Városháza	X	R
Ruszwurm Cukrászda	X	S
Sándor palota	Y	
Savoyai j.	Z	
Sikló	YZ	
Szent György tér	YZ	
Szent István szobor	X	V
Szentháromság tér	X	
Szentháromság Szobor	X	X
Táncsics Mihály utca	X	
Tárnok utca	Y	
Telefónia Múzeum (M)		
Téri Evangélikus Templom	X	
Tóth Árpád Sétány	XY	
Turul	Z	
Úri utca	XY	
Várbarlang	X	
Várszínház	Y	
Zenetörténeti Múzeum (M)		

Liszt composa pour cet événement la *Messe du couronnement* qu'il dirigea lui-même. Le roi décida alors de redonner à l'église un aspect gothique. Un architecte, Frigyes Schulek, fut chargé des travaux qui durèrent vingt ans. Après la Seconde Guerre mondiale, les travaux de reconstruction s'étalèrent également sur vingt ans, et aujourd'hui l'édifice qui a retrouvé son éclat d'antan fait partie des sites les plus visités de la capitale.

Extérieur – Sur la façade principale, la **tour Mathias**, d'une hauteur de 80 m, s'élance vers le ciel. Quadrangulaire à la base, elle devient octogonale aux niveaux supérieurs et se termine par une flèche en pierre. À gauche du portail, la **tour Béla**, plus petite, est de style roman. Le portail principal est surmonté d'un tympan représentant une Vierge à l'Enfant et deux anges. Les toits de l'église sont couverts de belles tuiles vernissées. Au 15e s., ce type de toiture était courant. Le portail Sud (à droite) ou **porte de Marie** remonte au temps de Louis Ier le Grand. Au fronton un bas-relief, la *Dormition de la Vierge*, représente la Vierge agenouillée entre les apôtres. Au sommet de la voûte, Dieu règne sur le monde avec la couronne royale et le globe terrestre. De chaque côté de la porte, statues de saint Étienne et saint Ladislas.

Intérieur – *Entrer par la porte de Marie*. Quelle surprise une fois la porte franchie de voir une telle profusion de peintures ! À première vue, on pourrait se croire dans une église byzantine, car les voûtes, les murs et les piliers sont abondamment décorés de peintures aux motifs géométriques ou végétaux d'inspiration médiévale ou Art nouveau. Dans la nef, les drapeaux apportés par les différentes provinces de Hongrie rappellent le couronnement de 1867. Le maître-autel néogothique du chœur, œuvre de Figyes Schulek, montre une statue de la Vierge dans une mandorle éclairée par des rayons dorés. Sur la chaire figurent les quatre Évangélistes et les Pères de l'Église.

Faire le tour de l'église en commençant à gauche du chœur.

Chapelle St-Ladislas – Fresques sur la vie du saint, roi chevalier du 11e s., peintes par Károly Lotz.

Chapelle de la Trinité – Elle contient les sarcophages du roi arpadien Béla III et de son épouse Anne de Châtillon d'Antioche.

Chapelle St-Éméric (Imre) – Beau retable à trois volets. Sur le panneau central, le prince saint Éméric est entouré de son père saint Étienne et de son précepteur l'évêque saint Gérard.

Fonts baptismaux – Bel ensemble en pierre sculptée, la cuve est soutenue par quatre colonnettes ornées à la base d'un lion. Couvercle de cuve en bronze.

C. Morgan/HOA QUI

Toit de l'église Mathias

Chapelle de Lorette – Fermée par une belle porte en fer forgé, elle est entièrement consacrée au culte de la Vierge. On remarque une statue en marbre rouge de la Vierge à l'Enfant, coiffée de la couronne impériale d'Autriche.

Egyháztörténeti Gyűjtemény ⓥ (Musée d'Art sacré) – *Escalier dans la chapelle à droite du chœur.* On traverse d'abord la crypte (sarcophage en marbre rouge contenant des ossements des rois de la dynastie Árpád trouvés à Székesfehérvár, armoiries des chevaliers de l'ordre de Malte) avant de monter vers la chapelle St-Étienne (buste d'Élisabeth – Sissi – en marbre de Carrare à l'entrée) qui expose le buste-reliquaire du saint. Les vitraux dépeignent les saints et bienheureux de Hongrie. Un escalier en colimaçon monte à l'oratoire royal dans lequel une exposition présente la sainte couronne de Hongrie au moyen de photos et de panneaux explicatifs (en anglais, allemand et hongrois). Une galerie expose ensuite vêtements sacerdotaux et objets d'art sacré (calices, patènes, ostensoirs, custodes).

Halászbástya (Bastion des Pêcheurs) – La **statue de saint Étienne** (Szent István szobor), œuvre en bronze due au ciseau d'Alajos Stróbl, trône devant le bastion des Pêcheurs. Le premier roi de Hongrie, Étienne Ier, est représenté sur son cheval caparaçonné, revêtu de son manteau de couronnement, coiffé de la sainte couronne et tenant dans sa main droite la double croix apostolique qui symbolise la conversion du pays au christianisme. L'auréole qui entoure sa tête fait allusion à sa canonisation en 1083. L'imposant piédestal néoroman (dû à Frigyes Schulek) est un bel exemple de calcaire sculpté. Les bas-reliefs montrent des scènes importantes de son règne. On remarque aussi de chaque côté les attributs des quatre évangélistes : Matthieu l'homme, Luc le bœuf, Jean l'aigle et Marc le lion.
Élevé fin 19e-début 20e s. suivant les plans de Frigyes Schulek, le **bastion des Pêcheurs** est un ensemble néoroman de remparts et de tourelles qui peut faire penser à un château de conte de fées. L'origine de son nom est incertaine. Deux explications sont possibles : au Moyen Âge se serait tenu à proximité un marché aux poissons ou bien le nom serait lié aux corporations de pêcheurs qui participaient activement à le défense de la ville depuis les remparts d'origine. Cet ensemble fut bâti pour célébrer le millénaire de la ville en 1896. Les sept tourelles symbolisent les sept tribus magyares, chaque chef y étant représenté par une statue. Ce chemin de ronde fait partie des incontournables. Tous les touristes y affluent pour les **vues**★★ très étendues qu'il offre sur le Danube et sur Pest de l'autre côté. Du bastion, la vue sur les toits colorés de l'église Mathias est également intéressante. Poursuivre jusqu'à l'extrémité du rempart qui se reflète dans la façade de verre teinté de l'hôtel Hilton. Un double escalier descend jusqu'au quartier de Víziváros. En bas de cet escalier, statue de János Hunyadi, chef militaire qui défendit Belgrade contre les Turcs au 15e s.

Hess András tér – Cette place porte le nom du premier imprimeur installé ici en 1483. Il publia la *Chronique de Buda*, premier ouvrage édité en hongrois. Au centre, la statue est celle du pape Innocent XI dont le rôle fut de toute première importance pendant la guerre contre les Turcs. Elle fut élevée lors des célébrations du 250e anniversaire de la libération de Buda. Derrière la statue, on peut voir au n° 3 une ancienne maison dite du « hérisson rouge » en raison du sympathique petit animal qui orne le dessus de la porte. Sur le côté gauche, le bâtiment qui abrite le restaurant Fortuna se remarque pour sa belle façade jaune.

★★ **Táncsics Mihály utca** – Un journaliste a donné son nom à cette rue bordée de belles maisons aux façades colorées de style baroque ou néoclassiques. Mihály Táncsics (1799-1884) fut un héros de la lutte pour l'indépendance nationale et un farouche partisan de l'émancipation des serfs.

Hôtel Hilton – Cet établissement de la chaîne bien connue, d'une facture moderne qui détonne quelque peu dans un environnement classé historique, a été bâti sur l'emplacement d'un ancien couvent de dominicains. Sur le mur de l'ancienne tour St-Nicolas de l'église, on remarque un bas-relief à la gloire de Mathias Corvin (il s'agit d'une copie, l'original se trouvant à Bautzen en Allemagne dans le château d'Ortenburg). Le roi y est représenté trônant, un sceptre à la main. Deux anges tiennent au-dessus de sa tête la couronne royale. Il faut pénétrer dans le hall de l'hôtel pour accéder aux vestiges de la nef (vue en enfilade sur le Parlement) et de l'ancien cloître.

Zenetörténeti Múzeum Ⓥ (Musée d'Histoire de la Musique) – *Au n° 7.* Ce bel hôtel baroque au balcon en fer forgé, le palais Erdődy, reçut Beethoven en 1800 lors du concert qu'il donna dans le théâtre du château de Buda. Le musée expose bon nombre d'instruments de musique (instruments à vent, à cordes, instruments des campagnes) et d'ateliers de luthiers reconstitués. Une section est consacrée à Béla Bartók, rassemblant plusieurs partitions originales, mais aussi des médailles, statuettes, dessins, photos réalisés en hommage au grand compositeur.
Dans la maison voisine au **n° 9**, deux plaques sur la façade jaune rappellent que Kóssuth Lajos et Mihály Táncsics ont été emprisonnés en ces lieux. Avant de devenir une prison des Habsbourg, ce palais servait de résidence royale.

Középkori Zsidó Imaház Ⓥ (Musée de l'ancienne synagogue médiévale) – *Au n° 26.* Táncsics Mihály utca formait au Moyen Âge la rue principale du quartier juif de Buda (au n° 23, des fouilles entreprises dans le jardin ont permis de découvrir les restes d'une synagogue, attestant bien la présence d'une communauté juive). Expulsés de Hongrie en 1360 par décision du roi Louis Ier le Grand, les Juifs ont pu regagner Buda en 1386 et se sont établis dans ce quartier. En 1526, après la bataille de Mohács, ils durent quitter de nouveau la ville. En 1541, le sultan les autorisa à revenir. En 1686, les Juifs subirent de nouvelles persécutions de la part des armées chrétiennes libératrices de la ville.
La synagogue ou plutôt la salle de prière est divisée par deux piliers gothiques. Sur les murs (partie supérieure), on peut lire des inscriptions du 17e s. On voit aussi des pierres tombales provenant d'un ancien cimetière juif.

Bécsi kapu tér – Sur cette place paisible entourée de petites maisons aux façades multicolores rococo ornées de stucs (voir les nos 3 et 5) se tenait autrefois le marché du samedi. À l'angle avec la rue précédente se trouve l'**église luthérienne** (Evangélikus templom) édifiée à la fin du 19e s. Près de l'entrée, vous remarquerez une plaque à la mémoire du pasteur Gábor Sztehlo qui sauva 2 000 enfants pendant la Seconde Guerre mondiale. Le bâtiment néoroman des **Archives nationales** (Országos Levéltár), reconnaissable à sa belle toiture vernissée, occupe le côté Nord de la place. Le monument à la mémoire de Ferenc Kazinczy (1759-1831), écrivain poète et grand défenseur de la langue hongroise, représente une femme tenant une lampe dans sa main droite.

★ **Bécsi kapu (Porte de Vienne)** – Autrefois seconde grande porte de la cité, la porte de Vienne fut reconstruite en 1936 pour les cérémonies de célébration du 250e anniversaire de la libération de Buda. Une plaque apposée à l'intérieur de la porte honore les soldats de différentes nationalités qui ont donné leur vie dans les combats pour libérer la ville du joug ottoman. Le **monument de la reconquête de Buda** (1936) qui montre un ange sous les traits d'une femme brandissant la double croix apostolique symbolise la victoire des armées chrétiennes réunies par le pape Innocent XI.

Passer la porte et prendre à droite.

E. Baret

Bastion des Pêcheurs

On arrive à un petit parc ou **parc de l'Europe** (Európaliget). Il fut aménagé en 1973 pour commémorer le centenaire de la fondation de Budapest. Les maires de plusieurs capitales et grandes villes européennes vinrent y planter un arbre marquant ainsi l'événement (chaque arbre est signalé par une plaque indiquant la ville donatrice). Une sculpture d'Imre Varga montre le musicien Zoltán Kodály assis sur un banc. Un peu plus loin, un balcon offre une belle vue sur l'île Marguerite et Pest.

★★ **Fortuna utca** – Une autre rue caractéristique du quartier du château que l'on emprunte pour admirer les façades de maisons chargées d'histoire.

Magyar Kereskedelmi és Vendéglátóipari Múzeum ⓥ (Musée du Commerce et de l'Hôtellerie) – *Au n° 4.* Un petit musée bien sympathique qui vous transporte quelques années en arrière et vous fait revivre les grandes années du développement du commerce en Hongrie et du tourisme à Budapest. Déjà pour l'exposition du millénaire en 1896, la ville avait accompli des prouesses dans le domaine de la restauration et de l'hôtellerie pour accueillir visiteurs et invités. De vieilles affiches, des photographies anciennes, une table dressée, des tenues de serveurs et serveuses, des menus rappellent cette époque. On ne peut mentionner la gastronomie et la restauration sans bien sûr citer Émile Gerbeaud, confiseur renommé, et Károly Gundel, grand chef hongrois qui a donné son nom à un restaurant chic de la ville et à un dessert succulent, la *Gundel palacsinta* (crêpe arrosée de chocolat chaud et flambée). L'époque des cafés – à rapprocher avec les Kaffeehäuser viennois –, lieux de rencontres, d'échanges d'idées, est également évoquée dans une salle. Reconstitution d'une chambre de l'hôtel Gellért en 1918.

Juste avant d'arriver à Hess András tér, prendre à droite Fortuna köz.

Ce passage mène à une cour dans laquelle se trouvent des boutiques de souvenirs ainsi que la **librairie Litea** (grand choix d'ouvrages en langues étrangères, de disques, également salon de thé).

Országház utca – Artère principale au Moyen Âge, cette « rue du Parlement » porte son nom actuel depuis 1790, date à laquelle se réunissait cette assemblée dans un ancien couvent de clarisses situé au n° 28, aujourd'hui un des bâtiments de l'Académie nationale des sciences. Plusieurs maisons arborent des éléments gothiques (n°s 2, 9, 18, 20, 22).

Várbarlang ⓥ **(Grotte du Château)** – *Entrée Dárda utca.* Une promenade à rapprocher de celle du labyrinthe de Úri utca où l'on découvre un réseau de grottes naturelles qui au fil des années ont été aménagées et utilisées par les différents occupants de la ville. Pendant la Seconde Guerre mondiale, cette véritable ville souterraine a pu servir d'abri à plus de 4 000 personnes, des conduits de cheminée remontant à la surface assurant la ventilation nécessaire. Les armées allemandes, hongroises et russes ont mis à profit ces cachettes souterraines pour stocker des armes et des munitions et même pour les aménager en hôpital militaire.

De Szentháromság tér, s'engager dans Szentháromság utca.

Au n° 7, la pâtisserie **Ruszwurm Cukrászda** fondée en 1827 ne vous laissera pas indifférent. On y fait la queue en saison touristique pour y acheter un de ses superbes gâteaux ou pour s'asseoir dans la petite salle attenante. Le cadre « début du siècle » est aussi une curiosité. À l'angle d'Úri utca, **statue équestre d'András Hadik** en uniforme de hussard. Ce personnage s'illustra sous le règne de Marie-Thérèse, où il conquit ses galons de général. Il participa à la guerre de Succession d'Autriche et à la guerre de Sept Ans qui opposèrent l'Autriche à la Prusse.

Les niches gothiques

Dans plusieurs rues du quartier du Château, il est intéressant de pénétrer sous un porche voûté afin de voir des « niches à siège » en arcs trilobés, en ogives... (souvent par groupes de trois). À première vue, on dirait des stalles en pierre telles qu'il en existait dans les églises médiévales où elles étaient utilisées par les chanoines. Aussi leur présence dans des maisons bourgeoises semble-t-elle quelque peu curieuse. Dans Úri utca, voir les n°s 31, 32, 34, 42. Plusieurs interprétations sont données. Elles servaient à étaler des marchandises, les serviteurs y attendaient leurs maîtres ou tout simplement elles correspondaient à un effet de mode, de tape-à-l'œil, chacun essayant de faire mieux que son voisin.

★★ **Úri utca** – La rue la plus longue du quartier du Château est à parcourir absolument pour admirer les façades qui ornent la plupart de ses maisons baroques. Toutes ces belles demeures qui se succèdent confèrent à la rue un côté résidentiel certain. Tout respire le calme, le confort.

Budavári Labirintus ⓥ – *Au n° 9.* Sous le quartier du Château, vous serez sans doute surpris, et vos enfants amusés, de parcourir un **labyrinthe** de galeries et de cavernes (utilisées comme abris pendant les différentes guerres mais aussi comme entrepôts militaires). Des passages bas de plafond, parfois

Au fil des rues...

E. Baret

MAGYAR KEPEK Kft

Gabler/MAGYAR KEPEK Kft

R. Mattes

E. Baret

voûtés, où l'eau ruisselle *(prévoir une petite laine)*, des salles, une lumière blafarde, un fond musical étrange, des statues (dont une tête couronnée sortant du sol), une fontaine où coule du vin, en un mot du mystère. La partie préhistorique et la partie historique se terminent inévitablement par le café-bar installé dans une cave voûtée. On peut quitter le quartier du Château par le labyrinthe en prenant la sortie Lovas út.

Telefónia Múzeum Ⓥ (Musée du Téléphone) – *Au n° 49.* À l'époque du téléphone cellulaire, un petit retour en arrière pour ceux qui s'intéressent à ce moyen de communication dont l'invention a bouleversé les modes de vie. Parmi les pièces assez exceptionnelles : des téléphones ayant appartenu à l'empereur François-Joseph, au roi Charles IV et à d'autres souverains. Plus près de notre époque, impressionnante collection de cartes téléphoniques d'Europe, d'Asie, d'Amérique, d'Afrique, des pays arabes et d'Australie. Avis aux collectionneurs !
En continuant dans la rue, on pourra regarder avec plus d'attention les façades aux n°s 52, 54, 56, 58, 60 et 62.

Úri utca débouche sur Kapisztrán tér.

Kapisztrán tér – János Kapisztrán (1386-1456), moine franciscain d'origine italienne qui combattit les Turcs avec János Hunyadi, donna son nom à cette place. Le monument qui lui est consacré (du sculpteur József Damkó), le représente en habit de moine exhortant ses soldats une bannière à la main. À ses pieds gît un soldat turc près d'un Hongrois sonnant de la trompe pour monter à l'assaut. Cette place tranquille est bordée de bâtiments majestueux.

Mária Magdolna Templom – Un clocher gothique est le principal élément des **vestiges de l'église Ste-Madeleine** qui subsistent sur la place. Pendant l'occupation ottomane, cette église fut le seul édifice chrétien autorisé par les Turcs. Catholiques et protestants s'y réunissaient à tour de rôle. Des expositions temporaires sont organisées à l'intérieur de la tour. On peut même monter *(s'abstenir en cas de problèmes de jambes ou de souffle)* jusqu'au sommet et voir au passage l'ensemble de cloches (à l'extérieur) qui carillonnent périodiquement.

★ **Hadtörténeti Múzeum** Ⓥ **(Musée d'Histoire militaire)** – Deux rangées de canons le signalent, une ancienne caserne construite en 1830 lui sert de cadre. Que trouve-t-on dans un musée militaire ? Évidemment des armes, des uniformes, des décorations, etc. Ce musée n'échappe pas à la règle. On pourra cependant s'intéresser – au rez-de-chaussée – au rôle de la Hongrie dans les missions de bons offices, notamment pendant la guerre du Vietnam. Au 1er étage, la révolution hongroise et la guerre d'indépendance trouvent comme il se doit leur place, de même que la Seconde Guerre mondiale et l'insurrection d'octobre 1956.
Faire quelques pas à droite en sortant du musée et aller jusqu'au **bastion d'Esztergom** (Esztergom bástya) sur lequel flotte le drapeau national symbolisant la fin de l'occupation turque. Du bastion, la **vue** s'étend sur une partie de Buda et en arrière-plan sur les collines de Buda et le mont János. Un peu plus loin, le long du bastion d'Anjou, après une autre rangée de canons se trouve une tombe surmontée d'un turban. **Abdurrahman Abdi Pacha**, dernier gouverneur de Buda, est enterré là. Il est mort à l'âge de 70 ans alors qu'il défendait la ville contre les soldats des Habsbourg. Ce monument fut érigé en guise de réconciliation à l'initiative de la famille d'un soldat hongrois, György Szabó, tombé sur le lieu même. L'inscription en hongrois et en turc pourrait se lire « Il fut un ennemi héroïque, qu'il repose en paix ».

Ph. Roy/HOA QUI
Le *turul*, emblème des tribus magyares

★ **Tóth Árpád sétány** – La **promenade des Remparts** s'étend du bastion d'Esztergom jusqu'à Dísz tér et suit les remparts édifiés au Moyen Âge. L'intérêt de cette promenade est la **vue** qu'elle offre sur les quartiers Ouest de Buda depuis les collines du même nom jusqu'au mont Gellért.

★ GELLÉRTHEGY (MONT GELLÉRT)

Entre le pont Élisabeth et le pont de la Liberté, le mont Gellért est une des figures les plus caractéristiques de la rive droite. Cette colline boisée s'élève à 235 m d'altitude.
Pour s'y rendre à pied depuis Pest, traverser le pont Élisabeth, prendre à gauche jusqu'à un escalier, puis gravir les pentes boisées de la colline. Au 19e s., ces pentes étaient couvertes de vignobles qui furent anéantis par le phylloxéra. Selon la légende, le mont Gellért était un lieu fort apprécié des sorcières et des sorciers qui s'y retrouvaient pour les nuits de sabbat. Au pied du mont, plusieurs sources thermales alimentent les établissements de bains Gellért, Rudas et Rác.

Le feu d'artifice du 20 août

Ce jour est férié dans tout le pays. Les Hongrois rendent hommage à leur premier roi, Étienne Ier, saint Étienne.
À Budapest, traditionnellement un feu d'artifice est tiré du mont Gellért, généralement vers 21 h. Un grand jour pour les Budapestois qui, dès 18 h, commencent à envahir en famille les rives du Danube, surtout la rive gauche côté Pest, et les ponts. Il faut voir les bus déversant leurs flots de passagers venus des quartiers les plus éloignés, pas de doute tous attendaient ce jour, les enfants comme les parents. À l'heure précise, les lumières s'éteignent et le mont Gellért s'embrase, tout comme le monument de la Libération. Le spectacle dure environ une demi-heure, du beau spectacle, une belle succession de tableaux multicolores salués par les acclamations et les bravos. Puis c'est la pénombre pour un court instant, tout s'éclaire de nouveau et petit à petit la marée humaine se retire, pour revenir l'année prochaine.

Monument à saint Gellért – Gellért (Gérard en français) fut le premier évêque de Csanád en 1030. Il vécut pendant le règne d'Étienne Ier et fut appelé par le roi lui-même depuis son monastère bénédictin de San Giorgio à Venise pour servir de précepteur à l'héritier du trône, le prince Imre. Son action se solda également par la christianisation de bon nombre de païens. La révolte païenne qui suivit la mort d'Étienne en 1038 entraîna le martyre de Gellért en 1046. Il aurait été précipité du haut du mont, enfermé dans un tonneau. Canonisé en 1083, saint Gellért est un personnage très honoré en Hongrie.
La statue monumentale en bronze (œuvre de Gyula Jankovits, 1904) se tient à l'emplacement du martyre, à mi-pente devant un péristyle d'inspiration antique. Gellért, qui semble bénir la ville, tient dans sa main droite levée une croix. À ses pieds est représenté un païen converti.
De cet endroit, le **point de vue★★** vaut la peine.

Citadella – La **citadelle** couronne le sommet du mont. Elle fut construite en 1851 sur ordre de l'empereur François-Joseph. La révolte hongroise de 1848-1849 ayant quelque peu « ébranlé » les Autrichiens, ceux-ci voyaient en cet ouvrage de défense un bon moyen de contrôler la ville. Un hôtel et un restaurant occupent une partie des bâtiments.
On peut pénétrer à l'intérieur de l'enceinte et parcourir le chemin de ronde. De ce belvédère, la **vue★★★** est magnifique, particulièrement étendue. On peut contempler la ville en contrebas et Pest sur la rive opposée. Au loin à gauche, on distingue très bien un des poumons verts de la ville, l'île Marguerite.

Monument de la Libération – Un monument colossal comme on en rencontre dans beaucoup de pays d'Europe centrale. Sur un socle en calcaire, une femme (hauteur 14 m) dans une attitude très digne porte à bout de bras au-dessus de sa tête une palme qu'elle semble offrir au ciel. Ce monument fut érigé en 1947 en souvenir de la libération de la ville par les soldats de l'Armée rouge.

J.-C. Saturnin/MICHELIN

De la terrasse s'offre une **vue**★★ sur le fleuve, Buda et Pest. À droite, la vue plongeante sur l'hôtel et les bains Gellért permet d'apprécier l'architecture de l'ensemble.

Emprunter le chemin qui longe la citadelle sur la gauche.

Jubileumi park – Le **parc du Jubilé** fut inauguré pour le quarantième anniversaire de la révolution d'Octobre. C'est un lieu de promenade qui ne manque pas d'intérêt, bien aménagé avec des sentiers ombragés, parterres de fleurs et pelouses. Prendre un sentier qui descend vers les bains Gellért.

★★★**Gellértfürdő et Gellért Hotel** – *Voir Les Bains.* Les bains et l'hôtel Gellért forment sans doute le complexe thermal et hôtelier le plus prestigieux de la capitale hongroise. Ce nom fait rêver et résonne de la grande époque des palaces. Déjà l'extérieur avec son architecture dans le style Sécession est une curiosité. L'ensemble thermal, dont l'entrée se trouve Kelenhegyi út, comprend même un centre de massages thaïlandais et un cabinet dentaire (les soins dentaires sont renommés en Hongrie, les tarifs pratiqués attractifs). L'entrée de l'hôtel se fait par Szent Gellért tér. Le hall mérite une petite visite.
Pour avoir une vue intéressante de la façade de l'hôtel, se placer de l'autre côté de la place, au bord du Danube. Un quart de tour à droite et admirer aussi le pont de la Liberté, puis sur la rive opposée les bâtiments majestueux de l'université des sciences économiques.

G. Durand/PHOTONONSTOP

Pont de la Liberté

Sziklakápolna (Chapelle de la Grotte) – *En face l'entrée des bains Gellért.* Une grille s'ouvre sur une grotte divisée en plusieurs chapelles creusées dans la roche même. L'une d'entre elles abrite l'aigle polonais et une réplique de la célèbre Vierge noire du monastère de Jasna Góra (Czêstochowa, Pologne).

★★**Szabadság híd (Pont de la Liberté)** – Avec le pont des Chaînes, c'est un des ponts les plus originaux de la ville. Cet ouvrage de 331 m de portée est un bel exemple d'architecture métallique. Les Budapestois le doivent à trois ingénieurs : János Feketeházy, Aurél Czekélius et Virgil Nagy. Baptisé pont François-Joseph, il fut inauguré en 1896 par l'empereur lui-même. Il prit son nom symbolique actuel en 1946, année de sa reconstruction.
L'oiseau mythique, le *turul*, orne les quatre tourelles qui surmontent les piles du pont. À chaque extrémité, les armes de la Hongrie coiffées de la sainte couronne sont visibles sur les arches.

TABÁN

Ce quartier s'étend du pont Élisabeth, en fait du pied du mont Gellért, jusqu'au pied de la colline du Château.
Le nom *tabán* serait un nom d'origine turque signifiant tannerie. Pendant l'occupation ottomane, ce quartier était occupé par des tanneurs d'origine serbe vivant dans des conditions misérables.

Erzsébet híd (Pont Élisabeth) – Ce pont suspendu moderne porte le nom d'Élisabeth de Wittelsbach, épouse de François-Joseph, impératrice d'Autriche et reine de Hongrie, en un mot Sissi.

À droite après le pont en venant de Pest, on peut traverser un petit parc dans lequel une sculpture de György Zala représente la souveraine, si chère au cœur des Hongrois. Un peu plus loin, à l'angle de Attila út et de Apród utca, deux pans du **mur de Berlin** couverts de graffiti ont été symboliquement transplantés là. Plus haut, sur les pentes herbeuses, un monument de facture naïve commémore l'insurrection d'octobre 1956.

Tabáni plébánia Templom – L'**église paroissiale de Tabán** dédiée à sainte Catherine d'Alexandrie est un édifice baroque construit sur l'emplacement d'une ancienne église médiévale transformée en mosquée par les Turcs.

Semmelweis Orvostörténeti Múzeum ⓥ – Ce **musée d'Histoire de la Médecine** est installé dans la maison natale d'Ignác Fülöp Semmelweis (1818-1865), gynécologue de son état, spécialisé dans les maladies infectieuses. Celui-ci est enterré dans le jardin. L'écrivain français Louis-Ferdinand Céline lui consacra en 1924 sa thèse de doctorat. Dans la salle 3 qui est en partie dédiée au médecin (meubles et objets personnels), on peut voir le mobilier de l'ancienne pharmacie du Saint-Esprit (18e-19e s.).

Ybl Miklós tér – Sur cette place, monument au célèbre architecte Miklós Ybl (1814-1891). Sur la même place se trouve un pavillon qui extérieurement fait de l'effet (encore plus le soir sous la lumière des projecteurs). C'est une ancienne station de pompage transformée en casino-restaurant (Várkert casino et Valentine restaurant).
Au-delà de la place, on arrive à un escalier qui gravit les pentes de la colline du Château. On découvre alors un ensemble néoclassique composé de terrasses, d'arcades et de statues, œuvre de Miklós Ybl.

VÍZIVÁROS (VILLE DES EAUX)

Déjà au Moyen Âge, ce quartier de Buda, la ville basse en quelque sorte, était appelé « ville des eaux » en raison de la présence de nombreuses sources thermales.

★★ **Széchenyi Lánchíd (Pont des Chaînes)** – Le pont des Chaînes, le plus ancien pont de la ville, est également appelé pont Széchenyi, du nom de celui qui fut à l'initiative de sa construction. C'est en effet au comte István Széchenyi que Budapest doit ce qui est considéré comme un des symboles, voire le symbole de la ville. En décembre 1820, un jeune aristocrate capitaine de hussards apprit la mort de son père survenue à Buda. Arrivé à Pest pour prendre le bac, le comte se trouva dans l'impossibilité de traverser le Danube, les glaces ayant interrompu tout trafic sur le fleuve. Immobilisé pendant plusieurs jours, l'idée de la construction d'un pont germa alors dans son esprit. Plusieurs projets furent présentés et deux ingénieurs britanniques, William Thierney Clark et Adam Clark, furent chargés de la réalisation du projet. Les travaux durèrent de 1842 à 1849. L'ouvrage a une portée de 380 m, une largeur de 15,7 m. L'emploi de la pierre et du fer crée un bel ensemble classique, qu'il faut également voir le soir sous l'effet des illuminations. Les câbles de suspension reliés aux deux piles en forme d'arc de triomphe ressemblent alors à des guirlandes de lumière. À chaque extrémité, deux lions en pierre montent fièrement la garde, couchés sur un piédestal.

Des lions sans langue ?

Une petite anecdote. Avez-vous remarqué que les lions du pont des Chaînes n'avaient pas de langue ? Selon la légende, un apprenti cordonnier s'en serait aperçu le jour de l'inauguration et l'aurait fait remarquer à haute voix provoquant ainsi l'hilarité générale du public venu assister à la cérémonie. Souffrant d'un tel déshonneur, le sculpteur János Marschalkó se jeta dans le Danube. Une triste fin.
Mais la réalité est tout autre. Les lions ont bien une langue, mais elle est si petite qu'il faut grimper sur le piédestal et s'approcher de leur gueule pour la voir. Si le cœur vous en dit ! Quant au sculpteur, il est mort de sa belle mort.

Clark Ádám tér – Un rond-point particulièrement fréquenté par des milliers de véhicules qui débouchent ou s'engouffrent dans le tunnel creusé dans la colline du Château et qui mène au quartier de Krisztinaváros. C'est à Adam Clark, ingénieur anglais qui dirigea la construction du pont des Chaînes, que les Budapestois doivent également cet ouvrage d'art. Vous remarquerez à gauche devant un buisson, la sculpture marquant le **kilomètre 0** d'où sont calculées les distances à partir de la capitale.

J.-C. Saturnin/MICHELIN

Pont des Chaînes

Fő utca – La rue principale du quartier s'étire parallèlement au Danube. Elle est bordée d'immeubles disparates.
Au **n° 7** apparaît un immeuble moderne qui fait l'angle avec Pala utca et s'étend jusqu'au Danube. C'est l'Institut français, inauguré en 1992. De l'autre côté de la rue, une maisonnette baroque à tourelle d'angle abrite un restaurant français, le *Jardin de Paris*.
Aux **n°s 30 et 32**, l'ancien couvent des capucins et son église attenante précèdent **Corvin tér**, place bordée de maisons baroques (n°s 2 à 5) et côté Nord d'un théâtre d'ordonnance néoclassique, **Budai Vigadó** (la redoute de Buda, ne pas confondre avec celle de Pest sur Vigadó tér), où se produit l'Ensemble folklorique hongrois (Magyar Állami Népi Együttes). Plus haut sur la droite, on remarque l'**église calviniste** néogothique en brique rouge.

Batthyány tér – Une plaque tournante pour les transports urbains, bien pratique pour les touristes (métro ligne n° 2, bus, tramways, train de banlieue HÉV). Le comte **Lajos Batthyány** (1806-1849), un politicien libéral partisan d'un compromis avec l'Autriche, fut le chef du premier gouvernement hongrois en 1848. Il démissionna de son poste à la suite d'un désaccord avec Lajos Kóssuth, chef du mouvement libéral pendant la révolution de 1848, et fut exécuté par les Autrichiens en 1849 après l'échec de la révolution hongroise.

★ **Szent Anna Templom** (Église Ste-Anne) – Cette élégante église baroque domine la place de ses deux clochers identiques. Au-dessus du portail, on distingue les statues allégoriques de la Foi, de l'Espérance et de la Charité. Au centre même de la façade, statue de sainte Anne avec Marie. L'intérieur, comme dans tous les sanctuaires baroques, est décoré avec profusion. Ainsi le maître-autel encadré de colonnes de marbre, les fresques de la coupole représentant la Trinité, la chaire recouverte de dorures et ornée d'angelots, le buffet d'orgue.
À côté de l'église, en se dirigeant vers le Danube et légèrement en contrebas se trouve le **café Angelika**, un ancien café littéraire où il est agréable de s'asseoir quelque temps pour ses gâteaux et son cadre mis en valeur par de belles tentures et des boiseries. Sur la place se tient également le café Miró décoré d'œuvres de l'artiste catalan. Traverser l'avenue pour avoir une **vue** d'ensemble fort appréciable du Parlement sur la rive opposée.
Au **n° 3** de la place, près des halles du 19e s. (Vásárcsarnok, en réalité un supermarché), se trouvait l'*Auberge de la Croix blanche* où l'on jouait également des pièces de théâtre. Cette maison se distingue par ses reliefs figurant les quatre saisons ainsi que par ses deux balcons en fer forgé de chaque côté du corps central, rococo à droite et baroque à gauche. L'entrée se fait sous un porche en contrebas. L'enseigne d'un bar au nom de *Casanova* rappelle que le célèbre aventurier séducteur serait venu en ces lieux lors de sa tournée dans les pays d'Europe à la fin du 18e s.
Après avoir dépassé Nagy Imre tér, un imposant bâtiment délimité par quatre rues peut susciter quelques interrogations. Que se cachait-il donc derrière les murs austères de cet immeuble en brique ? Réponses (selon les époques de l'histoire) : le tribunal militaire, la police politique, la Gestapo.

★★ Király Gyógyfürdő **(Bains Király)** – *Voir Les Bains*. Un des plus vieux établissements datant de l'occupation turque (16e s.). Les éléments caractéristiques de la période turque se voient nettement en retrait de Fő utca : coupoles vertes dont la plus grande, élevée en 1556 sur l'ordre du pacha Mustapha, est surmontée du croissant.

Szent Flórián kápolna – La **chapelle St-Florian** est un charmant petit édifice baroque édifié de 1759 à 1760 par l'architecte Mátyás Nepauer. Les statues de saint Nicolas et de saint Blaise décorent la façade. Au maître-autel, peintures montrant l'apothéose du saint.

Bem József tér – Cette place fut le théâtre de bien des rassemblements pendant l'insurrection d'octobre 1956. **József Bem** (1794-1850) est en effet un symbole pour les Hongrois. Ardent défenseur de la liberté, ce général, polonais d'origine, prit une part active dans la révolution de 1848. Le grand poète hongrois Sándor Petőfi lui a rendu hommage par quelques vers gravés sur le piédestal de sa statue, qui le représente blessé, exhortant ses hommes.

G. Siméone/PHOTONONSTOP

Funiculaire de la colline du château

PEST

BELVÁROS (LA CITÉ)

Le centre historique de Pest, surnommé la Cité, est délimité dans ses grandes lignes par le pont Marguerite (Margit híd), le « petit boulevard » et le pont de la Libération (Szabadság híd). C'est un quartier très animé dans la journée où se côtoient banques, administrations, commerces, cafés et restaurants.

Lipótváros

Le secteur de Lipótváros – **Léopoldville** – tire son nom de Léopold II, roi de Hongrie de 1790 à 1792.

Kossuth Lajos tér – Sur cette grande place s'était massée une foule immense le 23 octobre 1989 venue célébrer la proclamation de la République hongroise. L'étoile qui ornait la pointe de la flèche du dôme fut ensuite démontée. La place porte le nom de **Lajos Kossuth**, l'un des chefs de file de la guerre d'indépendance de 1848-1849. Sa statue (à droite en regardant le Parlement) le montre entouré d'autres personnages. En face, de l'autre côté de la place, statue équestre de Ferenc Rákóczi II, héros de la guerre de 1703-1711 contre les Habsbourg.

★★★ **Országház** ⓥ **(Parlement)** – Une façade à arcades sur le Danube, une autre sur Kossuth Lajos tér, un monument gigantesque néogothique aux allures de cathédrale, ainsi se présente le Parlement de Budapest. Avec son dôme, ses clochetons, pinacles, flèches, arcades et galeries, il peut faire penser à celui de Londres ou bien même au Dôme de Milan. Il fut construit de 1885 à 1902 selon les plans d'Imre Steindl. En 1896, l'Assemblée y siégea pour marquer l'anniversaire de la fondation du pays.

Quatre-vingt-huit statues représentant des souverains, princes et chefs militaires hongrois s'alignent sur les façades. De chaque côté du corps central, deux ailes symétriques se rejoignent sous le dôme. Elles ont été construites à une époque où l'Assemblée était divisée en deux chambres : la chambre des députés et la chambre haute.

Aujourd'hui, le Parlement est le siège de la présidence de la République (aile Sud), du Gouvernement (aile Nord) et de l'Assemblée nationale.

Sur la place, l'entrée principale ornée de lions en pierre conduit à l'escalier d'honneur.

Intérieur ⓥ – *La visite guidée de l'intérieur ne permet de voir qu'une partie de l'édifice.* Majesté, somptuosité, éclat peuvent s'appliquer à l'**escalier d'honneur** et au hall d'entrée tant la décoration – rehaussée par une profusion de dorures – y est étincelante. Le plafond voûté d'ogives révèle des fresques de Károly Lotz, *L'Apothéose de la*

M. Guillou/MICHELIN

Législation et *La Glorification de la Hongrie*. Au pied de l'escalier, une niche dans le mur de gauche contient le buste en bronze de l'architecte Imre Steindl, réalisé par Alajos Stróbl.

La **salle de la coupole**, immense salle circulaire, contient à elle seule plusieurs années d'histoire représentées par les statues des souverains qui se sont succédé ainsi que par les blasons des anciens comitats. Dans cette salle sont également exposés les **joyaux de la couronne**★★. À l'occasion du millénaire du couronnement d'Étienne Ier, ils ont été transférés du Musée national en ce lieu. La couronne fut restituée à la Hongrie par les Américains en 1978. En effet, elle était jusqu'à cette date précieusement gardée aux États-Unis où elle avait trouvé refuge après la Seconde Guerre mondiale. Cette **couronne** *(illustration p. 136)*, dite de saint Étienne, qui figure sur les armes du pays, est un magnifique exemple d'orfèvrerie, probablement réalisé au 11e s. Sa partie inférieure d'inspiration byzantine est composée de plaques d'émail cloisonné, serties de pierres précieuses et représentant des saints et des archanges. Au centre figure l'empereur byzantin Michel Ducas. La partie supérieure, latine, est constituée de deux plaques d'or émaillées croisées sur lesquelles on peut voir un Christ en majesté ainsi que les portraits de deux apôtres dont les noms sont inscrits en latin. La croix oblique termine cette partie (le fait qu'elle soit oblique a suscité bien des interrogations. Elle aurait été tout simplement abîmée au cours des ans). Le **sceptre** en argent et cristal de roche serait à la fois d'origine égyptienne et hongroise. Le **globe** surmonté de la croix patriarcale et frappé des armes de la maison d'Anjou remonterait au 14e s. (règne de Charles Ier Robert d'Anjou). L'**épée** provient d'un atelier vénitien du 16e s.

Les statues du **salon des députés** sont des allégories des principaux métiers du commerce et de l'industrie. La **salle des séances**, tout en bois, abonde également de dorures. Le président dirige les débats face aux députés qui se tiennent dans l'hémicycle ou plutôt, compte tenu de sa forme, dans le « fer à cheval ». Vous remarquerez dans les couloirs quelques espaces avec des bancs réservés aux députés et des porte-cigares numérotés (chaque numéro correspondant à un parlementaire).

De l'intérieur et de l'extérieur, on remarque sur la place deux sortes de pavillons semi-enterrés. Ce sont les glacières, l'air conditionné de l'époque ! Ils contenaient de la glace et, reliés à l'édifice par des conduits, servaient à apporter un peu d'air frais à l'intérieur.

★★ **Néprajzi Múzeum** Ⓥ **(Musée d'Ethnographie)** – Ce palais néo-Renaissance, ancien tribunal d'instance et ancienne cour de cassation, fut élevé à la fin du 19e s. Au-dessus du fronton soutenu par six colonnes, une sculpture rappelle la fonction première du bâtiment. Elle représente la déesse de la Justice tirant un char attelé à trois chevaux.

Les collections, fort importantes, donnent un bon aperçu sur le monde rural du 18e au début du 20e s., avant le traité de Trianon. La culture, la pêche, l'artisanat, les foires et les marchés, la famille (de la naissance à la mort), les fêtes traditionnelles (carnaval, Pâques, Noël, Nouvel An) sont clairement illustrés par des photos, costumes, objets de la vie quotidienne, outils, meubles, etc.

En sortant du musée, prendre à gauche, traverser Alkotmány utca et longer le ministère de l'Agriculture (Földművelésügyi Minisztérium).

On aboutit à une petite place, **Vértanúk tere**, sur laquelle on voit la **statue d'Imre Nagy** debout sur un pont (symbolisant le passage du totalitarisme à la démocratie), le regard tourné vers le Parlement. Rappelé à la tête du gouvernement hongrois lors de l'insurrection d'octobre 1956, Imre Nagy préconisa des réformes radicales pour libéraliser le régime et sortir du joug soviétique. L'intervention des troupes russes ne se fit pas attendre. Nagy lança un appel pathétique sur les ondes demandant même la protection des puissances occidentales. Condamné à mort, il fut exécuté en 1958 et réhabilité en 1989.

★ **Szabadság tér** – La place de la Liberté, une place qui possède un certain cachet malgré son caractère légèrement ostentatoire. Elle a été aménagée sur l'emplacement d'une ancienne caserne autrichienne. Vaste, aérée, elle est bordée de bâtiments aux façades majestueuses comme celles de l'ancienne Bourse, aujourd'hui **MTV Televízió** (Télévision nationale), et en face, de la Banque nationale hongroise **(Magyar Nemzeti Bank)**. Ces deux édifices, bien que différents, sont l'œuvre du même architecte, Ignác Alpár. Si l'histoire des monnaies vous passionne, allez voir à l'intérieur de la banque, la **collection des pièces et billets** ⓥ (Bankjegy és Érmegyűjtemény). En sortant, à l'angle de Arany János utca et Hercegprímás utca, la petite **pharmacie Zrínyi** est à voir pour son mobilier d'origine en bois et ses vieux pots (1803). Au Nord de la place, au milieu de pelouses disposées en demi-cercle subsiste le seul monument dédié aux Soviétiques. Il s'agit d'un **obélisque** érigé à la mémoire des soldats de l'Armée rouge, libérateurs de la ville en 1945. De l'autre côté de la rue se tient l'ambassade américaine, sans doute par pure coïncidence. Les États-Unis sont à l'honneur en la personne du **général Harry Hill Bandholtz** dont on peut voir la **statue** sur la place. Après la chute de la république des Conseils en 1919, la Hongrie lui doit d'avoir sauvé les trésors du Musée national du pillage des troupes roumaines.

Hold utca – Au n° 4 de cette rue se trouve l'une des œuvres d'Ödön Lechner, qui figure dans presque tous les ouvrages traitant du style Sécession à Budapest : le bâtiment de l'**ancienne Caisse d'épargne de la poste**★★ (Posta Takarékpénztár, *voir illustration style Sécession)*. Certes, l'ensemble réalisé avec un brin de fantaisie est étonnant, certains diront même tarabiscoté. En effet, ornements, couleurs, formes se mêlent à la brique, aux mosaïques et aux céramiques pour former une composition des plus originales.

Presque en face, au n° 13, un **marché couvert** (Vásárcsarnok) mérite un coup d'œil à la fois pour son architecture métallique et ses étals.

Plus au Nord, on arrive à un carrefour en triangle. Au centre, dans une lampe de bronze posée sur un socle, brûle la **flamme éternelle** en hommage à Lajos Batthyány, chef du premier gouvernement hongrois, fusillé à cet endroit par les Autrichiens le 6 octobre 1849.

MAGYAR KEPEK Kft

Couronne de saint Étienne

★**Szent István Bazilika (Basilique St-Étienxne)** – Commencé en 1851, l'édifice fut achevé en 1906. József Hild, l'architecte d'Esztergom et d'Eger, commença les travaux, qui furent repris après sa mort en 1867 par Miklós Ybl. C'est ce dernier qui lui donna son aspect colossal, voire écrasant, d'inspiration néo-Renaissance. La façade encore austère s'ouvre par un porche surmonté d'un fronton sculpté montrant la Vierge entourée de saints hongrois. Un grand nombre de statues réalisées par Leó Fessler sont visibles à l'extérieur : les quatre Évangélistes (tambour du dôme), les Pères de l'Église (tours), les douze apôtres (chevet que l'on découvre en contournant l'édifice par la droite).
L'intérieur, dont le plan suit la forme d'une croix grecque, surprend par sa grandeur et son ornementation, surtout avec sa coupole ornée de mosaïques (96 m de hauteur) et les chapelles qui se succèdent dans les bas-côtés. Au maître-autel, statue de saint Étienne en marbre de Carrare et bas-reliefs montrant des scènes de la vie du saint. La **chapelle de la sainte Dextre** (à gauche du chœur) expose l'une des pièces maîtresses de l'église. Cette relique, supposée être la main droite de saint Étienne, est promenée en procession le 20 août pour la fête du premier roi hongrois, Étienne Ier, canonisé en 1083.

Tour Nord Ⓥ – Du haut de cette tour se découvre un beau **panorama**★★ sur l'ensemble de la ville.

Prendre Zrínyi utca.

Roosevelt tér – Au début du 19e s., la place qui porte actuellement le nom de Franklin Delano Roosevelt, président des États-Unis de 1933 à 1945 (plaque commémorative à l'angle de József Attila utca contre le mur du ministère de l'Intérieur – Belügyminisztérium), servait de place de marché. À chaque extrémité de la place, deux statues se font pendant. À droite en regardant le pont des Chaînes, statue d'István Széchenyi, à gauche, statue de Ferenc Deák. Roosevelt tér est une place très passante, point obligé des véhicules qui empruntent le pont pour se rendre à Buda ou en revenir.

Gresham palota – Un autre exemple du style Art nouveau à Budapest, le **palais Gresham** (1907), qui a de toute évidence mal vieilli, mais n'en reste pas moins un des immeubles les plus importants de la ville. Le nom est celui d'une compagnie d'assurances londonienne qui elle-même prit le nom du fondateur de la première Bourse de Londres (Royal Exchange). Thomas Gresham vécut de 1519 à 1579 et fut conseiller financier de la Couronne, quand il entreprit la construction de la Bourse. Son buste se voit dans une niche au sommet de l'édifice. La façade donnant sur Roosevelt tér est décorée de reliefs en pierre sculptée. Entre les deux guerres existait le café Gresham, lieu de rendez-vous de nombreux artistes. Aujourd'hui le palais abrite des bureaux et un casino.

Magyar Tudományos Akadémia – De l'autre côté de la place, face à l'hôtel Inter-Continental, l'**Académie hongroise des sciences** (19e s.) est un édifice néo-Renaissance dû à un architecte berlinois, Friedrich August Stüler. Le comte István Széchenyi a offert, pendant la première Diète de 1825-1827, une année de ses revenus pour l'édification de cette académie. Au dernier étage, les six statues représentent les six premiers départements de l'Académie : droit, sciences, mathématiques, philosophie, linguistique et histoire. Côté Danube figurent d'autres statues allégoriques : l'archéologie, la poésie, l'astronomie, les sciences politiques. Aux angles du bâtiment, statues de Newton (mathématicien, physicien et astronome anglais), Lomonossov (physicien russe), Galilée (mathématicien, physicien et astronome italien), Révay (linguiste hongrois), Descartes (mathématicien, physicien et philosophe français) et Leibniz (mathématicien et philosophe allemand).

Kiskörút (Petit Boulevard)

Le Petit Boulevard, comme on le nomme localement, dessine une courbe suivant Deák tér, Károly körút, Kálvin tér et Vámház körút. Entre cette limite et le Danube s'anime le centre historique. La grande avenue Bajcsy-Zsilinszky út qui relie Deák tér à Nyugati tér peut être considérée comme le prolongement du Petit Boulevard.

Deák Ferenc tér – Un point stratégique pour tous ceux qui visitent la capitale, puisque toutes les lignes de métro s'y arrêtent, de même que plusieurs lignes de bus et de tramway. La place porte le nom de **Ferenc Deák** (1803-1876), avocat, homme politique modéré, ministre de la Justice en 1848, qui participa au célèbre compromis de 1867 faisant de l'Autriche et de la Hongrie deux États associés. Sur la place se dresse le **temple luthérien** reconnaissable à sa façade néoclassique. Attenante à la place se trouve **Erzsébet tér** avec son petit parc et sa gare routière.

Földalatti Vasúti Múzeum Ⓥ (Musée du Métro) – Dans la station de métro Deák tér, ce petit musée mérite une visite. Une station d'autrefois avec son poinçonneur accueille le visiteur qui, le long d'un quai, peut suivre la construction de la ligne n° 1, la première ligne d'Europe, inaugurée le 2 mai 1896. Des panneaux explicatifs (en anglais et hongrois) et des photographies anciennes retracent cette période. Cette ligne est d'ailleurs assez étonnante. Avec ses trois « petites » voitures jaunes, elle semble sortie d'une ville en modèle réduit. Vous pourrez également voir trois voitures d'époques différentes (1896, 1973), dont une voiture de fabrication hongroise.

Emprunter Sütő utca (Tourinform – Office de tourisme – au n° 2) qui mène à une placette animée, agrémentée d'une fontaine des Néréides (Szomory Dezső tér), puis continuer sur Bárczy István utca jusqu'à Szervita tér. Faire quelques pas dans Városház utca qui s'embranche à gauche pour admirer aux n°s 9-11 la façade de l'**hôtel de ville** (Polgármesteri Hivatal). Autrefois hôtel des Invalides, puis caserne sous Joseph II en 1784, le plus grand bâtiment baroque de la ville fut construit par Martinelli au début du 18e s. Au-dessus du porche, statues d'Atlas et des allégories de la guerre et de la paix.

Szervita tér – Du centre de cette place, on voit très bien la **mosaïque** de style Art nouveau ou Sécession, qui décore la partie supérieure d'un immeuble occupé au rez-de-chaussée par un magasin de vêtements (n° 3). Le thème de cette mosaïque (œuvre de Miksa Róth) est la glorification de la Hongrie. On y voit la Vierge, la sainte patronne, entourée d'anges portant les armes du pays et de héros magyars.

Szervita templom (Église des Servites) – L'ordre des Servites fut autorisé à s'installer en Hongrie en 1686 sous le règne de Léopold Ier. L'église de style baroque est consacrée à sainte Anne. Sur la balustrade de la façade, statues de saint Augustin et saint Philippe ; au-dessus du portail, bas-relief montrant les saints patrons de l'ordre. L'intérieur est à une seule nef. Au maître-autel, statue de sainte Anne.

Vigadó tér – Une place au bord du Danube, qui en saison déborde d'animation et dont les terrasses des restaurants sont pleines à craquer. Groupes musicaux, cabanes de marchands installés pour vendre souvenirs, produits artisanaux, vêtements attirent les visiteurs qui déambulent jusqu'à la promenade connue localement sous le nom de **korzó** ou **Duna korzó**. Une promenade agréable qui longe le fleuve de Roosevelt tér à Petőfi tér (statue du poète Sándor Petőfi devant l'hôtel Marriott) et qui offre une **vue d'ensemble** sur la colline du Château et le mont Gellért.

★ **Pesti Vigadó** – La **redoute de Pest** est considérée comme un remarquable exemple du romantisme hongrois. Ce palais fut construit de 1859 à 1864 suivant les plans de Frigyes Feszl, et conçu pour y accueillir de brillantes cérémonies, des concerts, des bals, des spectacles. Sa vocation première est toujours d'actualité et la redoute fait partie des salles renommées de la ville. Côté place, la façade rythmée par des colonnes coiffées d'une couronne est abondamment décorée de sculptures et présente un ensemble assez hétéroclite.

M. Guillot/MICHELIN

Vigadó tér

★ **Vörösmarty tér** – C'est la place où passent au moins une fois tous les touristes. Vous n'y couperez pas. Déjà sa situation en plein cœur du quartier piétonnier en fait un lieu incontournable. Au centre, **monument à Mihály Vörösmarty** en marbre de Carrare. Ce poète romantique de la première moitié du 19e s. fut un fervent patriote. Sur le socle de la statue, plusieurs personnages déclament des vers de son célèbre poème *Szózat (Exhortation*, 1840*)* devenu un chant national, le second hymne national en quelque sorte, que l'on entonne à la fin de réunions solennelles et qui débute ainsi :

« Reste fidèle à ta patrie,
Hongrois, c'est ton berceau.
De sa chair elle t'a nourri
Et ce sera ton tombeau. »

M. Guillot/MICHELIN

Pâtisserie Gerbeaud

Tout autour du monument, les jours et les soirs d'été, se regroupent musiciens, peintres, portraitistes, caricaturistes, tandis que les terrasses des cafés s'avèrent trop petites. C'est sur cette place que se trouve la fameuse **pâtisserie Gerbeaud★**, rendez-vous des mondains au début du 20e s. Émile Gerbeaud, confiseur suisse, créa cet établissement en 1884. Voir l'intérieur pour son charme et son confort début du siècle et pourquoi pas pour se faire plaisir en se laissant tenter par un de ses merveilleux gâteaux. À l'angle de Deák Ferenc utca, le grand magasin de vêtements et d'articles de mode **Luxus** date de 1911. Un coup d'œil à l'intérieur ?

★ **Váci utca** – Un autre endroit incontournable, surtout entre Vörösmarty tér et Szabadsajtó út. La rue commerçante par excellence, mais aussi la rue pour touristes, bordée de bureaux de change et de commerces en tout genre aux vitrines alléchantes. Là aussi, on s'y bouscule pour faire du lèche-vitrine ou bien pour jeter un coup d'œil dans les magasins de vêtements, d'articles de table, de broderies, de disques, les librairies, les bijouteries, les maroquineries, etc. Une rue où musiciens amateurs, mimes et autres amuseurs sont là en saison pour divertir les passants en espérant quelques forints de récompense, où les marchands de cartes postales, de guides et livres illustrés sur la ville ont dressé leurs étals.
Váci utca, c'est aussi une rue où il est intéressant de lever les yeux pour admirer quelques façades : n° 5, n° 11a (Art nouveau), n° 13 (plus vieille bâtisse de la rue en style néoclassique), n° 15 (façade en bois sculpté), n° 18 (céramiques).
Sur une placette à l'angle de Régiposta utca, **fontaine d'Hermès** (Hermész-díszkút), messager des dieux et entre autres, protecteur du commerce.
Dans tout le secteur qui avoisine Váci utca, d'autres rues commerçantes valent une petite promenade : **Petőfi Sándor utca**, **Párizsi utca**, **Haris köz**, **Kígyó utca**.

★ **Párizsi udvar** – Le **passage de Paris** fait partie des curiosités de Pest, non pas pour ses commerces, mais pour son architecture. Byzantin, mauresque, ou les deux à la fois, ou bien vénitien, ou bien encore Art nouveau, un bien curieux mélange de toute façon. Le nom, qui remonte au 19e s., fait allusion aux passages couverts en vogue à Paris à la même époque. Voir la coupole en verre.

Március 15 tér – Cette place s'étend près du pont Élisabeth. Son nom rappelle le premier jour de la révolution de 1848. En contrebas, on peut voir des vestiges de l'époque romaine appelés **Contra Aquincum**. Ce sont les restes d'un camp retranché construit à la fin du 3e s. sous le règne de l'empereur Dioclétien. Sur la place même, sculpture moderne représentant des légionnaires romains.

★ **Belvárosi plébánia Templom** – L'**église paroissiale de la Cité**, la plus ancienne de la capitale hongroise, fut bâtie sur l'emplacement d'une forteresse romaine. Elle fait partie des images de la ville avec ses deux clochers symétriques qui s'élèvent de chaque côté d'un porche surmonté d'un fronton. Cet édifice réunit plusieurs styles illustrant plusieurs périodes de construction. Déjà à l'extérieur les contreforts gothiques contrastent avec la façade baroque.
Sitôt la porte franchie, la vue se porte sur le chœur gothique voûté d'arêtes, précédé d'un arc triomphal. La nef baroque se couvre d'une voûte en berceau. Sur les murs qui séparent le chœur de la nef, on remarque des tabernacles en marbre rouge. Pendant l'occupation turque, l'église fut comme bien d'autres transformée en mosquée. En témoigne le mihrab que l'on peut voir dans la quatrième niche dans l'abside à droite du chœur. La chaire est un bel ouvrage en bois sculpté de style baroque.

Ferenciek tere – De cette place toujours très passante dans la journée, un passage souterrain (station de métro ligne M 3) permet de rejoindre le quartier piétonnier de Váci utca. De la bouche du souterrain, on peut voir en enfilade le pont Élisabeth avec le mont Gellért en arrière-plan. Au premier plan, les **palais Clotilde** (Klotild paloták), deux immeubles parfaitement identiques, occupent chaque côté de Szabadsajtó utca. Ils portent le nom de l'épouse du prince palatin Joseph et illustrent le style du début du 20e s. Tous deux sont coiffés d'un lanternon. Voir aussi de l'autre côté de l'avenue l'immeuble situé à l'angle de Petőfi Sándor utca. Sa partie supérieure est un bel exemple du style Sécession.
Au milieu de la place, la **fontaine des Néréides** fut réalisée en 1835.

★ **Ferences templom** – L'**église des Franciscains** s'ouvre par un porche encadré de colonnes et surmonté des armes de l'ordre. Sur la façade trois niches contiennent les statues de saint Pierre d'Alcantara, de saint Antoine de Padoue et de saint François d'Assise. L'intérieur, de décoration baroque, est dépourvu de bas-côtés. À une époque, Franz Liszt s'était retiré dans le monastère franciscain avoisinant (aujourd'hui disparu). La place où il assistait à la messe est indiquée sur un banc. Les fresques du plafond ont pour thème la vie de la Vierge. Belle chaire en bois sculpté ornée des douze apôtres.
Un peu plus loin sur la gauche, après le restaurant *Kárpátia*, se trouve la **bibliothèque universitaire** (Egyetemi Könyvtár), fondée en 1635 et construite en ce lieu au 19e s. Se placer de l'autre côté de la rue pour mieux apprécier la façade néoclassique.

Ady Endre Emlékmúzeum ⓥ **(Appartement-musée d'Endre Ady)** – *Veres Pálné utca 4, 1er étage*. Les meubles qui garnissent le bureau (bibliothèque, bureau avec objets personnels), la salle à manger et la chambre à coucher rappellent les deux dernières années que le poète passa avec son épouse avant sa mort.

Un grand nom de la littérature hongroise

Endre Ady naît à Érmindszent en Transylvanie le 22 novembre 1877. Après des études de droit à Debrecen et à Nagyvárad (aujourd'hui Oradea en Roumanie), il travaille pour plusieurs journaux et se fait vite remarquer par la franchise de ses écrits. Lors d'un séjour à Paris (1904-1905), il découvre le symbolisme, mouvement littéraire créé en réaction à la poésie parnassienne. Avec sa revue littéraire *Nyugat (Occident)*, il s'impose comme un des leaders du renouveau de la littérature hongroise. Ses *Poèmes nouveaux* publiés en 1906 ne font que confirmer ce changement de registre aussi bien dans la forme que dans l'esprit. Dans ses poèmes politiques, l'image qu'il présente de son pays déconcerte, la Hongrie n'est plus la terre illustre des Magyars mais un pays plus modeste, isolé. Sur le thème de la religion, Ady se montre aussi iconoclaste, voire blasphémateur.
Tourmenté, malade, rongé par l'alcool et la drogue, il s'éteint à Budapest en 1919. Le pays lui réserve des funérailles nationales.
Ses œuvres majeures : *Poèmes nouveaux* (1906), *Sang et Or* (1907), *Sur le char d'Élie* (1908), *J'aimerais que l'on m'aime* (1910), *En tête des morts* (1918).

Petőfi Irodalmi Múzeum ⓥ **(Musée littéraire Petőfi)** – *Károlyi Mihály utca 16.*
Ce musée, qui porte le nom de l'illustre poète Sándor Petőfi (statue dans l'escalier), est installé dans l'ancien palais des comtes Károlyi. La rue porte le nom de Mihály Károlyi, politicien et premier président de la République hongroise (1919). Le bâtiment bien rénové dans le style classique est dû à András Mayerhoffer. Le musée s'adresse plus à des férus de littérature qu'à des touristes de passage, présentant la vie et l'œuvre d'auteurs hongrois moins connus que Sándor Petőfi à qui une salle est entièrement consacrée.

★ **Egyetemi templom (Église de l'Université)** – Sans doute l'église baroque la plus appréciée de la ville. À l'origine, elle faisait partie d'un couvent de moines de l'ordre de Saint-Paul, seul ordre religieux fondé en Hongrie au 13e s. et aboli en 1782 sous le règne de Joseph II. L'extérieur est très imposant. La façade surmontée d'un fronton orné de l'emblème de l'ordre est encadrée de deux clochers à bulbe coiffés d'une croix. Les statues de saint Paul l'Ermite et de saint Antoine sont visibles sur le sommet du fronton. Une belle porte en bois sculpté dévoile un intérieur dont la décoration somptueuse révèle des fresques (voir celles de la voûte représentant des scènes de la vie de la Vierge), des faux marbres, des ornements d'or et des bois sculptés. Dans Le chœur au-dessus de l'autel se trouve une copie de la Vierge noire du monastère de Jasna Góra (Czêstochova, Pologne). La **chaire★★**, comme d'autres ornements de l'église en bois sculpté (confessionnaux, balustrade de la tribune d'orgue, bancs), fut réalisée par les moines.

« Debout, Magyar, la patrie t'appelle. »

Ces mots très chers au cœur des Hongrois ont lancé le signal de la révolution hongroise. Ils ont été prononcés par **Sándor Petőfi** le 15 mars 1848 et sont extraits de son poème *Le Chant national* qu'il a écrit pour exhorter l'esprit national et lutter contre les Habsbourg. Considéré comme un des héros de la révolution de 1848-1849 et comme le plus grand poète hongrois, Petőfi est né à Kiskőrös en 1823 d'une famille modeste. Très vite, il quitte l'école pour s'engager dans une troupe théâtrale, puis pour travailler dans un journal et s'engager ensuite comme volontaire – *honvéd* – dans l'armée nationale afin de prendre une part active dans la guerre de libération. Il est l'aide de camp du général Bem quand il tombe sous les balles ennemies le 31 juillet 1849 lors de la bataille de Segesvár (aujourd'hui Sighișoara, Roumanie).
C'est en 1842 qu'il publie son premier poème dans une revue littéraire, suivi deux ans après par son premier recueil *Poèmes (Versek)* dans lequel il dévoile ses expériences personnelles, ses sentiments, son regard sur la vie, la nature, le monde. La même année sort *Jean le Preux (János Vitéz)*, un chef-d'œuvre du genre populiste. D'un tout autre genre, des recueils comme *Les Rameaux de cyprès du tombeau d'Etelke (Ciprusiombok Etelke sírjáról)* et *Nuages (Felhők)* traduisent une période de profond pessimisme. Ses poèmes politiques manifestent son esprit révolutionnaire, son amour féroce de la liberté, qui feront de lui le symbole de l'indépendance nationale. En 1955, un groupe de jeunes intellectuels, communistes contestataires, fonda le **cercle Petőfi** pour lutter contre la politique de purge exercée par le pouvoir à la solde de Moscou.
Sándor Petőfi reste à jamais le symbole de l'indépendance nationale.

À proximité de l'église, **l'université Loránd Eötvös** (droit et sciences économiques) occupe un bâtiment néobaroque.

Continuer sur Kecskeméti utca et à Kálvin tér (temple calviniste avec un portique à quatre colonnes) prendre à droite Vámház körút jusqu'à la station de tramways qui précède le pont de la Liberté.

★★ **Vásárcsarnok (Marché central)** – Dans toutes les villes, les halles centrales font évidemment partie des endroits où les touristes aiment déambuler et sentir la vie locale. Déjà extérieurement, la façade en brique avec ses tours néogothiques, ses toits couverts de majolique de Zsolnay, son arcade et son horloge sur la partie centrale a quelque chose d'attirant. Une allure de gare ? On peut en convenir.

Et. Revault/PIX

Cet ouvrage construit à la fin du 19e s. faisait partie d'un projet de cinq marchés couverts dont les plans avaient été confiés à l'architecte Samu Petz. Ce type de marché avait été décidé par les autorités municipales pour remplacer les marchés de plein air considérés comme nuisibles à la santé en raison des mauvaises odeurs qu'ils dégageaient à la ronde.

L'intérieur, vaste nef à la voûte métallique, abrite au rez-de-chaussée des étals multicolores de fruits et légumes avec des guirlandes composées de chapelets d'ail et du fameux paprika, et côté charcuterie des non moins fameux salamis qui pendent avantageusement. Quant au foie gras, il est bien là lui aussi, de même que les alcools locaux comme la célèbre eau-de-vie d'abricot *(barackpálinka)* ou la liqueur *Unicum*.

À l'étage, une galerie fait le tour de l'édifice. Là se succèdent bars et restauration rapide, objets artisanaux, vins hongrois et pour finir, plusieurs stands avec un grand choix de linge de table brodé, qui risquent de faire craquer bien des visiteurs.

Près du marché central, sur Fővám tér, un imposant bâtiment néo-Renaissance fait l'angle avec Közraktár utca. Il s'agit de l'ancienne douane, aujourd'hui l'**université des sciences économiques**. Ce bâtiment classé fut construit de 1870 à 1874 par Miklós Ybl. La façade qui donne sur le Danube se pare d'un ensemble de dix statues allégoriques dues au sculpteur viennois Auguste Sommer. À voir également le soir, sous l'effet des éclairages avec le marché central.

★★ **Magyar Nemzeti Múzeum** Ⓥ **(Musée national hongrois)** – Fondé en 1802 par le comte Ferenc Széchenyi, le musée occupe un palais néoclassique précédé d'un grand portique à colonnes corinthiennes. Le tympan sculpté représente des allégories de la Pannonie entourée des Sciences et des Arts. Devant la façade, la statue est celle d'un grand poète hongrois du 19e s., **János Arany**. D'autres statues de savants, poètes et hommes politiques garnissent le jardin qui entoure le musée.
Au rez-de-chaussée, le **manteau** du couronnement en soie pourpre de Byzance provient d'un don du roi Étienne Ier et de son épouse à l'église de la Vierge de Székesfehérvár. Il était associé aux joyaux de la couronne exposés dans le Parlement.
Au premier étage, les salles présentent de façon chronologique les grands moments de l'histoire du pays, depuis l'arrivée des tribus magyares jusqu'à l'après communisme. Chaque période est très bien illustrée par des cartes, plans, tableaux, objets d'art ou de la vie quotidienne, armes, mobilier, vêtements, vidéos, etc.
Dans la salle 5 consacrée à l'époque de Mathias/Mátyás Hunyadi, c'est-à-dire Mathias Corvin, on verra de très belles stalles gothiques provenant de l'église de Bártfa. Dans la salle suivante (l'occupation ottomane deuxième partie du 16e-début 17e s.), d'autres stalles provenant de l'église franciscaine de Nyírbátor sont une merveille des ébénistes hongrois de l'époque. Remarquer la minutie des détails et à quel point les artistes ont réalisé une véritable dentelle de bois. Voir aussi dans la salle 8 consacrée à l'expulsion des Turcs un beau plafond à caissons en céramique. L'époque contemporaine (salles 19 et 20) montre très bien le rôle joué et subi par la Hongrie sous l'emprise de dictateurs comme Miklós Horthy qui s'allia à l'Allemagne de Hitler et laissa agir les sinistres nazis hongrois, les Croix-Fléchées ; Mátyás Rákosi qui orchestra la « terreur rouge » dans les années 1950 ; puis l'insurrection de 1956, la fin du communisme et la proclamation de la République hongroise le 23 octobre 1990.

L'ANCIEN QUARTIER JUIF

Délimité dans ses grandes lignes par Károly körút, Erzsébet körút, Dohány utca et Király utca, l'ancien quartier juif se prête volontiers à une promenade à pied afin de découvrir au fil des rues une atmosphère particulière et d'imaginer celle qui y régnait autrefois.

La communauté juive – Les Juifs venus principalement d'Europe centrale aux 17e et 18e s. s'installèrent d'abord à Buda dans le quartier du château. Les premières années s'avèrent difficiles pour cette communauté considérée comme étrangère, jusqu'à ce que l'impératrice Marie-Thérèse signât un édit de tolérance leur accordant les mêmes droits qu'aux Chrétiens.
C'est surtout dans la seconde moitié du 19e s. que les Juifs s'installent à Pest, une loi les autorisant à devenir propriétaires de terrains. Ateliers, boutiques, restaurants, clubs vont vite voir le jour et se développer pour faire de ce quartier un centre bouillonnant de vie. À la fin du siècle, la communauté juive est l'une des communautés les mieux intégrées d'Europe, apportant sa contribution culturelle et économique au pays. En 1900, elle s'élève à environ 170 000 personnes. Après la Première Guerre mondiale, la « terreur blanche » frappe une partie de la population israélite.

Theodor Herzl (1860-1904)

C'est dans la maison qui abrite aujourd'hui le Musée juif que le fondateur du sionisme vit le jour. Dans l'escalier, une plaque commémore cet événement. Theodor Herzl reçoit une éducation primaire et secondaire à l'école israélite, et à l'âge de dix-huit ans, victime d'attitudes antisémites, il quitte Budapest pour Vienne en compagnie de sa famille. Il entreprend alors des études juridiques, devient avocat, avant de s'orienter vers le journalisme et la littérature. En 1891, il s'installe à Paris comme correspondant de la *Neue Freie Presse*, journal autrichien de tendance libérale. Déjà marqué par l'antisémitisme, il est profondément choqué par l'affaire Dreyfus qui éclate en 1894. Cette même année, il écrit *Le Nouveau Ghetto*, une pièce dans laquelle il montre clairement ses idées en faveur de l'émancipation des Juifs et la reconnaissance de leurs droits. En 1896, dans son livre intitulé *L'État juif*, il expose sa conception du sionisme visant à rassembler les Juifs dans un état indépendant en Palestine. En 1897, il organise le premier congrès sioniste mondial à Bâle en Suisse et crée même la Banque nationale juive et le Fonds national juif pour l'achat de terres en Palestine. Il meurt à Edlach en Autriche en 1904 sans avoir pu réaliser son rêve. Le 14 mai 1948 naît l'État d'Israël. L'année suivante, la dépouille mortelle de Theodor Herzl est transférée à Jérusalem.

En 1920, le Parlement limite à 5 % l'accès des étudiants juifs dans l'enseignement supérieur. En 1938, alliée à l'Allemagne de Hitler, la Hongrie promulgue la première loi antijuive, suivie un an après d'une deuxième loi. On peut parler alors de ghetto dans lequel les Juifs sont confinés et leurs biens confisqués. En 1944, l'assassinat et la déportation massive de milliers de Juifs est organisée avec l'aide des nazis hongrois, les redoutables Croix-Fléchées.
C'est pendant cette période tragique que **Raoul Wallenberg**, le premier secrétaire de l'ambassade de Suède, risqua sa vie pour fournir des sauf-conduits à quantité de gens, les sauvant ainsi de la mort. Un monument situé à Buda sur Szilágyi Erzsébet fasor rappelle le courage et le dévouement de cet homme qui fut emmené – après la libération de la capitale – par l'Armée rouge en URSS où il disparut dans des circonstances restées mystérieuses. En l'an 2000, le voile se lève, les Russes reconnaissent officiellement son exécution par décision du pouvoir soviétique.

G. Durand/PHOTONONSTOP

Détail de la grande synagogue

Zsidó Múzeum ⓥ **(Musée juif)** – L'histoire de la communauté juive en Hongrie, les traditions juives, l'holocauste sont des thèmes très bien illustrés dans ce musée au moyen de panneaux explicatifs (en anglais, hongrois et hébreu), d'objets de culte et de cérémonie, de manuscrits, de textiles et de tableaux.

★★ **Dohány utcai zsinagóga (Grande synagogue de la rue Dohány)** – La plus grande synagogue d'Europe fut construite entre 1854 et 1859 d'après les plans de l'architecte viennois Ludwig Förster. D'inspiration byzantino-mauresque, c'est un très bel édifice en briques colorées, décoré de céramiques et pourvu de deux tours à bulbe semblables à des minarets. L'intérieur, entouré de deux étages de galeries en bois et éclairé par deux grands chandeliers d'un poids de 1,5 t chacun, est majestueux. Il faut remarquer la richesse de la décoration, notamment la voûte et l'arche d'alliance vers laquelle le regard se porte dès l'entrée et où est précieusement conservée la pièce sacrée, la Torah, rouleau de parchemin portant la loi de Moïse. En faisant quelques pas sur Wesselényi utca, on arrive au **monument du saule pleureur**. Cette sculpture en argent d'Imre Varga fut érigée en 1987 à la mémoire des Juifs hongrois morts pendant la Seconde Guerre mondiale. Dans Dob utca se trouve un curieux monument, le **monument à Carl Lutz**. Il représente un homme allongé sur le dos tentant de se relever pour demander de l'aide à un ange qui semble sortir du recoin voisin. Carl Lutz fut un émissaire suisse qui, comme Raoul Wallenberg, aida de nombreux Juifs au péril de sa vie.

NAGYKÖRÚT (GRAND BOULEVARD)

Le Grand Boulevard, comme on l'appelle communément, est une sorte de boulevard circulaire qui s'étend sur 4,5 km entre les ponts Petőfi et Marguerite. Il se compose en fait de cinq boulevards : Ferenc krt., József krt., Erzsébet krt., Teréz krt. et Szt. István krt. Si les deux premiers n'offrent qu'un intérêt limité, les suivants valent la peine d'y consacrer quelques heures. En effet, ils débordent d'activité dans la journée. Un flot continu de passants envahit les trottoirs, un flot continu de véhicules, bus et tramways envahit les chaussées. Tout au long de cette grande artère se succèdent des milliers de boutiques, des cafés, des restaurants, des cinémas.
Déjà si vous voulez vous rendre compte de l'animation qui règne sur Nagykörút et cela sans fatigue, prenez le tramway lignes 4 ou 6 à Petőfi híd ou Margit híd et laissez-vous transporter.

★★ **Iparművészeti Múzeum** Ⓥ **(Musée des Arts appliqués)** – *Üllői út 33-37. Métro ligne M 3, station Ferenc krt.*

Inauguré en 1896 à l'occasion des fêtes du millénaire, le bâtiment à lui seul fait partie des incontournables de la ville. L'architecte Ödön Lechner (statue en façade), surnommé le « Gaudí hongrois », a voulu par cette œuvre illustrer le style Sécession, branche hongroise de l'Art nouveau, dans lequel l'inspiration orientale est évidente. Il faut prendre quelque recul et lever les yeux pour apprécier cette forme d'art qui se traduit principalement sur les toits et les façades par une profusion d'ornements colorés en céramique aux motifs floraux et animaux. Voir également le plafond du hall d'entrée, véritable constellation florale. L'intérieur, plus sobre, est tout aussi étonnant. Sous une grande verrière à châssis métallique, une grande salle s'entoure d'arcades polylobées et de balustrades d'une blancheur éblouissante. L'exposition permanente présente des centaines d'objets sur le thème des arts et métiers européens. À l'intérieur de ce thème, on distingue cinq grandes parties : porcelaine, céramique, verrerie ; art du livre, cuir, reliure, papier ; textiles ; bois, menuiserie, ébénisterie ; métal et ferronnerie. L'exposition temporaire, qui peut durer plusieurs années, est consacrée au style 1900 dans plusieurs pays d'Europe et aux États-Unis : mobilier (très beaux meubles anglais dont un buffet en chêne massif sculpté de la firme The Bath Cabinet Makers Co.), céramique et porcelaine (ours polaire du Danemark), textiles et tapisseries (de Hongrie, tapisserie représentant un couple de paysans), cuir.

Blaha Lujza tér – Cet important carrefour se trouve à la jonction du Grand Boulevard et de **Rákóczi út**, autre grande artère commerçante qui prolonge Kossuth Lajos utca et conduit à la gare de l'Est (Keleti pályaudvar). Pour information, Lujza Blaha (1850-1926) fut une actrice très en vogue à l'époque du Théâtre national qui jadis se tenait sur cette place.

★★ **Café New York** – Le palais New York fut construit entre 1891 et 1895 pour une compagnie d'assurances américaine. Le café fut au début du 20e s. un des lieux de rendez-vous les plus prisés de bon nombre de journalistes, écrivains et poètes, comme ceux de la revue littéraire *Nyugat (Occident)*.

L'immeuble bien sombre soutenu par des échafaudages, qui abritait le célèbre café New York, est en restauration. Quand le célèbre café rouvrira-t-il ses portes ? On l'ignore. On pourra alors de nouveau admirer son décor magique, ses colonnes torsadées, ses lustres, ses « porte-lampes », ses tentures, ses miroirs tout en dégustant une pâtisserie ou en écoutant les violons.

Bélyegmúzeum Ⓥ **(Musée philatélique)** – *Hársfa utca 47.* Un petit musée mais une collection extraordinaire de timbres-poste présentée par continent.

★ **Nyugati pályaudvar (Gare de l'Ouest)** – Gustave Eiffel serait-il passé par là ? Effectivement. La gare, savant mariage de verre et de fer qui s'intègre parfaitement dans des bâtiments en brique, et qui porte son empreinte, fut bien construite entre 1874 et 1877 par l'entreprise qui édifia la célèbre tour Eiffel à Paris. Risquez un coup d'œil à l'intérieur de l'ancien buffet, aujourd'hui McDonald's. Le décor Art nouveau est magnifique.

Cafés littéraires et grands cafés

L'engouement pour les cafés, devenu par la suite une véritable culture, fut apporté par les Turcs au 16e s. À l'époque du millénaire (1896), Budapest comptait environ six cents cafés. Au tournant du siècle, Budapest comme Vienne ou Paris, connut la grande époque des cafés littéraires. En 1914, Dezső Kosztolányi écrit dans *Füst* : « L'Anglais avec un orgueil démesuré déclare : « Ma maison, c'est mon château ! ». Le Budapestois avec une égale fierté peut lui répliquer : « Mon café, c'est mon château ! ». Lieu de vie des hommes de lettres et des journalistes, les cafés jouèrent un rôle déterminant dans l'épanouissement de la littérature hongroise et devinrent même de véritables salles de rédaction. Quant aux grands cafés qui accueillaient la bourgeoisie locale, ils restaient ouverts jour et nuit, notamment ceux situés Andrássy út et Rákóczi út. On y venait pour discuter, lire (de nombreux journaux ou revues en différentes langues étaient mis à la disposition des habitués) ou jouer au billard. Après la Première Guerre mondiale commença une période de déclin. Le nombre de cafés diminua de façon vertigineuse créant au sein de la population un profond sentiment d'absence.

Après la Seconde Guerre mondiale, plusieurs cafés comme le Belvárosi ouvrirent de nouveau leurs portes mais sans comparaison aucune avec la grande époque. Ce que Jenő Heltai exprime très bien dans *Szemtanú* en 1949 : « Quand je réfléchis à la déplorable tragédie des cafés, à la manière dont ils se sont épanouis et ont ensuite dépéri, j'ai quelque peu l'impression d'être comme le Rip van Winkle légendaire, qui contemple le monde autour de lui en s'éveillant d'un sommeil de vingt années... Le vieillard cherche en vain les cafés où il a été jeune, où il se sentait chez lui. [...] De vedettes, les cafés sont devenus figurants. »

M. Guillot/MICHELIN

Gare de l'Ouest

Emprunter le passage souterrain qui traverse Nyugati tér et continuer sur Szent István körút jusqu'au pont Marguerite. Au n° 14, en retrait du boulevard, s'élève le théâtre de la Gaîté ou **Vígszínház**. Devant cet édifice néobaroque, deux bustes : à gauche celui de Miklós Zrínyi (1620-1664), poète d'origine croate et farouche partisan de l'expulsion des Turcs, et à droite celui de Sándor Petőfi.

ANDRÁSSY ÚT JUSQU'À HŐSÖK TERE

★★ **Andrássy út ou les Champs-Élysées budapestois** – Cette avenue rectiligne de 2,5 km de long est l'avenue la plus élégante de la capitale. Au temps de la double monarchie austro-hongroise, Budapest connut une période florissante, marquée entre autres par de grands travaux d'urbanisation. Après un voyage à Paris en 1858, le comte Gyula Andrássy, chef du gouvernement hongrois, eut l'idée de percer une grande artère reliant le Petit Boulevard au Bois-de-Ville. Le tracé de l'avenue fut dessiné en 1872. Les travaux s'échelonnèrent sur une vingtaine d'années et l'année du millénaire trouva une avenue magnifique, bordée d'immeubles éclectiques et d'hôtels particuliers cossus. L'avenue changea plusieurs fois de nom en fonction de l'histoire. D'abord Sugár út (avenue radiale), puis Andrássy (à la mort du comte en 1890), Staline (en 1947), Népköztársaság (de la République populaire) de 1957 à 1990, pour enfin retrouver le nom d'Andrássy.

Postamúzeum Ⓥ **(Musée de la Poste)** – Deux boîtes aux lettres anciennes annoncent ce musée accessible à partir d'une cour intérieure qui à elle seule mérite un coup d'œil pour ses galeries décorées. La poste hongroise à travers les âges : reconstitutions de guichets, cabines téléphoniques, véhicules, uniformes et tout un ensemble d'objets sur le sujet.

★★ **Magyar Állami Operaház** Ⓥ **(Opéra national)** – De style néo-Renaissance, l'opéra fut construit de 1875 à 1884 par Miklós Ybl. La façade s'ouvre par un porche en saillie qui supporte une loggia. De chaque côté de l'entrée, deux niches abritent les statues de deux grands compositeurs hongrois. À droite Franz Liszt (1811-1886) et à gauche **Ferenc Erkel** (1810-1893). Ce dernier, né à Gyula et mort à Budapest, fut également un pianiste et chef d'orchestre de talent. Les Hongrois lui doivent l'hymne national ainsi que plusieurs opéras. Le concert donné lors de l'inauguration solennelle de l'opéra, qui eut lieu le 27 septembre 1884, fut placé sous la baguette de Ferenc Erkel qui dirigea, parmi d'autres œuvres, l'ouverture de son opéra *Hunyadi László*.

L'étage est percé d'une galerie à cinq arches rythmée de colonnes à chapiteaux corinthiens. La partie supérieure de l'édifice est également ornée d'une balustrade surmontée des statues de compositeurs célèbres (Mozart, Beethoven, Rossini, Wagner, Bizet, Tchaïkovski, Smetana, etc.).

L'**intérieur** est somptueux. L'escalier d'honneur, le foyer, le couloir des fumeurs, la salle (au plafond, fresque de Károly Lotz montrant l'Apothéose de la Musique), le salon du protocole, l'escalier royal resplendissent de dorures, de boiseries, de fresques, de tableaux et de marbres.

De l'autre côté de l'avenue, le palais néo-Renaissance à arcades est le siège de l'Institut national de danse classique. Un peu plus loin, au n° 29, la **pâtisserie-salon de thé Művész** a conservé son charme des années 1900. Une bonne adresse pour déguster un bon gâteau et un bon café. L'avenue coupe Nagymező utca, surnommée **Broadway** pour ses théâtres et ses cafés. On arrive ensuite à deux places très animées en été, **Liszt Ferenc tér** (statue du poète Endre Ady), et de l'autre côté de l'avenue, **Jókai tér** (statue de l'écrivain romantique Mór Jókai, 1825-1904).

MAGYAR KEPEK Kft
Escalier d'honneur de l'opéra

Liszt Ferenc Zeneművészeti Főiskola (Académie de musique Franz Liszt) – La statue en bronze du grand compositeur réalisée par Alajos Stróbl orne la façade. Voir le **foyer★** à l'opulente décoration *(entrée Király utca)*.

L'avenue Andrássy traverse ensuite l'**Oktogon**, un important carrefour de forme octogonale qui croise le Grand Boulevard. À remarquer ici que Budapest n'a pas échappé à l'invasion des *fast-foods*. Au-delà de l'Oktogon, l'avenue s'aère de contre-allées qui, à l'origine, étaient réservées aux cavaliers.

Liszt Ferenc Emlékmúzeum Ⓥ – *Vörösmarty utca 35.* Trois pièces composent l'**appartement** que Franz Liszt habita dans les cinq dernières années de sa vie, lorsque régulièrement il venait passer l'hiver à Budapest. Sur le mur en face de la porte d'entrée est apposée une plaque indiquant les heures de réception du musicien. La chambre à coucher servait également de cabinet de travail. Sur le bureau sont exposés plusieurs objets personnels : diapasons, lorgnon, lettres ; dans l'armoire : chapeau, canne et gants. Sur une petite table, moulage en bronze de sa main droite réalisé par Alajos Stróbl. Dans le salon, le piano Bösendorfer était l'instrument préféré de l'artiste.

Kodály körönd – Une place élégante avec quatre bâtiments symétriques en arc de cercle. Quatre statues imposantes de personnages qui se sont illustrés dans la lutte contre les Turcs ornent les pelouses.

Kodály Zoltán Emlékmúzeum Ⓥ – Avec Béla Bartók, Zoltán Kodály marqua profondément la musique hongroise du 20e s. L'**appartement** qu'il occupa de mars 1924 jusqu'à sa mort en mars 1967 contient des souvenirs du grand compositeur : pianos, bibliothèque et livres, bureau, partitions. On découvre également une facette méconnue de son talent, celle de potier (collection de pots et vases dans la salle à manger).
Au-delà de Kodály körönd, l'avenue Andrássy change complètement de visage. Un quartier résidentiel et chic s'offre au regard. Immeubles et bâtiments anciens aux façades souvent ornées de sculptures et parfois vieillissantes laissent la place à de belles villas et hôtels particuliers cossus. De nombreuses ambassades sont d'ailleurs installées dans toute cette partie.

Hopp Ferenc Kelet-Ázsiai Múzeum Ⓥ **(Musée d'Extrême-Orient)** – Ferenc Hopp (1833-1919), opticien et grand voyageur de son état, fit don au pays des objets rapportés lors de ses nombreux voyages en Asie. Ce musée, son ancienne villa, les expose par roulement.

★ **Ráth György Múzeum** Ⓥ – *Városligeti fasor 12.* Une villa de style éclectique abrite ce musée entièrement consacré à l'art indien et d'Extrême-Orient : sculptures, statuettes, bijoux, tentures. Dans la partie consacrée à l'art japonais (salle 6 et 1er étage) : belles collections de peignes en ivoire et laque dorée, pipes et étuis de pipes, reconstitution du cérémonial du thé avec tous les ustensiles utilisés.

Hősök tere (Place des Héros) – Une place gigantesque bordée à gauche par le musée des Beaux-Arts et à droite par la galerie des Arts ; au centre, une colonne et derrière deux colonnades en arc de cercle avec un ensemble de statues et de sculptures : le monument du Millénaire. Devant la colonne, deux soldats exécutent un ballet bien réglé devant la tombe du soldat inconnu.

La place des Héros est due à l'architecte Albert Schickedanz. Au cours des années, elle fut et est toujours un grand lieu de rassemblement pour les manifestations de masse, célébrations ou réjouissances populaires.

★ **Milleneumi emlékmű** (Monument du Millénaire) – Comme son nom l'indique, il commémore les mille ans de la conquête magyare et fut inauguré en 1896. Au centre, une colonne haute de 36 m soutient une statue de l'archange Gabriel debout sur un globe portant la couronne hongroise et la croix apostolique. Sur le piédestal, un imposant groupe sculptural montre le prince magyar Árpád à cheval, accompagné de six autres chefs de tribus magyares. La colonnade se divise en deux parties symétriques. Au sommet, des statues allégoriques représentent le Travail et l'Abondance (gauche), la Connaissance et la Gloire (droite). Se font face le char de la Guerre et celui de la Paix. Entre chaque colonne, on peut voir les statues de personnages historiques (souverains et princes) qui ont marqué fortement l'histoire du pays. Sous chaque statue, un relief dépeint une scène de la vie de chacun des personnages. Parmi les rois : Étienne Ier, Béla IV, Louis le Grand, Mathias Corvin, les princes de Transylvanie : Gábor Bethlen, Ferenc Rákóczi II, et un homme du peuple : Lajos Kossuth, héros de la révolution de 1848-1849.

M. Guillot/MICHELIN

Árpád et les chefs magyars

★★★ **Szépművészeti Múzeum** (Musée des Beaux-Arts) – Un édifice colossal néoclassique précédé d'un portique à huit colonnes corinthiennes d'inspiration grecque (le fronton est la réplique de celui du temple de Zeus à Olympie), tel se présente le musée des Beaux-Arts. Au sous-sol, le département d'**antiquités égyptiennes** rassemble plusieurs pièces remarquables illustrant les différentes époques de l'Égypte ancienne, parmi lesquelles : un sarcophage en bois peint d'une prêtresse d'Ammon (3e période intermédiaire, 1735-1580 avant J.-C.) ; une statuette en bronze d'un chat assis (Égypte ptolémaïque, 320-30 avant J.-C.) – le chat dans l'Égypte ancienne était vénéré comme animal sacré ; de la même époque, une **statuette en bronze d'Imhotep** (médecin et architecte de la 3e dynastie) – à remarquer la finesse du détail et des proportions. Une collection d'art contemporain est également présentée au sous-sol.

Au rez-de-chaussée, antiquités grecques et romaines, dessins et estampes, puis art du 19e s.

Mais c'est surtout au 1er étage dans la **galerie des Maîtres anciens**★★ que se concentre l'essentiel des pièces maîtresses, reflétant les grandes écoles européennes du 13e au 18e s.

Peinture italienne – *Salles et cabinets à droite en haut de l'escalier*. Parmi les grandes périodes illustrées, le Quattrocento (15e s.), la première Renaissance italienne, trouve avec les écoles d'Urbino et de Florence ses représentants comme Giovanni Santi ou Domenico Ghirlandaio *(Saint Étienne)*, Gentile Bellini et son *Portrait de Catarina Cornaro, reine de Chypre*. Carlo Crivelli et son élégante *Vierge à l'Enfant* aux coloris raffinés exemplifient la peinture vénitienne du 15e s. Du siècle suivant ou Cinquecento, citons des grands noms comme Raphaël, prodigieux portraitiste et peintre de madones d'une extrême douceur : *Portrait de Pietro Bembo, Madone d'Esterházy* ; Titien qui avant ses sujets mythologiques ou religieux excella dans le portrait *(Portrait du doge Marcantonio Trevisani)* ; Véronèse *(Portrait d'un homme)* ; le Tintoret. Les salles du baroque réunissent des œuvres de Tiepolo, Bellotto, Guardi.

Peinture hollandaise – Du 16e s., Hans Memling, Gérard David *(La Nativité)*.

Peinture espagnole – Du Greco, remarquer une *Marie Madeleine* sensuelle, mystique, et un tableau plus sombre, *L'Agonie dans le jardin*. De Vélasquez, le *Déjeuner*, une scène de genre montrant des paysans à table discutant alors qu'une femme leur verse du vin avec attention. Goya avec *Jeune fille à la cruche* est un autre exemple de scène de genre, dans laquelle l'artiste met l'accent sur le personnage principal, esquissant l'environnement. Son *Portrait de l'épouse de Juan Augustin Ceán Bermúdez* montre une grande recherche dans la représentation du détail de l'habillement. Des tableaux de Murillo, caractérisé par une peinture pleine de tendresse et de mysticisme *(L'Enfant Jésus distribuant du pain aux pèlerins)*, et de José de Ribera, connu pour son réalisme vigoureux, complètent l'école espagnole.

MICHELIN

Portrait de Pietro Bembo par Raphaël

Peinture allemande – Dans sa grande composition *Dormition de la Vierge*, Hans Holbein le Vieux attache un soin particulier à représenter les apôtres jusqu'à en faire de véritables portraits. Renaissance allemande avec Dürer *(Portrait d'un jeune homme)*, Lucas Cranach l'Ancien.

Peinture anglaise – Dans une salle, l'école du 18e s. est représentée par plusieurs portraits dont le *Portrait de l'amiral Edward Hughes* par Reynolds. À la fin du siècle, la peinture de paysages trouve en Constable un maître incontesté.

Peinture française – Nicolas Régnier *(Joueurs de cartes)*, Simon Vouet *(Apollon et les Muses)*, Jacques Blanchard *(Saint Jérôme)*, Claude Lorrain *(Villa dans la campagne romaine)*.

Peinture flamande – Rubens, Van Dyck, Jordaens, des noms prestigieux pour illustrer le 17e s., considéré avec le 15e s. comme l'âge d'or de la peinture flamande.

Műcsarnok (Galerie des Arts) – De l'autre côté de la place des Héros, cet édifice à l'allure de temple grec (remarquer les mosaïques sur la façade) est réservé à des expositions temporaires principalement d'art contemporain.

★ VÁROSLIGET (BOIS-DE-VILLE)

On a peine à imaginer que cet endroit n'était qu'une réserve de chasse royale au 15e s. et un immense marécage. Au milieu du 18e s., l'impératrice Marie-Thérèse décide de l'aménager en asséchant les marais, en y plantant de nouvelles espèces d'arbres pour en faire un lieu de promenade public. Vers 1810, le prince palatin Joseph, homme raffiné épris de beauté et de nature, suggère la création d'une commission pour l'embellissement de Pest. Un paysagiste d'origine française, Henrik Nebbie, est chargé de dessiner les plans pour transformer cet endroit en un grand parc de récréation et de loisirs. À la fin du 19e s., le parc prend sa forme actuelle.

Városliget est avec Margit-sziget un lieu très prisé en période estivale quand le soleil n'épargne pas la capitale. On y vient en famille à la recherche de quelque coin d'ombre, pour « s'oxygéner », se balader le long des allées et goûter aux joies du canotage (en hiver, le lac est vidé de son eau et transformé en patinoire).

En se promenant dans le parc au-delà du château, on pourra voir au bord du lac la **statue de George Washington**, premier président des États-Unis. Elle fut érigée en 1906 grâce à des dons de Hongrois émigrés.

★ **Vajdahunyad vára** – Le château de Vajdahunyad est un ensemble hétéroclite (architecte Ignác Alpár) construit à l'occasion des fêtes du millénaire pour illustrer les styles architecturaux existant en Hongrie. Aussi nul ne sera étonné de rencontrer sur un périmètre réduit un mélange de roman, gothique, Renaissance et

T. Hortobagyi/MAGYAR KEPEK Kft

Château de Vajdahunyad

baroque. La partie principale est inspirée du château de Honedoara (anciennement Vajdahunyad) en Transylvanie aujourd'hui roumaine. Un pont à trois arches mène à la cour du château où l'on voit à gauche la **chapelle de Ják**. Le portail orné de sculptures représentant les douze apôtres rappelle celui de l'église de l'ancienne abbaye bénédictine du 13e s. de Ják *(voir ce nom)*. Devant la partie baroque du château, un personnage étrange, les traits dissimulés sous un capuchon, est assis sur un banc en marbre. Il s'agit d'**Anonymus**, scribe à la cour du roi Béla III (12e s.), une sculpture en bronze de Miklós Ligeti (1903).

Magyar Mezőgazdasági Múzeum ⓥ (Musée de l'Agriculture hongroise) – Exposition importante sur le travail de la terre, l'élevage, la pêche, la chasse, la sylviculture et la viticulture dans le passé et dans le présent. Les panneaux explicatifs sont en anglais et en hongrois.

★★★ **Széchenyi Gyógyfürdő (Bains Széchenyi)** – *Voir Les Bains.*

Face aux bains, le grand cirque municipal, **Fővárosi Nagycirkusz**, est connu hors des frontières.

Vidám Park – *Voir Budapest et les enfants.*

Állatkert (Zoo) – *Voir Budapest et les enfants.*

★ **Közlekedési Múzeum** ⓥ **(Musée des Transports)** – *Városligeti körút 11. Panneaux explicatifs en anglais, allemand et hongrois.*
Ce musée dresse un panorama intéressant du développement du transport en Hongrie par voie ferrée, route, air et voie fluviale. À gauche en entrant, le hall réservé au transport par voie ferrée contient de belles machines et voitures anciennes (locomotive de 1860, voiture de la ligne Mohács-Pécs de 1887). Les amateurs de modèles réduits apprécieront une collection étonnante à l'échelle 1/5. Toujours au rez-de-chaussée mais dans la partie opposée, vieilles motos et vieilles voitures. Le modèle le plus ancien est une Peugeot de 1898 ; voir aussi une Oldsmobile de 1899 (pour les fous de vitesse, 35 km/h) ou bien une Peugeot décapotable de 1901 (30 km/h). Pour l'industrie automobile hongroise : une Csonka de 1908-1912, moteur à quatre cylindres, vitesse 50 km/h, plusieurs modèles de la firme MÁG : une Magosix de 1928 (40 CV), une Magotax taxi de 1928 (25 CV). À l'étage, le transport par voie fluviale est bien représenté par des maquettes de bateaux, des instruments de navigation, sans oublier les chantiers navals d'Óbuda et de Újpest ainsi que les bateaux de croisière sur le Balaton et le Danube.

À L'EST DU GRAND BOULEVARD

La longue avenue Rákóczi qui coupe le Grand Boulevard à Blaha Lujza tér mène à la **Baross tér** (statue de Gábor Baross, ministre des Transports qui développa le réseau ferroviaire hongrois) et à la gare de l'Est.

Keleti pályaudvar (Gare de l'Est) – La plus grande gare de la capitale (trafic international) montre une façade de style éclectique (statues de James Watt, inventeur de la machine à vapeur, et de George Stephenson, inventeur de la locomotive à vapeur). Voir le hall décoré de peintures murales.

Kerepesi temető – *Fiumei út 16.* Budapest, comme toutes les capitales, a son **cimetière**, son panthéon national, où sont enterrés des personnages célèbres. *Nous vous conseillons d'acheter un plan à l'entrée.* Dans ce vaste espace paysager, le monument ou plutôt le mausolée le plus impressionnant est sans doute celui de Lajos Kossuth, qui domine tout le cimetière. Ceux de Ferenc Deák et de Lajos Batthyány ne laissent pas non plus indifférent, de même que le panthéon du prolétariat réservé aux fidèles serviteurs du régime communiste (comme l'indique l'inscription : « Ils ont vécu pour le communisme et pour le peuple »). Petit musée (si on aime) consacré aux funérailles avec une salle montrant les funérailles nationales de personnalités comme Imre Nagy, le cardinal Mindszenty, Béla Bartók, Zoltán Kodály, Miklós Horthy, János Kádár (premier secrétaire du parti communiste de 1956 à 1988).

Népstadion – En 1998, le **stade du Peuple**, qui fait partie d'un immense ensemble sportif, a accueilli les championnats d'Europe d'athlétisme. Emprunter la grande allée **Ifjúság útja** bordée de groupes sculpturaux monumentaux exhortant le sport et l'armée.
Au Nord du stade s'étend un quartier en majorité de maisons individuelles. Au **n° 14 Stefánia út**, l'Institut de géologie – **Földtani Intézet** – est un très bel exemple de style Sécession dû à Ödön Lechner.

AU SUD-EST DU GRAND BOULEVARD

Magyar Természettudományi Múzeum ⓥ **(Musée hongrois d'Histoire naturelle)** – *Ludovika tér 2. Métro ligne M 3 station Klinikák.* Près de **Orczy Kert**, un parc planté d'une centaine d'espèces d'arbres, le musée, par le biais de son exposition « L'Homme et la Nature en Hongrie », montre à quel point l'homme, depuis son apparition sur terre, s'est servi de la nature pour assurer sa propre existence : utilisation rationnelle mais aussi dérive avec la pollution, qu'elle soit d'origine nucléaire (Tchernobyl) ou due à l'abandon sauvage de déchets. La protection de la faune est symbolisée par l'arche de Noé.

Planetárium – *Métro ligne M 3 station Népliget.* Dans le bois du Peuple, **Népliget**, un dôme immense de 23 m de diamètre signale le planétarium d'où l'on s'embarque pour les étoiles. Séances à des heures bien précises.

Wekerletelep – *Métro ligne M 3 station Határ út, puis bus n°s 194 ou 99 jusqu'à Kós Károly tér.* Une ville à la campagne, voilà l'impression que l'on a en se promenant dans ce quartier de Kispest, dont le centre est le parc de Kós Károly tér. Cet ensemble étonnant pour l'architecture de ses maisons, son quadrillage de rues se coupant à angle droit et son environnement de verdure fut réalisé entre 1908 et 1925 pour loger fonctionnaires et employés municipaux.

★★ MARGIT-SZIGET (ÎLE MARGUERITE)

Accès : tramway lignes 4 ou 6 jusqu'à Margit híd ou lignes 2 ou 2A depuis Vigadó tér le long du Danube jusqu'au terminus Jászai Mari tér, puis à pied en empruntant le pont.

L'île Marguerite étire sa forme d'amande (2,5 km de longueur sur 500 m de largeur) entre les ponts Marguerite et Árpád auxquels elle est rattachée. Havre de paix et de verdure, elle est considérée à juste titre comme l'un des plus beaux parcs de la capitale. À l'exception d'un bus (n° 26) qui traverse l'île et d'un petit train sur pneus qui en fait le tour, la circulation automobile y est interdite. Seuls les cyclistes sont autorisés à emprunter différentes allées. D'ailleurs, un très bon moyen de visiter l'île est de louer un vélo (location près du rond-point à l'entrée côté gauche, un plan du site est remis pour bien se repérer). Terrains de sport, piscines, roseraie, jardin japonais, petit zoo, allées ombragées, pelouses, aires de pique-nique, tout contribue à faire de cet endroit un lieu rêvé de loisirs, de distractions et de détente. En été, le samedi et le dimanche, les Budapestois s'y pressent en famille à la grande joie des enfants (pour eux location de petites voitures électriques) et bien sûr des marchands ambulants. Comme station thermale, l'île Marguerite dispose d'un bon équipement en matière de balnéothérapie et d'hébergement.

Margit híd – Le pont Marguerite est l'œuvre d'un ingénieur français, Ernest Gouin, qui, avec la Société de construction des Batignolles, fut choisi parmi d'autres candidats étrangers pour réaliser ce projet. Les travaux commencèrent en 1872 et s'achevèrent en 1876. Ce pont, curieusement, est constitué de deux bras qui se rejoignent à la hauteur de l'île Marguerite en formant un angle de 150°. Les statues qui ornent les piliers sont également d'origine française, dues à l'atelier parisien Thabart.
Se placer au milieu de l'ouvrage pour apprécier la **vue**★ sur le Danube enjambé par le pont des Chaînes, et sur les deux rives : à droite le château royal de Buda et l'église Mathias, à gauche Pest et le Parlement. Au loin à droite se profilent le mont Gellért et le monument de la Libération.

MAGYAR KEPEK Kft

Une Rosalie et c'est parti !

De l'île aux Lièvres à l'île Marguerite – Déjà les Romains qui habitaient la ville voisine d'Aquincum fréquentaient régulièrement cet endroit en raison de ses eaux thermales aux propriétés curatives. L'île devient ensuite le terrain de chasse des souverains de la dynastie Árpád, d'où son premier nom d'île aux Lièvres. Au 12e s., des religieux s'y établissent et édifient des monastères. Le 13e s. marque l'époque de l'invasion mongole. Après avoir subi plusieurs défaites, le roi Béla IV fait le vœu que sa fille Margit (Marguerite) consacrera sa vie au seigneur sitôt le pays libéré. Fidèle à sa parole, il construit un couvent – dont les ruines sont encore visibles – pour les sœurs dominicaines et y fait entrer sa fille, alors âgée de 9 ans. Sa vie sera plutôt brève puisqu'elle s'éteint à l'âge de 28 ans. L'occupation turque entraîne la destruction des édifices religieux et l'île est désertée jusqu'à la fin du 18e s. avant de devenir la propriété de Joseph, archiduc d'Autriche et prince palatin de Hongrie. Ce dernier la transforme en un immense parc d'agrément, y fait planter des vignes et de nombreuses espèces d'arbres.

Visite – Près de la fontaine qui marque l'extrémité Sud de l'île s'élance le **monument du Centenaire**, audacieuse sculpture en bronze en forme de flamme, inaugurée en 1972 à l'occasion du centenaire de la fusion de Buda, Pest et Óbuda. Jeter un coup d'œil à l'intérieur du monument pour découvrir un curieux assemblage d'objets divers (gouvernail de navire, hélice, roue dentelée...).
On a ensuite l'embarras du choix pour parcourir cette oasis de verdure dont la partie centrale est la plus romantique grâce à de nombreuses espèces d'arbres et de fleurs qui ornent harmonieusement les parterres.
Face à Buda, le long du Danube, l'immense complexe des **bains Palatinus** qui compte plusieurs bassins, une piscine à vagues et une plage peut accueillir jusqu'à 20 000 personnes. Les ruines du couvent des dominicaines où vécut la princesse Marguerite sont visibles dans la verdure au centre de l'île. Non loin, la **promenade des Artistes** (bustes d'artistes hongrois célèbres : Franz Liszt, Ferenc Erkel, Mór Jókai...) conduit à une chapelle néoromane. Au pied de l'ancien **château d'eau** (1911), qui culmine à 57 m de hauteur, se trouve le **théâtre de plein air** où se déroulent en saison estivale des représentations théâtrales et spectacles de danse. Au Nord de l'île, en se rapprochant du pont Árpád, un petit monument circulaire monté sur colonnes servait autrefois de **fontaine musicale**.

ÓBUDA

Accès : train de banlieue HÉV depuis Batthyány tér en direction de Szentendre, descendre à Árpád híd ou à Aquincum pour aller directement à la ville romaine.

Ce quartier ou plutôt ce faubourg inscrit dans le 3e arrondissement, ville autonome jusqu'en 1873, est la plus vieille partie de Budapest. Son nom signifie d'ailleurs le vieux *(ó)* Buda. On peut en douter si l'on considère le grand nombre d'immeubles ou de tours d'habitation sans grand caractère qui « ont poussé » à la suite d'un gigantesque programme d'urbanisme décidé à partir des années 1960 et qui dénaturent le paysage. À première vue donc ? rien qui n'attire spécialement. Cependant, si l'on veut s'en donner la peine, on peut découvrir au milieu de cet environnement de béton quelques petits coins où il fait bon se promener et s'attarder un peu. C'est le cas de **Fő tér** par exemple, des petites rues et placettes voisines. Óbuda, c'est aussi une partie de l'ancienne Pannonie romaine qui correspondait à la Transdanubie.

Au temps des Romains

Si des vestiges remontant à la préhistoire ont pu être découverts, c'est surtout l'époque romaine qui a profondément marqué l'histoire de ce faubourg. En effet, les Romains y avaient installé un camp militaire (environ 6 000 légionnaires) et fondé la ville d'Aquincum, capitale de la Pannonie inférieure sous le règne de l'empereur Trajan. Aussi trouve-t-on éparpillés sur quelques kilomètres carrés un certain nombre de vestiges de la ville militaire et de la ville civile qui rappellent cette époque.

Amphithéâtre du camp militaire – *Angle Pacsirtamező utca et Nagyszombat utca.* Prenant place sur les gradins, environ 15 000 spectateurs pouvaient assister aux compétitions, courses, combats et jeux du cirque (à titre indicatif, le Colisée à Rome disposait de 45 000 places assises) qui se déroulaient dans l'arène (131 m de long sur 107 m de large).

Flórián tér – Dans le voisinage de ce grand carrefour d'Óbuda où convergent plusieurs voies de communication, des fouilles entreprises lors de la construction de la voie surélevée ont permis de mettre au jour des fragments des thermes provenant de la ville militaire (caldarium ou bain chaud, frigidarium ou bain froid).

Herkules villa – *Meggyfa utca 19-21. Bus nos 6, 34 ou 42 depuis Flórián tér jusqu'à Bogdáni utca.* Quelque peu noyée au milieu d'un ensemble d'immeubles d'habitation, la **villa d'Hercule**, riche demeure patricienne, doit son nom à ses carrelages en mosaïque représentant le mythe d'Hercule (3e s.).

★ **Aquincum** Ⓥ – *Szentendrei út. Train de banlieue HÉV depuis Árpád híd ou Batthyány tér, descendre à Aquincum ou bus n° 42 depuis Flórián tér.*
Les ruines de cette ville fondée au 1er s. sont complétées par un musée archéologique à l'intérieur du site.
D'une longueur de 600 m sur 400 m de largeur, entourée de murs de protection, la cité civile connut sa période florissante aux 2e et 3e s. Elle était peuplée en majorité de commerçants et d'artisans et débordait d'activité. Les deux cités comptaient alors plus de 60 000 habitants. En 124, sous l'empereur Hadrien, Aquincum devint *municipe* (régie selon ses propres lois tout en restant sous l'autorité de Rome), puis en 194 sous l'empereur Septime Sévère, colonie romaine. À la fin du 4e s., la cité romaine dut subir les assauts d'envahisseurs venus de l'Est. La ville sombra dans le déclin et au 5e s. les Huns portèrent le coup final. Les Romains abandonnèrent Aquincum non sans avoir conclu un pacte avec Attila, le nouveau maître.
Le champ de ruines montre clairement le plan de la cité : rues se coupant à angle droit, réseau d'égouts et de canalisations, emplacements des différents édifices. À droite (face au musée) s'étendaient les thermes publics et le grand marché couvert *(macellum)*, plus loin les ateliers des artisans, échoppes des marchands et maisons d'habitation. Au fond du site, dans une petite construction (un ancien bain qui faisait partie d'une maison privée), est exposé un fragment de mosaïque représentant une scène de lutte. À quelques pas sur la gauche, un autre petit bâtiment (cadran solaire à l'entrée) rassemble d'autres beaux exemples de mosaïques.
En revenant sur ses pas et en se dirigeant vers le musée, on remarque le sanctuaire de Mithra, dieu solaire perse dont le culte était célébré chez les Grecs puis chez les Romains. Le **musée archéologique**, qui s'ouvre par un péristyle, renferme les produits des fouilles (statues, bas-reliefs, monnaies, poteries, outils, objets de la vie quotidienne). On y verra une pièce peu commune, un orgue hydraulique du 3e s.

Amphithéâtre de la ville civile – *Près du passage souterrain de la gare du train de banlieue HÉV.* De dimensions plus modestes que l'amphithéâtre de la cité militaire, il pouvait accueillir 8 000 spectateurs.

Un charme provincial

★ **Fő tér** – On ne saurait s'attendre à trouver cette petite place pavée au cachet « très provincial » au pied d'immeubles d'habitation impersonnels. De même, les petites rues environnantes aux maisons colorées et aux réverbères d'une autre époque méritent que l'on y fasse quelques pas.
La place est bordée d'immeubles cossus de style baroque. En été, les terrasses des cafés et des restaurants de ce quartier paisible invitent le promeneur à s'arrêter quelques instants.

Zichy kastély – Ce château fut édifié pour le comte Miklós Zichy et son épouse, seigneurs d'Óbuda au 18e s. Il faut pénétrer dans la cour (concerts en été) pour admirer sa belle façade et sa cage d'escalier. Au premier étage, l abrite le **musée Lajos Kassák** Ⓥ consacré à cet homme (1887-1967), à la fois écrivain et peintre, considéré comme un des chefs de file de l'avant-garde hongroise. Trois salles exposent quelques-unes de ses œuvres comprenant tableaux, dessins et photographies.
À l'angle de Hajógyár utca et Laktanya utca, quelle surprise de rencontrer un groupe de quatre femmes chacune s'abritant sous son parapluie. Il s'agit d'un ensemble sculpté en bronze dû au ciseau d'Imre Varga.

J.-C. Saturnin-MICHELIN

Un petit coin de parapluie !
En attendant par Imre Varga

Varga Imre Gyűjtemény Ⓥ – *Laktanya utca 7.* Le **musée Imre Varga** rassemble dans plusieurs salles ainsi que dans le jardin des œuvres ou maquettes de ce sculpteur contemporain prolixe. Il réalisa un très grand nombre de sculptures ou de groupes monumentaux visibles – pourrait-on dire – aux quatre coins de la capitale ou même de la Hongrie. Sculptures sur des thèmes religieux, personnages célèbres (Liszt, Bartók, Lénine, Mihály Károlyi), sujets exhortant le patriotisme, scènes de la vie courante, les sources d'inspiration sont multiples. Sous une vitrine, collection de médailles lui ayant été remises en guise de reconnaissance.

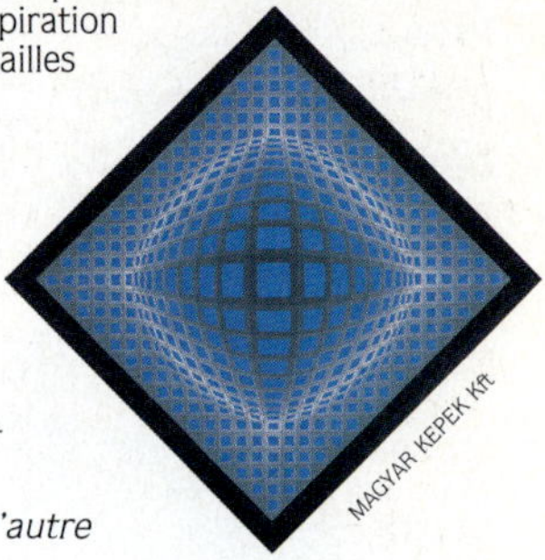

★**Vasarely Múzeum** ⓥ – Victor Vasarely *(voir également Pécs)* fit don à son pays d'origine de plusieurs centaines de ses œuvres exposées dans cette partie du château Zichy qui donne sur Szentlélek tér. Les compositions exposées (peintures, dessins, tapisseries) montrent l'évolution de son art qui utilise de façon systématique l'illusion optique alliant formes géométriques et couleurs.

Óbudai plébánia Templom – *Lajos utca, de l'autre côté de la voie rapide.*
De style baroque, l'**église paroissiale** d'Óbuda fut édifiée pour la famille Zichy au 18ᵉ s. Sur la façade, deux niches abritent les statues de saint Sébastien et de saint Roch.

Óbudai zsinagóga (Ancienne synagogue) – *Lajos utca 16.* Un portique néoclassique à six colonnes caractérise cet édifice situé en retrait de la rue, à proximité de l'hôtel Aquincum et d'un ensemble de logements type HLM. Sur le tympan, on remarque les tables de la Loi. L'ancienne synagogue d'Óbuda appartient aujourd'hui à la télévision hongroise et est utilisée comme studio.

ENVIRONS DE BUDA

Rózsadomb

La **colline des Roses** fait penser à une petite commune résidentielle avec ses petits immeubles, ses maisons confortables et ses jardinets.

Gül Baba türbe ⓥ – *Mecset utca 14. De Pest, tramway lignes 4 ou 6 en direction de Moszkva tér, descendre après Margit híd (pont Marguerite).*
Prendre ensuite Török utca à droite qui s'embranche dans Margit körút, puis à gauche **Gül Baba utca**, ruelle étroite pittoresque en forte montée (pavés irréguliers), qui s'embranche au pied de la colline. À mi-hauteur, un escalier à gauche conduit au **mausolée de Gül Baba**, édifice octogonal coiffé d'un dôme et d'un croissant. Cet endroit, dont l'entretien est à la charge du gouvernement turc, est un lieu de pèlerinage pour les musulmans du monde entier. Gül Baba, le père des roses, était un derviche de l'ordre des Bektachi (statue à l'entrée le représentant une rose dans son turban). Il vécut au 16ᵉ s., participa à la conquête de Buda et aurait introduit les premières roses. Il mourut lors d'un office religieux célébré dans l'église Mathias transformée alors en mosquée. Le sultan Soliman le Magnifique assista en personne à ses funérailles. Le tombeau est recouvert d'un drap vert sur lequel figurent des versets du Coran. Des tapis de prière et des objets de culte sont également visibles à l'intérieur du mausolée.
D'une petite tour située à l'extérieur du lieu saint, la **vue** s'étend sur la ville.

Budai-hegység

Pour les Budapestois ou les touristes qui recherchent le grand air, les **collines de Buda** offrent sentiers de promenade à travers bois, aires de pique-nique et points de vue, un cadre étonnamment verdoyant à quelques kilomètres seulement de la turbulente cité, étouffante les jours de grosse chaleur.

★**Gyermekvasút** ⓥ – Le **train des Enfants** ou train des Pionniers (mouvement de jeunesse créé sous « l'ancien régime ») est une attraction originale à conseiller. Le moyen le plus agréable d'y accéder est de prendre le petit train à crémaillère devant l'hôtel Budapest facilement reconnaissable à sa forme cylindrique *(Szilágyi Erzsébet fasor 47)*. De la station supérieure, se diriger vers l'émetteur de télévision près duquel se trouve la petite gare du train des Enfants. À l'exception de la motrice conduite par un adulte, tous les services (vente des billets, contrôle, signal du départ) sont assurés par des enfants (garçons et filles de 10 à 14 ans) qui pour l'occasion revêtent l'uniforme réglementaire et saluent militairement chaque départ et arrivée. Le parcours, en majorité à travers bois, est très agréable. Plusieurs arrêts ponctuent le trajet, au total environ 12 km. De chaque arrêt, des balades à pied sont possibles en pleine nature. Du terminus (Széchenyi-hegy), on peut redescendre par le bus n° 158 ou le tramway n° 56 jusqu'à Moszkva tér.

János-hegy – Le mont János (Jean) est la plus haute colline de Buda (526 m). On y accède au moyen d'un télésiège. Prendre le bus n° 158 dans Csaba utca près de Moszkva tér (arrêt près de l'immeuble de la poste, à l'allure de château médiéval). Descendre au terminus Zugliget d'où part le **télésiège** ⓥ *(Libegő)*. Au sommet, prendre à droite une route qui monte jusqu'à une tour d'observation néoromane d'où le **pano-**

Szelnyi/MAGYAR KEPEK Kft

Le train va partir...

rama★★ est magnifique. Il est également possible d'accéder à cette tour en empruntant le train des Enfants. Dans ce cas, descendre à la station János-hegy, puis emprunter le sentier qui s'élève en pleine nature *(compter 1/2 h de marche)*.

Pálvölgyi Barlang ⓥ **(Grotte de Pálvölgy)** – *Szépvölgyi út 162. Bus n° 65 depuis Kolosy tér, descendre à Pálvölgyi Cseppkőbarlang. Certains passages sont difficiles et nécessitent bonnes jambes et souffle. Température 11° en été. Prévoir une petite laine.* Cette grotte à concrétions (habitée par des centaines de chauves-souris en hiver) fut découverte à la fin du 19e s. Le parcours est accidenté et permet de découvrir des formations et des pièces aux noms imagés et évocateurs : l'orgue, le zoo, le cabaret, l'épée de Damoclès, Blanche-Neige et les sept nains...

Szemlő-hegyi Barlang ⓥ **(Grotte de Szemlő-hegy)** – *Pusztaszeri út 35. Bus n° 29, descendre à Szemlő-hegyi Barlang.*
Le parcours est moins accidenté que dans l'autre grotte, et ici vous aurez la surprise de rencontrer de nombreux choux-fleurs ainsi qu'une sorcière !

Bartók Béla Emlékház ⓥ **(Maison-musée de Béla Bartók)** – *Csalán út 29. Bus n° 5 depuis Március 15 tér ou Moszkva tér, descendre à Pasaréti tér, puis continuer à pied par Csévi utca en suivant la signalisation.* Le grand compositeur (statue dans le jardin) habita cette villa de 1932 à 1940 avant de partir s'installer aux États-Unis (il donna son dernier concert à Budapest le 8 octobre). Au 1er étage : salle de concerts (plafond à caissons du 18e s.). Au 2e étage est retracée la vie de l'artiste : photos, enregistrements (avec Kodály ou seul jouant du piano), piano personnel, meubles paysans sculptés faits à sa demande, porte-plume à cinq plumes pour faire les portées, etc.

J.-C. Saturnin/MICHELIN

Parc des Statues

Au Sud-Ouest

★ **Nagytétényi Kastélymúzeum** Ⓥ – *15 km du centre de Budapest. Prendre le bus n° 3 de Móricz Zsigmond körtér, descendre à Petőfi Sándor utca. En voiture, prendre Budafoki út, puis suivre Nagytétényi út jusqu'à Kastélypark.* Une collection très riche et intéressante de meubles est présentée dans le château Száraz-Rudnyánszky, construit au 18e s. sur les lieux d'une ancienne place forte de l'Empire romain, nommée Campona. Bâti en 1700, le château changea plusieurs fois de propriétaire pour venir en possession de Julianna Száraz et de son époux József Rudnyánszky, neveu d'Antal Grassalkovich, constructeur du château de Gödöllő. Dans les salles joliment restaurées sont présentés de façon claire des ensembles de meubles qui passionneront les amoureux de meubles anciens. La visite se fait avec un grand plaisir dû à la diversité et à la qualité des pièces présentées et surtout à l'intelligence qui a présidé à l'organisation des rapports entre chaque élément, chaque époque. Du Moyen Âge au 19e s., il est possible d'admirer la richesse, l'invention des artisans et aussi l'habileté des mains qui ont réalisé ces meubles.

Szoborpark Ⓥ **(Parc des Statues)** – *15 km. Prendre l'autobus n° 6 Volánbusz de couleur jaune au terminus situé dans Bukarest utca près de Kosztolányi Dezső tér. Le trajet dure environ 20 mn.*
Du jamais vu. Un bon nombre de statues et groupes monumentaux érigés pendant l'ère communiste ont été déboulonnés et rassemblés dans ce parc créé à cet effet. Si Lénine, Marx et Engels « accueillent » le visiteur, *L'Internationale* et d'autres chants partisans se font entendre sitôt la porte franchie. Des tee-shirts sont en vente tournant en dérision le régime passé. Chaque statue est numérotée. On peut acheter une brochure éditée en plusieurs langues pour se repérer. Monuments à la gloire de telle ou telle personnalité (Béla Kun, Endre Ságvári, Ferenc Münnich), du mouvement ouvrier, de l'amitié soviéto-hongroise, de la brigade hongroise pendant la guerre d'Espagne, l'ensemble est assez impressionnant. On y vient en famille. Peut-être pour une leçon d'histoire ?

EXCURSIONS

En bateau ou hydroglisseur *Départ Belgrád rkpt. ou Vigadó tér*

★★★ **Dunakanyar (Courbe ou boucle du Danube)** – *Voir ce nom.* Compte tenu des différentes escales, le voyage en bateau jusqu'à Visegrád prend environ 3 h 25, jusqu'à Esztergom environ 5 h 1/2. En **hydroglisseur**, compter 1 h 20.

★★ **Szentendre** – *Voir ce nom. Trajet 1 h 30 en bateau.*

La ville – Le bateau fait le tour de l'île Marguerite et après le pont de la Liberté (Szabadság híd) fait demi-tour pour revenir au point de départ. Une excursion tranquille (commentaire enregistré en anglais, allemand, italien et hongrois) à faire par beau temps pour voir sous un autre angle les monuments de Buda et de Pest qui bordent le fleuve mythique.

Escapade à Bratislava ou à Vienne – En **hydroglisseur**, la capitale slovaque (passeport en cours de validité) est à 4 h 40 de Budapest, la capitale autrichienne à 6 h 20. Le trajet suit d'abord la courbe du Danube.

En voiture ou en train

★★★ **Dunakanyar (Courbe ou boucle du Danube)** – *Voir ce nom.*

★★ **Szentendre** – *Voir ce nom.*

★★ **Gödöllői Királyi Kastély** – *Voir ce nom.*

Zsámbék – *30 km à l'Ouest par l'autoroute M 1 et la 1104 prise à droite.*
La Hongrie possède peu d'églises romanes, aussi ce village mérite-t-il une petite excursion pour voir les ruines d'une église du 13e s. qui appartenait jadis à un couvent de prémontrés. Les travaux de restauration sont importants et nuisent quelque peu au coup d'œil, mais on peut se rendre compte de l'importance passée du site. Un petit musée souterrain montre le travail des fouilles et de restauration. Dans le village subsiste un puits d'origine turque.

Ráckeve – *45 km au Sud. Quitter Budapest par la M 5, puis prendre à droite la M 0, puis la route 51 direction Solt. On laisse ensuite cette route après le village de Kiskunlacháza pour prendre une petite route à droite. Accès également très pratique par le train de banlieue HÉV au terminus du tramway n° 2, Kassai Jenő út.*
Une petite ville agréable en été avec une plage aménagée le long d'un bras du Danube. Les pêcheurs à la ligne y trouvent aussi leur compte et les touristes y viennent pour l'**église orthodoxe serbe** (Szerb Templom, *Viola utca*) renommée pour ses fresques et son iconostase baroque. En empruntant Kossuth Lajos utca vers le Nord, on arrive au **château du prince Eugène de Savoie**. Cet édifice baroque, aujourd'hui un restaurant (Savoyai Kastély Étterem), présente un corps central flanqué de deux ailes en retour d'équerre. Comme pour le Belvédère de Vienne en Autriche, le prince de Savoie chargea l'architecte viennois Johann Lukas von Hildebrandt de dresser les plans de son château.

BUGAC-PUSZTA★★

Puszta de BÚGAC – Département de Bács-Kiskun

Carte Michelin n° 925 G 9 – 37 km au Sud de Kecskemét

Accès : en voiture depuis Kecskemét par la route n° 54, puis après environ 25 km par une petite route prise à gauche jusqu'à Bugac. À défaut de voiture, le trajet en train au départ de Kecskemét est vivement recommandé. Un petit train qui a l'allure d'un train de plaisir vous conduira vers Bugac et Bugacpuszta dans une sorte de ravissement campagnard, au travers des champs, des bosquets, des vignes, des élevages. La station du Pásztormúzeum vous sera indiquée.

LA GRANDE PLAINE OU PUSZTA

La **puszta** *(voir Les visages de la Hongrie dans Invitation au voyage)*, un nom qui suggère une image, le puits à balancier, la petite maison, le soleil couchant, un cavalier en contre ombre et l'impression d'une grande liberté, d'une plaine sans fin qui s'offre aux longues chevauchées. *Puszta* signifie non pas désert, mais endroit où il n'y a rien, même si la *puszta* sèche aux dunes sablonneuses de Bugac évoque par endroits les zones arides. La *puszta*, c'est la « grande plaine », l'**Alföld** qui à l'origine occupait toute la partie de l'Est et du Sud-Est du pays, à partir du Danube jusqu'à la frontière roumaine et aux limites méridionales de la Hongrie. La *puszta* peut prendre des visages très différents.

Les grands travaux de régulation des deux fleuves, le Danube et la Tisza, ont profondément modifié les paysages de la grande plaine. Les impératifs économiques, le développement de l'agriculture ont rogné peu à peu des parties incultes de ces immenses surfaces dont les plus caractéristiques sont heureusement protégées dans les limites des parcs nationaux (Nemzeti Park) comme ceux de Bugac et du Hortobágy. Il n'est pas possible d'accéder en voiture à tous les sites intéressants du Kiskunsági Nemzeti Park. Celui-ci couvre 76 000 ha de zones protégées dont 48 000 ha de parc proprement dit, divisé en neuf secteurs, le reste étant constitué de paysages protégés et de réserves naturelles. Les deux tiers du parc ont le statut de réserve de biosphère. Les lacs d'Izsák Kolon tó et Alkáli tó, riches en carbonate, sont protégés. Tout est fait pour attirer les touristes, pour preuve les nombreuses carrioles qui attendent les voyageurs pour une découverte de cette *puszta*. Le printemps, l'arrière-saison et l'automne sont des périodes plus tranquilles qui laissent à cette étendue plate et sablonneuse couverte de longues herbes et de résineux sinon son véritable caractère, tout au moins une telle dimension que le visiteur s'y sent bien petit.

VISITE

Depuis la station du petit train, Pásztormúzeum, un quart d'heure de marche sur un chemin de sable dur vous conduira jusqu'à l'auberge, la *csárda* qui se trouve à l'entrée du parc. Vous pourrez prendre là une des carrioles qui vous mènera jusqu'au musée des Bergers ainsi qu'à un complexe qui réunit haras, auberge, spectacles équestres, etc.

Attention aux carrioles dont les suspensions ne sont pas toutes très amorties ! Le chemin étant plutôt cahoteux, les dos sensibles devront se méfier. Posé comme un chapeau chinois sur une grande prairie aux herbes folles, tel apparaît le Pásztormúzeum.

M. Guillou/MICHELIN

★ **Pásztormúzeum** Ⓥ **(Musée des Bergers)** – Il ressemble aux cabanes que les bergers installaient dans la *puszta*, sortes de « tipis » couverts de roseaux, regroupés et parfois entourés d'une clôture, elle aussi faite de roseaux. Dans ces villages éphémères vivaient les *pásztor*, bergers qui gardaient les moutons *racka* aux longues cornes en « tire-bouchon », dont les agneaux sont noirs et deviennent blancs à l'âge adulte. Là, les bergers abritaient tout ce qui était nécessaire à leur séjour pour vivre, soigner et surveiller les animaux, les entretenir, faire le fromage, etc. Ils étaient assistés de *puli*, sorte de petits caniches noirs en forme de boule, minuscules auprès des grands moutons, mais très efficaces. À côté des bergers, il y avait les **csikós**, gardiens des troupeaux de chevaux, les **gulyás** ou bouviers.
Dans ce musée, vous verrez ce que fabriquaient ces hommes pour passer le temps, pipes en bois sculpté, cannes décorées, ainsi que tous les instruments domestiques qu'ils transportaient dans de petites carrioles étroites.

Les « cow-boys » de la puszta – À côté du musée se trouve le complexe qui rassemble haras, restaurant, centre d'équitation, et présente à plusieurs reprises dans la journée le spectacle offert par les *csikós*. Ces spectacles se ressemblent tous il est vrai, mais ils sont généralement de bonne qualité et font partie des incontournables.
Ici, outre les exploits équestres des cavaliers, vous verrez, conduit par des chiens et des csikós, un troupeau de bœufs gris venir de l'horizon et s'approcher jusqu'à vous toucher. Vous entendrez claquer les fouets à vos oreilles, vous verrez, dans le fameux « cinq en mains » illustré ici, galoper cinq chevaux, tenus par un cavalier debout sur deux montures qui suivent trois chevaux de tête *(voir illustration à Hortobágy-Puszta)*.
Madame ou mademoiselle, attention ! Si vous êtes au premier rang des spectateurs, vous risquez d'être choisie pour être « fouettée » par un *csikós* qui, soyez sans crainte, ne vous fera aucun mal, mais réclamera, pour vous libérer du fouet avec lequel il vous aura ligotée, un *puszi* (baiser).

Se loger

Táltos Lovas Panzió – *Nagybugac 135. ☎ 76/372 633. Chambres de 22 à 32 €.* Complexe avec chambres, bungalows et appartements, organisant des compétitions d'équitation et des promenades à cheval. Restauration possible.

Gedeon-tanya Panzió – *Tanya 150, 6078 Jakabszállás.* ☎ *06/76/722 800. Chambres à 36 €.* Un petit paradis ! À mi-chemin entre la nationale 54 et la ville de Bugac, retirée de tout, cette *panzió* familiale se compose de deux maisons au toit de chaume. Élevage de chevaux, bœufs hongrois et chèvres. Tranquillité assurée.

Se restaurer

Bugaci Csárda – ☎ *76/372 522.* Entre Bugacpusztaháza et Bugac, célèbre auberge traditionnelle avec musique et danses hongroises.

BÜKK★★

Départements de Heves et Borsod-Abaúj-Zemplén

Carte Michelin n° 925 B 10 et 11

Le massif de Bükk, classé parc national sous le nom de **Bükki Nemzeti Park**, fait partie de la chaîne montagneuse septentrionale qui prolonge le massif des Mátra et s'étend de Gyöngyös à Miskolc en suivant la frontière slovaque. Ce relief se compose de roches calcaires dont le point culminant, l'**Istállós-kő**, ne s'élève qu'à 959 m, et d'un plateau karstique qui s'entoure de falaises abruptes. Au Nord, il est enveloppé par la rivière Sajó, à l'Ouest par la rivière d'Eger et au Sud par la Grande Plaine. C'est également une région unique pour son grand nombre de grottes (plus de 800 ont été dénombrées) dont les plus caractéristiques peuvent se visiter à Lillafüred.

Les Bükk, que vous atteindrez après un peu plus d'une heure de voiture de la capitale, méritent leur réputation. L'air y est sain, la nature y est belle, les promenades et parcours y sont bien aménagés. Vous y trouverez le calme et la solitude des randonnées en forêt – forêts de hêtres principalement, *bükk* signifie d'ailleurs hêtre –, la vie animée des fêtes populaires, et vous y découvrirez une flore et une faune variées.

D'EGER À MISKOLC

55 km – compter une demi-journée

★★ **Eger** – *Voir ce nom.*

Quitter Eger au Nord par la route n° 25 puis quelques kilomètres après Szarvaskő, prendre à droite la route n° 2506.

Une pellicule de poussière sur les maisons et les végétaux vous indiquera la proximité de Bélapátfalva.

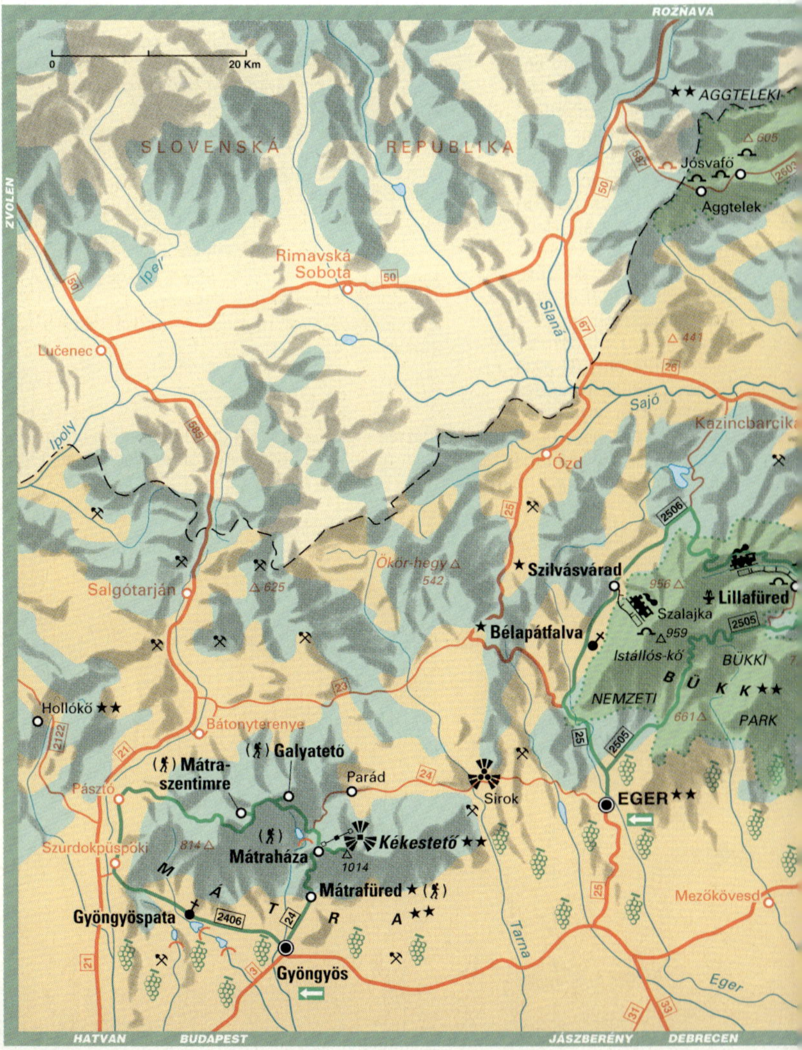

★ **Bélapátfalva** – Une petite bourgade qui s'étire le long d'une vallée poussiéreuse. Rien en effet ne signale l'un des héritages les mieux préservés de l'art cistercien en Hongrie dans cette zone industrielle que domine une cimenterie.

Sur la droite, dans la rue principale que bordent habitations et bâtiments industriels, vous verrez un petit panneau signalant **Apátság Múzeum**. Le chemin conduit au site de l'abbaye de Bélapátfalva dont l'église a été conservée, restaurée, et qui apparaît presque intacte, nichée dans un petit vallon de verdure appuyé sur la falaise de calcaire qui a fourni des pierres pour la construction de l'abbaye et qui aujourd'hui alimente la cimenterie.

Vous trouverez là, à côté de l'**église** Ⓥ, les traces de l'abbaye dont les fondations ont été découvertes et mises au jour en 1964. L'évêque d'Eger, Kilit, fonda en 1232 l'abbaye de Bélháromkút ; plusieurs autres furent fondées par les moines de Cîteaux, dont celle des monts Pilis, Bélapátfalva. Sa construction fut interrompue par les Mongols, puis reprise à leur départ. Les moines séjournèrent à Bélapátfalva jusqu'à l'arrivée des Turcs. À cet endroit, ils défrichèrent, cultivèrent, creusèrent un étang pour s'alimenter en poissons pendant les périodes maigres. Les Turcs, puis les guerres de Religion chassèrent les moines. Ce n'est qu'au 18e s. que grâce à la ferveur d'un ermite l'évêque d'Eger fit restaurer l'église. De cette époque baroque datent le buffet d'orgue, la chaire, la sacristie, le maître-autel et les autels latéraux. On a repéré 35 griffes de maîtres tailleurs de pierre en différents endroits de l'église. Celle-ci compte parmi les œuvres répertoriées de l'art roman.

La route continue vers le Nord et offre un parcours très agréable à travers la forêt.

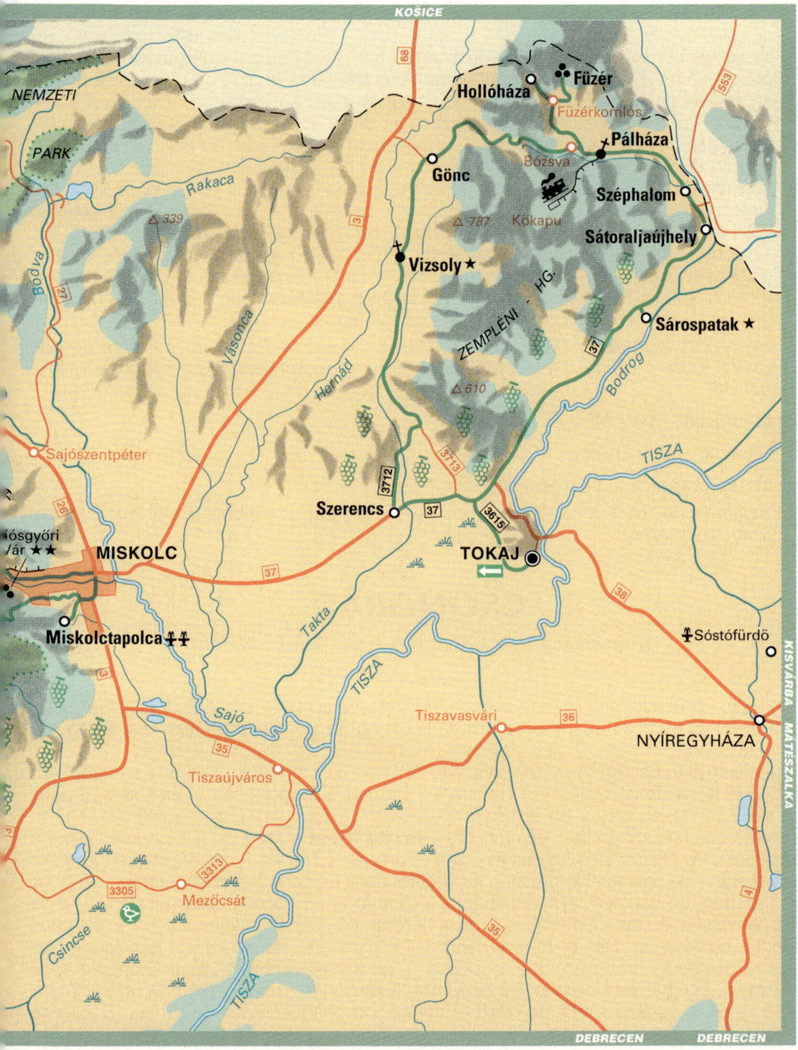

★ **Szilvásvárad** – La ville des fameux lipizzans, ces magnifiques chevaux à livrée blanche, mérite une visite. Ces chevaux sont venus de Lipizza en Slovénie, où leur élevage remonte au 16e s. Compte tenu de son intelligence, de sa force et de son endurance, le lipizzan est utilisé pour l'art équestre de haut niveau. Signalons au passage que les cavaliers de la célèbre École d'équitation espagnole de Vienne évoluent sur chevaux lippizans. Un **musée du Cheval** Ⓥ (Lipicai lótenyésztés-történeti kiállítás) expose des images, dessins et photos des plus célèbres de ces créatures. On peut également les voir ou plutôt les admirer soit lors des séances de dressage soit sur pâturage ou dans leurs stalles. Il est possible de les monter ou de prendre une leçon de conduite de *kocsi (voir Tata, Environs)*. Szilvásvárad est un haut lieu de l'attelage du deux, trois jusqu'au sept chevaux en mains. Tout se pratique avec art, les chevaux étant magnifiquement étrillés, peignés, brossés, harnachés, dans des « habits » de cuir très ouvragés. L'été, vous pourrez, en fin de semaine, assister à des démonstrations ou à des courses, spectacles populaires qui valent le temps d'un après-midi. L'ambiance est celle d'une grande kermesse. Beignets, *lángos* (sorte de pâte frite que l'on assaisonne d'huile et d'ail) et autres victuailles sont offerts tout au long des rues et des allées.

Se restaurer

Vadász Bisztró – *Kossuth u. 8, Répáshuta.* ☎ *46/390 159.* À 14 km de Lillafüred, dans le parc national des Bükk, restaurant traditionnel et populaire situé dans un petit village de campagne. Une bonne adresse pour rencontrer les paysans hongrois. Restaurant joliment décoré de bois de cerfs et de peaux de chèvres. Dépaysement assuré !

Szalajka – *Egri u. 2, Szilvásvárad.* On y mange de très bonnes truites vendues au poids.

Ce village est aussi une porte ouverte sur la forêt que l'on peut découvrir grâce à un petit train qui enthousiasme les enfants. Vous trouverez la gare en tournant à droite, à l'endroit où la rue Egri utca vire à 90° sur la gauche. Là vous pourrez garer votre voiture. Vous longerez ensuite un petit cours d'eau et après 150 à 200 m, vous verrez la gare. Le petit train prend des voyageurs une dizaine de fois par jour en saison. À bord de trois ou quatre wagons découverts, il vous entraîne dans une charmante promenade où les feuilles des arbres viennent vous caresser le visage et où vous découvrirez cascades, rivière, sentiers forestiers. Le train s'arrête à **Szalajka-Fátyolvízesés**. Si vous le souhaitez, vous reviendrez au point de départ de la même façon, mais il est aussi très agréable de faire le chemin du retour à pied. La promenade dure environ deux heures pendant lesquelles vous profiterez à la fois du calme et des bruits de la forêt. À **Szalajka**, voir le **musée de la Forêt** et la **grotte d'Istállóskő**, l'un des endroits de Hongrie où furent découvertes des poteries paléolithiques.

Reprendre la route n° 2506 vers le Nord. Peu avant Dédestapolcsány, prendre une petite route à droite, passer Mályinka et au prochain embranchement tourner à gauche.

⚲ **Lillafüred** – *Voir Miskolc.*

Miskolc – *Voir ce nom.*

⚲⚲ **Miskolctapolca** – *Voir Miskolc.*

Rejoindre la route n° 2505 qui ramène à Eger par une petite route qui traverse Bükkszentkereszt.

CSONGRÁD

Département de Csongrád – 20 000 habitants

Carte Michelin n° 925 F 10

Une ville, un fleuve, une grande avenue, où sont les 20 000 habitants ? C'est la question que l'on se pose quand on entre dans Csongrád pour la première fois, surtout à la belle saison.

Capitale royale, Csongrád ne se remit pas de l'invasion mongole. Détruite au début du 13e s., le siège de la royauté fut transféré à Szeged. Csongrád se mit en sommeil pour ne s'éveiller qu'au milieu du 20e s.

Ici, celle que l'on appelle la « gomme » des architectes se porte bien. Le long de l'avenue principale, les tilleuls, les platanes et d'autres arbres « effacent » des façades et donnent au voyageur de passage l'impression de circuler dans un parc. Petite coquetterie, au bout de l'avenue, un bâtiment sympathique, le « Gimnázium » (lycée), construit dans le style Art nouveau avec ses « majoliques », dans l'axe de Fő utca. Plus loin, la promenade vous conduit au Múzeum Ház et tout au long de ce parcours, des fleurs, de la pelouse, des arbres, des fleurs, une place, de la pelouse..., on ne sait pourquoi, mais Csongrád a du charme..., un charme à découvrir à bicyclette, le moyen de transport le plus utilisé. Csongrád se dit aussi être la ville du raisin et du vin, car chaque année du 13 au 15 août se déroulent les journées du vin.

Se loger

Manger et dormir, vivre dans une maison de pêcheur – Les maisons du village sont sobrement mais confortablement équipées, et très accessibles, pour ne pas dire bon marché. Pour pouvoir en disposer, il faut s'adresser à **Szeged Tourist** *(Fő utca 14)*. Huit types de maisons sont proposés.

Belsőváros – Pour louer une maison dans le **vieux village**, de 45 m^2 à 82 m^2, c'est-à-dire comprenant cuisine, salle de bains et de 1 à 4 chambres, il faut s'adresser bien à l'avance à Szeged Tourist. Les maisons sont toutes meublées et équipées.

Erzsébet Hotel – *Fő utca 3. ☎ 63/483 960. Fax 63/483 631. 13 chambres. Prix de l'ordre de 25 €.* Un hôtel classique en Hongrie, correctement équipé, mais au décor un peu sombre. Le restaurant sert les plats traditionnels, *gulyás*, ragoûts de bœuf, de porc, etc. Logement situé près des bains (tickets disponibles à l'hôtel).

Tisza Hotel – *Fő utca 23. ☎ et fax 63/483 594. 15 chambres avec TV de l'ordre de 40 €.* Plus récent, il est aussi placé sur l'avenue centrale et en plein milieu de la ville. Possibilité de soins dentaires et médicaux. Restaurant. Parking privé.

Ifjúsági Szálló – *Körös-torok Halász u. 30. ☎ et fax 63/474 842. De l'ordre de 6 € par personne.* Une auberge de jeunesse de bonne tenue située dans un joli cadre.

Si vous aimez vraiment la foule – Le **Körös-toroki partfürdő**, c'est le centre de loisirs-camping-baignade-jeux-plage, etc. situé au confluent des deux fleuves, à 300 m au-delà du vieux village. Dès les premiers rayons de soleil, la foule s'y presse profitant du sable et des eaux. Vous y trouverez les marchands de sandwichs, de *palacsinta* (crêpes), *lángos* (beignets salés qui peuvent recevoir différentes garnitures, du fromage râpé avec ou sans crème fraîche à l'ail écrasé dans de l'huile), etc.

Se restaurer

Kertvendéglő – *Dózsa Gy. tér.* Un bon restaurant où l'on sert au jardin l'été. La terrasse est en relation avec la piscine ouverte des bains. La cuisine y est simple et traditionnelle et comme toujours les portions sont plus que généreuses.

Kemence – *Öregvár utca 54, ☎ 63/383 340. Ouvert tous les jours de 12 h à 22 h.* Cette auberge est installée dans une ancienne maison de pêcheur. Aux beaux jours, on peut s'installer à l'extérieur. On y déguste d'excellents plats de poisson. Vous pourrez accompagner vos plats du vin rouge local, le *csongrádi kadarka*.

Fahídi (pont de bois) **pinceborozó** (restaurant-cave à vins) – *Kereszt tér 22. ☎ 63/470 061 ou 63/471 193.* Le décor se rapporte au nom, dans une cave voûtée, des tables de bois séparées par des cloisons ajourées également en bois. Spécialités de poisson et de plats *bográcsos* (cuits dans la marmite suspendue au-dessus du feu de bois) sur commande ou en fonction du hasard. Vin au tonneau ou en bouteille.

CURIOSITÉS

Gyógyfürdő és Uszoda – Les **thermes** sont accessibles par Dob utca. Un parc de 7 000 m^2, une source située à une profondeur de 1 091 m fournit l'eau à 46°. Les bains comprennent une piscine couverte pour l'hiver, une piscine de plein air également accessible dès le mois de juin jusqu'au 30 août (en semaine de 10 h à 22 h), une piscine pour enfants, un sauna. On y soigne les maladies articulaires, les rhumatismes et les maladies gynécologiques. Le cadre y est vieillot, la qualité des soins reconnue.

★ **Tari László Múzeum** Ⓥ – *Iskola utca 2.* Si l'on admire les visions d'un Széchenyi qui sut comprendre la nécessité de réguler les fleuves hongrois et notamment la Tisza, d'en préparer et d'en décider les travaux, on connaît mal les conditions de travail de ceux qui les réalisèrent. Au 19ᵉ s., les *kubikosok*, les terrassiers qui arrachèrent, transportèrent des milliers

MAGYAR KEPEK Kft

de tonnes de remblai pour contenir l'eau des fleuves vécurent une vie d'esclaves, travaillant de 12 à 16 h par jour dans la boue ou la poussière, mal payés, mal nourris, mal logés, loin de chez eux.
Le musée László Tari a été créé par un dentiste de Csongrád en hommage aux nombreux habitants qui ont quitté leur ville et leur région pour ces lointains chantiers.

Le vieux village – Au confluent de la Tisza et de son affluent le Kőrös et le Holt-Tisza, bras mort de la Tisza, la vocation de Csongrád qui s'affirme là a toujours été la pêche. On retrouve le village de pêcheurs tel qu'il était il y a 200 ans. Poursuivant Fő utca, on prend soit par Gróf Andrássy utca ou Gróf Apponyi Albert utca, puis Öregvár, et on atteint, après avoir longé les rives de la Tisza, l'extrémité de la ville et le musée-village.

★ **Múzeum-Ház** – *Gyökér utca 1.* Deux anciennes maisons reliées par un passage couvert de chaume. Dans l'une d'elles, avec sa cheminée ouverte, la chambre réservée aux personnes de passage, les objets de la vie quotidienne ; dans l'autre, vous découvrirez tout ce qui faisait partie de l'attirail du pêcheur.

DEBRECEN★

Département de Hajdú-Bihar – 210 000 habitants

Carte Michelin n° 925 D 13

Au milieu de grandes étendues, au centre de la région qui se trouve à l'Est de la Tisza, Debrecen est le pôle urbain de la région de l'Hortobágy, la *puszta* humide qui constitue le parc naturel de la grande plaine de l'Est-Sud-Est.
Ville protestante, ville de la Réforme, « Rome calviniste », Debrecen est qualifiée en Hongrie de ville « Civis », c'est-à-dire la ville au sens civique, la ville de la droiture, de la rigueur, la ville « citoyenne ».

UN PEU D'HISTOIRE

Dobre Zliem (sol fertile) était le nom attribué à cette région par les Slovaques qui y étaient installés dès avant le 9e s. Peut-être est-ce l'origine de Debrecen ?
La ville fut fondée au 14e s. par un chef militaire du roi Louis le Grand. Ce dernier lui conféra le titre de « ville du chant » en raison du nombre de chorales. La tradition se poursuit de nos jours. En 1405, le roi Zsigmond (Sigismond) lui accorda les mêmes droits qu'à Buda, entre autres celui de tenir trois foires par an ; un siècle plus tard, ce droit fut porté à huit.
Les bourgeois de Debrecen étaient propriétaires des grands domaines de la plaine occidentale que travaillaient les paysans. Ceux-ci, cavaliers, éleveurs de chevaux et de bétail, pouvaient conduire à plusieurs milliers de kilomètres les bêtes vendues à Debrecen. Les **hajdúk**, paysans-soldats, se sont aussi battus contre les Habsbourg.
À partir de 1536, les habitants de Debrecen optèrent pour la religion réformée. La ville devint un centre calviniste. En 1538, le **Collège réformé** fut fondé. En 1541, la première imprimerie au service de la Réforme fut créée. En 1693, Léopold Ier lui octroya le statut de ville royale indépendante.

MAGYAR KEPEK Kft
Lajos Kossuth

Sous les Habsbourg, la ville fut constamment menacée et incendiée à plusieurs reprises. Durant la révolution de 1848 et la lutte pour l'indépendance, Debrecen fut le siège de l'Assemblée nationale. En 1849, dans la grande église, fut voté le rejet de l'autorité impériale et la destitution de la maison des Habsbourg. **Lajos Kossuth** fut proclamé gouverneur de Hongrie. Mais après l'échec militaire, l'oppression autrichienne s'imposa à nouveau.
À partir de 1857, après la construction de la ligne de chemin de fer Debrecen-Szolnok, l'industrialisation du secteur commença (production de sucre, tabac, fabriques de meubles).
Après le traité de Trianon, Debrecen devint une ville frontalière où arrivèrent des milliers d'émigrés qui revenaient des territoires séparés.
Dans les derniers jours de décembre 1944, à l'initiative des Russes, un gouvernement provisoire fut installé à Debrecen. C'est ce gouvernement qui prépara les élections municipales et générales en septembre et en novembre 1945.

LA VILLE

Piac utca – La rue du Marché est l'artère principale de Debrecen. Elle part de la gare ferroviaire au Sud pour rejoindre Kálvin tér au Nord, la place principale de la ville. Son nom rappelle l'ancienne vocation de Debrecen, ville de foires et de marchés. Au 16e s., plus de 75 000 bêtes étaient vendues chaque année. Le bétail était conduit à destination de l'Europe entière par les *hajdúk*.

★ **Nagytemplom (Grande église)** – Elle s'impose surtout par ses dimensions. Elle peut accueillir près de 3 000 fidèles. Église réformée, c'est le plus grand sanctuaire protestant de Hongrie. Peut-être aurez-vous la chance d'y entendre le grand orgue qui est souvent utilisé pour des répétitions. C'est dans cette église que le fauteuil de Kossuth Lajos est conservé.

★ **Református Teológiai Akadémia (Collège réformé)** – Cet édifice fut bâti dans le style classique entre 1803 et 1816, puis agrandi entre 1870 et 1874. Dès le Moyen Âge, cette école eut une grande renommée. Elle fut et resta longtemps le plus important établissement d'éducation du Nord de la Hongrie, aidé et soutenu par la noblesse, mais aussi par les financiers de l'époque et bien sûr par l'Église réformée.
Avant la construction du collège actuel, l'école existait sur le même emplacement. Jusqu'à la fin du 18e s., la discipline y était sévère, les élèves devaient se lever à 3 h du matin.

★ **Musée** – Il est essentiellement consacré à l'histoire du collège dont le renom était tel que les étudiants venaient de presque tous les pays d'Europe. Au rez-de-chaussée est également présentée une belle **collection d'objets religieux★**. On y voit notamment des **kopjafa**, sortes de totems en bois taillé marquant l'emplacement des sépultures.
Sur les murs de l'escalier qui conduit à la bibliothèque et à l'oratoire, des fresques (1938) racontent l'histoire du collège. Un vitrail sur le palier du second étage évoque la mémoire d'un ancien étudiant devenu un mathématicien célèbre. Orwald Thoroczkai dirigea le département de philosophie et de mathématiques.

★ **Bibliothèque** – Elle abrite le plus grand nombre de documents concernant l'Église réformée. On compte plus de 500 000 volumes dont près de 200 versions et traductions différentes de la Bible.

MAGYAR KEPEK Kft

Debrecen – Bibliothèque du Collège réformé

★ **Oratoire** – Lieu de naissance du calvinisme hongrois, Debrecen est une ville soucieuse de son indépendance, qui a toujours affirmé sa volonté de liberté. Il n'est donc pas étonnant que ce soit à Debrecen que les Hongrois proclamèrent la destitution de la maison des Habsbourg. Ce fut dans l'oratoire que le Parlement proclamé de Hongrie vota cette décision au mois de mai 1849. Les noms des députés présents à cette assemblée sont inscrits sur des plaques de cuivre, y compris celui de Lajos Kossuth. De la même façon, en 1944, l'Assemblée provisoire s'établit à Debrecen en attendant que Budapest et la Hongrie soient libérées.

Se loger

Centrum Panzió – *Péterfia u. ☎ 52/416 193. 20 chambres de 35 à 61 €.* Dans le centre-ville, petit hôtel coquet, propre et moderne, avec chambres donnant sur jardin.

Péterfia Pension – *Péterfia u. 37. ☎ 52/423 582. 18 chambres de l'ordre de 31 €.* Situé à côté de l'hôtel précédent. Chambres modernes.

Grand Hotel Aranybika – *Piac u. 11-15. ☎ 52/416 777. 237 chambres de 57 à 69 €.* Immense hôtel étalant sa façade de 300 ans sur la principale artère de la ville. C'est l'un des plus vieux hôtels de la ville. Le hall d'entrée et le restaurant de style Art nouveau sont splendides. Les meilleures chambres donnent sur la rue, bruyantes cependant.

Se restaurer

Dante – *Piac u. 22. ☎ 52/451 806.* Restaurant à la mode dans un décor à l'italienne. Cuisine hongroise et internationale. De nombreux vins à la carte. Assez cher.

Halásztanya Étterem – *Piac u. 70-74. ☎ 52/410 106.* La façade n'a rien d'engageant, mais derrière se cache un excellent restaurant de poisson. Joli décor traditionnel.

Flaska Sörözö – *Miklós u. 4. ☎ 52/414 582.* Dans une cave voûtée, un petit restaurant de quartier, fréquenté principalement par les « locaux ». Très bon marché. Peut-être la meilleure adresse.

Városháza Étterem – *Piac u. 20. ☎ 52/444 767.* Cuisine hongroise et internationale. Menus de 8 à 23 €.

★★ **Déri Múzeum** – Sur la place devant le musée, quatre sculptures de Ferenc Medgyessy représentent la Science, l'Art, l'Archéologie et l'Ethnographie.
Le musée tient son nom du principal donateur, **Frigyes Déri**, mort en 1924, qui n'avait aucun lien particulier avec Debrecen. Né en Hongrie, Frigyes Déri fit ses études à Vienne et fabriqua des tissus de soie. Collectionneur, il manifesta sa volonté de faire don de ses collections à un musée public situé dans une ville universitaire. Le musée fut édifié entre 1926 et 1928. Il abrite aujourd'hui différentes collections, une galerie de peinture, une collection d'Extrême-Orient, des collections antiques archéologiques et ethnographiques, un musée de la faune et de la nature. La partie consacrée à la vie quotidienne à Debrecen est très intéressante. Le **triptyque**★★ de Mihály Munkácsy est l'une des pièces maîtresses du musée. Le premier panneau, *Le Christ devant Pilate*, fut livré en 1881 et exposé dans plusieurs villes d'Europe. Munkácsy termina le second panneau, *Golgotha*, en 1884. Puis les deux panneaux furent ensuite exposés aux États-Unis et présentés par l'artiste lui-même. Un entrepreneur de Philadelphie les acheta par la suite et les exposa tous les ans au moment des fêtes de Pâques. Cette tradition dura jusqu'en 1988, date à laquelle ils furent mis en vente aux enchères chez Sotheby's à New York. Un Hongrois, propriétaire d'une galerie d'art, acheta *Golgotha* ; quant au *Christ devant Pilate*, il fut acheté par un musée de Toronto. Prêtés au musée Déri, ils ont rejoint les États-Unis en 2001.

Nagyerdő – C'est une zone boisée qui s'étend au Nord de la ville, dont une partie a été urbanisée notamment pour y installer la faculté de médecine. Une zone résidentielle s'est implantée dans cette partie verte de la ville.

DUNAKANYAR★★★

Courbe du DANUBE – Départements de Pest et Komárom-Esztergom

Carte Michelin n° 925 D 8, C 8 et 7

Duna, le Danube... Le beau Danube ? Oui, toujours, dans les paysages romantiques de sa courbe, le Danube est plus que jamais le beau Danube... Parti de la Forêt-Noire où l'on discute du véritable lieu de sa naissance, le Danube est le fleuve cosmopolite qui relie l'Occident à l'Asie. Suivant un parallèle, il s'écoule d'Ouest en Est, traverse le Sud de l'Allemagne, l'Autriche, visite Bratislava, parcourt quelques kilomètres en République tchèque et suivant les directives du traité de Versailles dessine la frontière entre la Slovaquie actuelle (à l'époque Tchécoslovaquie) et la Hongrie. Là il évite par le Nord les monts du Gerecse, s'enfonce donc entre les Pilis et les monts du Börzsöny, enveloppe l'île de Szentendre, après quoi il se laisse aller, admire au passage la capitale, lui fait le magnifique cadeau d'un miroir à sa mesure et après l'avoir servie, descend..., descend vers le Sud en traversant la Grande Plaine... Dunakanyar, c'est le mot hongrois pour désigner cette inflexion magnifique que l'on traduit par boucle du Danube, coude du Danube ou courbe du Danube. C'est cette dernière expression que nous retiendrons car elle correspond au terme hongrois. Quittant Esztergom, la ville du couronnement, le Danube « vire » plein Sud. Le deuxième fleuve d'Europe, qui a coulé sans rencontrer trop de grands obstacles depuis sa source, donne ici l'impression d'avoir senti l'appel de la Grande Plaine et de s'être laissé tenter par le farniente.

LA COURBE DU DANUBE EN VOITURE

Circuit au départ de Budapest – 140 km – compter une journée

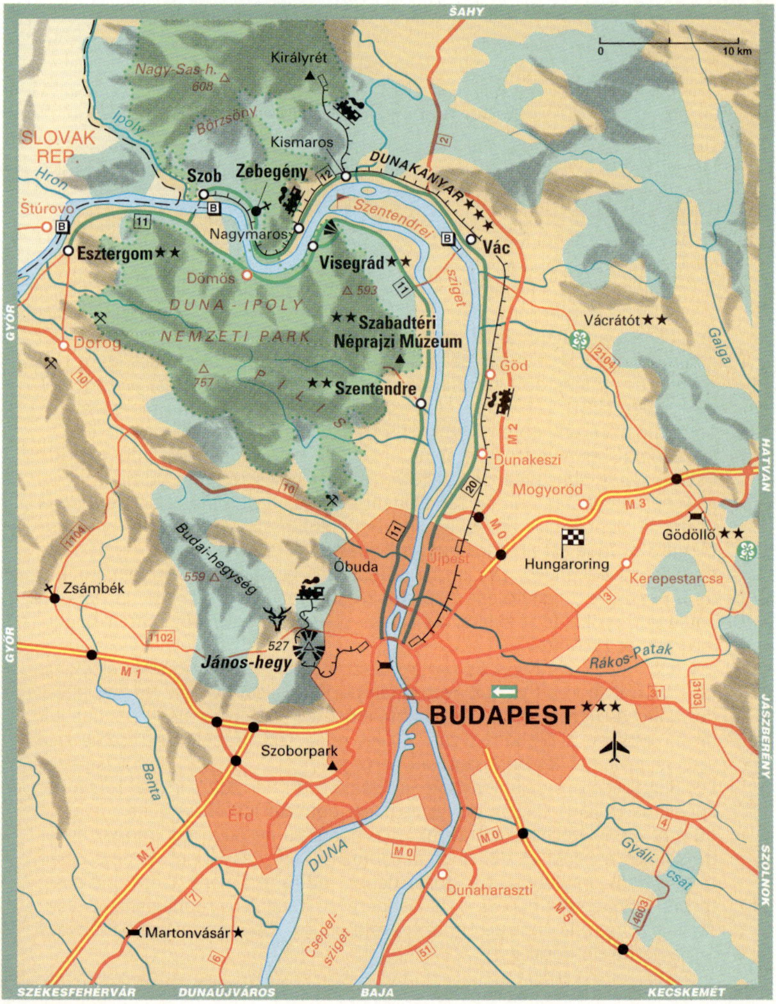

La rive droite jusqu'à Esztergom

★★★ **Budapest** – *Voir ce nom.*

Quitter Budapest par la rive droite en longeant le Danube et prendre la route n° 11 en direction de Szentendre.

La route traverse Óbuda et de grands ensembles d'habitation avant de longer les ruines romaines d'Aquincum.

★★ **Szentendre** – *Voir ce nom.*

★★ **Visegrád** – *Voir ce nom.*

C'est du haut de Visegrád que la **vue**★★★ est la plus spectaculaire sur la courbe du Danube.
Ce n'est pas pour rien que rois et reines y construisirent châteaux et résidences. Il y avait bien entendu des raisons stratégiques, mais il y avait surtout la beauté et la richesse du site. Les nombreux souverains qui furent reçus au palais dont la réputation s'étendait à toute l'Europe eurent, comme vous l'aurez, tout loisir d'admirer le site et ce fleuve dont le cours ici se ralentit avant d'aller caresser l'île de Szentendre. Au pied du château fort, l'agglomération de Visegrád et le palais de Charles-Robert d'Anjou, la tour Salomon, et en face Nagymaros entre le fleuve et le mont Zebegény.
De ce point de vue, vous pourrez également voir ce qui reste, côté hongrois, du barrage de Nagymaros.

Après Dömös, la route arrive en vue de la Slovaquie qui s'étend de l'autre côté du fleuve.

★★ **Esztergom** – *Voir ce nom.*

Le barrage de Bős-Nagymaros

Une vieille histoire commencée dans la fraternité des régimes communistes. Le barrage n'a pas été réalisé comme prévu, l'histoire n'est pas terminée, quelques différends subsistent entre les protagonistes.
Au départ, deux principaux partenaires, la Tchécoslovaquie et la Hongrie ; un troisième, l'Autriche, apportait des moyens qui devaient être remboursés sous forme d'électricité.
À l'origine, l'idée s'inspirait de cette volonté de dompter la nature grâce à la science et à la force des outils forgés par l'homme. Le spectacle des grands travaux illustrait le rêve de puissance affirmé dans le travail en commun. Cela participait de la marche vers l'âge d'or. L'idée date des premières années de l'installation des régimes communistes, juste avant les années 1950. Les études, les prises de décisions, les premiers travaux ne commencèrent qu'en 1983. Les travaux, sérieusement contestés par les écologistes hongrois, étaient en cours lors de la chute du mur de Berlin. Autre conséquence de l'effondrement des régimes communistes, la Tchécoslovaquie qui, en se scindant en deux a donné naissance à deux États, la République tchèque et la République slovaque. Seule la République slovaque est aujourd'hui impliquée dans la construction du barrage et ses conséquences. Les protestations des écologistes tiennent au fait qu'à l'endroit où devraient être stockées les eaux du barrage, le Danube coule sur un lit de graviers, de sables et de couches sédimentaires perméables et filtrantes.
Les eaux du fleuve ralenties par le barrage déposeraient alors les éléments qu'elles transportent et qui, avec le temps, pourraient obturer les interstices des couches filtrantes. La nappe phréatique qui s'étend sous le Danube est dit-on estimée à 60 km^3 d'eau ; c'est donc cette fabuleuse réserve que veulent protéger les opposants au barrage.
Les Slovaques ont déjà construit un élément du barrage sur leur territoire, appelé barrage de Gabcikovo. Ils estiment que leur investissement qui aurait dû être complété par les travaux côté hongrois ne peut leur rapporter les dividendes espérés et demandent compensation. Les Hongrois ne souhaitent pas poursuivre cette construction qu'ils estiment trop onéreuse, technologiquement dépassée, et dangereuse pour l'environnement, ils voudraient rompre le contrat. Un casse-tête pour la Cour de justice de la Haye qui a hérité du dossier...

La rive gauche

Le retour à Budapest peut s'effectuer par la rive gauche du Danube. En plusieurs endroits, la corniche qui domine le fleuve découvre la rive opposée et ses reliefs. En fin d'après-midi, dès les beaux jours, de splendides éclairages donnent à ces paysages un éclat particulier. Là encore, le rêve peut apporter une autre lumière. Sur cette rive, de nombreuses résidences appartenaient aux seigneurs et dames de cour qui profitaient là de la beauté des sites, du gibier, des forêts, de la richesse de la terre.

Reprendre la route n° 11 en sens inverse. À Basaharc, tourner à gauche dans une petite route et prendre le bac pour rejoindre la rive gauche du fleuve.

Szob – Poste frontière vers la Slovaquie. Voir le **musée du Börzsöny** ⓥ (Börzsöny Múzeum) qui expose l'histoire du pays (objets trouvés dans les fouilles archéologiques), la vie du pays, la faune, la flore...

Poursuivre sur la route n° 12 qui longe le Danube.

Zebegény – Cette petite bourgade respire le calme. On y vient pour se reposer et passer des vacances en famille. Elle mérite un arrêt pour visiter l'**église paroissiale** *(Petőfi tér)* conçue par l'architecte Károly Kós. Celle-ci date de 1909, c'est un exemple du style Art nouveau. L'extérieur est simple et bien proportionné. L'intérieur, très décoré, s'inspire de l'art populaire. Il a été peint par les étudiants de l'École supérieure des arts décoratifs sous la direction de Aladár Kriesch. Au-dessus de l'autel, l'*Apothéose de la Sainte Croix* est entourée de guirlandes florales. Il se trouve que Zebegény a été la résidence permanente d'un peintre hongrois du 20e s. dont la maison a été transformée en musée où se tient chaque été un cours de dessin et de peinture. Le jardin sert de terrain de camping pour les jeunes artistes.

Nagymaros – Célèbre pour le nom du barrage, mais aussi pour ses fruits rouges et la culture des framboises, aujourd'hui exploitées pour faire des confitures et des sirops.

Kismaros – Un petit train vous conduit sur 8 km au Királyrét (le Champ du Roi) en traversant la vallée du Morgó. Le Champ du Roi est un creux au milieu de collines où dans un étang se baignait la belle Béatrice d'Aragon, épouse du roi Mathias Corvin.

Vác – *Voir ce nom.*

La route n° 20 ramène à Budapest en traversant le faubourg industriel d'Újpest.

LA COURBE DU DANUBE EN BATEAU DEPUIS BUDAPEST

Embarcadère côté Pest : Belgrád Rakpart près de Vigadó tér.

Un moyen agréable d'appréhender ce parcours magnifique et d'avoir une tout autre vision des paysages est de faire cette excursion en bateau.
Certaines excursions comprennent un arrêt à Visegrád, d'autres vont jusqu'à Esztergom. Certains bateaux font uniquement l'aller et retour sans escale de Budapest à Visegrád. Nous conseillons le parcours complet jusqu'à Esztergom *(compter au moins 5 h)*. Prendre un bateau tôt le matin.
Le voyage est frais et confortable. Après avoir traversé la partie Nord de la capitale, l'île de Szentendre est vite atteinte. Naviguant sur l'un des bras du fleuve qui enserre l'île, le bateau la côtoie sur quelques kilomètres avant de s'avancer sur le Danube qui s'offre ici dans sa toute sa grandeur entre Nagymaros et Visegrád. Le bateau se glisse ensuite entre les monts Börzsöny et les monts Pilis, longe la rive slovaque et la ville de Štúrovo avant d'atteindre Esztergom annoncée par sa basilique monumentale qui semble veiller sur le fleuve.

EGER★★

Département de Heves – 65 000 habitants

Carte Michelin n° 925 C 11 – Schéma : BÜKK

Une belle ville, séduisante, installée au creux des très beaux massifs montagneux des Bükk et des Mátra qui la protègent des vents du Nord et lui offrent un climat qui plaît à la vigne, telle se présente Eger. La réputation du vin qui rend fort, l'**egri bikavér** ou « sang de taureau », n'est plus à faire. Le héros de la lutte contre les Turcs, István Dobó, en faisait boire à ses hommes pour leur donner des forces, mais l'histoire ne dit pas si les femmes d'Eger n'ont pas, elles aussi, usé de cette potion magique pour participer à la lutte.
Le 18e s. sera le siècle de la renaissance de Eger qui prendra alors son visage actuel de ville baroque. Un visage qui charme tout visiteur.

Un grand capitaine – Né en 1500, mort en 1572, **István Dobó** fut un capitaine émérite mais aussi et tout simplement un homme de caractère. Propriétaire terrien du Nord de la Hongrie, il commanda diverses forteresses. À partir de 1549, il devint le commandant de la place d'Eger. Devant la menace turque qui étendait chaque jour son empire sur les territoires de Hongrie, il prit conscience du danger et de la nécessité de renforcer les défenses de la ville. Malgré la défaite des Turcs, et donc malgré sa victoire qui retentit au-delà des frontières, il n'en tira ni gloire ni honneur, au contraire il démissionna de son poste estimant que l'aide attendue n'était pas venue à la rescousse. Il accepta le poste de voïvode de Transylvanie. Déçu par l'attitude des Habsbourg et la faiblesse des forces militaires, ce qu'il exprimait à haute voix, il fut bientôt soupçonné de conspiration et, en 1569, jeté en prison. Il n'en sortit que peu de temps avant sa mort.

HEURS ET MALHEURS

Cette région a toujours attiré l'homme dont les premières traces connues remontent au néolithique. Par la suite, les ancêtres des Hongrois qui occupèrent le bassin des Carpates s'arrêtèrent dans cette vallée où coulait le ruisseau que l'on appelle aujourd'hui Eger. Le roi Étienne (István), qui au 11e s. organisa le territoire de Hongrie autour des églises, en fit un évêché. L'invasion mongole de 1241 abandonna une ville détruite vidée de ses habitants, massacrés ou enlevés. La région fut repeuplée par des familles venues des pays d'Europe occidentale. Populations arrivées de France, d'Italie, d'Europe du Nord qui participèrent à faire de Eger un centre de culture influencé par les idées de la Renaissance. La résistance de la ville face aux Turcs arrêta, dit-on, l'expansion ottomane, même si la défaite de 1596 leur permit de s'installer dans la place. À noter que cette fois la défense était assurée par des mercenaires étrangers qui se rendirent sans résistance sur la promesse d'être épargnés et laissés libres. La promesse ne fut pas tenue, une partie d'entre eux fut massacrée, l'autre jetée en prison, et pendant 90 années, Eger resta sous la domination des Turcs qui l'aménagèrent selon leurs coutumes et besoins. Ils construisirent mosquées et bains dont il ne reste qu'un témoin bien visible, le minaret, sans compter quelques vestiges.
1687 fut l'année de la libération d'Eger. Cette fois, les 4 000 Turcs résistèrent 4 mois, puis furent autorisés à quitter librement la ville. En 1690, Eger comptait entre 3 000 et 4 000 habitants. L'empereur Léopold Ier de Habsbourg fit sauter le château au début

La ville du vin qui honore ses femmes

Les Turcs assiégèrent Eger en 1552. Ils étaient, dit-on, plus de 100 000 devant la ville défendue par 2 000 soldats. Dobó, commandant des troupes hongroises, ouvrit les caves et perça les tonneaux pour ses hommes barbus qui accueillaient les soldats turcs sans s'être poliment essuyé la bouche. Le « rouge » colorant poils et lèvres fit croire aux hommes du sultan que les Hongrois puisaient leurs forces en s'abreuvant de sang de taureau, baptisant à jamais, si l'on peut dire, le vin d'Eger, l'*egri bikavér*, « sang de taureau ».
2 000 hommes pour résister à 100 000 Turcs, c'est peu même si l'on ne connaît pas le dicton, aussi les femmes d'Eger s'empressèrent-elles de venir aider leurs hommes. Elles s'employèrent non seulement à leur préparer la nourriture et à leur servir du vin, mais aussi à faire bouillir l'huile et la poix qu'elles allaient déverser sur les assaillants. Et maintenant que l'histoire est connue, il serait juste de modifier le proverbe « fort comme un Turc » pour dire « fort comme une femme d'Eger » associant ainsi masculin et féminin car les hommes n'avaient pas démérité. Un très beau tableau, *Les Femmes d'Eger*, de Bertalan Székely, se trouve dans la galerie de peinture du château.

du 18e s. craignant que cette ville fortifiée ne devienne un foyer de résistance pour l'indépendance de la Hongrie. Ferenc Rákóczi II sera le héros malheureux de cette lutte, qui *a posteriori* justifiera les craintes des Autrichiens *(voir Sárospatak)*.

★★ VÁR (CHÂTEAU)

Le plus simple pour prendre connaissance d'Eger est de se rendre au château. Celui-ci est facilement repérable puisqu'il domine la ville. L'accès se fait par la Dózsa György tér jusqu'au pied des remparts. De là, un court raidillon mène à la porte Sud et à l'intérieur de l'enceinte fortifiée.

Visite

Le chemin de ronde que vous pouvez parcourir donne de magnifiques **points de vue★★** sur la ville. Au passage, vous verrez la **tombe de Gárdonyi Géza** (Gárdonyi Géza sírja) où l'inscription prévient le lecteur : « Seul le corps repose ici. » Gárdonyi Géza est l'auteur célèbre d'un livre étudié dans les écoles, qui raconte l'histoire du siège d'Eger : *Éclipse du croissant de lune montant*, ou plus simplement pour certains traducteurs : *Les Étoiles d'Eger*.

Ruines de Szent János – La **cathédrale St-Jean**, commencée au 11e s., marquait l'importance du diocèse d'Eger. Construction romane détruite par les Mongols, reprise à la fin du 15e s., la reconstruction en style gothique fut arrêtée à cause d'un incendie. Par la suite, les pierres servirent au renforcement des défenses et en 1552 l'explosion d'une réserve de poudre à canon souffla ce qui restait de la cathédrale.

★★ **Kazamaták** Ⓥ – Sous les fondations de la cathédrale, la visite sur plusieurs niveaux des **souterrains** et **casemates** est à faire. C'est un réseau impressionnant de couloirs, de salles, de dépôts, où l'on vous expliquera comment on décelait les tentatives turques pour faire sauter le château en creusant des tunnels pour y introduire des explosifs. De simples pois chiches posés sur une peau de tambour tendue, qui réagissaient au moindre mouvement de l'air ébranlé par chaque coup donné par les assaillants, informaient les assiégés de leur activité.

Dobó István Múzeum Ⓥ – Dans l'ancien palais épiscopal, on peut rendre hommage au valeureux capitaine en visitant le musée du château qui porte son nom.
Au rez-de-chaussée, dans la salle des Héros, statue de Dobó. À l'étage sont exposés meubles, objets, tapisseries provenant du château ainsi que des maquettes présentant les différentes étapes de l'histoire du tertre.

Revault/PIX

Eger – Ancien palais épiscopal

★ **Egri Képtár (Galerie de peinture)** – Installée dans le bâtiment à gauche du musée Dobó, elle mérite une visite, non seulement pour y découvrir le fameux tableau de Bertalan Székely, *Les Femmes d'Eger*, mais aussi un ensemble de toiles des 16e, 17e et 18e s. des écoles italiennes et hollandaises ainsi que des œuvres de la peinture hongroise des 18e, 19e et début du 20e s., entre autres de très beaux tableaux Mihály Munkácsy.

EGER

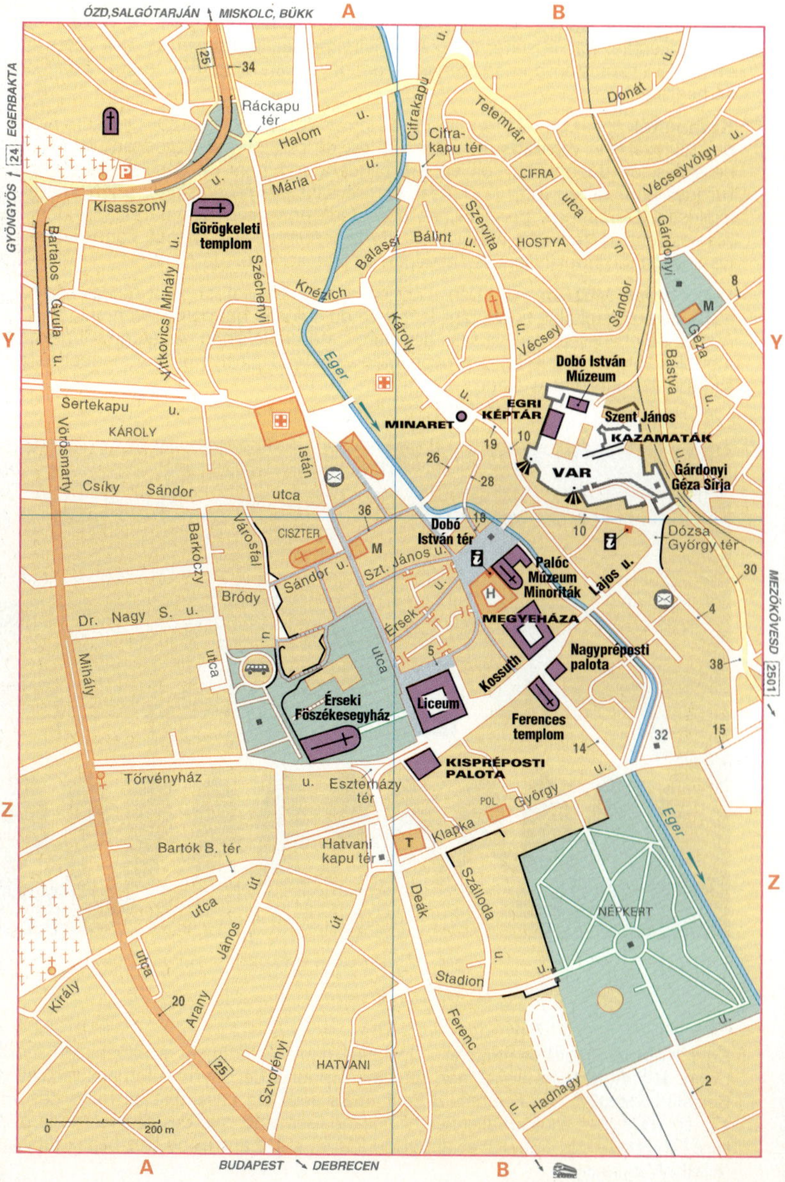

ÓZD,SALGÓTARJÁN MISKOLC, BÜKK
EGERBAKTA
GYÖNGYÖS 24
MEZŐKÖVESD 2501
BUDAPEST DEBRECEN
Ráckapu tér
Halom
Mária
Cifrakapu
Cifra-kapu tér
Tetemvár
CIFRA
Vécseyvölgy
Donát
Kisasszony
Görögkeleti templom
Bartalos Gyula u.
Mihály
Széchenyi
Knézich
Balassi Bálint u.
Szervita
HOSTYA
Gárdonyi
Károly
Vécsey
Sándor
Dobó István Múzeum
EGRI KÉPTÁR
MINARET
Szent János
KAZAMATÁK
VAR
Gárdonyi Géza Sírja
Bástya
Géza
Sertekapu u.
KÁROLY
Vörösmarty
Csíky Sándor utca
István
Eger
CISZTER
Városfal
Barkóczy
Bródy
Dr. Nagy S. u.
Dobó István tér
Szt. János u.
Palóc Múzeum
Minoriták
Lajos u.
Dózsa György tér
MEGYEHÁZA
Nagypréposti palota
Kossuth
Érsek
Liceum
Érseki Főszékesegyház
Ferences templom
KISPRÉPOSTI PALOTA
Törvényház
Eszterházy tér
György
Klapka
POL
Bartók B. tér
Hatvani kapu tér
Deák
Szálloda
Stadion
NÉPKERT
Ferenc
Hadnagy
Király
Arany János utca
HATVANI
Szvorényi
200 m

LE CENTRE-VILLE

Du château, redescendre par Dózsa György tér, où au n° 1 vous pourrez voir les **ruines d'un bain turc** (Török Fürdő maradványai). Prendre ensuite Kossuth Lajos utca et traverser **Eger patak** (le ruisseau d'Eger).

Kossuth Lajos utca – Dans cette rue se trouvent plusieurs maisons devant lesquelles il est intéressant de s'arrêter.

★★ **Megyeháza** – *N° 9.* La **maison du département** date des années 1750, elle a été conçue par un architecte viennois. Admirer le travail de Heinrik Fazola, notamment la grille au-dessus de la porte principale avec les représentations de la Foi, de l'Espérance et de la Charité. Dans le passage, deux autres **grilles**★★ en fer forgé sont les éléments les plus connus et les plus justement célèbres de la ferronnerie hongroise.

Nagypréposti palota – *N° 16.* Le **palais du Grand Prévôt** est un bâtiment de style baroque abritant la bibliothèque départementale.

Ferences templom – L'**église des Franciscains** est une église baroque à une seule nef construite vers la moitié du 18e s. avec les restes d'une mosquée turque.

★★ **Kispréposti palota** – *N° 4.* Le **palais du Petit Prévôt** est une réalisation rococo construite en 1758 avec façade de pierres taillées en assemblages savants de courbes, balcons de fer forgé de Fazola.

Érseki Főszékesegyház – La **basilique** est une énorme bâtisse néo-classique conçue par le même architecte que celle d'Esztergom. On y accède par un escalier monumental bordé de statues (saint Pierre et saint Paul à gauche, saint Étienne et saint Ladislas à droite). Un grand portique à six colonnes corinthiennes et fronton s'impose à l'entrée. L'intérieur est très sobre.

MAGYAR KEPEK Kft

Líceum Ⓥ – Le Líceum, ancienne école normale qui fut durant un temps le lycée Ho Chi Minh, mérite une visite pour sa bibliothèque et son observatoire.

★★ **Bibliothèque** – *1er étage, porte n° 48.* Fondée par l'évêque Charles Esterházy, la bibliothèque archidiocésaine ouvrit ses portes le 28 décembre 1793. Elle compte actuellement plus de 130 000 volumes d'une très grande richesse comme des manuscrits du Moyen Âge, des incunables, des ouvrages des 16e, 17e et 18e s., et la seule lettre écrite par Mozart sur le sol hongrois. Le mobilier de style Régence qui accueille les livres a été taillé dans le chêne par un artisan local. La bibliothèque est aussi intéressante pour son **plafond peint** qui est l'une des fresques les plus appréciées de Hongrie. Johann Kracker a représenté une réunion du célèbre concile de Trente (Italie) qui s'est tenu entre 1545 et 1563 et qui a changé la face de l'Église. C'est la dernière œuvre de Kracker, qu'il réalisa avec l'aide de son gendre : 132 personnages sont représentés, la plupart sont des personnalités connues. Le peintre s'est lui-même représenté à gauche de l'évêque sous les traits d'un personnage moustachu, debout, tenant une lance.

Observatoire – *6e étage.* Le petit musée astronomique rassemble divers instruments de mesure.

Camera obscura – *9e étage.* Le mystère de la chambre noire vous sera révélé dans une pièce obscure où l'on vous montrera un panorama de la ville, reflété sur un plan par l'intermédiaire d'un jeu de miroirs.

En sortant du lycée, prendre à droite Bajcsy-Zsilinszky utca.

★ **Dobó István tér** – C'est la place principale au centre de laquelle est placée la statue du héros local et national, défenseur de la cité et vainqueur des Turcs.

Minorita templom Ⓥ – Intégrée dans les façades des immeubles du côté Sud de la place, l'**église des Frères mineurs** est un bel exemple de l'art baroque. Sa construction demanda 15 années à partir de 1758. Au-dessus du maître-autel, un tableau représentant la Vierge et saint Antoine est l'œuvre de Johann Kracker.

Palóc Múzeum – L'**exposition de l'art populaire palóc** se tient à côté de l'église dans la maison des Frères mineurs. On y voit quelques chefs-d'œuvre réalisés par l'ethnie *palóc*, concentrée principalement à l'Ouest d'Eger : tissus, couvre-lits, meubles peints, sculptures de bergers.

Quitter la place vers le Nord et prendre Gerl utca puis Mecset utca.

★ **Minaret** Ⓥ – Le seul vestige très bien conservé de la présence turque : 14 faces et 40 m de hauteur.

Se loger

La Casa Panzió – *Cecey Éva u. 32. ☎ et fax 36/413 573. 5 chambres de l'ordre de 28 €.* Sur les hauteurs de la ville, *panzió* joliment décorée. Chambres coquettes. Petit-déjeuner servi dans le jardin.
Juste à côté, *panzió* **Cecey**, plus moderne, au confort et prix similaires.

Panoráma Panzió – *Joó János u. 9. ☎ et fax 36/420 531. 7 chambres de 35 à 40 €. Panzió* avec vue panoramique sur la ville. Chambres propres et modernes. Sauna et salle de musculation. Juste à côté, *panzió* **Siesta** un peu moins chère mais sans la vue !

Minaret – *Knézich Károly u. 4. ☎ 36/410 020. Fax 36/410 473. 38 chambres de 35 à 40 €.* Un hôtel de très bon confort situé devant le minaret. Restaurant de qualité dans une cave.

Senator Ház – *Dobó tér 11. ☎ 36/320 466. Fax 36/320 466. 11 chambres de 35 à 55 €.* Notre meilleure adresse. Situé sur la place centrale et historique de la ville, charmante petite maison datant du 18e s. Service de qualité.

Offí Ház Hotel – *Dobó tér 5. ☎ 36/311 005. Chambres de 65 à 75 €.* À côté du Senator Ház, un petit hôtel au charme ancien.

Se restaurer

Fehérszarvas Vadásztanya – *Klapka György u. 8. ☎ 36/411 129.* Restaurant le plus connu et le plus fréquenté de la ville. Décor traditionnel. Spécialités de grillades et musique hongroise.

HBH Bajor Sörház – *Bajcsy Zsilinszky. ☎ 36/316 312.* Dans le centre historique d'Eger, excellent restaurant spécialisé dans la cuisine hongroise et bavaroise.

Ködmön Csárda – *Szépasszony-völgy. ☎ 36/413 172.* Dans la « vallée de la Belle Femme », qui regroupe de nombreux restaurants et caves à vins, grande auberge traditionnelle proposant de nombreux plats et vins hongrois. Musique et danses folkloriques. Très touristique l'été.

Jóbarát Kisvendéglő – *Bródy S. u. ☎ 36/410 496.* Restaurant traditionnel, simple et bon marché.

Dobos – *Széchenyi u. 6. ☎ 36/413 335.* Un salon de thé très prisé. Grande salle luxueuse avec lustres et miroir. Une bonne halte l'après-midi.

Balla Család – *Szépasszony-völgy. ☎ 36/313 297.* Dans la « vallée de la Belle Femme ». Vous pourrez goûter le fameux egri bikavér ou fameux « sang du taureau ». La buvette Balla permet même de se restaurer.

AUTRE CURIOSITÉ

Görögkeleti templom – *Széchenyi utca 55, à 1 km environ du centre sur une partie haute de la ville.* L'**église orthodoxe**, appelée aussi église serbe, date de la fin du 18e s. Sa construction controversée ne put aboutir que grâce à l'autorisation de l'empereur Joseph II. Une belle **iconostase★** en bois sculpté décorée d'images peintes récompensera ceux qui auront fait le déplacement.

EXCURSION

★★ **Bükk** – *Voir ce nom.*

ESZTERGOM★★

Département de Komárom–Esztergom – 33 789 habitants

Carte Michelin n° 925 C 7 – 66 km au Nord-Ouest de Budapest
Schéma : DUNAKANYAR

Esztergom, ville royale, reine du Danube. Le Danube, après avoir quitté Vienne, effleuré Győr, traversé Komárom, évité la partie Nord des monts de Gerecse, trace calmement son lit d'Ouest en Est et dessine la frontière Nord de l'actuelle Hongrie. Il se prosterne au pied d'Esztergom, se fraye un passage entre les massifs des monts Pilis et Börzsöny, se cogne aux collines de Cserhát, puis, fatigué, vire à 90 degrés, formant la fameuse boucle ou **courbe du Danube** (Dunakanyar) pour s'écouler vers le Sud. Esztergom est la dernière grande ville avant Budapest installée sur la rive droite. Posée sur deux collines séparées par un petit affluent du Danube, Esztergom, royale, regarde couler le fleuve de haut.

La fondation de l'État – Résidence royale durant trois siècles, capitale religieuse de la Hongrie, la ville a été le haut lieu du catholicisme hongrois pendant plus de mille ans et reste le siège de l'archevêque primat de Hongrie.
La colline du Château est habitée depuis 350 avant J.-C. Les Celtes y avaient installé une cité et les Romains ont occupé ce site jusqu'au 4e s., y implantant un des camps importants des *limes*. Solva Mansio, nom de cette colonie romaine, reçut Marc Aurèle. Cet empereur-philosophe y aurait séjourné à plusieurs reprises et écrit une partie de ses *Pensées*.

Mais surtout, la ville conserve le souvenir du prince Géza (prononcez Guéza), descendant d'Árpád. Après avoir constitué une armée, il établit le siège du pouvoir à Gran, devenu depuis Esztergom. Il y règne de 972 jusqu'à l'an 997. Son fils Vajk, baptisé István (Étienne), sera prince de 997 à l'an 1000 et couronné roi le jour de Noël de l'an 1000. Il régnera jusqu'en 1038.

Ceint de la couronne offerte par le pape Sylvestre II, Étienne Ier affirme son autorité, il sédentarise une partie de la population, oblige les villages à se fédérer par dix pour construire une église et entretenir un prêtre. Il fonde deux archevêchés et construit une basilique. Il impose la notion d'accueil et de tolérance, considérant que c'est dans l'échange et la confrontation des différences que s'établit la véritable richesse d'un peuple. Ayant choisi la forme occidentale du christianisme, contre l'Église grecque, Géza et à sa suite son fils Étienne Ier placent la Hongrie au centre de l'Europe comme l'une des forteresses avancées de la civilisation occidentale.

Esztergom, dont le nom médiéval était Strigonium, se développe et connaît son âge d'or de la fin du 12e s. au milieu du 14e s. Le roi y reçoit de nombreux visiteurs, Godefroy de Bouillon, Louis VII, Frédéric Barberousse, empereur romain germanique. Mais au milieu du 13e s., à la suite de l'invasion des Tatars, le roi Béla IV transporte le siège royal à Buda.

L'archevêque se maintient dans la ville et s'installe dans le palais royal. Les archevêques qui se succèdent accueillent savants et artistes de renommée européenne, faisant d'Esztergom un haut lieu culturel rivalisant avec la capitale.

Un pont longtemps en sommeil – À l'origine, Esztergom était établie sur les deux rives du Danube. La Slovaquie et la Hongrie séparées à cet endroit de la par le fleuve, n'avaient pu parvenir à un accord pour la reconstruction du pont Mária-Valéria qui joignait Esztergom et Štúrovo.

Déjà les Turcs avaient construit en cet endroit un premier pont de bateaux puis un pont sur piles. En 1762, un bac tracté par un câble, surnommé le « pont volant », permettait de traverser le fleuve. En 1842, on usa à nouveau d'un pont de bateaux avant la construction du pont Mária-Valéria dont la dimension la plus importante entre deux piles était de 120 mètres. En 1919, les Tchèques démolirent une des arches, et le pont ne fut restauré que plusieurs années plus tard. Détruit par les troupes allemandes durant Noël 1944, le pont resta à l'état de vestiges pendant plus de soixante ans. Un bac assurait la traversée. Après de nombreuses années les discussions entre Hongrois et Slovaques aboutirent à un accord. Depuis octobre 2001 un pont à plusieurs arches flambant neuf, relie les deux pays.

CURIOSITÉS

Le site – La ville est établie sur un relief marqué. Les deux collines **Vár-hegy** (la colline du Château) et **Szent Tamás-hegy** (la colline de Saint-Thomas) lui donnent une physionomie contrastée qui rend sa visite très agréable. Un bras du Danube, **kis Duna** (le petit Danube), isole une île calme et tranquille, véritable lieu de détente et de promenade en bordure du « quartier des Eaux ». Dix minutes de marche permettent de descendre de la basilique au pont qui relie **Primás-sziget** (île du Primat) à la rive. C'est au Nord de cette île que se trouve l'embarcadère du bac qui, en cet endroit, fait la navette entre la Hongrie et la Slovaquie.

Se loger

Alabárdos Panzió – *Bajcsy u. 49. ☎ et fax 33/312 640. Chambres de 23 à 29 €.* Située dans le centre-ville, cette *panzió* reconnaissable à sa façade jaune offre des chambres propres et modernes.

Ria – *Batthyány u. 11-13. ☎ 33/313 115. Fax 33/401 429. 13 chambres de 23 à 36 €.* À 100 mètres de la basilique, *panzió* avec des chambres simples et soignées.

Esztergom – *Nagy-Duna Sétány. ☎ 33/412 883. Fax 33/412 853. 34 chambres entre 35 et 51 €.* Hôtel moderne bénéficiant d'une bonne situation au bord du Danube.

Se restaurer

Prímás Pince – *Szt. István tér 4.* Très touristique. Situé dans les remparts vieux de 500 ans qui entourent la basilique. Cuisine internationale.

Szalma Csárda – *Nagy Duna Sétány.* Au bord du Danube, une auberge traditionnelle dans une rue calme et excentrée.

Anonim Restaurant – *Berényi u. 4.* En contrebas de la basilique, restaurant dans une rue pittoresque et pavée. Cuisine hongroise et internationale.

Arany Elefánt Étterem – *Petőfi u. 15.* Petit restaurant populaire et convivial. Cuisine simple mais correcte. Clientèle locale. Très bon marché.

Basilique d'Esztergom

★**Szent Adalbert Főszékesegyház (Basilique)** – Cet imposant bâtiment a remplacé au 19e s. l'église fondée à l'origine par le roi Étienne Ier. Cette église appelée « belle église » était consacrée à **saint Adalbert**. Elle fut détruite au cours des batailles contre les Turcs. Seule la chapelle, élevée à sa propre gloire par le cardinal **Thomas Bakócz**, survécut aux vicissitudes des guerres. Ce cardinal est resté célèbre non seulement pour s'être construit une chapelle, mais pour avoir, en 1514, transformé en révolte une croisade parce que, dit-on, il regrettait de n'avoir pu devenir pape. Ce qui restait de cette chapelle fut démonté en 1 600 pièces au début du 19e s., déplacé hors du site original, puis remonté et inséré dans la basilique actuelle. La chapelle Bakócz représente un des plus anciens vestiges Renaissance existant hors d'Italie. Elle est en marbre rouge et a été réalisée par des sculpteurs toscans. La nouvelle basilique, bâtie sur les plans de Pál Kühnel et János Packh, a été terminée en 1869 par Joseph Hild, architecte de la cathédrale d'Eger, dans le style néoclassique que l'on peut lui voir aujourd'hui. La première pierre fut posée en 1822. Les travaux durèrent près de 50 ans et le bâtiment fut consacré en 1856. **Franz Liszt** dirigea pour l'occasion la messe dite d'**Esztergom** (Gran en allemand).

La silhouette de la cathédrale est indissociable du paysage d'Esztergom. Ses dimensions imposantes (118 m de long, 47 m de large, une façade de 97 m pour une hauteur totale de 100 m) ainsi que sa situation imposent le bâtiment à la vue. La basilique n'a pas de réelle valeur architecturale. Elle s'affirme, par sa masse, sur la falaise qui domine le Danube. Plusieurs artistes participèrent à son ornementation qui ne retient pas non plus l'attention, si ce n'est par ses dimensions. Une copie de *L'Assomption* du Titien pourrait figurer au dictionnaire des records : elle est, paraît-il, la plus grande peinture réalisée sur toile.

C'est dans la **crypte** que sont enterrés les cardinaux hongrois depuis le cardinal **Ambrus Károly**. Le cardinal **Mindszenty**, primat de Hongrie, qui se réfugia à l'ambassade américaine après les événements de 1956 et mourut à Vienne en 1971, y repose. Il a été inhumé à Esztergom en 1991, car il avait exprimé le vœu de n'être enterré en Hongrie qu'après le départ du dernier soldat soviétique. Ambiance impressionnante d'un lieu que gardent les statues représentant le Deuil et l'Éternité éclairées par des cierges.

Depuis la coupole, on peut découvrir la **courbe du Danube** (Dunakanyar) qui se fraye un passage entre les monts du Pilis et du Börzsöny avant de basculer vers Szentendre et Budapest.

Trésor – De nombreux objets sacrés destinés aux célébrations du culte y sont exposés. Dans ce riche regroupement figurent des vêtements de cérémonie, des calices, des ciboires, des crucifix, des patènes. Parmi ces objets, remarquer le **calice baroque** de Marie-Thérèse, l'**ostensoir de Garamszentbenedek**, la croix du **calvaire de Mathias**

A. Mudrak/MAGYAR KEPEK Kft

en or incrusté d'émail ainsi que de nombreux objets italiens, byzantins et hongrois chargés d'histoire. Une présentation plus sélective mettant en valeur les plus beaux éléments éviterait le sentiment de bric-à-brac de luxe que l'on ressent lors de la visite de ce trésor de plus de 350 objets d'or, de pierres et de métaux précieux.

★ **Királyi Palota** – Construit à la fin du 12e s. sous le règne de Béla III, le **palais royal** est situé sur la partie Sud du plateau. Recouvert de terre par les Turcs, le château n'a retrouvé la lumière qu'à partir de 1930, année où commencèrent les fouilles qui permettent aujourd'hui de visiter certaines pièces. Résidence royale, il devint la demeure des évêques lorsque le roi Béla IV transporta le siège royal à Buda après le départ des Mongols.

La restauration du palais a permis de mettre au jour des éléments architecturaux intéressants parmi lesquels une salle voûtée du 12e s. qui est considérée comme la plus ancienne pièce d'habitation existant en Hongrie. C'est dans la **salle dite de la reine** que se retira la seconde épouse du roi Mathias Corvin, Béatrice d'Aragon. Au premier étage, les audiences royales se déroulaient dans la **salle double,** aussi appelée **bureau de János Vitéz**. Cette salle (15e s.) est aussi connue sous le nom de **salle des Vertus**. Elle est décorée de fresques montrant les quatre vertus cardinales, que l'on attribue à un maître florentin : Prudentia (la prudence), Temperentia (la tempérance), Fortitudo (le courage), Justitia (la justice).

La voûte est ornée des signes du zodiaque. De cette salle, on passe à la chapelle royale, plus ancienne (11e et 12e s.), dont les maîtres d'œuvre seraient des artistes venus de Normandie et de Bourgogne à l'occasion du mariage de **Béla III** et **Marguerite Capet**. De style gothique précoce, les colonnes de ce monument sont ornées de chapiteaux sculptés montrant des personnages symbolisant la lutte du bien contre le mal. Les fresques de style byzantin auraient pu être commandées par Béla III qui fut éduqué à Byzance.

★★ **Keresztény Múzeum** ⓥ **(Palais épiscopal** ou **Musée chrétien)** – *Berényi Zsigmond utca 2.* Fondé par le cardinal archevêque **János Simor**, ce musée présente de très intéressantes œuvres des 14e et 15e s. en provenance de différentes écoles européennes. La visite demande au moins deux heures. Les passionnés auront tout loisir de regarder, s'arrêter, car les salles sont calmes, silencieuses et peu fréquentées.

Son fondateur avait été précédemment évêque de Győr où il avait commencé sa collection. Il apporta avec lui 80 tableaux et était animé par l'idée d'inspirer et de promouvoir une peinture religieuse contemporaine, et dans le même temps de restaurer la grandeur d'Esztergom comme le prouvent ses autres grands projets : la réalisation du portique de la cathédrale, la restauration de la chapelle Bakócz, l'ouverture du trésor de la basilique, la construction du nouveau palais épiscopal, la création de la bibliothèque... En 1874, János Simor reçut le chapeau de cardinal et durant son séjour à Rome acheta 50 tableaux à des antiquaires. Continuant recherches et achat d'œuvres, il apparut que le cardinal archevêque avait l'intention de créer un musée. À partir de ce moment, il reçut de nombreuses donations. Son achat le plus important fut sans doute l'acquisition de la **collection Bertinelli** : 63 peintures de la Renaissance vues pour la première fois lors de l'élection du pape en 1878. Le successeur de Simor, le cardinal Kolos Vaszary, ne porta aucune attention particulière au trésor. La situation générale de l'église ainsi que la ruine financière de l'archidiocèse ne l'incitèrent pas à poursuivre l'œuvre.

En 1913 débuta une nouvelle vie. Un ancien collaborateur du cardinal Simor, **János Csernoch**, avec l'aide de son jeune secrétaire, le Dr **Antal Lepold**, entreprit de faire revivre la collection notamment en recrutant un jeune historien d'art, **Tibor Gerevich**. La collection laissée par **Arnold Ipolyi**, évêque de Besztercebánya (aujourd'hui Banská Bystrica en Slovaquie), vint, en 1920, après quelques longues péripéties, augmenter le nombre d'œuvres du musée.

Enfin, la princesse San Marco, **Nako Mileva**, d'origine hongroise, fit don de sa collection au musée d'Esztergom, qui la reçut après sa mort, en 1926.

Rez-de-chaussée – Trois salles sont consacrées à des expositions temporaires d'artisanat religieux contemporain.

Premier étage – Remarquer au premier palier le buste de János Simor.

Salle I – Au centre du panneau mural sur la gauche, un triptyque d'un maître hongrois du 15e s., **Tamás Kolozsvári**, datant de 1427, provient d'une des plus anciennes abbayes bénédictines de Hongrie située à Garamszentbenedek (aujourd'hui Horský Beňadik en Slovaquie). Son auteur est considéré comme le premier peintre hongrois d'œuvres de cette envergure. Il est également supposé qu'il fut un miniaturiste de talent. Il dirigea vraisemblablement un atelier important.

Au centre de la salle, le **Garamszentbenedeki Úrkoporsó** (le sépulcre de Garamszentbenedek), une autre pièce importante du musée, provient de la même abbaye. Posé sur un coffre orné de sculptures en bois (les soldats gardiens du tombeau), le Saint Sépulcre roulant sur quatre roues transportait le corps du Christ mort sculpté dans du bois (statue qui est aujourd'hui dans l'église de Garamszentbenedek) lors des processions des fêtes pascales. Ce bel ensemble haut de 3,25 m, sur 2,26 m de longueur et 1 m de largeur, plusieurs fois restauré, aurait été réalisé en 1840 dans un atelier d'une ville minière au Nord de Garamszentbenedek.

Les statues des quatre Évangélistes ainsi qu'une Madone de la Visitation sont à remarquer également.

Salle II – Au-dessus des deux panneaux du maître aux initiales B.E. qui aurait peint ces tableaux en 1494, une sculpture en bois de 1510 représentant *Dieu et les anges musiciens* séduit par une fraîche et simple composition qui donne l'image d'un Dieu paternel.

À côté, une statue de la Madone sculptée en 1500 et d'un réalisme affirmé donne à l'image d'une mère ordinaire une dimension spirituelle et sacrée.

Sur le même panneau mural, au centre de la salle, quatre grands tableaux du début du 16e s., *L'Agonie au jardin*, le *Christ portant sa Croix*, la *Crucifixion* et la *Résurrection* sont attribués au **maître M.S.** qui aurait été influencé par Dürer.

Salle III – La plus grande, où sont exposés des tableaux et des toiles des écoles italiennes : Florence, Sienne, Venise, Bologne. Presque toutes les œuvres seraient à citer. Parmi les plus belles, retenons les œuvres de l'atelier de **Taddeo Gaddi**, deux petits panneaux d'un artiste vénitien, *La Vierge à l'Enfant couronnée* associée à une *Crucifixion*, le *Christ en croix* (1320) de l'école de Sienne, le triptyque de Paolo di Giovanni Fei (1380), le triptyque de Martino de Bartolomeo (1400), une composition sur les axes et les diagonales d'un artiste florentin, la *Vie des ermites de Thèbes* (1400), la *Jeune fille à la licorne* peinte entre 1440 et 1470.

L'**école autrichienne** est représentée entre autres par **Franz Anton Maulbertsch** : le *Dernier Repas* (1770), qui semble l'esquisse d'une fresque pour cet artiste dont les œuvres ont illustré les murs de très nombreuses églises de Hongrie au 18e s. Un beau tableau de **Joseph Winterhalter**, *Allégorie de la Foi, de l'Espérance et de la Charité* (1780).

De l'**école espagnole**, à retenir le portrait intitulé *Saint Pierre d'Alcantara en méditation*, attribué à **Ribera**.

Entre la salle IV et la grande salle d'exposition des tapisseries, ne manquez pas dans ce petit cabinet une des merveilles du musée et de l'**école hollandaise**, un *Ecce Homo* peint entre 1470 et 1480 par **Hans Memling**. Le Christ montre ses plaies et semble dans une sérénité rayonnante regarder le monde avec compassion. La paternité de l'œuvre seule qui compte et ce tableau s'impose malgré ses petites « mesures ». Vous pourrez le contempler sans réserve.

La **salle des tapisseries** présente des œuvres flamandes et françaises.

★ **Duna Múzeum** ⓥ **(Musée du Danube)** – *Kölcsey utca 2.* Confrontés aux frasques du Danube et de la Tisza, les Hongrois ont eu à résoudre de nombreux et difficiles problèmes. Ils ont également su tirer avantage de la présence de ces deux fleuves en utilisant leur force, leurs apports pour faire de leurs eaux des alliées. Les ingénieurs de ce pays comptent parmi les meilleurs hydrologues du monde. Le musée du Danube explique, sans prétention, la présence de l'eau dans la nature et expose de nombreuses inventions mises au point au travers des siècles pour l'utiliser avec intelligence. Usage de la force hydraulique, irrigation, transport, le petit musée expose de nombreuses maquettes très belles et très didactiques qui expliquent comment l'homme au travers des âges s'est servi de l'eau. Ce musée passionnera les adultes mais aussi et surtout les enfants. Sans entendre le hongrois, il suffit de regarder pour comprendre l'essentiel, d'appuyer sur un bouton : la maquette s'anime, l'eau coule, les roues des bateaux moulins sur le Danube tournent... Compter une heure pour la visite.

Széchenyi tér – Cette grande place est bordée d'immeubles intéressants. Plusieurs ont déjà été restaurés, et différents styles sont reconnaissables. Le plus important à l'extrémité de la place, l'**hôtel de ville**, est un hôtel baroque du 17e s., occupé à la fin de ce siècle par Vak Bottyán (Bottyán le Borgne), général partisan de François II Rákóczi. On peut voir au balcon, rappelant le droit de justice de la ville, le crochet où était suspendu en permanence le sabre du bourreau. Tous les immeubles doivent être restaurés. Vous pouvez reconnaître le **style rococo** dans les immeubles n°s 7 (1768) et 24 (1780) ; le **style baroque** précoce (fin du 18e s.) au n° 15 ; le **style classiciste** (1802) au n° 19 ; le **style romantique** au n° 3 (1862) et au n° 21 (1860). Au centre de la place, monument à la Sainte-Trinité.

FERTŐD

Département de Győr-Moson-Sopron – 2 800 habitants

Carte Michelin n° 925 D 2 – 24,5 km à l'Est de Sopron

« Petit Versailles » ou « Versailles hongrois » sont, en Hongrie, les qualificatifs attribués au château construit à Süttör par le prince Miklós Esterházy. **Fertőd** est le nom de la nouvelle commune née en 1945 de la fusion de Süttör et d'Eszterháza, domaines achetés en 1681 par le prince Pál Esterházy. Les propriétés de la famille Esterházy s'étendaient alors dans la région sur près de 150 000 ha.
Homme de culture, écrivain, poète et musicien (l'une de ses œuvres musicales *Harmonia Cœlestis* est encore jouée de nos jours), mais endetté, le prince Pál dut louer ses domaines à l'évêque d'Esztergom. Toutefois, en 1720, le prince Joseph Esterházy récupéra le domaine et commença la construction d'une résidence avec l'aide d'un architecte d'origine italienne, Anton Martinelli. C'est le petit-fils de Pál, Miklós dit le « Magnifique » ou le « Fastueux » qui, en 1762, commença réellement la réalisation du château actuel, aidé de l'architecte Melchior Hefele. Il voulut édifier ce château pour prouver qu'il pouvait faire comme les Habsbourg.

Le prince musicien – Homme de culture et de goût, le prince Miklós voulait avoir près de lui en permanence un orchestre chargé d'animer les fêtes et les manifestations du château. Il avait construit un opéra et une chapelle, à tout moment la musique devait être présente. Il engagea à son service et sous contrat un « maître de chapelle » en la personne de Joseph Haydn ainsi que des musiciens pour constituer un orchestre. Un contrat léonin, très sévère, obligeait Haydn à assumer toutes les responsabilités non seulement musicales mais aussi matérielles et pratiques. Haydn devait lorsqu'il se présentait devant le prince être en tenue bleue à galons d'or. Il avait charge de veiller à la conduite des musiciens, des chanteurs et des chanteuses qui eux aussi portaient un uniforme, toute vulgarité de leur part étant exclue. Soumis aux désirs du prince, il était obligé de composer selon ses volontés et en exclusivité pour lui. Serviteur dévoué, il avait la responsabilité des partitions, des instruments, des répétitions... Haydn put toutefois travailler en sécurité et malgré tout avec une certaine autonomie, protégeant avec finesse sa liberté.

« Serviteur ? oui, mais libre » : Joseph Haydn – Mieux que personne c'est Haydn (1732-1809) lui-même qui a décrit sa situation à Eszterháza et ce que lui a apporté cette « apparente dépendance » du prince. Il écrivit « ... mon Prince était satisfait de tous mes travaux, je recevais son approbation ; placé à la tête d'un orchestre je pouvais me livrer à des expériences, observer ce qui produit l'effet ou l'amoindrit et, par suite, corriger, ajouter, en un mot oser ; isolé du monde je n'avais auprès de moi personne qui pût me faire douter de moi ou me tracasser, force m'était donc de devenir original».
Trente années passées au service des Esterházy n'entamèrent ni l'enthousiasme, ni la créativité de Haydn. Quelques mois après la mort du prince, il part pour Londres, cette œuvre attribuée à Memling est contestée par certains ; peu importe, c'est revient à Vienne, donne libre cours à son imagination et écrit les *Symphonies londoniennes*, des quatuors, des messes, des oratorios... La fécondité de son esprit est telle que Mozart dit de lui : « Il peut tout faire, badiner et bouleverser, provoquer le rire et la profonde émotion».

« Papa Haydn » fomentateur de grève ? – Haydn sut s'occuper de ses musiciens et les protéger au point que ceux-ci l'appelaient affectueusement « papa ». Il manifesta l'intérêt qu'il leur portait et les défendit souvent devant le prince. Celui-ci, durant l'hiver 1772,

R. Mattes

Fertőd – Ancien château Esterházy

leur refusa l'autorisation de rejoindre leur famille à Vienne pour quelques jours. À ce moment, Haydn composait la *Symphonie en fa dièse majeur*. Il la dota d'un cinquième mouvement original écrit pour que les musiciens, les uns après les autres, soufflent leur bougie et quittent l'orchestre. Le prince accepta la leçon et accorda l'autorisation demandée, la symphonie depuis porte le sous-titre de *Symphonie des adieux*.

★★ ESTERHÁZY-KASTÉLY Ⓥ (ANCIEN CHÂTEAU ESTERHÁZY)

Le bâtiment, d'un baroque rococo, abrite 126 pièces. Il se développe symétriquement côté cour et côté jardin. Trois portes monumentales en métal forgé ouvrent sur une cour d'honneur. Deux corps de bâtiment de belle couleur ocre forment un demi-cercle.
Face aux portes d'entrée, le corps principal du château est accessible par deux volées d'escalier qui se rejoignent à l'étage noble par un grand balcon. L'axe de la cour est parfaitement orienté Nord-Sud, la façade Sud du château donne sur le parc et les jardins.
Après la Seconde Guerre mondiale, d'importants travaux de restauration ont permis de remettre en état les pièces nobles du château. On peut encore admirer quelques poêles d'origine et quelques meubles sauvegardés.

Les chinoiseries du prince – La mode de l'époque s'imposa au palais Esterházy, il en reste des décors pseudochinois visibles au rez-de-chaussée. La **Sala Terrena** était la salle à manger d'été, rafraîchie par un sol de marbre blanc de Carrare brillant, avec au plafond des fresques fleuries aux initiales de Miklós.

Le fastueux contesté – Au premier étage, le **hall de cérémonie** et la **salle de concerts**, souvent utilisée aujourd'hui, témoignent du luxe de la vie de l'époque, surtout si l'on imagine les fêtes éblouissantes que le prince Miklós savait organiser. Dans ces manifestations se mêlaient musique, danse, jeux, chasse, ballet, repas plantureux, et les fêtes se poursuivaient dans la nuit, éclairées de milliers de lanternes tenues par les paysans et sous l'éclat des feux d'artifice. Miklós reçut des hôtes illustres, parmi lesquels la reine Marie-Thérèse ou l'écrivain allemand Goethe. Ces invitations soulignaient les privilèges et la richesse de l'hôte, mais chaque fois suscitaient l'envie et la réprobation à tel point qu'en 1766 les femmes du domaine encerclèrent le château pour protester et demander la suppression de la dîme.

AUTRE CURIOSITÉ

Muzsika-ház – *Madách sétány 1*. Cette maison était le lieu de résidence de Haydn et des musiciens. Pour visiter, emprunter l'allée qui passe devant la façade Sud du château. L'appartement de trois pièces qu'occupa Haydn pendant 30 ans est transformé en petit mémorial.

GÖDÖLLŐI KIRÁLYI KASTÉLY★★

Château royal de GÖDÖLLŐ – Département de Pest

Carte Michelin n° 925 D 8 – 28 km au Nord-Est de Budapest

Accès : au départ de Budapest, prendre l'autoroute M 3 direction Nord-Est. L'autoroute passe tout près de Mogyoród et du **Hungaroring** où se tient tous les ans le Grand Prix automobile de Formule 1.
Pour ceux qui ne disposent pas de voiture : métro ligne M 2 (rouge) jusqu'au terminus Örs vezér tere, puis train de banlieue HÉV jusqu'à Gödöllő Szabadság tér, l'entrée du château se trouve de l'autre côté du boulevard.
Si la ville de **Gödöllő** (prononciation Gueudeuleu) en elle-même n'a pas d'intérêt touristique particulier, il n'en reste pas moins vrai qu'elle attire Budapestois et touristes pour son château royal, haut lieu historique lié au souvenir de l'empereur François-Joseph et de l'impératrice Élisabeth, plus connue sous le nom de Sissi. Une grande partie a été restaurée et le programme de restauration de l'ensemble qui s'étale sur plusieurs années prévoit même la construction d'un hôtel dans le parc, à proximité du manège. Si le château royal se visite en tant que site historique, un certain nombre de pièces sont également utilisées à l'occasion de réceptions, banquets, concerts, etc.

UN PEU D'HISTOIRE

Les Grassalkovich – C'est un grand seigneur hongrois, le comte **Antal Grassalkovich Ier** (1694-1771), qui entreprend l'édification de ce château, dont il confie les plans à l'architecte András Mayerhoffer. De 1741 à 1749, la première étape de construction voit l'achèvement de la chapelle, de deux tours d'angle terminant la façade, du manège et de cinq ailes. Pendant la période suivante, de 1752 à 1759, l'avant-corps prend sa forme actuelle. En 1751, **Marie-Thérèse** impératrice d'Autriche et reine de Hongrie rend visite à Antal Grassalkovich Ier et loge au château. À partir de 1760, les deux dernières ailes sont achevées ainsi que plusieurs pièces d'habitation. Le fils du comte, Antal Grassalkovich II, apporte d'autres modifications de 1782 à 1785. Il remplace les tours d'angle par les deux pavillons en saillie mansardés que l'on voit aujourd'hui. Il fait également construire un théâtre. Antal Grassalkovich III entreprend ensuite d'autres transformations. Sa mort en 1841 marque la fin de la branche masculine de cette famille. La branche féminine hérite alors du domaine, qui est acheté en 1850 par le baron György Sina puis, en 1864, par une banque belge.

La grande époque de François-Joseph et Sissi – L'État hongrois se rend propriétaire du château en 1867. Rénové en six mois sous la direction de l'architecte Miklós Ybl, le château est offert à l'empereur d'Autriche François-Joseph et à l'impératrice Élisabeth pour leur couronnement comme souverains de Hongrie. La famille royale aimait venir à Gödöllő se reposer au printemps et en automne, loin du protocole et de l'étiquette de la cour de Vienne. Élisabeth affectionnait particulièrement cet endroit où, cavalière émérite, elle pouvait chevaucher dans les bois environnants. Chasses à courre, courses de lévriers et de chevaux, fêtes, réceptions, concerts, pas de doute Gödöllő vivait des jours heureux. Sissi fut très vite adulée par la population locale. « Lors de ses séjours à Gödöllő se forme autour de l'Impératrice une cour bien différente de celle de Vienne. Élisabeth n'y est pas soumise aux règles contraignantes qu'elle a prises en horreur. Bien plus, comme François-Joseph n'y fait que des passages rapides, elle est l'astre autour duquel tout gravite. » (Jean-Paul Bled, *Rodolphe et Mayerling*, Fayard). Après la mort tragique de Sissi à Genève en 1898, François-Joseph espaça ses visites au château. La dernière eut lieu en 1911. Son successeur, Charles Ier d'Autriche, roi de Hongrie sous le nom de Charles IV, qui régna de 1916 à 1918, n'y séjourna qu'une seule fois.

A. Mudrák/MAGYAR KEPEK Kft

Sissi

Décadence, renouveau et déclin – En 1919, le château devint le siège du haut commandement militaire de la république des Conseils, avant d'être occupé par les troupes roumaines. En 1920, avec la venue au pouvoir du régent Miklós Horthy, le domaine redevient résidence d'été du chef de l'État et revit des années de fastes pendant lesquelles réceptions, fêtes et chasses sont offertes aux invités de marque. Pendant la Seconde Guerre mondiale, les troupes allemandes mettent à sac le château. Les troupes soviétiques le transforment ensuite en hôpital militaire et en cantonnement après avoir brûlé tout l'ameublement. En 1990, les Russes quittent définitivement les lieux.

VISITE ⓥ

Extérieur – Le château royal de Gödöllő, avec une superficie de 1 700 m² et un parc de 28 ha, est considéré comme le plus important château baroque de Hongrie. Au-delà d'un pont en pierre, la façade principale s'ouvre par un avant-corps coiffé d'un dôme et agrémenté d'un beau balcon en fer forgé qui repose sur quatre colonnes jumelées en marbre rouge ornées de chapiteaux ioniques. Au centre de la balustrade se trouvent les armoiries des Grassalkovich. Ce château a la particularité de posséder sept ailes qui s'imbriquent perpendiculairement les unes aux autres sur l'arrière du bâtiment. Il faut traverser le hall d'entrée et pénétrer dans la cour intérieure, encadrée par deux ailes formant un U, pour s'en rendre compte.

Intérieur – L'**escalier d'honneur** est à doubles volées bordées de rampes en pierre.

Petite salle à manger – Un poêle rococo en faïence orne l'un des angles. Au mur, un tableau représente l'impératrice Marie-Thérèse en famille.

Office – Sous une vitrine, vous pourrez admirer un beau service en porcelaine de Herend utilisé par la famille royale.

Chambre de l'aide de camp – On y voit un télégraphe ayant servi à la famille royale avec quelques télégrammes authentiques.

Petite salle du couronnement – Tableau monumental par Edouard von Engerth représentant le couronnement de François-Joseph. Près du poêle, portrait de Ferenc Deák, un des artisans du compromis de 1867 créant la monarchie austro-hongroise.

Bureau de François-Joseph Ier – Sur le bureau néobaroque provenant du château royal de Buda se trouvent des objets ayant appartenu à l'empereur : horloge, bougeoir. Portrait de l'archiduc Rodolphe qui se donna la mort à Mayerling (Autriche).

Salon de François-Joseph Ier – L'histoire de l'Autriche-Hongrie y est rappelée par des gravures et des tableaux. On y voit notamment le couple royal lors de manifestations publiques, comme celle de leur accueil à la Redoute de Pest.

Grande salle – Cette salle d'apparat est faite de murs en stuc rehaussés de dorures. Du plafond pendent cinq lustres dorés.

Salon de la reine Élisabeth – Portraits d'Élisabeth et de plusieurs hommes politiques influents dont celui du comte Andrássy.

Cabinet de travail de la reine Élisabeth – Sissi y apprenait la langue hongroise, de même que ses enfants. Portraits de leurs précepteurs.

Cabinet de toilette de la reine Élisabeth – Tapissé en violet, la couleur préférée de la reine. Plusieurs étapes de la vie d'Élisabeth sont retracées ici au moyen de portraits, de livres d'auteurs qu'elle aimait, d'objets, comme un coffret en bois lui ayant appartenu.

Chambre à coucher de la reine Élisabeth (ancienne chambre de Marie-Thérèse) – Cette chambre fut spécialement aménagée pour la visite de Marie-Thérèse en 1751. Malheureusement sans aucun meuble aujourd'hui.

T. Hortobagyi/MAGYAR KEPEK Kft

Château royal de Gödöllő

AUTRE CURIOSITÉ

Mezőgazdasági Gépmúzeum ⓥ **(Musée des Machines agricoles)** – *Páter Károly utca 1.* Installé dans le complexe universitaire, ce musée vaut la peine pour ceux qui s'intéressent au développement de l'agriculture (malgré les panneaux uniquement en hongrois). La collection de tracteurs, engins agricoles, machines-outils est particulièrement impressionnante.

GORSIUM/TÁC★★

Département de Féjer

Carte Michelin n° 925 E 6 – 15 km au Sud de Székesfehérvár

À environ 2 km de Tác, les vestiges de la cité romaine de Gorsium apparaissent au milieu d'un cadre de verdure enchanteur. Les arbres, les chants d'oiseaux confèrent à l'ensemble un cachet presque méditerranéen.

LE CAMP ROMAIN ⓥ

Au milieu du 1er s. après J.-C. s'établit un camp romain qui contrôlait une route et le passage à gué de la rivière Sárvíz. Le camp devint vite une colonie de plus de 7 000 habitants que l'empereur Hadrien éleva au statut de ville. Cette cité devint le centre de l'Assemblée provinciale de la Pannonie inférieure ainsi que celui du culte impérial.

En 260, la ville fut détruite par les Barbares. Reconstruite 30 années plus tard, elle fut nommée Herculiana.

Le plan mis au jour à la suite de fouilles commencées en 1958 est parfaitement dessiné sur le sol. Il montre les principaux bâtiments du centre d'une ville. On y parcourt la rue commerçante dallée et bordée de boutiques, on y découvre les traces du palais du gouverneur de la cité ainsi que de deux basiliques.

MAGYAR KEPEK Kft

Gorsium – Camp romain

Un peu à l'écart, on peut voir le **théâtre** où 1 200 spectateurs pouvaient prendre place ainsi que les restes d'un cimetière de l'époque.
Cette ville fut abandonnée après le départ des Romains. Les pierres des différents édifices furent ensuite réutilisées pour la construction de nombreuses maisons aux alentours, notamment à Székesfehérvár.
Le parc est agréablement aménagé, le parcours simple pouvant être abordé comme une promenade reposante tant l'atmosphère y est sereine et calme.
Au printemps se déroule la **fête des Fleurs** et, en été, des représentations d'œuvres d'auteurs dramatiques antiques sont organisées.

GYÖNGYÖS

Département Heves – 35 000 habitants

Carte Michelin n° 925 C 9 – Schéma : BÜKK

Si ce mot signifie « perle », la ville aujourd'hui a malheureusement perdu un peu de son brillant. Elle a conservé une activité artisanale et industrielle, et est surtout restée un centre de commerce. Au cœur d'une région viticole, Gyöngyös a confirmé son rôle de centre d'échanges en y ajoutant le tourisme.

Fő tér – Deux statues ornent la place. Celle de **Róbert Károly** (Charles-Robert d'Anjou), qui vécut de 1288 à 1342 et attribua à Gyöngyös le statut de ville, fut érigée en 1984 pour le 650e anniversaire du décret royal. L'autre statue appelée **Huszár** fut érigée en mémoire du 6e régiment de hussards.
Au Nord de Fő tér, sur la droite, se trouve **l'église Szent Bertalan** (St-Barthélemy). Elle est considérée comme la plus grande église gothique de Hongrie malgré ses décorations baroques ajoutées au 18e s.
Juste derrière l'église, **Zeneiskola** est un intéressant bâtiment baroque. Autrefois école dirigée par les jésuites, aujourd'hui conservatoire.

Se loger et se restaurer

Mátra – *Mátyás Király u. 2. ☎ et fax 37/313 063. 40 chambres de 28 à 45 €.* Hôtel le plus connu, de bon confort. Bon accueil.

Gyöngyös Borozó – *Bugát Pál tér 2. ☎ 37/300 019.* Restaurant-bar à vins original où vous mangerez sur des troncs d'arbres, assis sur des chaises en bois de peuplier. C'est à voir !

Prendre l'allée piétonne qui part de l'église et poursuivre jusqu'au carrefour Szent Bertalan/Szalléz u., vous découvrirez **Szent Korona Ház** où est conservé le trésor de l'église Szent Bertalan. Un porche en pierre taillée supportant un balcon marque l'entrée de ce petit musée. Parmi les objets exposés : 43 pièces en or et 18 d'origine médiévale.

Mátra Múzeum ⓥ – *Kossuth Lajos utca 40.* Dans un parc, l'ancien **château Orczy** (Orczy-kastély) sert de cadre au musée des Mátra, qui est une bonne introduction à la visite du massif.
Au **rez-de-chaussée**, sept salles présentent vestiges romains et objets gothiques, la viticulture, la vie économique, les corporations, la vie quotidienne, l'habitat (mobiliers, outils). La salle 5 rappelle le terrible incendie de 1917 qui détruisit toute la ville (sur les 20 000 habitants, 8 000 restèrent sans abri).
À **l'étage**, onze salles sont consacrées à la présentation du massif des Mátra : richesses minéralogiques, physionomie du sol, flore et faune, chasse, etc. Dans la salle 5 ou salle de Bruno, squelette d'un jeune mammouth trouvé en 1947.
Au **sous-sol**, des aquariums permettent de découvrir quelques poissons et animaux exotiques.

EXCURSIONS

★★ **Mátra** – *Voir ce nom.*

★★ **Hollókő** – *Voir ce nom.*

GYŐR★

Département de Győr-Moson-Sopron – 130 000 habitants

Carte Michelin n° 925 C 4

Győr, la ville des trois rivières, est située au confluent d'un bras du Danube, le Mosoni-Duna, et des rivières Rába et Rábca. Ces eaux vivantes ne sont pas étrangères à son charme, d'autant qu'elles baignent les parties basses de la vieille ville, le véritable centre d'intérêt de Győr.
Comme beaucoup d'autres villes hongroises, Győr n'expose pas ses richesses. C'est, dit-on, la ville de Hongrie qui, après Pest et Sopron, possède le plus grand nombre de bâtiments anciens. Après les mauvaises surprises des banlieues, la découverte du centre-ville est rafraîchissante. Venant de Vienne ou de Budapest, l'entrée dans Győr se fait généralement par Szent István út, d'où vous prendrez à gauche après l'hôtel de ville, si vous venez de Vienne, la Czuczor Gergely u.

LA VIEILLE VILLE

Széchenyi tér – Au centre de cette grande place, la colonne de la Vierge date de 1686. Elle fut érigée en témoignage de remerciements pour la libération de Buda et le départ des Turcs.

Patikamúzeum ⓥ (Musée de la Pharmacie) – Au n° 9 de la place, à l'angle de Czuczor Gergely utca, se trouve une pharmacie qui appartenait aux jésuites. Vous pouvez y entrer pour y apprécier les meubles ajustés, les plafonds voûtés et décorés de style rococo datant de la fin du 17e s.

Szent Ignatius templom – L'**église St-Ignace** fut construite par les jésuites entre 1635 et 1641. Elle fut ensuite cédée aux bénédictins. L'architecte italien Baccio del Blanco s'est inspiré directement du Gesù à Rome pour réaliser les plans de l'édifice. La décoration intérieure est impressionnante.

Apátúr ház (Maison de l'Abbé) – Face à l'église, de l'autre côté de la place au n° 5, l'ancienne maison des membres de l'abbaye de Pannonhalma, devenue le **Xantus János Múzeum** ⓥ, présente une exposition sur l'histoire de la ville, et pour les collectionneurs, une exposition de tous les timbres édités en Hongrie.

Vastuskós ház ⓥ – Au n° 4 de la place, la **maison à la souche de fer** tire son nom d'une souche d'arbre plantée de clous visible dans un angle. Une vieille coutume voulait que chaque artisan de passage dans la ville vienne y planter un clou. Dans cette maison, la **collection Imre Patkó★** vaut vraiment une visite. Y sont exposées des œuvres d'artistes hongrois du 20e s., mais l'on peut également y admirer en toute tranquillité Chagall, Rouault, Braque, Picasso, et de nombreux objets ramenés par le journaliste Imre Patkó lors de ses voyages.

Magyar Ispita – *Rákóczi Ferenc 6.* L'**hospice hongrois** et sa chapelle peuvent se voir du petit porche ouvert sur la rue. L'ancien hospice abrite aujourd'hui le musée de la Ville.

Városi Művészeti Múzeum ⓥ **(Musée de la Ville)** – *Entrée Nefelejcs utca 2.* Les espaces intérieurs en sont très riches, en particulier le patio que supportent de fortes colonnes toscanes. On découvre dans ce musée la collection Péter Váczy, mort récemment, lequel avait rassemblé de beaux meubles baroques et Renaissance.

Napóleon ház (Maison de Napoléon) – Repassant par Széchenyi tér et prenant Király u., vous passerez devant le n° 4 où, le 31 août 1809, l'Empereur passa une nuit après la bataille de Raab (mentionnée sur l'arc de triomphe du Carrousel à Paris, Raab est le nom allemand de Győr). Au premier étage, la galerie de peinture du Xantus János Múzeum.

★★ **Káptalandomb (Colline du Chapitre)** – C'est une rue qui va de Dunakapu tér à Bécsi-Kapu tér. Elle monte au-dessus du confluent de la rivière Rába et de la Mosonyi-Duna.

Római Katolikus Hittudományi Főiskola (Collège catholique) – Il abrite le trésor diocésain où sont exposés de nombreux objets religieux et surtout des manuscrits enluminés.

GYŐR

Apáca u	ABY	2
Apor Vilmos püspök tere	AY	4
Arany János u	AZ	6
Gárdonyi Géza u	BZ	7
Gutenberg tér	AY	8
Hédervári u	AY	10
Káptalandomb	AY	12
Kazinczy u	AYZ	13
Király u	AY	14
Kossuth Lajos u	AZ	16
Lépcső köz	AY	17
Nefelejcs köz	BY	18
Pálffy Miklós u	BY	20
Rónay Jácint u	AY	22
Sarkantyú (Sark) köz	AY	23
Schweidel u	BYZ	24
Széchenyi tér	BY	

Apátúr ház	BY
Római Katolikus Hittudományi Főiskola	AY
Karmelita templom	AZ
Magyar Ispita	BY
Napóleon ház	AY
Patika Múzeum	BY
Római Katolikus Hittudományi Főiskola	AY
Székesegyház	AY
Szent Ignátius templom	BY
Városi Müvészeti Múzeum	BY
Vastuskós ház	BY

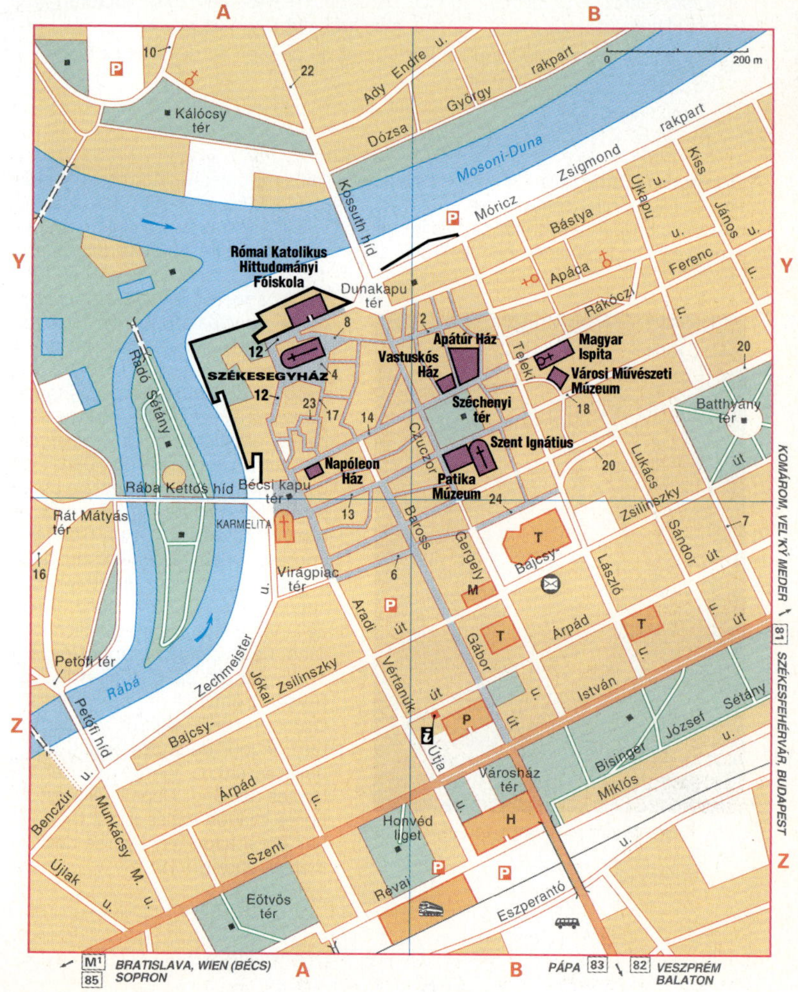

Se loger

Pető Panzió – *Kossuth L. u. 20.* ☎ *96/313 412. Chambres de l'ordre de 29 €.* À l'écart du centre-ville, *panzió* avec des chambres propres et soignées.

Gróf Cziráky Panzió – *Bécsi Kapu tér 8.* ☎ *06/96/310 688. 11 chambres de l'ordre de 32 €.* Dans le centre historique de Győr, *panzió* dans une maison pittoresque.

Klastrom – *Zechmeister u. 1.* ☎ *96/315 611. Fax 96/327 030. 42 chambres de l'ordre de 61 €.* Un magnifique cloître carmélite du 18e s. sert de cadre à cet hôtel. Les chambres sont cependant assez sommaires. En été, restaurant avec terrasse dans le jardin.

Schweizerhof – *Sarkantyú köz 11-13.* ☎ *96/329 171. Fax 06/96/326 544. Chambres de l'ordre de 85 €.* Une petite folie ! Hôtel de standing dans une maison datant de 1765. Salle de musculation, sauna, piscine, solarium.

Se restaurer

Schweizerhof – *Sarkantyú köz 11-13.* Restaurant de l'hôtel Schweizerhof. Cuisine internationale de qualité.

Vaskakas – *Bécsi Kapu tér.* Dans les anciennes murailles du château, restaurant très touristique impressionnant par sa profondeur. Cuisine hongroise.

Várkapu Vendéglő – *Bécsi Kapu tér 7.* Dans le centre-ville, restaurant avec terrasse sur une petite place piétonne. Décor simple et un peu vieillot (photos et lithographies d'animaux). Spécialités hongroises.

Sárkánylyuk – *Arany János u. 29.* Restaurant typiquement hongrois et de très bonne qualité.

Matróz Csárda – *Duna Kapu tér 3.* Dans deux caves, petit bar-restaurant très populaire au décor marin. C'est à voir, à défaut d'y manger.

Kishalász Vendéglő – *Apáca u. 4.* Restaurant de poisson au décor simple. En été, terrasse dans la rue piétonne.

★ **Székesegyház** (Cathédrale) – Plus haut sur Apor Vilmos püspök tere, dominant le quartier, la cathédrale, commencée au 11e s. à l'époque romane, a subi de nombreux outrages. En partie détruite par les Mongols au 15e s., restaurée en style gothique, à nouveau endommagée par les Turcs, elle fut reconstruite en style baroque au 17e s., puis achevée aux 18 et 19e s. Sa façade est néoclassique et sa porte principale date de 1938. Ce curieux amalgame ne manque pas de grandeur. Vous y verrez des fresques de Maulbertsch, *L'Assomption de la Vierge Marie*, au-dessus de l'autel principal, et *La Transfiguration* sur la voûte de la nef. Dans l'une des chapelles de la cathédrale est exposé le **buste en hermès de László Ier**★★ (Ladislas Ier), un très bel et impressionnant reliquaire du début du 15e s. Également au-dessus d'un autel annexe de l'aile Nord, l'icône de la Vierge qui pleure des larmes de sang. Cette image fut apportée là en 1655 par un évêque irlandais qui fuyait Cromwell, et qui mourut à Győr en 1663. Quatre années plus tard, le jour de la St-Patrick, des fidèles virent la Vierge pleurer des larmes de sang. Depuis, elle est honorée chaque année le 17 mars. Sur Bécsi kapu tér, l'église des Carmélites date du 18e s.

F. Szelényi/MAGYAR KEPEK Kft

Buste-reliquaire de saint Ladislas

GYULA♱♱

Département de Békés – 35 000 habitants

Carte Michelin n° 925 G 13

Gyula (signifiant chef et juge) est le surnom qui était donné aux chefs militaires dans les tribus magyares. Il est également avancé que c'est pour honorer le petit-fils de l'un des chefs des sept tribus d'Árpád que la ville fut ainsi baptisée. Trois villes sont réparties, placées chacune au sommet d'un triangle d'environ 15 km de côté, Békés, Békéscsaba et Gyula. Pendant plusieurs siècles, Gyula fut le chef-lieu du comitat (département) avant de céder le titre à Békéscsaba en 1950. Gyula dut laisser cette prééminence à Békéscsaba d'une part à cause de sa situation à proximité de la frontière roumaine, d'autre part pour avoir refusé en 1860 le passage d'une ligne de chemin de fer sur son territoire.
Des trois villes, Gyula conserve cependant une réputation nationale et internationale du fait de son histoire, de son château et de ses bains.

La ville – Implantée au milieu des marais, la ville était sillonnée de canaux. Le célèbre voyageur turc Evliya Chelebi, qui au milieu du 17e s. parcourut la Hongrie, laissant de nombreux témoignages et descriptions sur le pays, a comparé Gyula à Venise. Établi depuis le Moyen Âge, le château en douves de Gyula fut construit au 14e s. Il fut pris par les Turcs en 1566, qui y restèrent jusqu'en 1694. Malgré les restaurations et rénovations successives, il a gardé son aspect massif de forteresse aux épais murs de brique.

La ville d'eaux – Les marais ont été asséchés au 19e s. et les eaux régulées. Malgré cela, Gyula reste une ville d'eaux grâce à ses sources thermales qui alimentent onze piscines couvertes et neuf en plein air. Les eaux affichent des températures de 22 à 39°. Ses bains sont très populaires et reconnus sur le plan international. Plusieurs hôtels de bon niveau accueillent les curistes et les touristes, dont beaucoup viennent de l'étranger. **Várfürdő** (les bains du château) forme un vaste complexe qui rassemble les établissements de bains et des hôtels et entoure le château situé au Nord. Au Sud, ce parc est bordé par un petit cours d'eau, **Élővíz-csatorna** (le canal d'eau vivante). Tout au long de ce gros ruisseau que quelques ponts enjambent, vous trouverez également de petites *panziók* et des possibilités de logement chez l'habitant.

CURIOSITÉS

★★ **Százéves cukrászda (Pâtisserie de cent ans)** – Elle mérite, au double titre de pâtisserie et de musée, un détour et une visite. Située à l'angle de *Jókai Mór utca* et de *Béke sugárút*, c'est un petit bijou qui a conservé son décor où se conjuguent avec bonheur décorations murales et mobilier rococo du 18e s. mêlés à des éléments du 19e s. Vous pourrez vous asseoir sous d'agréables voûtes ornées de guirlandes et de scènes peintes. À ce décor s'ajoute une petite exposition de matériel et objets de pâtissier. Après le régal des yeux, le régal du palais en dégustant une succulente pâtisserie (ou même plusieurs), avec comme fond sonore des chansons d'Édith Piaf.

★ **Vár** Ⓥ **(Château)** – C'est en soi une curiosité que l'on peut visiter jusqu'à la plate-forme de la tour qui permet d'apprécier l'environnement et notamment la dimension du complexe balnéaire. Encore en restauration, ce bâtiment étonne par sa forme de parallélépipède que domine sa tour de même forme. Ce qui reste du château n'est que la partie centrale d'un ensemble plus vaste qui comptait plusieurs enceintes.
En été, le château sert de décor à de nombreuses représentations théâtrales, musicales ou de danse.

Erkel Emlékház Ⓥ – *Apor Vilmos tér 7.* **Ferenc Erkel**, le compositeur de l'hymne national, est un enfant de Gyula. Sa **maison natale** a été aménagée en musée. Quelques partitions manuscrites sont exposées là. Ferenc Erkel est l'auteur du célèbre opéra *Bánk Bán*. L'histoire raconte que l'inspiration lui vint alors qu'il se reposait sous un arbre dans le parc du château. Dans le musée, des photos sur la vie du musicien, de ses amis, de sa famille illustrent la société hongroise au milieu du siècle dernier. Ferenc Erkel fut également un des maîtres de Béla Bartók.

Dürer Terem Ⓥ – *Kossuth Lajos utca 17.* La **salle Dürer** présente des expositions temporaires. Le père d'Albrecht Dürer était un dessinateur local. Son prénom était Anton, son nom s'orthographiait Thürer. Il émigra vers Nuremberg en 1465.

★ **Kohán György képtár** Ⓥ – *Béke sugárút 35.* Ce petit bâtiment au milieu d'un parc planté de grands arbres abrite les œuvres léguées par le peintre György Kohán (1910-1966) à la ville. 600 peintures d'inspiration impressionniste et 2 000 dessins témoignent de l'activité artistique provinciale en Hongrie.

★ **Ladics ház** Ⓥ – *Jókai Mór utca 4.* Cette maison est l'ancienne propriété de la famille Ladics, famille de la bourgeoisie aisée de Gyula. Les visites sont guidées en hongrois (peut-être, lorsque vous visiterez, recevrez-vous un texte en anglais ou même en français), mais même sans comprendre le discours, cette maison bien meublée vous donnera une idée du décor quotidien d'une famille bourgeoise.

T. Hortobagyi/MAGYAR KEPEK Kft

Château de Gyula

EXCURSION

Békéscsaba – *15 km à l'Ouest par la route n° 44.* Le chef-lieu du département de Békés est une cité calme qui justifie le début de son nom *békés* (« pacifique »), même si l'on se souvient encore que cette région est appelée le « coin des tempêtes » en raison de son passé historique tourmenté. Au 18e s., János György Harruckern, envoyé par les Habsbourg, encouragea l'immigration d'Allemands et de Slovaques pour repeupler la région. À Békéscsaba et à Gyula, ils s'installèrent dans des quartiers distincts et vécurent en bonne intelligence. Le slovaque est une langue toujours utilisée.

Békéscsaba est également la ville natale du grand peintre du 19e s., **Mihály Munkácsy**.

★ **Munkácsy Mihály Múzeum** ⓥ – *Széchényi utca 9.* Outre des œuvres de l'artiste, ce musée propose une exposition décrivant les différents groupes ethniques de la région. Vous y découvrirez la richesse de l'artisanat slovaque, roumain, allemand, hongrois, etc.

★ **Munkácsy Emlékház** – *Gyulai út 5.* Installé dans la villa de l'oncle de Munkácsy, où celui-ci passa une partie de son enfance, le musée expose une vingtaine d'œuvres du peintre ainsi que quelques tableaux de ses contemporains.

★★ **Szlovák Tájház** ⓥ (Maison slovaque) – *Garai utca 21.* C'est un bel exemple de maison traditionnelle slovaque. La visite des trois pièces vous donnera peut-être des idées pour décorer vos meubles peints...

★★ **Meseház** ⓥ (Maison des Contes) – *Békési út 17.* Au royaume des marionnettes, l'enchantement est total pour les petits mais aussi pour les grands.

HÉVÍZ ♣♣♣

Département de Zala – 6 000 habitants

Carte Michelin n° 925 F 3 – Schéma : BALATON

« Chaude eau » est la traduction littérale de *Hé-víz*, qui a donné par extension « eau thermale ». Difficile d'estimer la population de cette bourgade dont le seul centre d'intérêt est le lac d'eau chaude aux vertus thérapeutiques reconnues, qui attire un nombre impressionnant de curistes. À voir et surtout à expérimenter quelle que soit la saison.

Un peu d'histoire – Les eaux de Hévíz furent utilisées pour le tannage des peaux au Moyen Âge, mais très vite leurs vertus curatives furent reconnues.

Il y a environ 200 ans, le comte Festetics de Keszthely, propriétaire de Keszthely et d'Hévíz, en fit un lieu de bains. L'endroit devint peu à peu populaire et quelques « miracles » aidèrent à sa réputation.

La fille d'un seigneur de Tátika était très belle, mais ses jambes étaient paralysées. À la suite de quelques bains dans le lac, elle retrouva l'usage de ses jambes, une resplendissante santé, et épousa Sándor Rezy, le seigneur de Csobánc. Ils vécurent heureux et sans doute eurent beaucoup d'enfants. Un écrivain finlandais compara Hévíz à « un morceau de Méditerranée au milieu de la Transdanubie ».

LE LAC : N'OUBLIEZ PAS VOTRE BOUÉE !

La surface du lac est de 5 ha. Il est alimenté par une source qui produit chaque jour aux environs de 80 000 m^3 à une profondeur de 38 m et à des températures qui varient entre 38 et 42°. Compte tenu de la capacité du lac, l'eau en est totalement renouvelée toutes les 28 heures. Sa température en surface varie de 23-24° l'hiver à 33-35° l'été. L'hiver, un léger nuage de vapeur s'élève au-dessus du lac, visible à plusieurs kilomètres. « Le lac fume sa pipe », disent les habitants de la région.

Des nénuphars poussent et s'épanouissent sur ces eaux toute l'année. En hiver et au printemps, vous pouvez vous baigner en compagnie des canards sauvages qui font escale à Hévíz.

Les pavillons construits autour et sur le lac contribuent à donner au lac un caractère merveilleux venu d'ailleurs. Ils offrent, lorsque la foule s'est éloignée, l'impression d'un petit palais de légende. Où est la princesse ? Où sont les elfes aquatiques ? La fée va-t-elle s'épanouir dans les vapeurs du lac ? Détendez-vous, rêvez... Mais pour cela, n'oubliez pas votre bouée. Forte recommandation, vous constaterez d'ailleurs que de nombreux promeneurs ayant dépassé l'âge de jouer à la marelle sont porteurs de toutes sortes d'objets gonflés. C'est tout simplement pour profiter de cette eau tiède en se laissant aller sans faire le moindre mouvement, sans avoir à dépenser la moindre énergie pour conserver la tête hors de l'eau qu'il est indispensable d'avoir ce petit coussin qui permet de se tenir debout dans l'eau. Vous pourrez emprunter cet objet à vos enfants ou petits-enfants ou le louer à l'entrée du parc en acquittant votre ticket, ou même l'acheter dans un des nombreux magasins. Certains habitués du lac perfectionnent différents accessoires, jeux d'échecs flottants, mais aussi pupitre pour tenir un livre ou une revue hors de l'eau et savourer ainsi les joies de la lecture dans un cadre inhabituel !

Hévíz se développa entre les deux guerres mondiales, mais prit réellement son essor à la suite de la construction, à partir de 1970, de nombreux hôtels qui offrent pour la plupart tous les services de soins thermaux, mais aussi dentaires et oculaires.

R. Palotas

Hévíz – Lac thermal

Se loger

Saint Hubertus – *Móricz Zsigmond utca.* ☎ *83/340 502. Chambres de l'ordre de 28 €. Panzió* avec chambres propres et soignées, une avec balcon. Restaurant joliment décoré avec des têtes de sanglier et de cerf.

Helios – *Vörösmarty u. 91.* ☎ *83/342 895. Fax 83/340 525. Chambres de 55 à 70 €.* Hôtel de standing regroupant trois bâtiments : deux modernes et un château. Nous vous conseillons ce dernier, mais évitez les chambres près de l'ascenseur. Piscine.

Park Szálló – *Petőfi Sándor u. 26.* ☎ *83/341 190. Fax 83/341 193. 26 chambres de 59 à 79 €.* Dans le centre-ville, un petit hôtel convivial avec vue sur le lac. Restaurant de qualité.

Erzsébet – *Erzsébet királyné u.* ☎ *et fax 83/342 035. 47 chambres de 73 à 80 €.* En plein centre-ville, à deux pas du lac thermal, bel hôtel reconnaissable à sa façade bleu ciel.

Se restaurer

Hűvösvölgyi Csárda – *Ady Endre u.* À la sortie de la ville vers Alsópáhok, grande et belle auberge typiquement hongroise proposant régulièrement des animations folkloriques.

Magyar Csárda – *Tavirózsa u. 1.* Dans une petite rue où se succèdent une demi-douzaine de restaurants (vous avez donc le choix), auberge à la réputation établie. La cuisine est cependant moyenne. Spécialités hongroises.

Korona – *Széchenyi u. 43.* ☎ *et fax 83/340 839.* Restaurant de qualité. Spécialités à base de poulet, dinde et bœuf. L'établissement possède également quelques chambres (18 à 36 €).

Des eaux miraculeuses ? – Tout cela est amusant, pensez-vous, mais que soigne-t-on à Hévíz ? Que vient-on faire à Hévíz ? Où se loge-t-on ? Où se soigne-t-on ? Non, Hévíz, ce n'est pas seulement l'aspect poétique et romantique du lac. C'est aussi un lieu de cure, car l'effet produit par ses eaux est double : un effet physique et un effet chimique.

Effet physique – Les eaux sont chaudes, le corps s'y plonge sans contraction, sans chute de température. Ainsi, durant le temps du bain, les muscles se décontractent. La pression hydrostatique est excellente pour le système veineux et lymphatique, œdèmes et tuméfactions sont éliminés.

Effet chimique – La composition des eaux est équilibrée en anions, cations et autres substances dissoutes, le tout étant recommandé pour les rhumatismes, les maladies de la locomotion, etc.

Les boues – Elles recouvrent le fond du lac et sont utilisées pour les bains. Légèrement radioactives, elles contiennent divers composants dont des éléments organiques qui ont un léger effet bactéricide. Par conséquent, aucun agent pathogène ne peut vivre dans l'eau du lac.

HOLLÓKŐ★★

Département de Nógrád – 650 habitants

Carte Michelin n° 925 B 9 – 100 km au Nord-Est de Budapest – Schéma : BÜKK

En plein massif du Cserhát, le village est installé sur un coteau au milieu d'un paysage de vignes. Classé au patrimoine mondial de l'Unesco, le village de Hollókő est une curiosité qui n'est pas, il faut le souligner, un *skanzen*, c'est-à-dire un village reconstitué ou construit pour devenir un musée de plein air. Hollókő, même s'il a à plusieurs reprises subi quelques outrages, est constitué de maisons bâties par les habitants ou plutôt leurs ancêtres, reconstruites, restaurées ou réaménagées par eux tout en conservant les formes d'origine.

UNE ETHNIE MÉCONNUE : LES PALÓC

C'est une minorité d'origine slovaque appelée **palóc** (prononcer « palotses ») qui habite cette région. Dans les années 1930, le village était difficilement accessible. À cette époque, une sociologue hongroise, Viola Tomori, fit une étude sur les habitants de Hollókő, obligés de tirer toutes leurs ressources de la nature. Son observation la conduisit à de curieuses conclusions. Par exemple, dans les rapports hommes-femmes, il était considéré que le mariage et l'amour étaient deux choses distinctes. Le conflit entre les sentiments et les intérêts était l'un des plus graves problèmes qu'une famille ait à affronter. Presque toutes les chansons parlent d'amour et sont riches d'expressions amoureuses. Décors, ornementations, agencement du costume sont faits pour éveiller l'attention, comme la multiplication des « jupons » brodés qui gonflent les jupes des femmes et indiquent aussi leur richesse. Les coiffures variées et colorées des femmes font aussi partie de leur coquetterie et de leurs moyens de séduction.

Il existe une organisation collective du travail et des fêtes. La structure familiale est très importante et la hiérarchie s'exprime dans l'implantation des maisons. La première maison

d'une famille est implantée au bord du chemin, par la suite les descendants construisent leur maison sur la même parcelle qui s'étend perpendiculairement au chemin, formant une « lignée ». La famille la plus ancienne et donc hiérarchiquement la mieux placée occupe toujours la maison qui se trouve au bord du chemin. Les responsables du village sont élus par les villageois et rémunérés par eux.
Aujourd'hui, les habitants ont abandonné les coutumes et les costumes traditionnels dont la publicité se sert pour attirer les touristes. On ne les voit guère que lors des fêtes de Pâques et du 15 août.
Éloigné de tout secteur de développement, le village a certainement été protégé des transformations, ce qui lui permet d'offrir aujourd'hui ce visage presque intact qui lui a valu son classement par l'Unesco et son inscription sur la liste des sites et richesses à conserver dans leur aspect d'origine. Quelques centaines d'habitants vivent là dans une cinquantaine de maisons paysannes dont certaines ont été transformées en petits musées ou aménagées en logements pour les visiteurs.

★★LE VILLAGE

Laisser la voiture au parking situé à l'entrée du village et descendre Kossuth Lajos utca, la rue principale, pavée, qui mène à l'église.

Église – Petite construction blanche surmontée d'un clocher en bois et couverte de bardeaux. Si vous y passez un dimanche à l'heure de l'office, peut-être surprendrez-vous une villageoise en costume traditionnel, corsage et jupe brodés de fleurs multicolores, gilet rose bordé de vert ou vert bordé de rose. Les coiffures sont toujours très colorées, de modèles différents, constituées d'arrangement de bonnet blanc brodé sur lequel peut être posé un foulard en forme de cimier ou une couronne en éventail... Plus rare est de rencontrer un homme en costume noir avec broderies, chemise blanche brodée également, et coiffé d'un chapeau noir décoré d'un ruban brodé.

Prendre Petőfi Sándor utca à droite de l'église qui, plus bas, rejoint Kossuth Lajos utca que vous remonterez.

Au fil des rues – Comme il est dit plus haut, toutes les maisons sont construites perpendiculairement à la rue. Trois incendies ont successivement détruit une partie du village en 1874, 1886, 1896, mais chaque fois les habitants ont reconstruit à l'identique en utilisant les mêmes techniques. Les murs épais sont posés sur une base en pierres. Les charpentes sont en bois, y compris les pignons traités de façon décorative avec une sorte de petit auvent qui avance en forme d'abri. Le cheminement qui permet de passer d'une pièce à l'autre le long de la maison est protégé par un débord du toit. Les séparations entre jardins ainsi que les clôtures en façade sont faites de bois tressés. Le visage du village n'est certainement pas semblable à ce qu'il était autrefois. À l'origine les toits étaient en chaume, les animaux ne divaguent plus dans les chemins, géraniums et corbeilles de fleurs décorent façades et jardins. Les intérieurs que l'on peut découvrir sont par contre décorés comme autrefois. Les meubles peints et ornés de guirlandes dessinées à la main, les nombreux accessoires brodés comme les coussins, les nappes, les couettes, etc. donnent une atmosphère chaude et gaie.

★**Postamúzeum** Ⓥ **(Musée de la Poste)** – *Kossuth Lajos utca 80.* Malgré sa modestie, ce musée mérite une visite pour suivre l'évolution et le développement de l'acheminement du courrier ainsi que des techniques de communication.
La **première salle** montre des objets et du matériel, comme le central téléphonique LB III/30 qui permettait 8 conversations simultanées par le même cordon.
La **deuxième salle** décrit les grandes époques et les différentes périodes de la poste et de la communication en Hongrie : courriers à pied et cavaliers au Moyen Âge, garçons de campagne sous l'occupation turque, chariots postaux sous le roi Mathias, relais de poste au 18e s., etc.

★VÁR (CHÂTEAU)

On y accède soit dès l'arrivée en haut du village à partir du parking, soit du bas du village par un petit sentier – signalé Vár – qui part de Kossuth Lajos utca.
Construit au 13e s. et détruit au début du 18e s., le château, en partie restauré, est un des châteaux les mieux conservés de Hongrie. Il est surtout intéressant pour son **point de vue** sur les coteaux avoisinants et les vignes protégées.
Tout autour des ruines s'étend un domaine verdoyant, un lieu calme et tranquille où l'on peut pique-niquer.

Se loger et se restaurer

Si vous aimez dormir sous la « couette » dans les vieilles maisons aux lits un peu courts, aux coussins et aux tissus brodés, réservez longtemps à l'avance à : **Nógrád Tourist**, *Salgótarján, Erzsébet tér 3,* ☎ *32/310 660.*

Panoráma Camping et **Panzió** – *Orgona u. 31.* ☎ *et fax 32/379 048. 22 chambres de l'ordre de 20 €.* Dominant le petit village et offrant une belle vue sur la vallée, cet ensemble bénéficie d'une bonne situation. Location de bungalows. Ouvert toute l'année.

Muskátli vendéglő – *Kossuth Lajos utca 61.* ☎ *et fax 32/379 262.* Dans cette belle maison typique au décor simple et traditionnel, les repas sont bon marché et fort convenables. Très animé le soir en hiver. Petite terrasse avec bancs et tables en bois.

HORTOBÁGY-PUSZTA★★★

Puszta de l'HORTOBÁGY – Département de Hajdú-Bihar

Carte Michelin n° 925 D 12 – 40 km à l'Ouest de Debrecen

La **puszta de l'Hortobágy** s'inscrit dans le **Parc national de l'Hortobágy** (Hortobágyi Nemzeti Park), 80 000 ha (certains disent 100 000 ha) de réserves naturelles protégées. Le village d'**Hortobágy** (environ 2 000 habitants) se trouve au centre de ce parc. Une visite ou mieux un séjour dans cette région laisse toujours de bons souvenirs même si le spectacle du *délibáb* ou mirage n'est pas au rendez-vous. L'apparition soudaine de sombres nuages qui cachent le soleil et obscurcissent le ciel relève assurément de la magie, ou peut-être de l'illusion.

La puszta humide – L'immense plaine s'étend à perte de vue, elle n'est ici barrée par aucun obstacle. Quelques légers soulèvements de terre qui portent une *tanya* avec son puits à balancier semblent installés là pour le décor. Cette impressionnante étendue a quelque analogie avec la mer ou encore avec ces zones limites qui donnent l'impression de n'avoir pas de fin et où le ciel et la terre se rejoignent à l'horizon. Ici l'environnement est plus conforme à l'idée que l'on se fait, à l'image retenue pour illustrer la Hongrie. C'est un type de *puszta*. Plusieurs événements ont perturbé cette région au cours des siècles. Au Moyen Âge, les 52 communes de cet ensemble disparurent de la carte, détruites par les Mongols et les Ottomans. Sans peuplement, la plaine fut utilisée comme pâturage et ce fut le domaine des *pásztor* (bergers), des *csikós* (gardiens de chevaux), des *gulyás* (bouviers), des *kondás* (gardiens de porcs). Puis au cours du 19e s., la régulation de la Tisza entraîna une modification de la répartition des eaux, l'assèchement transforma les terres en une plaine salée et stérile. Aujourd'hui, les travaux d'irrigation ont rendu une partie des terres à la culture et à l'élevage.

★ **Hídivásár** – Le pont d'Hortobágy avec ses neuf arches, que les bergers appellent *kilenclyukú híd* (kilenc = neuf, lyuk = trou), est le noyau de l'Hortobágy. C'est le pont en pierre le plus connu de Hongrie et le plus long (92 m). Il est très photographié et illustre de nombreuses pages de livres, revues, etc.

Se loger

Pásztortanya – ☎ *52/369 127. Chambres à 20 €.* À 14 km d'Hortobágy, sur la route 33 menant à Tiszafüred, panzió-restaurant traditionnelle avec une dizaine de chambres convenables.

Hotel-camping Hortobágy – ☎ *52/369 071. Ouv. avril-nov. Chambres à 24 €.* Dans un petit immeuble moderne, un hôtel aux chambres agréables.

Epona Rider Village – ☎ *52/369 020. Chambres de 85 à 95 €.* Immense club de vacances style club Med. Pour les amateurs d'équitation notamment et les sportifs.

Se restaurer

Hortobágyi Csárda – *Petőfi tér 2.* ☎ *52/369 139.* Incontournable dans le Parc national de l'Hortobágy, auberge traditionnelle dans une belle maison au toit de chaume. Animation musicale toute l'année (sauf en janvier).

Patkós Csárda – *Route 33, Tiszafüred.* ☎ *52/378 605.* Entre Tiszafüred (à 8 km) et Hortobágy (30 km), auberge traditionnelle.

C'est une sorte de symbole de la *puszta* humide. Construit entre 1827 et 1833, il a remplacé un pont de bois et petit à petit acquis une célébrité telle que chaque année, le 20 août, a lieu la **foire du Pont**. Lors de cette grande manifestation des arts traditionnels, on redécouvre les vieilles traditions des foires du siècle dernier. Le cheval n'est pas non plus oublié.

★**Hortobágyi Pásztormúzeum** Ⓥ **(Musée des Bergers)** – Ce musée relate la vie des bergers et des habitants de la région. Les vêtements de feutre brodés sont intéressants, ainsi que les différents objets inventés et fabriqués par ces hommes qui passaient des mois avec leurs bêtes dans la plaine. Ce sont des objets analogues à ceux des hommes de la puszta sèche, fabriqués pour faciliter leur vie de nomade.

Körszínmúzeum (Musée rond) – Il expose les richesses naturelles du parc, la faune et la flore. Deux fois l'an, l'Hortobágy devient une étape de repos pour des milliers d'oiseaux migrateurs. Plus de 330 espèces de volatiles ont été dénombrées dans les différents milieux du parc. Certaines zones sont fermées au public, d'autres réservées aux chercheurs et aux spécialistes ne se visitent qu'avec autorisation. Il faut posséder un large vocabulaire de noms d'oiseaux pour les nommer tous, de la pie grièche à l'outarde, de la spatule à la fauvette, etc.

Passer le Kilenclyukú híd et prendre sur la droite vers Máta.

Máta – C'est là que sont élevés les **nonious**, chevaux de trait hongrois. Chaque année en juillet se déroule le Festival international du cheval. C'est l'occasion de voir des spectacles équestres et de beaux attelages durant plusieurs jours.

M. Guillou/MICHELIN

KALOCSA★

Département de Bács-Kiskun – 20 000 habitants

Carte Michelin n° 925 G 7 – 119 km au Sud de Budapest

Kalocsa est la **capitale du paprika** doux dont la culture s'étend sur plus de 3 000 ha autour de la ville. Faut-il y voir l'origine du goût des femmes de Kalocsa pour l'ornementation florale qui s'exprime dans les peintures murales et les broderies que vous aurez plaisir à découvrir et peut-être à acheter ? Vous aurez l'occasion d'apprécier la qualité et la finesse de leur travail notamment à la Maison d'art populaire régional.

Une histoire mouvementée – Fondée comme Esztergom au 11e s. par Étienne Ier qui en fit un évêché, puis élevée au rang d'archevêché, elle fut dotée d'une cathédrale. Le Danube, dont le lit a été déplacé de 6 km, ainsi que les marais qui l'entouraient ont longtemps assuré sa protection. Elle a subi l'oppression turque et a été détruite au début du 17e s. par un incendie.
Le passé religieux de Kalocsa, malgré les destructions subies par la ville et ses modestes dimensions, justifie la présence de deux importants édifices installés en son centre, le palais épiscopal et la cathédrale baroque. Ces deux édifices se trouvent sur Szentháromság tér à l'extrémité de la Szent István király út, la grand'rue de Kalocsa.

CURIOSITÉS

Magyar Fűszerpaprika Múzeum Ⓥ **(Musée du Paprika)** – *Szent István király utca 6.*
Il présente l'histoire du paprika, son arrivée en Hongrie, sa culture, sa transformation en poudre, son usage. Septembre est après la récolte le mois du séchage du paprika ; à ce moment de l'année, la campagne s'orne alors de magnifiques tapis rouges. C'est également dans ce musée qu'est présentée la vie du prix Nobel hongrois, Albert Szent-Györgyi, qui a découvert la vitamine C à partir du paprika. Dans le même bâtiment est installée Kalocsa Korona Tours Kft., société qui organise des croisières sur le Danube, visites et spectacles dans la puszta.

★ **Püspöki Palota** – Le **palais épiscopal** date de la fin du 18e s. Construit sur les plans établis par le frère Gáspár Oswald, il est de style baroque. La façade qui donne sur la place est symétrique, massive, un avant-corps avec fronton encadrant la porte d'entrée. Par contre, sur l'autre face, le bâtiment développe également de façon symétrique de belles masses architecturales vers un grand parc. La visite est intéressante, elle permet de découvrir la bibliothèque qui abrite de précieux volumes dont une Bible ayant appartenu à Martin Luther, annotée de sa main. Au total, 120 000 volumes dont certains datent du 13e s. À l'étage, la grande salle, quand elle est ouverte, ainsi que la chapelle permettent de voir des fresques de Franz Anton Maulbertsch, peintre et fresquiste autrichien qui a décoré un grand nombre d'églises et édifices religieux en Hongrie.

Főszékesegyház – La **cathédrale** est un édifice baroque. Avant elle, sur le même emplacement, trois autres églises l'ont précédée. Les fondations de la première (11e s.) et de la deuxième (13e s.) ont été retrouvées, mais il ne subsiste à ce jour aucune trace de l'église gothique bâtie au 14e s. La cathédrale visible aujourd'hui est l'œuvre de Mayerhoffer, elle a été construite entre 1735 et 1754.
À l'intérieur, le rose pastel associé à des décorations dorées en stuc donnent une atmosphère de sérénité épanouie. C'est dans la crypte que serait enterré l'archevêque qui rapporta au roi Étienne la couronne offerte par le pape Sylvestre pour lui confirmer la reconnaissance de sa conversion et assurer son autorité sur le christianisme en Hongrie. Dans le **trésor de l'archevêché** sont exposés vêtements sacerdotaux et objets de culte ainsi qu'un buste de saint Étienne (1896) pesant 50 kg (48 d'argent et 2 d'or).

Se loger et se restaurer

Béta Hotel Kalocsa – *Szentháromság tér 4. ☎ et fax 78/461 244. 30 chambres à partir de 21 €.* Bel hôtel, bon rapport qualité-prix, décor simple et de bon goût, chambres voûtées agréables et bien équipées.

Piros Arany – *Szent István király út 37. ☎ 78/462 220. Chambres à 26 €.* Dans le centre-ville, un petit hôtel sans charme particulier, mais aux chambres propres et peu onéreuses.

Kalocsa – *Szentháromság tér 4. ☎ 78/461 047. Chambres de 31 à 46 €.* Dans un beau bâtiment vieux de deux siècles, le principal hôtel de la ville est bien situé à côté du château et de la cathédrale.

Csajda Csárda – *Csajda u. 2. ☎ 78/462 670.* Au milieu des HLM de la ville, une auberge traditionnelle où vous ne risquez pas de rencontrer des touristes ! C'est l'un des principaux restaurants de la ville. Cuisine hongroise.

Dans les environs

Bárka-Csárda – *Route 5301. ☎ 60/452 531.* À moins de 10 km de Kalocsa, sur la route 5301 menant à Kiskőrös, à l'intersection avec la rivière Maloméri, petit restaurant sans prétention proposant des spécialités de poissons (perche, poisson-chat, brochet...) pêchés devant vous dans la rivière.

Dans l'environnement immédiat du palais et de la cathédrale, on remarque deux monuments, l'un en l'honneur de la Sainte-Trinité, l'autre en mémoire de Pál Thomory, archevêque de Kalocsa et chef d'armée qui combattit à Mohács.
Dans un passé récent, après les événements de 1956, l'évêque de Kalocsa remplaça le cardinal Mindszenty, archevêque primat de Hongrie, enfermé dans l'ambassade américaine, et assura les discussions avec le gouvernement communiste pour conserver à l'Église son droit d'exister.
La rue Szent István király se déroule dans l'axe du palais épiscopal. Il est intéressant de la parcourir.

★**Viski Károly Múzeum** Ⓥ – *Szent István király út 25.* Le musée Viski, extrêmement riche, montre la vie des différentes communautés qui ont habité la région, communautés hongroises, souabes, slovaques. Tout ceci est illustré par une restitution des milieux et des modes de vie, de la maison aux champs, du quotidien ordinaire aux différents événements qui jalonnent le parcours d'une vie de la naissance à la mort. On y sent l'évolution de l'habitat et du vêtement qui peu à peu se chargent de décors, de broderies, arts où les femmes de Kalocsa ont acquis leur notoriété. Une collection de pièces anciennes intéressera les numismates.

Schöffer Miklós Múzeum Ⓥ – *Szent István király út 76.* Nicolas Schöffer, sculpteur né à Kalocsa, grand nom de l'art cinétique, était-il un révolutionnaire ou un réactionnaire ? La visite du musée vous donnera peut-être une réponse.
Si vous êtes indécis, prenez à gauche en sortant du musée jusqu'au carrefour et arrêtez-vous devant la **Schöffer Fénytorony** (tour de la Lumière). Cette tour métallique, assemblage de tiges et de poutres d'acier, décorée de miroirs, éclairée et animée figura un temps parmi les symboles et images d'avant-garde révolutionnaire dans l'art. Faut-il y voir une manifestation réactionnaire d'un enfant du pays contre tous ces dessins de guirlandes fleuries qui ornent la ville ?

Népművészéti Tájház Ⓥ **(Maison d'art populaire régional)** – *Tompa Mihály utca 7.* Elle présente broderies, objets décorés et murs peints par de véritables artistes. Les chemises de Kalocsa sont célèbres pour leurs broderies.

Vasútállomás – *Mártírok tér.* Un petit bâtiment aux portes et fenêtres décorées de bleu, telle se présente la **gare** de Kalocsa qui offre le charme d'une autre époque. On y retrouve des décorations peintes autour des fenêtres, des portes, des guirlandes de fleurs et de feuilles dessinées qui couronnent les murs.

KAPOSVÁR

Département de Somogy – 74 000 habitants

Carte Michelin n° 925 H 5

Chef-lieu du département, Kaposvár signifie le château sur la Kapos. Le château n'existe plus : comme beaucoup d'autres, il fut détruit par les Turcs et plus tard par les Habsbourg. La ville est située au Sud du Balaton entre le lac et Pécs, sur le parcours de la rivière Kapos qui coule d'Est en Ouest avant de remonter vers le Nord et se jeter dans la Sió. Cette dernière va redescendre parallèlement à la Sárvíz, l'augmenter de ses eaux avant de rejoindre le Danube.
Kaposvár est liée à deux grands noms qui ont marqué la peinture hongroise : József Rippl-Rónai et János Vaszary.
Kaposvár est aussi la ville natale d'Imre Nagy dont le destin tragique a ému le monde entier. Une statue érigée dans un petit square qui porte son nom honore sa mémoire. Elle a été placée là le 23 octobre 1996 pour rappeler les événements de 1956 et aussi pour célébrer le centième anniversaire de sa naissance (1896).

Imre Nagy

Fils d'artisan, ouvrier métallurgiste à Budapest, il est mobilisé sur le front russe lors de la Première Guerre mondiale. Fait prisonnier, la révolution d'Octobre le libère. Imre Nagy s'associe au mouvement révolutionnaire des Soviets et ne revient dans son pays qu'en 1921. Sous le régime de Horthy, il doit s'exiler à nouveau, passe quelque temps à Vienne, puis rejoint Moscou où il doit faire son autocritique. Là-bas, il est arrêté en 1938. Libéré, il dirige un kolkhoze en Sibérie. Dès le début de la Seconde Guerre mondiale, il est chargé des émissions en hongrois à Radio Moscou International. À la fin de la guerre, il rejoint Budapest, devient ministre de l'Intérieur, puis dirige la politique agraire. Une période de disgrâce l'éloigne. Il est rappelé au pouvoir en 1953 en tant que Premier ministre. En 1955, nouvelle disgrâce, exclusion du parti. Lors des événements de 1956, le parti le rappelle à nouveau le 23 octobre. Dans la confusion des événements, Nagy prend des décisions qui ébranlent l'autorité et la politique du Kremlin. Le 3 novembre, les troupes russes entrent à Budapest. Nagy est arrêté, déporté en Roumanie, rapatrié six mois plus tard, jugé secrètement, et exécuté le 16 juin 1958. Il sera enterré officiellement comme un héros national le 16 juin 1989 et réhabilité.

La région des cigognes – C'est une population de cigognes blanches *(ciconia ciconia)* qui revient chaque année en mars dans la région pour s'envoler vers d'autres cieux dès la fin du mois d'août. Fidèles au lieu et compte tenu de l'attention qui leur est portée, elles donnent à la région un certain caractère et par leur présence font une partie de sa célébrité. À vrai dire, ce n'est pas Kaposvár qui est la ville des cigognes, mais un village voisin qu'elles lui ont préféré, sans doute moins bruyant et plus calme. **Nagybajom** est à 25 km à l'Ouest de Kaposvár, les cigognes viennent y pondre et élever leurs petits. En 1996, Nagybajom fut désigné comme le « village européen des cigognes ». Sa proximité d'une zone marécageuse offre aux grands oiseaux blancs grenouilles et petits poissons à profusion. De plus, les humains se sont montrés si compréhensifs et si attentifs que même la compagnie d'électricité a préparé et mis en place des supports spéciaux pour les nids.

★ **Somogy Megyei Múzeum** – *Fő utca 10.* Le musée du département abrite une exposition de peintres de 1860 à nos jours, une exposition sur l'histoire locale, une partie histoire naturelle et ce qu'était la région au moment de la conquête par les Magyars, et enfin une exposition d'artisanat et d'art populaire (bois et cornes sculptés par les bergers et gardiens de porcs ainsi que Des tissus imprimés couleur indigo).
La galerie de peinture présente notamment des œuvres de János Vaszary, Mihály Zichy, Ferenc Martyn, Aurél Bernáth, etc.

Csíky Gergely Színház – *Rákóczi Ferenc tér.* Quel est donc cet immense gâteau posé sur la place ? C'est le **théâtre** qui fait également penser aux constructions des stations thermales ou de vacances des années 1930. Jaune pâle, de nombreuses fenêtres aux boiseries peintes en blanc, à première vue, ce bâtiment de 1911 n'avoue pas sa fonction.

Se loger et se restaurer

Borostyán Vendégház – *Rákóczi tér 3. ☎ 06/82/512 475. Fax 82/310 123. 9 chambres de 32 à 44 €.* Presque en face du théâtre, maison cossue aux chambres raffinées. Restaurant avec spécialités hongroises et internationales.

Kapos – *Ady Endre. u. 2. ☎ et fax 82/316 022. 67 chambres de 31 à 47 €.* Principal hôtel de la ville offrant tout confort. Restaurant avec spécialités hongroises.

Diófa – *József A. u. 24.* L'un des principaux restaurants de la ville. Spécialités hongroises : foie et viandes. Logement possible *(8 chambres de 20 à 35 €).*

★ **Rippl-Rónai József Emlékmúzeum** ⓥ – *Rómahegy 88.* Un portail de bois dans un virage, à peine la place d'une voiture, et au bout d'une allée une grande maison jaune au milieu d'un parc vous ouvrira ses portes sur les peintures de Rippl-Rónai exposées dans sa maison natale.

József Rippl-Rónai – Né en 1861, fils d'instituteur, Rippl-Rónai se dirige vers des études de pharmacie. Il en obtient le diplôme. Puis pendant plusieurs années, il devient précepteur avant de se tourner vers la peinture. Il s'inscrit à l'Académie de Munich avant de s'installer à Paris comme assistant de Mihály Munkácsy, où il honore les nombreuses commandes qui lui viennent du monde entier. À Paris, il rencontre d'autres artistes comme Aristide Maillol et un Écossais, James Pitcairn-Knowles. Rippl-Rónai se libère du détail, rejette les effets du clair-obscur et les procédés qui tendent à affirmer le réalisme. Il refuse ce qu'il a appelé la « hiérarchie des détails » et se réclame du principe de « l'égalitarisme ». « Tous les détails de mes tableaux ont la même importance et sont peints de la même façon », écrit-il. Il aboutit ainsi à une manière de peindre qu'il décrit comme la technique du « grain de maïs », qui consiste à ne faire aucun mélange sur la toile, mais à y déposer « comme des grains de maïs » de petites taches soit de couleur pure, soit d'un mélange fait sur la palette. Une bonne illustration de cette technique est le tableau visible à la Galerie nationale hongroise, *Lazarine et Anella dans le parc.*

MAGYAR KEPEK Kft

Portrait de Zorka Bányai par Rippl-Rónai

À partir de 1890, Rippl-Rónai participe à de nombreuses expositions. Au Salon du Champ-de-Mars en 1894, sa toile intitulée *Ma grand-mère* lui apporte la reconnaissance de la critique parisienne. Dès 1895, il expose régulièrement avec le groupe des nabis. En 1901, il rejoint Kaposvár pour y résider. En 1914, il est surpris en France avec sa famille par la déclaration de guerre. Arrêté, il est interné avec sa femme et sa fille adoptive. Libéré sur intervention de Maillol et Maurice Denis, il peut rejoindre Budapest. Il meurt en 1927.

EXCURSIONS

★★ **Szenna** – *16 km au Sud-Ouest. Quitter Kaposvár par Berzsenyi Dániel utca, la route n° 67 en direction de Szigetvár. Passer au-dessus de la voie ferrée puis prendre à droite après le pont.*

Cette localité modeste possède un **musée de plein air** ⓥ (Szabadtéri Néprajzi Gyűjtemény) parmi les plus beaux de Hongrie. La principale curiosité de l'ensemble est l'**église réformée** (Református Templom) qui date du 18e s. À l'intérieur de ce lieu de culte toujours utilisé, on peut admirer une chaire couronnée ainsi qu'un plafond à caissons peints. Les autres constructions inscrites dans l'enceinte du village sont des habitats de la région qui ont été démontés et remontés en cet endroit.

★ **Somogyvár** – *28 km au Nord-Ouest par la route n° 6701*. Somogyvár fut pendant six siècles le chef-lieu du comitat. C'est en 1091 que Ladislas Ier appela des bénédictins de l'abbaye de St-Gilles en France (département du Gard) pour créer un monastère. Les vestiges découverts permettent de mesurer la dimension de l'église qui mesurait 60 m de longueur et 24 m de largeur. Les fondations permettent de dessiner le cloître. Le site est impressionnant.

KECSKEMÉT★★

Département de Bács-Kiskun – 110 000 habitants

Carte Michelin n° 925 F 9 – 83 km au Sud de Budapest

Entre Danube et Tisza, au cœur de l'immense puszta, Kecskemét..., la ville qui chante ! « La plus jolie cité du monde » pour Brahms et la patrie bien-aimée de Zoltán Kodály. L'été, les champs de paprika colorent et animent la campagne tandis que l'âme du poète saura entendre « le raisin qui parle, l'abricot qui sonne et la pomme qui sourit. »

Un centre de production agroalimentaire – La vocation rurale de Kecskemét remonte au 15e s. À l'époque, l'élevage était une des activités importantes de cette région de l'Alföld ou Grande Plaine hongroise. Des archives signalent qu'au milieu de la décennie 1560-1570, un tiers des bœufs, qui traversaient le Danube à Vac (au Nord de Budapest), appartenaient aux éleveurs de Kecskemét. Au 18e s., après avoir souffert des luttes de la libération, le développement des cultures, fruits, légumes, vignes a favorisé l'enrichissement de la ville où se sont construites écoles, églises, habitations.

La ville du foie gras et la patrie du barackpálinka – En 1950, Kecskemét est devenu le chef-lieu du nouveau département de Bács-Kiskun (le plus grand de Hongrie en superficie), du nom des pays qui l'entourent. L'agriculture et en conséquence l'industrie agroalimentaire ont poursuivi leur expansion. L'élevage des bovins, des ovins, des chevaux, des volailles y prospère. C'est l'un des endroits les plus réputés pour la production du **foie gras**. Aux grandes étendues de cultures céréalières, aux vignobles et aux vergers s'associent aujourd'hui les agglomérats de voûtes diaphanes des serres en plastique où se cultivent les primeurs. Si la région de Kecskemét fournit environ un tiers de la production vinicole hongroise, ce n'est pas là qu'il faut chercher les bons vins de Hongrie, le produit local est un vin léger sans grand caractère. Cette ville a pour surnom celui de « la ville réputée », c'est-à-dire la ville connue pour ses richesses et notamment pour ses alcools, dont l'eau-de-vie d'abricot ou **barackpálinka**. La visite des distilleries Zwack *(Matkói u. 2)* est recommandée.

QUELQUES NOTES DE MUSIQUE

« Le chant embellit la vie et ceux qui chantent embellissent la vie des autres » – Ces mots de Kodály disent ce qu'était sa préoccupation première, le chant. Il fut l'un des premiers sinon le premier avec son ami Bartók à collecter les airs et les paroles des chansons auprès des chanteurs populaires créant ainsi l'ethnologie musicale. Son œuvre de compositeur est la synthèse classique de la musique populaire hongroise et du patrimoine européen. En tant qu'ethnologue musical, Kodály est même allé au-delà des frontières européennes puisqu'il a enquêté et travaillé en Afrique du Nord et plus particulièrement en Algérie. Il a écrit de nombreuses œuvres pour la Société chorale de Kecskemét *(Les Vieillards, Anna Molnár, Ceux qui arrivent en retard, Jésus et les marchands du Temple)*. Sa grande œuvre classique, qui date de 1923, est le *Psalmus* *hungaricus*, dont le texte est un poème du 16e s. écrit par Mihály Vég, qui faisait suivre son nom de la mention « de Kecskemét ». Kodály fut également un grand pédagogue, il a enseigné, formé de nombreux musiciens, compositeurs, chefs d'orchestre, etc. Il a surtout élaboré une pédagogie, une méthode d'enseignement connue aujourd'hui sous le nom de « méthode Kodály », qui a été appliquée en Hongrie. Ceux qui ont eu le bonheur de visiter la Hongrie profonde, de participer à des rencontres, d'être invités à des fêtes familiales, à des rencontres populaires, ont pu voir naître et écouter des groupes qui se forment spontanément, étonnants de qualité, où tous les participants connaissent les chants et où chacun d'eux s'insère et place sa voix pour former un ensemble harmonieux, une véritable chorale. Les Japonais, qui ont adopté la méthode « Kodály », forment d'excellents musiciens. D'autres pays s'inspirent de cette éducation musicale hongroise.

Ville attachante, ville musicale – **Zoltán Kodály**, l'un des grands noms de la culture hongroise et de la musique du 20e s., est né à Kecskemét. Bien qu'il n'y ait pas vécu, Kodály était très attaché à cette ville et avouait : « J'ai toujours ressenti mon appartenance à Kecskemét quelque part dans mes os, comme ces plantes qui croissent en terrain sablonneux et qui poussent leurs racines sous la couche de sable pour atteindre les sucs véritables qui leur sont nécessaires. » Depuis sa mort à Budapest en 1967, l'anniversaire de ce grand musicien et pédagogue est célébré chaque année avec, en alternance, un Festival international de chorales et un Festival international de musique.

MAGYAR KEPEK Kft

Zoltán Kodály

Kodály Zoltán Zenepedagógiai Intézet (Institut de pédagogie musicale Zoltán Kodály) – *Voir aussi page suivante*. Créé en 1975, il est installé dans un ancien couvent franciscain construit au 18e s. sur des ruines médiévales. Restauré et aménagé pour son nouvel usage, il exprime le calme et la dimension spirituelle d'un monastère du chant. La partie moderne, rajoutée en 1980, et comprimée entre deux bâtiments de la plus mauvaise époque de la période dite communiste, n'est pas du meilleur effet. Tous les deux ans sont organisés les Séminaires internationaux Kodály (généralement en juillet et août), accompagnés parallèlement d'un Camp international des chœurs.

CURIOSITÉS

Cette ville qui fut un lieu d'échanges et de marchés disposait pour ces activités d'espaces et de places sur lesquels furent, au cours du temps, organisés et construits de nombreux édifices qui illustrent avec bonheur différents styles de l'architecture hongroise.

C'est ainsi que le centre de la ville s'offre comme un grand parc que l'on traverse pour aller de l'hôtel de ville à l'Institut Kodály, au Cifra palota en longeant le Nouveau Collège... Quelle que soit la saison, parcourir ce centre est un vrai bonheur. **Brahms** a fait chanter la ville dans un lied, l'appelant **« la plus jolie cité du monde »**.

Les autorités dans un désir d'amélioration ont décidé de refaire une grande partie des rues. Le choix des dalles de béton n'est malheureusement pas très judicieux et conduit à regretter les revêtements précédents. Quelques lieux conservent malgré tout leur charme.

Nagytemplom (Grande Église) – La vue de cet édifice de couleur ocre jaune est malheureusement indissociable de celle d'une construction des années 1960, l'hôtel Aranyhomok *(Sable d'Or)*. La Grande Église, inaugurée en 1806, est de style baroque tardif. Deux plaques commémorent sur sa façade, l'une les victimes de la guerre d'indépendance de 1848-1849, l'autre un régiment de cavaliers qui s'illustra pendant la Première Guerre mondiale. Le carillon de la Grande Église égrène régulièrement un air populaire hongrois transformé en chant à la gloire du recrutement des soldats de l'indépendance, le chant des soldats de Lajos Kossuth. Il vous fera entendre, entre autres, des airs de Kodály, Mozart, Erkel, Haendel.

★ **Városháza (Hôtel de ville)** – Ce bâtiment rose, œuvre de Ödön Lechner et de Gyula Pártos, fut commencé en 1893. Vingt-huit mois après, les fonctionnaires municipaux y prenaient place. Une belle masse architecturale, décorée sans excès, exprime

Se loger

Fábián Panzió – *Kápolna u. 14.* ☎ *76/477 677. Chambres de 30 à 33 €.* Dans le centre-ville, charmante *panzió* familiale avec une dizaine de chambres et une cour intérieure.

Három Gúnár – *Batthyány u. 1-7.* ☎ *76/483 611. 45 chambres de 36 à 42 €.* Hôtel de bon confort. Restaurant et bar (billards et jeux vidéo).

Aranyhomok Szálloda – *Kossuth tér 3.* ☎ *76/486 286. 111 chambres de 50 à 55 €.* Le plus grand hôtel de la ville, très bien situé sur la place centrale riche en monuments.

Se restaurer

HBH – *Csányi u. 4.* ☎ *76/481 945.* Restaurant au décor en bois sombre spécialisé dans la cuisine bavaroise et hongroise. Spécialité : le jambonneau bavarois. Terrasse en été.

Mágnás – *Csongrádi u. 2.* ☎ *76/417 640.* Un peu à l'écart du centre, un restaurant au décor soigné. Spécialité : la cuisse de cerf. Grand choix de vins hongrois.

Dans les environs

Wéber Tanya – *Lőwy dűlő 14, 6034 Helvécia.* ☎ *76/429 848. Appartement familial pour environ 55 €.* À 6 km de Kecskemét, une ferme-auberge, avec trois maisonnettes aux toits de chaume. Restauration possible. Élevage de chevaux.

Cifra Csárda – *Ceglédi út. 21, 2750* Nagykőrös. ☎ *53/351 212.* À une quinzaine de kilomètres de Kecskemét, sur la route 441, charmante auberge traditionnelle proposant des mets hongrois, des vins du pays et régulièrement de la musique tzigane.

ce que l'on appelle ici l'Art nouveau. Les architectes avaient choisi d'agrémenter leur proposition au concours de la devise ou « cri d'arme » de Kecskemét : « Ni la hauteur, ni la profondeur ne m'effrayent. » Il est intéressant de pénétrer à l'intérieur de l'hôtel de ville et de prendre l'escalier qui conduit à la salle du conseil. L'escalier se développe à partir de deux volées traversant une suite d'arcades et de voûtes décorées. La salle du conseil fait l'objet d'une visite guidée qui est à faire. Les commentaires sont en hongrois ou en allemand, un document en français ou en anglais est fourni à partir duquel le visiteur peut suivre la présentation. Cette salle a été décorée par **Bertalan Székely**, peintre de scènes historiques, dans un style académique romantique. Ses œuvres peuvent être vues en de nombreux endroits et monuments de Hongrie.

Ferences Templom (Église des Franciscains) – Sur Kossuth tér à droite, l'église des Franciscains ou chapelle St-Nicolas est le plus vieil édifice de Kecskemét, il date du 13e s. De style gothique, il a été « remis au goût baroque » au 18e s. À gauche de l'église, il ne subsiste que quelques vestiges de la chapelle St-Michel, antérieure à l'église des Franciscains.

Contournant ce jardin, sur la gauche se trouve Kéttemplom köz (l'impasse des deux églises) sur laquelle s'accroche un petit pont qui conduit à la porte de l'Institut Kodály.

Kodály Zoltán Zenepedagógiai Intézet – Malheureusement, ce temple de la musique n'est pas ouvert à la visite, car il fonctionne en permanence. Il est cependant intéressant d'y pénétrer. L'un des côtés du cloître, auquel il est possible d'accéder, présente une exposition sommaire sur Kodály. Au bureau d'accueil et d'information, on vend, dans différentes langues, un opuscule de présentation du musicien et de son œuvre, qui donne également des informations sur les activités de l'institut. Ce contact limité avec l'institut permet malgré tout de saisir la dimension du lieu où des jeunes et des moins jeunes viennent du monde entier se former au chant choral et à la pédagogie de Kodály. Outre les salles de travail et la bibliothèque, l'institut comprend un internat pour l'accueil des étrangers, dont certains logent aussi chez l'habitant. Le hasard peut offrir au visiteur, à l'occasion d'un passage, une des nombreuses manifestations musicales que donne régulièrement l'institut. C'est à ne pas manquer, car cela permet de découvrir une partie de l'intérieur du bâtiment et de partager un moment musical exceptionnel. Face au petit pont d'accès à l'institut, une boutique offre toutes sortes d'objets et de produits hongrois de qualité.

Kossuth tér

Kossuth tér – Revenant sur Kossuth tér en quittant Kéttemplom köz, le visiteur découvre l'**église réformée** (17e s.) construite sous l'occupation musulmane avec l'autorisation du sultan, autorisation achetée 669 pièces d'or. Cette église fut par la suite plusieurs fois remaniée. Elle est mitoyenne d'un bâtiment qui constitue l'élément de partition du parc central en deux places, Kossuth tér et Szabadság tér. Ce bâtiment abrite le restaurant **Liberté**. Il vaut la peine de s'y arrêter tout d'abord pour le cadre, car il a été restauré avec goût et propose un environnement Art nouveau de grande qualité.
Poursuivant la promenade sur ce côté de la place, après avoir laissé Kalvin tér sur la droite, apparaît un bâtiment d'une très belle architecture, sans prétention mais de grande valeur, le Nouveau Collège.

Új Kollégium (Nouveau Collège) – Péter Lestár, l'un des maires, qui fut un des grands acteurs du développement de Kecskemét, disait : « Même si nous habitons des cabanes, il faut construire des palais pour nos écoles. » Ce qui fut fait à Kecskemét, où le Nouveau Collège, construit entre 1911 et 1913, offre une façade composée comme une pièce musicale, pleine d'harmonie entre les pleins et les vides, aux reliefs et décors accordés. Pas de pittoresque dans cette œuvre réfléchie et profonde. Malheureusement, on peut regretter qu'elle ne soit pas ouverte aux visiteurs, car cet édifice n'est pas qu'une façade, celle-ci exprime des volumes intérieurs riches et variés où tout est à sa juste place. En ouvrant une porte, peut-être serez-vous, grâce à l'amabilité du personnel, autorisé à regarder au-delà du hall d'entrée ? Citons-en les architectes, car ils le méritent : Valér Mende et Lajos Dombi. Le Nouveau Collège abrita longtemps l'école de musique et de chant de Kodály. Après la rupture avec le régime communiste, il a été rendu à ses anciens propriétaires, c'est aujourd'hui un établissement secondaire appartenant à l'Église réformée. Ce même bâtiment abrite un petit **musée** concernant le culte réformé, Református Egyházművészeti (sur Csányi János utca).

Cifrapalota Ⓥ **(Palais chamarré)** – *À l'angle des rues Csányi János et Rákóczi út.* Le nom de Cifra évoque le monde des contes populaires et sa décoration les broderies et « enluminures » domestiques. Encore une architecture de qualité, la construction est homogène, la fantaisie maîtrisée s'y présente joyeuse et fraîche. Les formes, les décorations en relief ou en couleurs, les menuiseries bien travaillées, tout concourt à donner à l'édifice un air de jeunesse et d'actualité malgré son âge réel. Là encore, l'intérieur ne dément pas la façade et même la cour centrale participe à l'harmonie de l'ensemble. De plus, visitant l'exposition de peinture, vous découvrirez quelques belles toiles de peintres hongrois du 20e s. Visitez aussi la Grande Salle, qui fut une salle de jeu, ce qu'elle avoue par sa décoration quelque peu provocante. Le Cifra

F. Szelényi/MAGYAR KEPEK Kft

palota avec ses tuiles vernissées, ses majoliques, ses peintures et motifs colorés donne une bonne image de l'utilisation intelligente des thèmes et modes d'expression populaires qui s'inscrivent dans une architecture lui donnant suffisamment de caractère pour traverser le temps sans dommage.

Tudomány és Technika Háza ⓥ **(Maison de la Technologie)** – C'est l'ancienne synagogue. Ce bâtiment vaut par son histoire. Présent comme les autres édifices de culte au centre-ville, il fut abîmé lors du tremblement de terre en 1911. Reconstruit, il fut profané lors de la Seconde Guerre mondiale. Par la suite sans entretien, il fut aménagé en centre de conférences. Il est utilisé en permanence. Des congrès médicaux s'y tiennent régulièrement.

Centre-ville – Dans cette ville fleurit une architecture de qualité sous des formes variées avec des édifices d'époques différentes. On peut ainsi constater l'intégration de toutes ces œuvres qui forment ensemble un tout harmonieux. L'époque contemporaine est, elle, illustrée par des immeubles sortis de principes techniques et économiques, comme l'hôtel Aranyhomok ou les très nombreux grands ensembles qui n'honorent pas l'architecture. Une exception heureuse en bordure de Szabadság tér, le **Luther Palota**, à l'angle de Luther köz (passage Luther) et Hock Janos, qui a été construit à peu près à la même époque que l'hôtel cité plus haut.
Parmi les nouveaux bâtiments construits ces dernières années, il faut citer la bibliothèque que l'on peut rejoindre à partir de Szabadság tér en prenant Arany J. u. Dans cette rue se trouve l'**église évangélique** conçue par Ybl. Elle mérite une visite car elle exprime avec simplicité et sobriété l'atmosphère recueillie d'un lieu de culte. La **bibliothèque** inaugurée en 1998 respire le calme d'un cadre de réflexion et d'étude. Les espaces y sont généreux et variés, on y trouve tout ce qui touche à la culture, la communication, l'informatique, multimédia, audio, audiovisuel, livres, presse, etc., un exemple impressionnant à visiter silencieusement.
D'autres bâtiments récemment construits illustrent la richesse de l'architecture hongroise, tel l'immeuble de la **Budapest Bank** à l'angle de Nagykőrösi u. et Koháry István u., où l'on retrouve traitées, en utilisant les techniques et matériaux contemporains, les formes héritées du baroque.
Sans quitter le centre de la ville, à partir de Kossuth tér, laissant derrière soi l'hôtel de ville et l'église des Franciscains, sur Katona József tér se trouve le théâtre **Katona József Színház**, construit au 19ᵉ s. par des entrepreneurs autrichiens, ce qui souleva des protestations ; c'est aujourd'hui le cadre de nombreuses représentations, et l'orchestre symphonique de Kecskemét y donne d'excellents concerts. Il vaut une visite. Passant derrière le théâtre sur Bajcsy-Zsilinszky, on trouve le **musée hongrois de la Photographie** (Magyar Fotográfiai Múzeum) installé dans la petite synagogue. Les expositions y sont temporaires. Il vaut la peine de s'y intéresser car les Hongrois ont donné de grands photographes comme Brassaï et Capa.

Bozsó Múzeum – *Klapka u. 34, à l'angle de Vörösmarty u.* On rencontre fréquemment en Hongrie le musée-galerie-collection qu'un particulier a légué à la collectivité. À Kecskemét, le plus intéressant est le musée Bozsó. Vous suivrez dans cette magnifique maison ancienne qu'habitait le peintre une enfilade de pièces où sont exposés quelques-unes de ses peintures, de bonne facture, mais aussi et surtout de nombreux objets d'usage domestique. Dans les dernières salles, dont une à l'étage, vous pourrez également admirer une collection splendide de sculptures et objets religieux.

Leskowsky Hangszergyűjtemény ⓥ **(Musée d'Instruments de Musique Leskowsky)** – M. Albert Leskowsky a légué à la ville la collection d'instruments qu'il a constituée. Il est le directeur du musée, le conserve, l'augmente de nouvelles pièces, en guide la visite. Vous verrez là un rassemblement d'instruments quelque peu hétéroclite, en provenance de régions proches ou lointaines, tous inventés pour produire bruits, sons, marquer des rythmes, informer, appeler, charmer, séduire. À Kecskemét, on ne quitte pas la musique.

Magyar Naív Művészek Múzeuma (**Musée des Arts naïfs**) et **Szórakaténusz Játékmúzeum és Műhely** (**Musée du Jouet et ateliers**) – *Gáspár András u. 11*. Ce bâtiment abrite deux musées. Le premier présente une série de toiles de peintres naïfs ainsi que quelques sculptures. C'est, dit-on, l'un des plus curieux d'Europe. Le second est plutôt un atelier d'art pour enfants et adolescents, qui expose des jouets. C'est le moyen, pour ceux que cela intéresse, de découvrir le fonctionnement d'une activité socio-éducative.

Magyar Népi Iparművészeti Múzeum ⓥ (**Musée de l'Artisanat populaire**) – *Serfőző u. 19/A*. Ce musée doit intéresser ceux qui se passionnent pour l'art populaire, car est exposé là l'essentiel des modèles des produits de l'artisanat dans les différentes régions de Hongrie, poterie, tissage, bourrellerie, impression de tissus, etc. Vous y verrez également comment des artistes et artisans contemporains ont repris ces vieux métiers pour concevoir des objets adaptés à la vie d'aujourd'hui ou simplement en enrichir l'expression.

KESZTHELY★★

Département de Zala – 22 000 habitants

Carte Michelin n° 925 F 3 – Schéma : BALATON

L'une des villes de la zone du Balaton qui ne dépend pas que du tourisme. C'est en 1739 que la famille Festetics devint propriétaire de nombreux domaines de l'extrémité Ouest du Batalon, parmi eux le lac et les terres qui l'entouraient ainsi que la zone de Keszthely. Alliée de la famille Széchenyi de Nagycenk dont le père d'István posa les bases de la Bibliothèque nationale et de l'Académie des sciences, la famille Festetics, par le comte György, fonda la première école d'agronomie à Keszthely, le Georgikon.

Cette ville active semble avoir voulu s'éloigner un peu du Balaton en le dominant. La terrasse du **château** offre un très beau balcon pour admirer les rives Nord et Sud du lac.

Une **voie romaine** remontait vers le Nord pour rejoindre Szombathely et Sopron. Les principales rues de la ville suivent aujourd'hui son tracé.

Au Sud, au bord du lac, s'étend la station balnéaire qui compte trois hôtels, le Park Helikon (15 ha), l'embarcadère, la promenade sur la rive et la plage Helikon.

★FESTETICS KASTÉLY ⓥ (CHÂTEAU DES FESTETICS)

Vous le trouverez au bout de la rue qui prolonge Kossuth Lajos utca. Parking payant aux alentours.

Commencée en 1745, la construction du château se termina en 1887 pour les parties Nord. La famille Festetics posséda ce château jusqu'en 1945, et si l'on peut encore admirer la bibliothèque et son contenu, cela est certainement dû à l'intelligence d'un officier de l'armée soviétique, professeur de français, qui au moment de la libération protégea le château du pillage par ses propres troupes en faisant murer certaines portes. La bibliothèque et de nombreux meubles furent ainsi sauvés.

Le château abrite une école de musique et un ensemble de pièces réservées pour des réceptions officielles ou des séminaires. Certaines salles renferment des meubles d'origine dont certains ont été apportés d'Angleterre par l'épouse anglaise d'un membre de la famille.

Se loger

Párizsi Panzió – *Kastély u. 5. ☎ 83/311 202. Chambres de 29 à 40 €*. Dans les anciennes dépendances du château, *panzió* avec chambres propres et modernes donnant de plain-pied sur la cour.

Hullám – *Balatonpart. ☎ 83/312 644. Fax 83/315 950. Ouv. avril-oct. 50 chambres de 40 à 61 €*. Au bord du lac Balaton, belle maison construite à la fin du 19e s. donnant directement accès à la plage.

Abbázia Club Hotel – *Erzsébet királyné u. 23. ☎ et fax 83/312 596. Chambres de 31 à 48 €*. Dans le centre-ville, hôtel reconnaissable à sa façade jaune offrant tout le confort nécessaire.

Se restaurer

Hungária Gösser – *Kossuth u. 35*. Dans la rue commerçante et piétonne de la ville, restaurant central et populaire. C'est une sorte de brasserie servant des plats hongrois et des bières. Grande terrasse sur cour en été.

Bacchus – *Erzsébet királyné u. 18*. Joli restaurant situé dans les caves de l'hôtel. Terrasse en été. Spécialités hongroises et, comme le nom l'indique, grand choix de vins.

Hungaricum Borház – *Helikon u. 4*. Un coup de cœur ! Véritable petit musée, cette cave pittoresque vous fera découvrir de nombreux vins hongrois. L'été, cour agréable où il est également possible de se restaurer.

R. Palotas

Château de Keszthely

On peut également y voir une collection d'armes bien présentée et quelques trophées de chasse. Dans la **salle d'honneur** sont donnés de nombreux concerts de musique de chambre.

★★ **Bibliothèque Helikon** – Fondée en 1790, elle contient quelque 52 000 volumes. Les meubles et les rayonnages ont été réalisés en chêne par un artisan local, János Kerbl.

Agrártudományi Egyetem (École supérieure des sciences agricoles) – Cette école a été fondée par le comte Festetics. En son temps, le comte, féru de littérature grecque, avait instauré les fêtes de l'**Helikon**. Il réunissait dans son château les écrivains et les poètes les plus éminents de Transdanubie.

Le jardin anglais – Dessiné par un Anglais, il est agréable à parcourir. En faisant le tour du château, vous pourrez vous arrêter devant les statues qui, sur l'aile Sud, symbolisent les activités de la famille Festetics : l'élevage des chevaux, l'agriculture, la construction de bateaux.

LA VILLE

Gagner à pied Kastély utca et prendre Kossuth Lajos utca.

Fő tér – Sur la grand-place, la mairie, **Polgármesteri Hivatal**, date de la fin du 18e s.

Magyarok Nagyasszonya Templom (Église N.-D.-de-Hongrie) – De style gothique, l'église fut édifiée avec des pierres récupérées du camp romain voisin de Keszthely et probablement de la chapelle qui existait avant. Des fresques des 14e et 15e s. ont été découvertes au cours de récents travaux de restauration. Sont enterrés là le fondateur de l'église et deux membres de la famille Festetics. Le monument funéraire de Kristóf Festetics est également visible. Le comte György est enterré dans la crypte.

Georgikon Majormúzeum ⓥ – *Bercsényi Miklós utca. 64-65.* L'institut **Georgikon** fonctionna jusqu'en 1848. Dans les années 1970, quelques bâtiments de cet établissement ont été restaurés et abritent maintenant ce **musée** consacré à l'histoire de l'institut, à la viticulture et au travail de la terre.

Balatoni Múzeum ⓥ – *Múzeum utca 2.* Cet édifice néobaroque construit en 1928 abrite un musée dans lequel l'histoire géologique et ethnographique du Balaton est illustrée. Des vestiges romains et médiévaux sont exposés. Un diaporama illustre le **Kis-Balaton** (Petit Balaton), zone de marais protégée qui s'étend au Sud.

ENVIRONS

♆♆♆ **Hévíz** – *Voir ce nom.*

Fenékpuszta – *7 km au Sud par la route n° 71.* En bordure du Kis-Balaton, des vestiges provenant d'une place romaine du 4e s. ont été mis au jour.

★ **Kis-Balaton** – *Voir Balaton.*

KISKUNFÉLEGYHÁZA

Département de Bács-Kiskun – 35 000 habitants

Carte Michelin n° 925 F 9

Cette petite ville rurale pour le moins charmante est l'objet d'une controverse. Est-ce bien là qu'est né Sándor Petőfi ? On dit qu'il a déclaré que Kiskunfélegyháza était le lieu de sa naissance, mais ceci est fortement contesté par la petite ville de **Kiskőrös**, distante d'environ 50 km au Sud-Ouest. De toute façon, il est possible de voir la « maison » où serait né et où a certainement vécu Sándor Petőfi, puis d'aller visiter à Kiskőrös l'autre maison que l'on affirme être la véritable maison natale du poète, ainsi que le petit musée qui la jouxte.

Városháza (Hôtel de ville) – *Kossuth Lajos utca 1.* Construit entre 1910 et 1912 par Nándor Morbitzer et József Vass, c'est un bel exemple d'Art nouveau. La façade est en briques ornées de faïences aux motifs végétaux et floraux. L'intérieur est un modèle d'imbrication entre l'espace et la décoration. Les guirlandes peintes qui rappellent les broderies se poursuivent dans les stucs, les lustres continuent la structure. La grande salle peut être visitée et offre une grande homogénéité : espace, décor, mobilier, éclairage forment un tout. Les tons pastel de l'ensemble où dominent les roses, jaunes et bleus pourraient faire sourire, il fallait l'oser. Il convient de regarder les détails, chapiteaux, vitraux, entourages des portes, colonnes intégrées, balustrades sculptées, jusqu'à la frise, qui, à l'extérieur, couronne la façade et qui se déroule comme une broderie de majoliques.

Kiskun Múzeum Ⓥ – *Dr. Holló Lajos út 9.* Une ancienne gendarmerie du temps de Marie-Thérèse (quelques cellules sont encore visibles) abrite le musée départemental consacré à l'histoire de la ville et de sa région. Le fondateur du musée, Gyula Szalay, est celui qui a poursuivi l'œuvre de Ferenc Móra, auteur de contes pour enfants.
Une salle consacrée à l'archéologie, expose des bijoux et objets utilisés par les peuples qui ont vécu dans cette région. Les Sarmates et les Avars auraient inventé les chaussures à semelles souples. Ces peuples avaient la particularité d'inscrire le rang hiérarchique des personnes sur les ceintures... À remarquer aussi les premiers patins à glace en os et une vitrine tableau qui donne trois images différentes suivant l'angle de vue.
On fabriquait à Kiskunfélegyháza des pains d'épice décorés dont les dessins, formes et couleurs rappellaient les majoliques qui décorent la mairie.
Une exposition montre un intérieur paysan et ce qu'était la vie des bergers : vêtements, équipement pour leur vie nomade, paravent pour accrocher les outils, bâton pour inscrire le nombre des bêtes, bois de défense contre les loups.
Dans la cour du musée se trouve un moulin qui un moulin transporté là en 1960 qui a fonctionné jusqu'en 1945.

KISKUNHALAS

Département de Bács-Kiskun – 32 000 habitants

Carte Michelin n° 925 G 9

La notoriété de cette ville moyenne – communément appelée Halas – vient de sa **dentelle**. Ce n'est pas une tradition très ancienne, puisque c'est simplement au début du 20e s. qu'un professeur de dessin, Árpád Dékány, et une dentellière, Mária Markovits, lancèrent cette activité, qui se développa au point d'acquérir une réputation internationale. La dentelle est faite au point à l'aiguille et compte 40 à 50 points différents.

★ **Csipkeház** Ⓥ – *Kossuth utca 39.* La **Maison de la dentelle**, qui est aussi une maison de la culture, expose les richesses de cet artisanat avec simplicité, indiquant et montrant les différents stades de la réalisation des nappes, napperons et autres ouvrages qui sont autant d'œuvres de patience, de métier, d'attention que d'imagination et d'invention.

Artreference/MAGYAR KEPEK Kft

Dentelle de Kiskunhalas

Thorma János Emlékmúzeum Ⓥ – *Köztársaság út 2.* Le musée expose les œuvres d'un peintre local ainsi qu'une importante collection archéologique.

Végh-kúria – *Bajcsy-Zsilinszky utca 3.* Exposition de peintures de Balázs Diószegi, un peintre contemporain peu connu.

EXCURSION

Kiskőrös – *30 km au Nord-Ouest par la route n° 53.* On peut visiter **Petőfi szülőháza** Ⓥ, la maison natale de Sándor Petőfi, une maison modeste couverte de chaume. À côté, dans le jardin, se trouve une autre maison dans laquelle on peut voir des souvenirs du poète et de sa famille.

KOMÁROM

Département de Komárom-Esztergom – 20 500 habitants

Carte Michelin n° 925 C 5

Cette ville établie sur les deux rives du Danube a été coupée en deux par le traité de Trianon. La partie Nord qui est devenue slovaque s'appelle Komárno, elle a conservé le centre ancien, la partie la plus intéressante de l'agglomération. La partie hongroise au Sud s'est développée pour devenir maintenant un important port fluvial.

Une ville de cure – Komárom est aussi une station thermale dont les eaux sulfureuses et carbonées soulagent les douleurs articulaires et les rhumatismes et sont recommandées pour les soins post-opératoires. Cette station est à la disposition des personnes à partir du *Komthermal*, un hôtel qui compte 2 suites et 35 chambres, et du camping ouvert toute l'année, qui peut accueillir 450 tentes ou caravanes. Ces deux établissements sont liés aux bains de même que les pensions avoisinantes. Le service médical est de bon niveau et les coûts ne sont pas élevés.

UN PEU D'HISTOIRE

La ville des forteresses – Près de Komárom, à 3 km, sur l'emplacement de **Szőny** était implantée l'une des premières et des plus importantes places fortes romaines de Pannonie, *Brigetio*. On y a mis au jour de nombreux vestiges (restes de fresques, sarcophages, ainsi qu'une collection de pièces d'or) que l'on peut voir soit au Musée national de Budapest, soit au musée Kuny Domokos de Tata.
Komárom était une forteresse avancée de la défense de Vienne, elle fut aussi au temps où Napoléon occupa la capitale de l'Autriche le lieu de repli de l'empereur François Ier de Habsbourg et de sa cour en 1809. C'est à cette époque que fut décidée la construction d'un ensemble fortifié capable d'accueillir 200 000 personnes. La partie Nord de cette série de fortifications est en Slovaquie au confluent du Danube et de la rivière Vág. Komárom a sur son territoire trois forts : à l'Est au bord du Danube Csillag erőd (fort Étoile), au Sud de la ville Igmándi erőd (fort Igmándi) et à l'Ouest Monostori erőd (fort Monostori). Csillag erőd sert d'entrepôt et Igmándi a reçu les œuvres du musée de la ville (essentiellement des copies de statues romaines).

J.-Ch. Gérard/MICHELIN

Vue de la forteresse

★★ MONOSTORI ERŐD

La construction de cette immense **forteresse** classée monument historique a duré 21 ans. Occupant un terrain de 58 ha, elle est faite d'un seul bâtiment de 34 000 m² et compte 640 pièces et locaux répartis en 14 divisions. Deux mille maçons et plus de dix mille ouvriers ont participé à sa construction.
Pendant la Seconde guerre mondiale, les Allemands l'utilisèrent pour regrouper de nombreux Juifs avant leur déportation. Les Soviétiques en firent un dépôt de munitions. 14 000 wagons y auraient été chargés au moment de leur départ de Hongrie dans les années 1990. Certains avancent même que des fusées et des ogives à tête nucléaire y auraient été entreposées.

Un grand nom de l'opérette

Franz (Ferenc) Lehár, l'un des grands noms de l'opérette dite viennoise, est né à Komáron en 1870. À cette époque, Vienne et la cour impériale valsaient sur les musiques de Johann Strauss père et fils, et l'opérette, inspirée par la valse, connaissait des jours de gloire avec *La Chauve-Souris* ou *Le Baron tzigane* de Johann Strauss fils. Franz Lehár, violoniste d'origine, puis chef d'orchestre militaire, continue la tradition et connaît un véritable triomphe avec *La Veuve joyeuse*, jouée pour la première fois en 1905. Il compose ensuite *Le Comte de Luxembourg* (1909) puis *Le Pays du sourire* (1929), autres grands succès. Dans ses œuvres, Lehár se montre innovateur en introduisant des accents de musique folklorique correspondant au pays dans lequel se déroule l'action de l'opérette.

De l'extérieur, la forteresse enfoncée dans le sable le long du Danube est presque invisible. La visite, impressionnante si on prend le temps de la parcourir, fait penser à un décor du roman de Dino Buzzati, *Le Désert des Tartares*. Convenablement abordé, cet univers demande au moins trois heures pendant lesquelles on peut imaginer la vie des occupants, du simple soldat à l'officier supérieur.

C'est aussi le lieu pour admirer le travail fait par des poseurs de briques venus, dit-on, d'Italie. Voûtes tournantes, voûtes à pénétrations, énormes poteaux champignons, tous les assemblages du petit parallélépipède de terre cuite – que l'on appelle une brique – ont été utilisés là.

Ouverte depuis quelques années au public, la forteresse de Monostori devrait être inscrite sur la Liste du patrimoine mondial de l'Unesco. On prévoit également d'en faire un musée international militaire et un centre d'information et de réflexion au service de la paix.

Une visite étonnante qui mérite le détour, mais qui demande pour être bien appréciée, d'être faite, si l'on ne comprend pas le hongrois, avec un guide parlant sa langue ou un interprète.

Se loger et se restaurer

Tulipán – *Kelemen L. u. 1. ☎ 34/342 604. Chambres de l'ordre de 29 €.* Petit hôtel reconnaissable à sa façade rose atypique. Chambres simples et modernes. Salle de musculation et solarium.

Karát – *Czuczor Gergely u. 54. ☎ 34/342 222. Fax 34/344 500. Chambres de de l'ordre de 49 €.* Un hôtel qui a l'avantage d'être au calme. Chambres agréables.

Kocsis – *Táncsics M. u. 79. ☎ 34/342 400.* Ce restaurant fait l'unanimité de la ville.

KŐSZEG★★

Département de Vas – 13 500 habitants

Carte Michelin n° 925 D 2

À quelque 3 km de la frontière autrichienne se trouve Kőszeg, que l'on appelle parfois « le coffret à bijoux ». Cependant, vous n'y trouverez ni or étincelant ni brillants éclatant de tous leurs feux. Ce qui n'empêche pas Kőszeg d'être saine, vivante et joyeuse, et d'exister sans ostentation. Un petit fait qui exprime cette simplicité : quand, parcourant les rues de la ville, vous trouverez posés sur une caisse, un tabouret, une petite table avec des petits sacs de fruits et de tomates, l'ensemble surmonté d'un panneau indiquant un prix, alors déposez l'argent dans la boîte et servez-vous. La confiance règne...

Un fait illustre son attachement au passé et son souci d'être dans le présent. L'un des joyaux du coffret est un modeste cahier à dessin appelé *Livre de la venue de la vigne*, où chaque année depuis 1740, le 23 avril, jour de la Saint-Georges, veille de la Saint-Fidèle, une main habile dessine de façon très réaliste les pousses les plus significatives des vignes de Kőszeg. Sept ou huit dessins documentaires aquarellés ajoutent année après année depuis plus de 250 ans un brillant supplémentaire à l'histoire de la vigne et du vin.

Une « victoire » mémorable sur les Turcs – En 1532, les Turcs se dirigeant sur Vienne s'arrêtèrent devant le château. La place était commandée par Miklós Jurisics, capitaine courageux, soutenu, dit la légende, par 50 hommes. Les Turcs étaient beaucoup plus nombreux (certains disent 60 000, d'autres laissent entendre qu'ils étaient 100 000). Kőszeg résista 25 jours, puis le capitaine Jurisics passa un accord avec les chefs de l'armée ottomane. Il hisserait le drapeau turc sur le château, signe symbolique de leur victoire, en contrepartie les soldats ottomans lèveraient le camp. C'est ainsi que les Turcs abandonnèrent leur marche sur Vienne. Depuis, Kőszeg, en souvenir de cette « victoire », carillonne chaque jour à 11 h.

CURIOSITÉS

MAGYAR KEPEK Kft

Jurisics tér

On pénètre dans le cœur de la vieille ville par un passage voûté percé dans une tour, la **porte des Héros** (Hősi Kapu), construite en 1932 pour marquer le 400e anniversaire de la « victoire » sur les Turcs.

★★ **Jurisics tér** – Sur cette place s'alignent plusieurs bâtiments de style différent, le tout formant un ensemble architectural intéressant.

★ **Szent Jakab templom** – L'**église St-Jacques** fut construite au début du 15e s. Quelques fresques de cette époque permettent de distinguer un immense saint Christophe portant le Christ, Marie et les Rois mages. Remarquer également les bancs de bois sculptés ainsi que les autels.

★ **Szent Imre templom** – L'**église St-Émeric**, de style baroque, montre à l'intérieur une fresque de Dorffmeister et un retable de Maulbertsch représentant Marie en visite chez Élisabeth.

★ **Tábornokház** (Maison du Général) – *N°s 4/6.* D'origine médiévale, elle est agrémentée d'une loggia à deux arches ajoutée au 17e s. On visite un intéressant **musée de l'Artisanat**, dans lequel plusieurs métiers ont été reconstitués (bourrelier, horloger, photographe) sous la devise de Marc Aurèle « Aime ton métier et prends plaisir à le pratiquer. » Après la visite, il est possible de monter au sommet de la tour pour la **vue** qu'elle offre sur la ville.

Sgraffitós ház (Maison des Graffitis) – *N° 7.* Au rez-de-chaussée de cette maison à la façade originale, vous trouverez un sympathique salon de thé, **Garabonciás** (le salon du Sorcier).

Patikamúzeum – *N° 11.* Dans cette ancienne pharmacie transformée en musée sont exposés bocaux, éprouvettes et instruments. Sous les toits, on vous montrera le séchage des plantes médicinales.

Prendre Chernel utca.

Jurisics vár – L'accès au **château** se fait par un petit pont qui enjambe d'anciennes douves asséchées. En été, la cour sert de scène pour des spectacles : pièces de théâtre, concerts, etc.
La grande **salle des Chevaliers** sert de salle de spectacles et en hiver de salle de bal. À partir du printemps, des expositions temporaires sont présentées.
Monter dans l'une des tours pour avoir une **vue** d'ensemble sur la ville.

Jurisics Múzeum Ⓥ – Il est consacré à l'histoire de la ville.

Salle 1 – Elle présente l'histoire du château, notamment à l'aide de maquettes et plans qui évoquent l'évolution du bâtiment. Dans les vitrines, poteries, armes.

Salle 2 – Histoire de la ville. Beau bureau semi-circulaire.

Salle 3 – Histoire de la vigne. Chaque année depuis 1740, le 23 avril, des dessinateurs ont figuré dans un étonnant cahier la croissance des pousses de vigne. Il incombait au maire de couper le sarment de vigne qui était dessiné.

Salle 4 – Salle des écoles et de la chorale « Concordia ».

Salle 5 – Mobilier bourgeois. Remarquer une armoire et un meuble de sacristie marqueté.

Salle 6 – Meuble à pipes et copie d'un poêle en faïence de l'époque de Marie-Thérèse.

Salle 7 – Salle des faïences et des bijoux avec un joli petit lapin en porcelaine de Herend.

Salle 8 – Histoire contemporaine, avec un accent particulier sur les camps scouts.

Salle 9 – Histoire des fouilles du château. Dans une vitrine, Bible de Luther de 1730.

Kálvária hegy – *À l'Ouest de la ville par Hunyadi János utca.* De la colline du Calvaire, **vue** sur la ville.

Csónakázó-tó – *Au Nord de la ville par Sziget utca.* Un **lac** de canotage et un cadre agréable pour pique-niquer.

Se loger et se restaurer

Aranystrucc – *Várkör 124.* ☎ *06/94/360 323. 18 chambres à 30 €.* Les chambres ne sont pas sans charme. Le bruit des cloches peut gêner. Restaurant.

Szarvas – *Rákóczi u. 12.* La cuisine est de bonne qualité, le service agréable.

Kulacs – *Várkör 12.* Solide cuisine locale. En été, choisissez une table dans la cour. L'endroit, décoré de splendides géraniums, est charmant et rafraîchissant.

MAJKPUSZTA REMETESÉG★★

Ermitage de MAJKPUSZTA – Département de Komárom-Esztergom

Carte Michelin n° 925 D 6

Accès : pas toujours indiqué sur les cartes. Situé entre Oroszlány et Vértessomló l'accès à l'ermitage de Majkpuszta est bien signalé. Partant de Csákvár vers Vértessomló, vous quitterez la route sur la gauche, longerez un petit lac au-dessus duquel se trouve un très bon restaurant qui accueille les visiteurs de l'ermitage, mais aussi les familles qui viennent se reposer, jouer avec leurs enfants ou pêcher au bord de l'étang.
Là, à travers la forêt, la route carrossable vous conduit à l'ermitage des camaldules.

VISITE ⓥ

Dès le 13e s., un oratoire dédié à la Vierge existait déjà à Majk. Les terres et les forêts furent apportées aux Esterházy par l'épouse du prince Miklós (ce dernier fit construire le château de Fertőd).
La fondation du monastère fut signée en 1733 au château de Tata. La donation comprenait une partie de la forêt, des droits de chasse et de pêche.
L'ermitage que l'on visite a été conçu par un architecte nommé Franz Arton Pilgram. Maulbertsch y a peint quelques fresques.
Les règles de l'ordre imposaient aux moines le silence. Ils ne pouvaient parler que deux ou trois fois l'an. Chaque moine disposait d'une maisonnette (ou « celle ») au confort modeste, financée par une famille dont les armoiries sont sculptées au-dessus de la porte, et qui donnait sur un petit jardin où le moine cultivait fleurs et herbes. Du jardin, il entrait dans son ermitage qui comprenait quatre espaces : une chapelle oratoire décorée, un atelier bureau où il pouvait travailler au classement et au séchage des herbes, une chambre, et enfin un coin pour manger et entreposer la nourriture. Dans cet espace clos, le moine vivait en observant la règle. La plupart d'entre eux consacraient une partie de leur temps à étudier les caractéristiques médicinales des plantes.
Cet ensemble fut racheté par la famille Esterházy qui l'utilisa comme relais de chasse jusqu'en 1945.
En 1980 fut commencée la restauration du domaine qui mérite une visite notamment pour ceux qui aiment le calme le temps d'un séjour. Certains ermitages sont équipés pour recevoir des hôtes et même pour organiser des séminaires et des conférences.

A. Madrak/MAGYAR KEPEK Kft

Ermitage de Majkpuszta

L'ordre des Camaldules

L'ordre des Camaldules fut fondé en Italie au 11e s. par l'ermite saint Romuald. Né à Ravenne en 952, Romuald fut l'abbé du monastère de St-Appolinaire-in-Classe en 998 avant de fonder un ermitage à Camaldoli dans la province d'Arezzo. Romuald imposa à ces religieux contemplatifs une règle sévère fondée sur la règle de saint Benoît et alliant vie érémitique et communautaire.
Le siège de l'ordre est resté à Camaldoli et les moines de la congrégation vivent dans des monastères ou des ermitages selon le mode de vie qu'ils ont choisi.

Une partie du château reste à restaurer. Dans les pièces ouvertes à la visite, plusieurs fresques représentant des scènes de chasse sont intéressantes.
De la chapelle, il ne reste que le clocher, qui est accessible, et qui permet de découvrir au-delà du sommet des arbres le paysage environnant.
L'été, des concerts sont donnés dans ce cadre tranquille et merveilleux.

MARTONVÁSÁR★

Département de Székesfehérvár – 4 500 habitants

Carte Michelin n° 925 E 7

C'est en 1785 que le comte **Antal Brunswick** (orthographe hongroise Brunszvik) construisit à Martonvásár la résidence familiale, refaite en 1870 en un petit château néogothique tel qu'il se présente aujourd'hui.
Le souvenir de Ludwig van Beethoven – Le grand compositeur y séjourna souvent. La famille Brunszvik, cultivée et ouverte, était très libérale. L'un des enfants du comte, Ferenc, se lia d'amitié avec Beethoven au point de compter parmi les rares personnes qui allaient échanger le tutoiement avec le maître. Beethoven s'éprit, dit-on, de Jozefin, la sœur de Ferenc, et composa pour elle la *Sonate au clair de lune* et l'*Appassionata*. Des amis de Ferenc demandèrent à Jozefin aussi d'intervenir auprès de Beethoven pour composer à l'occasion de l'ouverture du théâtre allemand à Budapest *Le Roi St-Étienne* et les *Ruines d'Athènes*.
Thérèse, une autre sœur de Ferenc Brunszvik, rencontra le pédagogue suisse Pestalozzi et s'intéressa à ses travaux. Elle fonda à Budapest le premier jardin d'enfants. Une statue l'honore et l'École de formation des institutrices d'écoles maternelles porte son nom. Elle eut également des échanges avec le « sociologue » réformateur Robert Owen.
Dans le château qu'occupe aujourd'hui un institut de recherche biologique pour l'agriculture, deux pièces appelées **Beethoven Emlékmúzeum** Ⓥ ont été réservées pour illustrer les séjours du grand compositeur. Un arrêt sympathique.

Le parc – Les concerts donnés chaque été sur l'Île du Lac qui agrémente le parc méritent également attention, même si parfois le sifflet d'un train vient s'insérer dans le pupitre des vents sans avoir été prévu.

MÁTRA★★

Départements de Heves

Carte Michelin n° 925 C 9 et 10 – Schéma : BÜKK

Le massif des Mátra, à l'égal du Balaton, est l'un des lieux d'excursion les plus prisés de Hongrie : cures thermales, tourisme et chasse sont les activités dominantes de la région.

MONTS OU MONTAGNES ?

La grande faille thermale hongroise qui s'étire des rives Nord du lac Balaton jusqu'à Budapest se prolonge jusqu'au flanc Sud des monts Mátra. Elle borde une série de massifs qui, au Nord, forment la dorsale hongroise. À l'Est du Danube, cette dorsale prend véritablement l'allure de montagne et compose la Haute-Hongrie.
Du massif de Börzsöny aux Bükk en passant par les Mátra, l'ensemble ne dépasse que rarement 1 000 m d'altitude. Le Kékestető, au cœur des Mátra, est d'ailleurs le point culminant de la Hongrie avec ses 1 014 m d'altitude. Les massifs qui composent la Haute-Hongrie sont tantôt des massifs de terrains sédimentaires, tantôt des massifs volcaniques. Les Mátra font partie de cette famille.
Un axe central, de Parád et Galyatető jusqu'à Gyöngyös, traverse le massif et permet un voyage facile. De magnifiques hêtraies recouvrent l'ensemble des Mátra.

SÉJOURNER DANS LES MÁTRA

Avant de partir

Avant d'entreprendre toute promenade il est bon de se procurer une carte auprès de :

Tourinform – *3200 Gyöngyös, Fő tér.* ☎ *37/311 155.* Office du tourisme de Gyöngyös.

Avar Hotel – Túraszervező Iroda (Bureau d'organisation du tourisme) – *3200 Gyöngyös, Városkert út 22,* ☎ *20/410 102.* Ce bureau organise également des randonnées à vélo ou à pied.

Se loger

À Mátrafüred

Hunguest Hotel Hegyalja – *Béke u. 7.* ☎ *37/320 027. 79 chambres de l'ordre de 33 €.* Ancien hôtel construit dans les années 1930, où séjournaient les « travailleurs » pendant leurs vacances.

À Kékestető

Hegycsúcs – ☎ *et fax 36/367 086. 17 chambres de 20 à 53 €.* Une nuit au point le plus élevé de la Hongrie, c'est tout un programme... Cet hôtel pour le moins original fut l'ancienne tour de relais hertzien. La vue est exceptionnelle.

À Galyatető

Nagyszálló – *Kodály Z. u. 10.* ☎ *37/376 011. Fax 37/376 015. 111 chambres de 30 à 35 €.* Un charme vieillot. Toutes les chambres ont un balcon ouvrant sur la nature et les montagnes. Piscine. Calme assuré.

À Mátraszentistván

Jäger – *Virág u. 3.* ☎ *37/376 424. Fax 37/376 577. 24 chambres de l'ordre de 31 € en demi-pension.* Un charmant chalet caché au milieu des pins.

Se restaurer

À Mátrafüred

Benevár – *Parádi u. 10.* Agréable et sympathique.

Fekete Rigó – « Fekete rigó » est le merle noir, Fekete = noir, Rigó = merle. Accueil agréable et cuisine locale.

À Mátraháza

Borostyán Vendéglő – *Sur la route n° 24 qui traverse le village.* ☎ *37/374 090.* Une grande auberge très touristique à la terrasse et au décor accueillants.

Mátraházai Honvédüdülő – ☎ *37/374 036. 59 chambres de 35 à 48 €.* Sur la route menant à Parád, un château sert de cadre à ce restaurant qui propose de copieux plats hongrois. La salle de restaurant, au décor traditionnel et poutres de bois, est très spacieuse. Idéal pour y déjeuner, mais aussi pour passer la nuit.

À LA DÉCOUVERTE DES MÁTRA

À 80 km de Budapest, les Mátra sont d'accès facile par l'autoroute, le bus ou le train.
Doté d'un bon équipement touristique, le massif offre la possibilité de retrouver le contact avec une nature authentique.

Circuit au départ de Gyöngyös – 80 km – environ 4 h

Gyöngyös – *Voir ce nom.*

Prendre la route n° 24 vers le Nord.

★ **Mátrafüred** – Située à 340 m, cette station climatique et balnéaire est très fréquentée en hiver comme en été par les Budapestois, mais également par les Allemands et les Autrichiens. C'est un point de départ pour des excursions et promenades en forêt. Les randonnées pédestres ou à skis sont diverses et variées, de longueur différente et bien balisées.

Mátraháza – Mátraháza prend de l'altitude par rapport à Mátrafüred, et à 740 m a tout à fait l'aspect d'une station climatique et de sports d'hiver, bénéficiant d'un bon équipement en matière d'hôtels, de pensions et de restaurants. À partir de Mátraháza existent de nombreux chemins de randonnée tant pédestres qu'à skis. En prenant les précautions d'usage, les amateurs de champignons pourront également satisfaire leur goût de la cueillette. Remontées mécaniques et pistes de ski alpin sont ouvertes dès les premières neiges.

★★ **Kékestető** – Le point le plus haut de Hongrie culmine à 1 014 m, il est marqué par un rocher peint aux couleurs nationales.
Deux pistes de ski descendent du sommet, l'une vers Mátraháza qui aboutit près du Pagoda Hotel, l'autre vers le Nord, plus rapide et plus difficile, dit-on.
Monter jusqu'à la plate-forme de la tour de télévision pour apprécier le **panorama** sur la région. La vue s'étend au Sud jusqu'à la Grande Plaine et au Nord par temps clair jusqu'aux Tatras.

Poursuivre vers le Nord et après 3 km prendre à gauche.

Galyatető – Autre station climatique où se pratiquent randonnées, excursions et ski. Vous y verrez quelques *büfé* et une étrange construction, le **Nagyszálló**★ (Grand Hôtel), équipé d'une piscine. Construit en pierre, le Grand Hôtel est à lui seul une curiosité. Lieu de résidence de luxe avant la Seconde Guerre mondiale, le Grand Hôtel a été sous le régime communiste réservé aux syndicalistes et à la réception de « camarades » étrangers.
De Galyatető partent de nombreux chemins d'excursion et de randonnée.
L'itinéraire continue au-delà de Galyatető et se déroule le long d'une route pittoresque de forêt qui passe à proximité du village de Mátraszentistván.

J.-C. Saturnin/MICHELIN

Point culminant de la Hongrie

Mátraszentimre – Dans cette station de sports d'hiver très fréquentée, située à 810 m d'altitude, il est possible de loger chez l'habitant ainsi que dans quelques hôtels ou pensions. En été, cette station modeste sert de base aux adeptes de la marche à pied pour des randonnées dans les environs.

Continuer vers Hasznos puis Pásztó. Dans ce village, prendre au Sud, et à Szurdokpüspöki, prendre la route n° 2406 en direction de Gyöngyös.

Gyöngyöspata – Ne manquez surtout pas d'aller voir dans l'église de ce village une pièce unique de l'art hongrois, un **arbre de Jessé**★★ (Jessze fája), qui se trouve derrière l'autel. Cet ensemble exceptionnel date du milieu du 17e s. La sculpture représente Jessé allongé. De son corps monte un arbre à deux branches qui entourent un tableau illustrant la naissance de la Vierge et qui portent 18 bustes représentant les ancêtres de Marie. De chaque côté du tronc de l'arbre sur lequel se trouve une Crucifixion, deux anges veillent.

PARÁD ET LE NORD DES MÁTRA

Voir Parád

MISKOLC

Département de Borsod-Abaúj-Zemplén – 182 000 habitants

Carte Michelin n° 925 B 11 et 12 – Schéma : BÜKK

De nombreux sites industriels abandonnés ou en sous-activité expliquent pourquoi Miskolc commence à attirer les investisseurs étrangers dans la mesure où celle que l'on a appelée la « Ruhr hongroise » se trouve au centre d'une région riche en ressources naturelles, gypse, calcaire, silice. Miskolc est également un centre universitaire important très apprécié dans les domaines de la recherche et du développement.

Une ville née des conséquences du traité de Trianon – Miskolc n'existait pas du temps de l'Empire austro-hongrois. Sur le lieu occupé aujourd'hui par la ville qui s'étend dans la vallée de la Sajó étaient installés cinq villages. Le traité de Trianon a donné à la Tchécoslovaquie les sites industriels et les lignes de chemin de fer. C'est dans ce secteur que les autorités hongroises ont développé entre les deux guerres mondiales un site industriel que la période communiste a renforcé. La ville de Miskolc est aujourd'hui décrite comme une ville en déclin. Il est vrai que lorsque l'on entre dans cette « zone urbaine », on est impressionné par ces longues avenues bordées de grands ensembles d'habitation plutôt tristes. Il n'en reste pas moins quelques centres d'intérêt qui méritent attention. D'autre part, la cité se trouve au pied du massif des Bükk qui offre des possibilités d'excursion ainsi que des lieux de séjour.

Se loger

Talizmán – *Vár u. 14. ☏ 46/378 627. Chambres de 20 à 24 €.* À 50 mètres des ruines du château. Chambres au calme. Restaurant traditionnel.

Székelykert – *Földes F. u. 4. ☏ 46/411 222. Chambres à 30 €.* Dans une petite ruelle, panzió-restaurant avec des chambres simples et propres.

Pannonia – *Kossuth u. 2. ☏ 46/329 811. 34 chambres de l'ordre de 81 €.* Seul hôtel de standing situé dans le centre-ville. Pâtisserie et restaurant.

Se restaurer

Krupla József – *Erdő sor 15.* L'un des plus vieux restaurants de la ville. Plusieurs salles : une à l'étage au décor médiéval (lances, lustres en fer et cheminée centrale), et au sous-sol, de longues caves plus populaires avec tables et bancs en bois. Un coup de cœur !

Vigadó – *Görgey Artúr u. 23.* Grand restaurant situé dans le beau carrousel datant de 1888. En été, large terrasse donnant sur le parc Népkert. Cuisine hongroise. Musique folklorique presque tous les soirs.

LE CENTRE-VILLE

Partir de Városháza tér.

Városháza tér – Une petite place plantée d'arbres qui, en été, apporte un peu de fraîcheur. À l'angle de Hunyadi utca se trouvent deux bâtiments anciens, la **mairie** (Városháza) et quelques mètres plus loin la **maison du département** (Megyeháza).

Széchenyi István utca – Cette rue peut être considérée comme la rue principale. Réservée aux piétons et aux tramways, elle est particulièrement animée dans la journée en raison de ses magasins et cafés.

Erzsébet tér – Cette place est entourée de bâtiments, dont celui des bains, caractéristique avec son dôme. Au centre, la première statue de Lajos Kossuth érigée en Hongrie, quatre ans après sa mort. Du même côté, à quelques pas, la **Sötétkapu** (porte sombre) est un passage couvert qui rejoint Rákóczi utca. Au n° 2 de cette rue, vous verrez la maison dite de Rákóczi *(voir Sárospatak)*, son quartier général pendant la lutte pour l'indépendance. Les Habsbourg se vengèrent en incendiant la ville en 1706.

Tout au long de Széchenyi István utca se succèdent des hôtels particuliers de style différent. À l'angle de Déryné utca, le **théâtre national** (Nemzeti Színház) a succédé au premier théâtre de langue hongroise construit en 1823 et détruit par un incendie. Le bâtiment actuel a été édifié entre 1847 et 1850.

Prendre Kossuth Lajos utca sur la gauche, qui mène à Deák tér.

Magyar Ortodox Templom (Église orthodoxe hongroise) – Cette église fut construite entre 1785 et 1787 par des émigrés grecs qui avaient fui les Turcs. Son style est baroque tardif. La curiosité principale est l'**iconostase★★★** de 16 m de hauteur qui comporte une centaine d'icônes et abrite la ***Vierge Noire de Kazan***. Ce tableau fut offert par Catherine II de Russie lors de son passage à Miskolc alors qu'elle se rendait à Vienne. Il faut voir également le ***Crucifix du mont Athos*** (1590) apporté par des émigrants grecs.

Revenant vers le centre, prendre à gauche, après Deák Ferenc tér, Horváth Lajos utca. Vous arriverez à Hősök tere où se trouvent deux bâtiments de style baroque, l'**église des Minorités** (Minorita Templom) et, sur la gauche en regardant l'entrée de l'église, l'ancien presbytère qui est aujourd'hui un foyer d'étudiants.
Au Sud de Széchenyi utca, passant par Erzsébet tér, vous prendrez Kálvin J. utca sur la gauche pour découvrir à l'angle que fait cette rue avec Papszer utca, au n° 1 de cette dernière, le musée Ottó Herman.

★ **Herman Ottó Múzeum** – Ce musée mérite une visite pour sa collection d'objets préhistoriques principalement découverts dans la région, sa collection de pierres et de minéraux présentée avec beaucoup de goût et d'intelligence, ainsi qu'une collection de tableaux et d'art populaire.

Avas hegy – La colline Avas se signale par la **tour de télévision** (Kilátó). Près de 800 caves à vin seraient creusées dans cette colline sur une longueur de 50 à 100 m. Certaines dateraient de plus de 500 ans.

Avasi Reformatus Templom, le temple réformé, est à l'origine une église gothique. Incendiée par les Turcs au milieu du 13e s., elle a été reconstruite en 1560. L'intérieur est en bois peint, les sièges sont décorés de motifs floraux rococo. Le clocher séparé est orné d'une galerie Renaissance, il date de 1557.

ENVIRONS

★★ **Diósgyőri Vár** – Le château fut construit pour Louis le Grand dans la deuxième moitié du 14e s. Il faut l'imaginer à l'époque de sa construction au milieu des bois dans un paysage forestier, on l'appelait alors le **château des Reines**. Il servait de résidence de vacances très appréciée pour son environnement giboyeux. Louis le Grand d'Anjou en fit un lieu pour les négociations diplomatiques. Durant la guerre d'indépendance sous Ferenc Rákóczi, il changea plusieurs fois de mains, puis, abandonné, il tomba peu à peu en ruine. Il fut restauré entre 1950 et 1960. Bâti selon un plan carré, il est flanqué à chaque angle d'une tour carrée. L'été, au centre de ce qui aujourd'hui forme une cour, sont donnés de nombreux spectacles. On peut monter au sommet de l'une des tours pour avoir un aperçu de la ville. Un musée du château est installé dans les parties basses d'une autre tour.
Au pied du château, un petit musée évoque les souvenirs d'une chanteuse d'opéra, morte à Miskolc en 1872. Róza Széppataki, connue sous le nom de Déryné, Madame Déry, actrice et chanteuse, fut très populaire. La visite de **Déryné ház** (maison Déry), où sont rassemblés des meubles et des objets représentatifs de l'époque ou lui ayant appartenu, est sympathique.

Lillafüred – Un petit train conduit de Miskolc à Lillafüred, il traverse l'Ouest de la ville et serpente dans la forêt à toucher les arbres. La station de départ Kilián-Észak est située dans Miskolc à Dorottya utca 1. De cette station, les trains partent pour deux destinations, l'une d'elles étant Lillafüred. Dans la forêt, vous découvrirez les charbonniers qui fabriquent le charbon de bois et en saison vous pourrez cueillir des champignons.
Lillafüred est un endroit curieux situé au confluent de deux vallées, la Szinva et la Garadna, qui tient son nom du prénom de l'épouse d'un ministre de l'Agriculture, András Bethlen, qui appréciait les excursions dans cette région. La dame s'appelait Lilla Vay, et c'est à la fin du siècle dernier que ce lieu fut baptisé les **bains de Lilla**.

Hôtel Palota et ses environs – Endroit curieux, que l'hôtel Palota confirme par son atmosphère particulière qui montre combien les bâtiments renferment de souvenirs. En effet, l'histoire de cet hôtel mérite d'être contée. Son aspect déjà interroge. Il éveille la curiosité et inquiète quelque peu. Ce pourrait être le château de la Belle au bois dormant ? Plutôt celui de Dracula ? Construit entre 1927 et 1930, son histoire peut éclairer car il est porteur de symboles. Après le traité de Trianon (1920), la Hongrie, notamment dans cette région du Nord, perdit de nombreux territoires. La grande ville hongroise de cette région était Kassa (aujourd'hui Košice en Slovaquie). Miskolc, par la reprise des activités industrielles de Kassa, se développa. À côté de ces activités peu brillantes, il fallait rappeler les fastes d'antan, les héritages de Mathias, de Louis le Grand. Il fut donc décidé de construire un hôtel résidentiel

PICTOR

Lillafüred – Palota szálló

de luxe en cet endroit. Ce projet fut un projet important de la période de l'entre-deux-guerres, la période Horthy. Tout ce passé illustrant la grande Hongrie apparaît dans les peintures, les vitraux, où l'on peut reconnaître des grands personnages de l'histoire hongroise. Le régime communiste récupéra l'hôtel, y compris ces images nationalistes dont certaines furent remplacées, et en fit un établissement destiné aux membres des syndicats.

Aujourd'hui, l'hôtel Palota est ouvert à tous, marqué par les différents symboles des occupations successives. Il mérite un arrêt pour un simple rafraîchissement, un repas ou un séjour.

Se loger et se restaurer

Palota – *Erzsébet sétány 1.* ☎ *46/331 411. 133 chambres de 66 à 87 €.* L'un des plus beaux hôtels de Hongrie, installé dans un château néobaroque. Les pièces sont somptueuses. Piscine, salle de musculation, bowling et billards.

Matthias – Dans les murs de l'hôtel Palota, restaurant original dans un décor d'église gothique avec voûtes et vitraux. Le cadre à lui seul est une curiosité, mais le mieux est d'y prendre un repas. Spécialités hongroises et internationales.

Situé à l'extrémité de **Hámori tó** (lac de Hámor), l'hôtel est au centre d'un secteur où les possibilités de randonnée sont très nombreuses. À proximité immédiate de l'hôtel, quelques **grottes** : Anna-barlang, István-barlang et Szeleta-barlang. La **grotte István** est à quelques centaines de mètres de l'hôtel, elle est considérée comme étant la plus belle.

Toujours à partir de l'hôtel, prendre une promenade le long de Hámori tó, sur la rive que l'on pourrait appeler la rive droite. Après une marche de 7 à 8 km, vous pourrez découvrir ce qui fut à l'origine de la sidérurgie de Miskolc. Un ferronnier de Eger, Henrik Fazola, construisit une fonderie qui produisait la fonte qui était transformée dans les ateliers de Hámor. Ce premier fourneau fut construit en 1770. Entre 1810 et 1813, il fut agrandi par le fils du fondateur. Enfin, en 1952, un petit musée fut inauguré à côté de l'ancienne fonderie.

R. Manin/HOA QUI

✝✝**Miskolctapolca** – Station de loisirs, de villégiature, station thermale dont les eaux curatives sont réputées, Miskolctapolca se trouve à l'extrémité Sud-Est de la ville. Les bains sont fréquentés depuis le Moyen Âge. Les sources remontent d'une profondeur de 900 m et fournissent une eau à 30° environ, légèrement gazeuse, qui jaillit dans un nuage de bulles. On soigne et traite les affections du système neurovégétatif, les névralgies cardiaques, les maladies de l'estomac et des intestins d'origine nerveuse, et le surmenage physique et intellectuel. Dans cet ensemble, une curiosité, car elle est l'une des seules en Europe, la **Termál-barlangfürdő** (la grotte des bains thermaux). Dans une grotte creusée par l'eau est aménagée une piscine accessible à partir du pavillon thermal. L'air très humide de la grotte est favorable au traitement des voies respiratoires et plus particulièrement au traitement de l'asthme et de la bronchite. Dès les beaux jours, le bassin extérieur est très fréquenté.

MOHÁCS

Département de Baranya – 22 500 habitants

Carte Michelin n° 925 I 7

Cette petite ville sur le Danube n'offre rien de particulier qui puisse exciter la curiosité, si ce n'est le **Mohácsi busójárás**★★, carnaval qui a lieu chaque année en février *(voir Principales manifestations en début de guide)*.
L'ombre de la bataille perdue en 1526, il y a bientôt cinq siècles, semble toujours assombrir l'atmosphère de la ville. Le 29 août de cette année-là, Mohács est entrée à tout jamais dans l'histoire.

UNE TRAGÉDIE NATIONALE

T. Hortobagyi/MAGYAR KEPEK Kft

Mohács, le cimetière de la grandeur nationale... En ce début du 16e s., le monde se transformait et la Hongrie n'échappait pas aux troubles et aux difficultés. La révolte des paysans en 1514 fut particulièrement violente et sévèrement réprimée. Elle fut conduite par **György Dózsa**, que **János Szapolyai** (Jean de Zápolya), le voïvode de Transylvanie, fit mourir en le faisant asseoir sur un trône de fer chauffé au rouge et en le coiffant d'une couronne de fer brûlante et enfin en obligeant ses compagnons à manger sa chair. La révolte des mineurs qui n'avaient pas été payés, fut également marquante. Le pays, mal gouverné, en proie aux luttes entre les seigneurs, n'avait plus de moyens pour se préparer à résister aux Turcs. En 1526, le jeune roi de Hongrie Louis (Lajos) II Jagellon, alors dans sa vingtième année, parvient à peine à réunir 25 000 hommes pour s'opposer à l'envahisseur turc, l'armée du sultan Soliman Ier dit le Magnifique ou le Grand. Il pense pouvoir compter sur les renforts de János Szapolyai, une dizaine de milliers d'hommes. Sans connaissance militaire, il se laisse entraîner dans une rencontre frontale avec les forces de Soliman quatre fois supérieures en nombre et beaucoup mieux armées. Le 29 août 1526, la bataille a lieu dans les plaines voisines de Mohács. En un temps record, l'armée de Louis II est anéantie, taillée en pièces. Les discussions durent encore pour savoir si János Szapolyai n'est pas délibérément arrivé trop tard pour précipiter la chute du jeune roi afin de monter sur le trône.
La défaite fut terrible, les pertes immenses. Plus de 10 000 soldats périrent, les archevêques d'Esztergom et de Kalocsa, cinq autres évêques, bon nombre de seigneurs, de nobles, d'aristocrates y laissèrent leur vie. Le roi lui-même se noya dans sa fuite en traversant une rivière en crue. Une autre version prétend qu'il aurait été assassiné par ses seigneurs. Sa veuve s'échappa de Hongrie en emportant tout ce qu'elle put sauver du trésor de son mari. La défaite de Mohács entraîna la division de la Hongrie en trois parties. La partie centrale avec Buda, fut occupée par les Turcs pendant un siècle et demi.
Le 11 novembre 1526, János Szapolyai est élu roi sous le nom de János (Jean) Ier, précédant le roi Habsbourg Ferdinand Ier.

CURIOSITÉS

Kanizsai Dorottya Múzeum – Ce musée occupe deux immeubles différents. Le premier *(Szerb utca 2)* présente la bataille de Mohács, le second *(Városház utca 1)* est un musée folklorique.

Le site de la bataille – *8 km au Sud. Prendre la route n° 56, puis après 6 km tourner à droite.*
À **Sátorhely**, à l'endroit où fut découverte en 1960 une fosse commune, a été créé, en 1976, le **Mohácsi Történelmi Emlékhely** Ⓥ, le mémorial de la bataille de Mohács. On parcourt cette grande surface gazonnée, plantée d'étranges poteaux en bois sculpté, et on peut lire sur une immense grille en fer forgé : « Ici a commencé le déclin d'une Hongrie puissante. » En contrebas, une exposition décrit en hongrois la bataille vue côté hongrois et côté turc.

NAGYCENK

Département de Győr-Moson-Sopron – 1 700 habitants

Carte Michelin n° 925 D 2 – 15 km au Sud-Est de Sopron

Un beau château, un charmant petit train, des chevaux, un musée intéressant, un bon restaurant, un château-hôtel, et surtout un rendez-vous avec celui que l'on a surnommé le plus grand des Hongrois, István Széchenyi.

LE PLUS GRAND DES HONGROIS

Le comte **István Széchenyi** (1791-1860) est ainsi nommé parce qu'il a mis toute son énergie et une partie de sa fortune au service du pays pour en lancer le développement économique et l'inscrire dans le groupe des nations développées. Quand on connaît son œuvre et sa vie, on s'aperçoit que le titre n'est pas usurpé. Son père avait créé le Musée national et la Bibliothèque nationale, il en fut le digne héritier. Il lance au début du siècle le mouvement libéral de la noblesse hongroise. Militaire, il participe à partir de 1809 aux guerres contre Napoléon, et en 1826 il est officier de l'armée de l'empereur d'Autriche et partisan des Habsbourg.

Szelényi/MAGYAR KEPEK Kft

István Széchenyi

Éleveur – Parmi ses premières occupations, il se passionne pour l'élevage du cheval. Dès 1822, il organise des courses hippiques parce qu'il considère qu'elles serviront à la promotion de l'élevage du cheval, ce pour quoi il fonde en 1825 une association. En 1828, il publie un ouvrage intitulé *Sur les chevaux*.

Politique, mécène, patron de casino ? – Dans le même temps, il participe aux travaux de l'Assemblée nationale de 1825 à 1827, et il offre une année de ses revenus pour constituer une association de scientifiques, dont il devient le président. Il financera cette œuvre qui sera l'Académie des sciences en tant qu'institution et il fera construire pour elle le bâtiment qui l'abrite toujours au pied du pont des Chaînes, côté Pest. Il fonde à Pozsony (l'ancienne Presbourg et aujourd'hui Bratislava, la capitale de la Slovaquie) le casino, prédécesseur du casino national de Hongrie.

L'ingénieur – En Hongrie, avant Széchenyi, toute une partie du territoire situé entre les deux fleuves, le Danube et la Tisza, était inondée, soumise aux caprices de ces cours d'eau. Le Danube, splendide voie de communication, n'était pas utilisé à sa dimension. Ce furent là deux des projets importants lancés par István Széchenyi, la régulation des fleuves et la protection des terres inondables. Il se préoccupa aussi des autres moyens de communication, améliora les routes qu'il commença à faire revêtir de macadam, technique rapportée de ses voyages en Angleterre, créa la première ligne de chemin de fer, et c'est peut-être l'esprit de Széchenyi qui se retrouva dans le premier métro construit en Europe continentale et qui fonctionne toujours à Budapest.

Économiste précurseur – Le grand événement : en 1830, il publie un livre économique important, *Hitel (Le Crédit)*, qui fut déterminant pour la Hongrie. Dans ce livre, il dénonce la loi féodale sur l'héritage et présente les avantages du crédit pour le développement et l'investissement. Il propose en fait l'organisation d'un système bancaire moderne. Aux critiques qui lui sont adressées, il réplique dans *Világ (Le Monde)* en 1831 et *Stadium* en 1833.

Homme d'affaires et d'action – À partir de 1830, il crée plusieurs sociétés, la Société de la navigation à vapeur sur le Danube en 1831, les Moulins à cylindres de Pest en 1837, la Banque commerciale de Hongrie en 1841. Il dirige les travaux de régulation du cours du Danube et du barrage de la Porte de Fer à partir de 1833, les travaux de construction du pont des Chaînes entre Buda et Pest à partir de 1836, ainsi que ceux du Théâtre national et du tunnel qui traverse la colline du Château à Budapest.

Homme de cœur et sentimental – Cet homme qui se battit toute sa vie contre les conservateurs et les esprits étroits incapables de saisir et de comprendre ses visions prospectives dépensa sans compter force et énergie. Malheureusement, sa vie sentimentale ne lui apporta ni le calme ni le repos. Très tôt, il tomba amoureux de la femme de son frère, une Anglaise qu'il ne put épouser qu'après la mort de son mari. Cette union si longtemps attendue ne répondit malheureusement pas à ses espoirs.

Trafiquant ? – Au cours de ses nombreux voyages, il se rend compte du retard considérable de la Hongrie dans tous les domaines. Un jour, il prend le risque d'une condamnation ou tout au moins d'un sérieux incident diplomatique en « sortant » illégalement, après avoir soudoyé un douanier, un appareil à gaz protégé, action qui était passible de la peine de mort.

Révolutionnaire et persécuté – Ancien partisan des Habsbourg, longtemps opposé à Lajos Kossuth, il le rejoint en 1848, et après avoir abandonné ses réserves, il assume la politique de la révolution. Dans le nouveau gouvernement conduit par le comte Lajos Batthyány, Premier ministre, il est ministre des Travaux publics et des Transports, et Lajos Kossuth ministre des Finances. La situation trouble, la crainte de la lutte armée le bouleversent. Il se retire dans un asile psychiatrique à Döbling où il reste jusqu'à la fin de sa vie. Vers la fin des années 1850, il écrira une œuvre satirique sur le système autoritaire et répressif de l'occupation Habsbourg, qui sera éditée à Londres en 1859 sans nom d'auteur. Après cette publication, il sera menacé et persécuté. Il se suicidera en 1860. Jusqu'au jour de ses funérailles, il inquiète les Autrichiens. Conduit de Döbling à Sopron, son cercueil est porté à dos d'hommes, sur 15 km, de Sopron à Nagycenk. La police viennoise, craignant les manifestations, ordonne que la cérémonie ait lieu un jour plus tôt qu'annoncé. Malgré cette mesure, 6 000 personnes sont présentes. Le lendemain, la foule sera encore plus nombreuse. Parmi les participants, une délégation de l'Académie des sciences. En trois jours, plus de 50 000 personnes viendront honorer celui que Lajos Kossuth, malgré les différends qui les avaient opposés, avait désigné comme « le plus grand des Hongrois ».

Se loger et se restaurer

Kastély Szálló – *Kiscenki út 3. ☎ et fax 99/360 061. 19 chambres de 35 à 74 €.* Agréable, calme, doté d'un très bon restaurant. À partir du mois d'avril, il est difficile d'y séjourner en fin de semaine sans réservation préalable, les Autrichiens constituant l'essentiel des habitués. La cour et l'ancienne serre offrent de merveilleux cadres pour dîner. Les chambres sont confortables, mais un peu sombres et sans caractère particulier. Location de bicyclettes. Possibilité de jouer au tennis, y compris sur court couvert.

★★ SZÉCHENYI-KASTÉLY

Le village de Nagycenk doit donc sa célébrité à la famille Széchenyi qui à la fin du 18ᵉ s. construisit là le **manoir** familial. Agrandie en 1838, cette demeure abrita souvent István Széchenyi qui y travaillait au calme. C'est à Nagycenk qu'il fut enterré et que se trouve son **mausolée** visité en permanence par les Hongrois et les étrangers.
Le manoir, sérieusement abîmé lors de la Seconde Guerre mondiale, a été reconstruit. Il abrite aujourd'hui le **musée Széchenyi**, le musée des Transports, un haras, un restaurant et un hôtel. Tout à côté, vous pourrez découvrir une église dessinée par Miklós Ybl, l'un des grands architectes hongrois du 19ᵉ s., et un petit train à vapeur qui vous emmènera pour une promenade à travers la campagne.

★ **Széchenyi István Emlékmúzeum** – Ayant fait connaissance avec István Széchenyi, la visite du musée sera plus intéressante. À l'entrée, choisissez le lecteur et la cassette dans votre langue, qui vous permettra de découvrir ce qui est exposé dans chaque pièce où vous ne trouverez d'explications qu'en hongrois.

La demeure – Cadre de vie d'une famille d'aristocrates hongrois au 19ᵉ s., les pièces du rez-de-chaussée avec le mobilier d'époque relatent les différentes époques de la vie de Széchenyi. Loin de la splendeur entretenue du château des Esterházy, on rencontre ici le luxe sévère et contenu d'une famille qui s'inquiétait de l'avenir du pays et qui était plus préoccupée d'être que de paraître. Déjà le père d'István Széchenyi avait fondé en y participant matériellement la Bibliothèque et le Musée national, œuvre qui fut poursuivie par le fils. En 1820, il prit possession du domaine, bien décidé, comme il l'écrivit alors, « à donner l'exemple et à travailler au bonheur du peuple et non seulement pour le profit ». De ce domaine, dont il voulait faire une ferme modèle, il distribua une partie des terres aux serfs.

Les travaux d'István – Au premier étage, le musée présente et illustre tous les travaux entrepris, lancés, commandés par István Széchenyi. Si l'on en mesure la dimension et l'importance, on imagine mal ce que représentaient ces travaux sur le plan social et économique. Dans cette maison qui à l'époque s'éclairait déjà au gaz, Széchenyi avait fait installer des salles de bains modernes ainsi que des toilettes avec chasse d'eau.

Le cheval – Témoin de l'intérêt d'István Széchenyi pour le cheval, la partie Ouest du château est occupée par un haras que l'on peut visiter et qui offre des possibilités d'équitation. Ouvert tous les jours de 10 h à 16 h, le haras propose promenades en calèche et pratique de la conduite d'attelage.

MAGYAR KEPEK Kft

Nagycenk – Château Széchenyi

AUTRES CURIOSITÉS

Múzeumvasút (Musée du Train à vapeur) – Autre témoin des intérêts d'István Széchenyi, le petit musée de plein air où sont exposées des locomotives à vapeur dont certaines fonctionnent entraînant quelques wagons sur 3,5 km jusqu'à Fertőboz, où, depuis la Gloriette, on a une **vue**★★ magnifique sur le lac Fertő dont la plus grande partie se trouve en territoire autrichien (Neusiedler See). Vous pouvez même louer le petit train si vous souhaitez voyager seul. Ce lac est classé parc national dans les deux pays. La partie hongroise au Sud s'inscrit dans le Fertő-tavi Nemzeti Park.

Église Szent István (St-Étienne) – Dans le centre du village, l'église St-Étienne conçue par Miklós Ybl mérite une visite. Belle de proportions, simple, dépouillée, contrastant avec les surcharges du baroque, elle s'inscrit dans ce qui est appelé en Hongrie le style romantique.
Quelques mètres plus haut, dans le cimetière du village, le **mausolée** des Széchenyi abrite les restes d'István ainsi que de quelques membres de la famille.

NYÍRBÁTOR

Département de Szabolcs-Szatmár-Bereg – 13 000 habitants

Carte Michelin n° 925 C 15 – 36 km au Sud-Est de Nyíregyháza

Cette petite ville du Nyírség fut, à la fin du 15e s. et au début du 16e s., enrichie de deux églises par István Báthori, prince de Transylvanie.
L'été, au mois d'août, se déroulent les **Journées de Nyirbátor**, festival musical très fréquenté par les Hongrois venus de tout le pays.

★★ **Református Templom** – Cette église calviniste gothique, située sur un tertre de gazon, est facilement repérable avec son clocher en bois nettement séparé de l'édifice. La nef, représentative d'un gothique tardif, possède une **voûte** aux nervures finement dessinées qui se prolongent par de très élégantes colonnes. Un côté de cette voûte est éclairé par de très hautes « fenêtres ogivales ». La chaire en bois sculpté, les bancs prie-Dieu, le tout parfaitement aligné, les murs blancs forment un ensemble qui donne à cet édifice une atmosphère de rigueur, de simplicité et de sérénité.
Cette église abrite les corps de la famille Báthori. La dépouille d'István Báthori repose donc dans l'église dans un tombeau gothique. Un autre monument funéraire recouvre la dépouille d'un traducteur de psaumes.
À côté de l'église, le clocher avec quatre clochetons et son toit couvert de bardeaux contraste avec la légèreté et la sveltesse de l'église. *Ne vous hasardez pas à monter au sommet.*

★★ **Harangláb (Église des Minorités)** – Le bâtiment original fut lui aussi construit à l'initiative de István Báthori. Plusieurs fois endommagée puis dévastée par les Turcs, l'église fut reconstruite au 18e s. dans le style baroque. Elle est remarquable pour ses cinq autels et sa chaire, autant d'éléments de bois richement sculptés et qui furent commandés à un atelier de sculpteurs locaux. Toutes ces sculptures expriment avec beaucoup de simplicité et quelquefois de naïveté une grande sincérité. À gauche en entrant dans l'église, vous découvrirez l'étonnant **autel** dit de la Passion ou de Krucsay parce qu'il fut élevé à la demande de János Krucsay à la mémoire de sa femme qu'il avait fait exécuter.

Báthoryi István Múzeum – Installé dans l'ancien monastère, le musée présente des animaux fossilisés de la période glaciaire découverts dans un marécage de Bátorliget ainsi que des expositions sur l'histoire locale.

Voûte de l'église réformée

T. Hortobagyi/MAGYAR KEPEK Kft

EXCURSION

Máriapócs – *11 km au Nord-Ouest par la route n° 4911 et une petite route prise à droite.*
Ce bourg a reçu la visite de Jean-Paul II en 1991. C'est un lieu de pèlerinage très fréquenté. On y vient de partout prier la Vierge Noire pleurante représentée sur une icône et exposée dans l'église. Cette icône n'est qu'une copie de l'original exposé dans la cathédrale St-Étienne de Vienne. Depuis qu'elle est à Vienne, aucune larme n'a jamais coulé de ses yeux. Par contre, les yeux de la Vierge de Máriapócs ont laissé glisser quelques larmes. L'iconostase de l'église d'aujourd'hui date du 19e s.

NYÍREGYHÁZA

Département de Szabolcs-Szatmár-Bereg – 113 000 habitants

Carte Michelin n° 925 B 13 – Schéma : BÜKK

Nyíregyháza est au centre de la plaine du **Nyírség** (pays des bouleaux) qui occupe la partie septentrionale de la Hongrie dans un angle formé par la Tisza. Après avoir traversé la Roumanie et la ville de Satu Mare, le fleuve remonte le long de la frontière Est du département pour toucher la frontière ukrainienne, et après un virage en épingle à cheveux, redescend vers le Sud-Sud-Est pour s'éparpiller en étangs et lacs dans le Hortobágy. La plaine du Nyírség fut défrichée aux 9e et 10e s. par les premiers arrivants. Ils déboisèrent environ 600 ha de forêt pour les cultures et l'élevage. Au 15e s., cette région était la seconde par rapport au développement du reste du pays, place qu'elle a largement perdue. Le climat, s'il est plus frais que celui de la Grande Plaine, est aussi plus ensoleillé et la région est propice à la culture maraîchère, à l'élevage. On y cultive aussi le tournesol, les fruits, la pomme de terre, le tabac, etc. Le Nyírség est l'une des régions les plus importantes pour la production de pommes en Europe.

Se loger et se restaurer

Bencs Villa – *Sóstói u. 54. ☎ 42/402 004. Chambres de 35 à 60 €.* Charmante villa datant de la fin du 19e s. avec quelques chambres.

Tölgyes – *Sóstói u. 40. ☎ 42/410 590.* Dans un décor de saloon, bar-restaurant au bord d'une des principales artères de la ville. Bien pour déjeuner rapidement. Cuisine internationale.

Un peu d'histoire – Mentionnée sous ce nom dès le début du 13e s., Nyíregyháza appartint ainsi que de nombreuses terres environnantes à la famille Báthori. Puis elle devint la propriété d'István Bocskai en 1627. Bocskai, prince de Transylvanie qui, aidé par les Turcs, fut prétendant à la couronne, s'appuyait sur la force militaire des heiduques. Ceux-ci s'installèrent dans la région, très attachés à leur liberté. Il s'ensuivit de nombreuses querelles entre les différentes agglomérations et la ville de Nyíregyháza dépérit au point de ne compter qu'une cinquantaine de familles à la fin du 17e s. Son développement reprit à la fin du 19e s.

MAGYAR KEPEK Kft

Nyíregyháza – Vue du centre-ville

La ville – Sans prétention, cette ville semble se suffire à elle-même. Un long boulevard périphérique ceinture un centre aéré, avec de grandes avenues plantées, des places et des jardins qui lui donnent l'air d'une grande cité. Même s'il n'y a pas de curiosités exceptionnelles, Nyíregyháza offre des possibilités de séjour à proximité de l'Ukraine et de la Roumanie.

Le centre de la ville associe plusieurs places reliées les unes aux autres par des rues commerçantes et entourées de bâtiments d'époques différentes. Les places Kossuth Lajos tér, Hősök tere, Szabadság tér, Jókai tér et Kálvin tér offrent un joli petit parcours urbain.

Jósa András Múzeum és Megyei Levéltár ⓥ – *Benczúr Gyula tér 21*. Le musée Jósa András présente une belle collection de peintures, notamment de nombreux tableaux du peintre **Gyula Benczúr** né à Nyíregyháza, une commémoration de Gyula Krúdy, l'un des plus grands poètes hongrois. Comme dans la plupart des musées hongrois, vous pourrez y voir une histoire de la ville et une collection ancienne d'objets provenant de l'époque de la conquête magyare.

ENVIRONS

Sóstófürdő – *5 km au Nord. Quitter Nyíregyháza par Kossuth Lajos utca puis Sóstói út.*

À l'origine, il y avait à Sóstófürdő deux étangs de 14 ha qui à partir du 19e s. devinrent un but d'excursion et de promenade. Depuis, devenue zone résidentielle, station thermale et de loisirs, Sóstófürdő, que distribue une large avenue à la végétation généreuse, est un agréable lieu de repos pendant les chaleurs d'été. 500 ha de forêt l'entourent. Des sources dont l'eau jaillit à 50° alimentent les piscines thermales en eau alcaline et sodique, recommandée pour les problèmes des organes moteurs. Six immenses piscines sont ouvertes au public. On peut également faire du canotage et louer des vélos.

Le **musée-village★** (Skanzen) situé dans Tölgyfa utca illustre bien les modes d'habitats anciens que l'on peut encore rencontrer dans les campagnes. De nombreuses ethnies ont immigré dans cette région, apportant avec elles leurs habitudes.

Hajdú et les heiduques

Heiduque, quelquefois « haïdouks » (vient d'un mot slave), ne désigne pas un groupe ethnique comme certains l'ont quelquefois avancé, mais une communauté d'origine sociale, politique ou militaire. Pour certains, les heiduques descendent d'une corporation de « toucheurs de bœufs » attachés aux commerce des bêtes. Parmi eux, il y avait aussi des voleurs de grand chemin très attachés à leur liberté, des guerriers redoutables. La seule limite qu'ils concédaient en échange de cette liberté était le soutien de leur force. Celui qui pouvait l'obtenir savait qu'il disposerait d'un appui militaire redoutable. Les heiduques avaient soutenu Dózsa. Ce sont ces guerriers qui aidèrent István Bocskai à vaincre les Habsbourg. Pour les remercier, Bocskai les autorisa à s'installer sur ses terres. C'est pourquoi les noms des localités occupées par les heiduques furent précédés du mot « hajdú ». Ces agglomérations devinrent des collectivités locales privilégiées dont les habitants bénéficiaient d'une position particulière. Les privilèges des heiduques tombèrent en 1876. Il reste aujourd'hui dans la grande plaine du Nyírség de nombreuses agglomérations dont le nom commence par Hajdú.

ÓPUSZTASZER★★

Département de Csongrád

Carte Michelin n° 925 G 10 – 32 km au Nord de Szeged

Le parc est situé au Sud de la Hongrie, entre Szeged et Csongrád. Il est marqué par sept immenses flèches plantées sur un tertre, qui représentent les tribus magyares d'origine. Cette composition intitulée *Les Sept Flèches Hongroises* est l'œuvre d'un artiste hongrois, László Morvay.
Le Mémorial est implanté sur le lieu appelé « Szer » à l'époque, où, selon l'histoire, Árpád reçut le serment de fidélité des sept chefs des tribus qui ont fondé la Hongrie. Il commémore la conquête du bassin des Carpates par les Magyars, épisode rapporté par « Anonymus », le chroniqueur anonyme de Béla III, qui écrivit la *Gesta Hungarorum* (un document de vingt-quatre feuilles conservé à la Bibliothèque nationale). Ce fut également là qu'en 1945, après la Deuxième Guerre mondiale, Imre Nagy, alors communiste convaincu à peine revenu de Moscou, assista en tant que ministre de l'Agriculture à la première cérémonie symbolique de distribution des terres aux paysans hongrois.

De curieuses « bosses » – Le parc est implanté sur une « bosse » qui s'élève de quelques mètres dans la Grande Plaine. D'ailleurs, d'où qu'il vienne, le visiteur peut voir de ces monticules plus ou moins importants qui semblent soulever par endroits la grande étendue plate. Ce sont les traces laissées par les habitants de cette région qui, à l'âge du bronze, brûlaient, après leur mort, les chefs de tribus et les enterraient avec leurs attributs, leur cheval, etc. On estime à trois ou quatre mille les tertres qui étaient répartis sur la Grande Plaine. Bon nombre d'entre eux ont disparu, effacés par le développement de l'agriculture.
Le lieu est solennel. Installé sur 55 ha, le mémorial n'est qu'une partie du Parc national pour la conservation de la nature. Il présente un ensemble complexe de richesses archéologiques, culturelles, artistiques, ethnographiques, combinant expositions, événements et spectacles sur fond de *puszta*.

Un panorama célèbre – Au 19e s., il y avait en Europe quelques « panoramas » dont l'objet était de présenter sur une surface circulaire, à des spectateurs placés au centre, une image sur 360°. Un Hongrois, Feszty Árpád, séduit par ce qu'il avait vu à Paris, eut l'idée d'en édifier un à Budapest pour illustrer la Bible. Son beau-père, le célèbre écrivain romantique Mór Jókai, lui conseilla d'en réaliser un sur le thème de l'arrivée des Magyars, d'autant que l'anniversaire du millénaire approchait.
L'idée fut retenue et Feszty Árpád fit venir de Belgique une toile de 120 m de long sur 15 m de hauteur qui fut tendue sur une circonférence de 38 m de diamètre. L'esquisse fut faite à partir d'un paysage choisi, la vallée de Valoci, située dans les Carpates, aujourd'hui en Ukraine. Deux grands peintres hongrois, entre autres, participèrent à la confection de cette immense fresque : László Mednyánszky pour les paysages et Pál Vágó pour les scènes équestres et les personnages. L'anecdote raconte que Feszty Árpád s'offrit comme modèle pour la représentation d'Árpád.
Un bâtiment fut construit à Budapest pour le réaliser, l'abriter et permettre de l'admirer. Exposé à Londres, le panorama revint en Hongrie et fut installé au « Bois-de-Ville », à Budapest, dans un édifice définitif, spécialement construit pour l'accueillir. Celui-ci ayant été touché par les bombardements lors de la Seconde Guerre mondiale, l'œuvre était en danger. Des gens de bonne volonté voulurent sauver le tableau, mais sans expérience, ils le découpèrent par bandes de 8 m de large. Ces bandes, roulées, entreposées dans de mauvaises conditions, transportées d'un musée à l'autre, subirent de nombreux outrages durant 30 ans. Pour restaurer cette toile détruite à 60 %, une équipe polonaise, recrutée sur concours, a utilisé 2 500 litres de solvant, 7 tonnes de sciure de bois, etc. À nouveau exposée depuis 1995, elle fait l'objet d'une totale vénération de la part des Hongrois qui, très nombreux, viennent l'admirer.

VISITE ⌚ *2 h*

Attention, le parc et le panorama sont des excursions très prisées de tous les Hongrois. Les fins de semaine sont particulièrement chargées en visiteurs.
L'accès au panorama se fait toutes les demi-heures. Cafétéria.

Installé dans la **Rotonde**, bâtiment qui épouse la forme d'une immense yourte, le **panorama** est un spectacle impressionnant et magnifiquement réalisé, associant, sans que le spectateur s'en rende compte, la partie peinte à un avant-plan réaliste qui donne une étonnante profondeur aux différentes scènes. On retrouve là les qualités du grand paysagiste qu'était Mednyánszky ainsi que l'habileté de Vágó pour peindre chevaux, bœufs ou personnages.
L'image se déroule sous les yeux des spectateurs placés au centre du tableau. C'est un spectacle commenté successivement en différentes langues (signaler à l'entrée la langue souhaitée pour le commentaire), soutenu par une musique et des bruits de bataille, des cris de combattants, des plaintes, etc. La scène la plus significative

est celle où Árpád sur son cheval blanc, entouré de ses sept chefs de tribus, contemple du haut d'une colline ses troupes victorieuses avançant dans la plaine. Sur sa gauche, son épouse trône sur un char emmené par quatre bœufs gris aux larges encornures, protégée des mauvais esprits par deux crânes de taureaux placés de chaque côté du char.

Plus loin, une scène montre les Magyars s'installant en bordure de la forêt et montant leurs tentes. C'est la scène la plus densément peuplée du panorama, celle où se trouve le plus grand nombre des 2 000 personnages représentés sur la fresque.

Diamétralement opposé à la figure d'Árpád, au sommet d'une autre colline dominant la plaine et la vallée du Danube, des hommes approchent le cheval blanc du sacrifice, le *Táltos*, près duquel se tient l'homme qui est rituellement chargé d'immoler l'animal, le *Kádár*. Autour, des jeunes filles dansent tandis qu'une fumée blanche annonce de bons présages.

En effet, la victoire est pratiquement acquise, les habitants de la vallée sont défaits, les Magyars peuvent s'installer sur les terres de Szvatopluk, chef des Moravo-Slaves qui, battu, pourchassé, s'est jeté dans le Danube. Sans ternir la gloire du prince Árpád, l'histoire pourrait faire penser qu'il fut tout simplement escroqué et trompé par Küsid, le messager envoyé par Árpád.

Szvatopluk était le successeur d'Attila. Küsid émerveillé par les terres qu'il venait de visiter, impressionné par les rives du Danube, rendit visite au souverain du lieu, Szvatopluk, pour le saluer au nom d'Árpád. Szvatopluk se réjouit de cette visite, pensant que Küsid représentait le chef d'une pacifique peuplade désireuse de cultiver quelques terres.

Satisfait de l'accueil, Küsid remonta sur son cheval, emportant avec lui une gourde remplie d'eau, un sac de terre noire et un échantillon d'herbe, et s'en retourna vers Árpád et ses compagnons. Au récit de Küsid, Árpád fit remplir d'eau du Danube son cor à boire, implora la bénédiction de Dieu, lui demandant de lui céder à jamais ces richesses. Il renvoya Küsid vers Szvatopluk pour lui offrir en échange « de sa terre, de son herbe et de son eau » un cheval blanc harnaché. Celui-ci accepta avec joie le magnifique cheval aux harnais décorés, pensant que c'était là la marque de reconnaissance de ces colons et dit à Küsid que lui et ses compagnons pouvaient prendre autant de terre, d'herbe et d'eau qu'il leur plairait. Küsid repartit porter la nouvelle. Árpád avec ses sept chefs de tribus pénétra en Pannonie en maître du territoire. À Szvatopluk qui protestait, Árpád fit dire : « Ne reste pas ici un instant de plus, car tu as vendu la terre pour un cheval, l'herbe pour un harnais, l'eau pour une bride. »

MAGYAR KEPEK Kft

Szvatoplouk protesta, ordonnant d'abattre le cheval, de jeter la bride au pré, la selle au Danube. Il s'entendit répliquer par Küsid : « Si tu assommes ton cheval, tu nourriras les chiens, si tu jettes la bride au pré, ce sont les moissonneurs qui la trouveront, si tu noies la belle selle dorée, ce sont les pêcheurs qui la sortiront de l'eau. » Szvatoplouk prit les armes pour se défendre, mais les Magyars étaient les plus forts et il dut prendre la fuite. Pourchassé, il se jeta dans le Danube qui l'emporta.

AUTRES CURIOSITÉS

« Promenade en 1896 » – *1er étage de la Rotonde.* Un jeu de miroirs vous plonge dans une rue commerçante au milieu de mannequins qui représentent toutes les classes sociales de l'époque. Grands bourgeois et leurs femmes habillées de robes dont la longueur indique la fortune, servantes aux robes obligatoirement coupées au-dessus des chevilles, enfants riches et pauvres, militaires de tout grade, échoppes, boutiques, métiers et services dont beaucoup ont disparu. À cette époque, le vêtement noir était pour les femmes signe d'élégance, le blanc et le violet étaient la marque du deuil.

« Panopticum » – *Dernier étage de la Rotonde.* C'est la présentation réaliste des principaux personnages qui ont régné sur la Hongrie. Si cette galerie permet d'admirer des costumes que l'on imagine fidèles, il faut malheureusement regretter que les mannequins semblent tout droit sortis d'une vitrine de magasin de mode, ce qui ôte toute illusion au visiteur.

Mémorial d'Árpád – Érigé en 1896, de nombreux Hongrois se font photographier devant ce monument de style classique.

Maison du garde des digues – Près du lac, on peut y voir la maquette éclairée et sonorisée qui montre les ruptures successives des digues qui contenaient la Tisza. En une nuit de 1876, ces éclatements ont provoqué les terribles inondations qui ont presque totalement détruit Szeged.

De nombreuses autres expositions sont proposées aux visiteurs : fouilles de l'ancienne abbaye de Szer, bâtiments agricoles de la région de Szeged et présentation des spécialités locales.

PANNONHALMI-FŐAPÁTSÁG★★

Abbaye de PANNONHALMA – Département de Győr-Moson-Sopron

Carte Michelin n° 925 D 5 – 18 km au Sud de Győr

Pour des raisons de sécurité, il est fortement recommandé de laisser sa voiture au Mártonhegy juste avant d'arriver à l'abbaye. Parking et café-restaurant.

Depuis 996, date de sa fondation par le prince Géza, l'abbaye de Pannonhalma, l'une des plus grandes abbayes bénédictines, occupe majestueusement le sommet d'une colline dominant la plaine. Elle fait partie des sites répertoriés sur la Liste du patrimoine mondial de l'Unesco.

UN PEU D'HISTOIRE

Géza, premier prince magyar converti au christianisme, fit appel à des moines bénédictins pour l'aider à christianiser le pays. Les moines venus de Cluny, haut lieu de la vie monacale de l'époque, dont la règle se propagea dans toute l'Europe, installèrent sur la colline de Pannonhalma une abbaye régie selon la règle de saint Benoît et dédiée à saint Martin, né à Savaria (Szombathely), et devenu par la suite le réputé évêque de Tours.

Le roi Étienne (István, fils de Géza) accorda à l'abbaye, qu'il visitait fréquemment, de nombreux privilèges qui lui permirent de se développer et de s'affirmer.

Les moines résistèrent aux Mongols au début du 13e s., puis, gérée par des abbés plus intéressés par les biens de ce monde que par la spiritualité, l'abbaye déclina. Au début du 16e s., elle retrouva un certain lustre, mais l'invasion turque chassa les moines, qui purent malgré tout sauver livres, documents et objets précieux. Cependant, les Turcs, qui occupèrent « le château », détruisirent peintures et sculptures.

Après le départ des Turcs, qui, du fait de son orientation à l'Est, avaient transformé l'église en mosquée, les moines se réinstallèrent sur le site et durent inventer un nouveau mode d'existence.

N'ayant plus les mêmes privilèges, ils se mirent au service de la société, ce qu'ils continuent à faire aujourd'hui.

Comme tous les monastères, Pannonhalma fut fermé par Joseph II en 1786. Sa réouverture eut lieu dans les premières années du 19e s. Les moines se vouèrent alors à l'éducation, à l'enseignement et à la formation d'enseignants.

C'est juste avant la Seconde Guerre mondiale que fut créé dans l'abbaye le lycée de Pannonhalma. Aujourd'hui, il compte 350 élèves.

L'abbaye de Pannonhalma, outre la partie monastère proprement dite qui compte environ 70 moines, comprend donc un internat, mais aussi l'Académie de théologie de saint Gellért, un séminaire, ainsi qu'un foyer de personnes âgées.

Se loger et se restaurer

Pax – *Dózsa György u. 2. ☎ 96/470 006. Fax 96/470 007. 25 chambres de l'ordre de 38 €*. Un hôtel agréable avec vue sur la vallée. Restaurant.

Pannon – *Hunyadi u. 7. ☎ et fax 96/470 041. 6 chambres de 25 à 27 €*. Une *panzió* toute simple avec vue sur le monastère. Petit restaurant à la cuisine sans prétention.

VISITE ⌚

Cour centrale – Dans la cour centrale, la statue du premier abbé, Asztrik, qui apporta au roi Étienne le cadeau du pape, la fameuse couronne à la croix penchée, ainsi qu'un bas-relief où le roi présente son fils Imre à saint Gellért. Vous passerez sous le bâtiment du lycée et monterez sur le terre-plein qui domine la Kisalföld (la petite plaine). De ce balcon, vous pourrez contempler le paysage que les moines avaient sous les yeux.

De là, vous serez conduit vers le **cloître**, dans lequel un cadran solaire rappelle aux visiteurs que l'une de ses heures sera la dernière pour eux, avant d'entrer dans l'église.

Église – On y pénètre par la **Porta Speciosa**★ dont les colonnes sont taillées dans un marbre rouge, les chapiteaux et les bases étant sculptés dans une pierre blanche calcaire. Cet ensemble a été réalisé par Ferenc Storno, ainsi que la fresque qui orne le tympan et qui représente saint Martin dans la scène connue où il partage son manteau avec un mendiant.

La famille Storno – dont on visite la maison à Sopron *(voir ce nom)* – venue d'Italie a laissé son empreinte à la fin du 18e s. sur de nombreux bâtiments dans l'Ouest de la Hongrie. Elle fut chargée de concevoir les plans du cloître et de l'église de l'abbaye. La famille Storno a également réalisé dans l'église la chaire et l'autel « néoroman » en marbre rouge.

★★ **Bibliothèque** – Sa fondation remonte au 11e s. à l'époque du roi Ladislas Ier (saint Ladislas). La bibliothèque actuelle date du 19e s., elle porte l'empreinte d'un des architectes de la cathédrale d'Esztergom, János Packh. Son bois peint lui donne

MAGYAR KEPEK Kft

Abbaye de Pannonhalma

des allures de faux marbre et l'éclairage est savamment réalisé par un système de miroirs qui renvoient la lumière du jour ou les rayons du soleil. Considérée comme la plus importante bibliothèque de Hongrie, elle renferme 300 000 ouvrages dont certains uniques comme le plus ancien manuscrit de Hongrie : l'**acte de fondation** de l'abbaye de Tihany (début du 11e s.).

Galerie de peinture – La visite s'achève par la galerie de peinture qui expose de nombreuses œuvres d'art notamment des 16e, 17e et 18e s. provenant des écoles hollandaise, italienne et autrichienne. On voit également des objets de culte et des vêtements sacerdotaux.

PÁPA

Département de Veszprém – 34 000 habitants

Carte Michelin n° 925 E 4

Cette ville baroque de Transdanubie, à quelque distance des monts Bakony, doit surtout sa notoriété à ses tissus caractéristiques, héritiers d'une longue tradition.

LES TISSUS BLEUS DE PÁPA

Dans la seconde moitié du 18e s. c'est à Pápa que la famille Kluge s'installa et monta sa fabrique de *kékfestő* (tissu teint en bleu).

À cette époque, le textile subit une grave crise dans les pays de l'Ouest de l'Europe. La teinture bleue était connue en Europe avant le 16e s. Cultivée en Allemagne, l'*Istais tinctoria* servait de base à la teinture du tissu, très populaire. Le procédé, long et compliqué, contribuait à la cherté du tissu qui trouvait peu d'acquéreurs. Au 16e s., des commerçants hollandais importèrent des Indes et du Bengale une plante magique, l'indigo. La teinture s'en trouva facilitée. La production s'accrut fortement, les prix baissèrent, et les acheteurs se firent plus nombreux. Produits en plus grande quantité et à moindres frais, les tissus mirent l'industrie allemande de la teinture en danger.

MAGYAR KEPEK Kft

On ne pouvait arrêter la mode. Les gouvernements de l'époque poursuivirent les ateliers de tisserands qui préparaient ce tissu avec l'indigo importé, et dans certaines villes les teinturiers du bleu furent même menacés de mort. Ces artisans émigrèrent vers des pays plus accueillants, formant la « diaspora de la teinture bleue ». C'est ainsi que Johann Friedrich Kluge, venu de Sorau en Saxe sur l'invitation de Marie-Thérèse de Habsbourg, s'arrêta d'abord à Sárvár avant de s'installer avec sa famille à Pápa. La fabrique des Kluge fut la première créée dans cette ville en 1786. Le siècle suivant, deux autres ateliers virent également le jour.
Au fil des années, la famille Kluge agrandit son outil, le fit évoluer en tenant compte des exigences de la clientèle, des découvertes scientifiques et techniques, développant ce qui à l'époque était une industrie de pointe. Cette industrie continua à fonctionner jusqu'en 1956, date à laquelle elle fut nationalisée.
Aujourd'hui en Hongrie, il y a encore une dizaine de villes qui perpétuent ce procédé dont le résultat donne ces magnifiques tissus au fond bleu imprimés de motifs clairs.

CURIOSITÉS

★★ **Kékfestő Múzeum** Ⓥ **(Musée du Tissu bleu)** – *Március 15 tér 12.* Pour le 200e anniversaire de sa création, la fabrique des Kluge fut transformée en musée et classée monument historique. La visite est pleinement méritée. Tout a été conservé et semble prêt à fonctionner. Il manque la vapeur, les tissus dégoulinant de teinture, sans doute l'odeur, et bien sûr les ouvrières et les ouvriers qui suivaient toutes les étapes de la fabrication. Vous verrez le laboratoire de chimie de cette industrie qui alliait déjà recherche et développement, et en fin de parcours, l'exposition des créations de Irén Bódy, magnifique utilisation de cette technique d'impression. À l'entrée du musée, une boutique vend ces tissus soit en pièces, soit transformés en vêtements. La visite guidée est faite en hongrois, mais vous saurez vite comprendre le processus de fabrication et suivrez facilement les différentes étapes de la fabrication des tissus bleus de Pápa.

Se loger et se restaurer

Arany Griff – *Fő tér 15. ☎ 89/312 000. Fax 89/312 005. 25 chambres de 20 à 36 €.* Un bel hôtel de bon standing aux chambres spacieuses et claires. Bonne cuisine, plats copieux. Tennis et promenades à cheval possibles.

Vadásztanya Étterem – *Rákóczi u. 21.* Restaurant situé un peu à l'écart du centre-ville et spécialisé dans le gibier.

★ **Esterházy-Kastély** – Le visage baroque de Pápa est dû au comte Károly Esterházy, évêque d'Eger et de Vác. Il fit construire par Jakab Fellner et József Grossmann ce château, qui abrite aujourd'hui des institutions culturelles et d'enseignement. La chapelle a été transformée en **bibliothèque**. Les fresques du plafond sont l'œuvre d'Ignác Mildorfer, artiste de la cour de Vienne.

Fő tér – Plusieurs maisons baroques ornent la place. Remarquer plus précisément les nos 12 (Tourinform), 21 et 23.

Római Katolikus Templom – Les deux architectes du château ont également conçu l'église que l'on appelle ici la **grande église**. À l'intérieur, on peut voir des fresques de Maulbertsch représentant, ce qui en Hongrie est très rare, saint Étienne, le premier martyr du christianisme. Les représentations de saint Étienne sont généralement celle du roi Étienne Ier.

PARÁD et le Nord des MÁTRA

Département de Heves

Carte Michelin n° 925 C 10 – Schéma : BÜKK

Dans les Mátra, sur la route n° 24 qui mène à Eger, Parádsasvár, Parád, Parádfürdő puis Recsk et enfin Sirok, on rencontre une suite de sites intéressants placés comme des perles sur un collier de verdure. C'est en effet la route verte qui continue les circuits (qui, à partir de Gyöngyös, ont permis de visiter une partie du massif des Mátra) et qui passe dans ces différents lieux.

Avant d'arriver à Parád, à mi-chemin entre le carrefour qui joint la route de Galyatető et Parád (5 km environ) sur la gauche, les sources sulfureuses de **Parádsasvár** se découvrent à l'odeur. Cette eau minérale mise en bouteilles soigne les troubles digestifs et les maux d'estomac. La verrerie de Parádsasvár quant à elle produit depuis plus de deux siècles des objets d'art et des services de verre et de cristal qui sont vendus sur place.

Gabler/MAGYAR KEPEK Kft

Parád – Musée des Carrosses

★★ **Kocsimúzeum** ⓥ **(Musée des Carrosses)** – Ce musée, situé à **Parád**, est le seul de cette importance en Hongrie. Parád et Parádfürdő forment en fait une seule et même agglomération. Le musée des Carrosses est logé dans les écuries du château du comte Károlyi. Ce beau bâtiment aux assises de marbre rouge de Cifra abrite la partie musée ainsi que les écuries avec les chevaux qui, à l'occasion, tirent les carrosses ou travaillent dans la carrière voisine.

Le musée vaut une visite. On peut y suivre les étapes de la fabrication d'un véhicule hippomobile. Tous les métiers y sont représentés. Les outils du charron sont exposés ainsi que ceux du bourrelier. Le maréchal-ferrant n'est pas oublié, le décorateur, le menuisier et l'ébéniste non plus. Après la présentation des différents métiers suit une exposition de chars de campagne, charrettes, chars à bancs, carrosses plus ou moins luxueux, y compris des traîneaux pour les travaux ou les promenades en hiver. Des maquettes bien présentées permettent de comprendre toutes les astuces de construction de ces véhicules réalisés pour le voyage, la promenade sentimentale discrète ou les défilés d'apparat.

Parádfürdő – Sortant du Kocsimúzeum, vous êtes déjà dans Parádfürdő. Dans cette station thermale se trouve un **sanatorium** où l'on peut loger et se restaurer. Cet établissement thermal fait office d'hôtel et n'est en aucune façon ce qui est, ou plutôt ce qui était en France notamment, l'hôpital où l'on soignait les personnes atteintes de tuberculose.

Palóc-háza – *Sziget utca.* Cette **maison palóc** faite de bois et couverte de chaume illustre la vie quotidienne de cette ethnie des Mátra *(voir Hollókő).*

Recsk – La petite bourgade de Recsk ne présente en soi pas d'intérêt particulier. Il faut la quitter sur la droite au milieu du bourg et suivre les indications pour trouver à environ 5 km les traces de ce qui fut, dans les années de la période stalinienne du régime Rákosi, un **camp de regroupement** pour prisonniers politiques. Un monument a été érigé en 1991 à la mémoire des prisonniers de ce camp, fermé par Imre Nagy en 1953.

À 5 km au Nord de Recsk se trouve la station thermale de **Mátraderecske.** Entre mai et septembre, ses quatre piscines en plein air avec leur eau à plus de 30° ne manquent pas d'adeptes.

Sirok – Cette ville vaut pour les ruines de son **château médiéval** du 14ᵉ s. Ceux qui sauront y monter découvriront un **panorama**★★ sur les Mátra avec le sommet de Kékestető, les Bükk, et au Nord sur les monts de Slovaquie.

À 8 km au Nord, **Bükkszék** est une autre station thermale qui produit une eau minérale, *Salvus*, recommandée pour les personnes atteintes de gastrite ou de problèmes des voies respiratoires. Ses piscines en plein air s'inscrivent dans un joli cadre de verdure.

PÉCS★★★

Département de Baranya – 168 000 habitants

Carte Michelin n° 925 I 6

Nichée dans un creux du massif des Mecsek, Pécs, protégée des vents frais du Nord, se réchauffe au soleil et s'installe dans une atmosphère douce, agréable, parfumée et colorée. Comme un parfum d'Orient, Pécs vous offre une ambiance méditerranéenne. Ce parfum préexistait durant l'occupation ottomane, ce qui sans doute incita les Turcs qui avaient pris la ville sans résistance à en faire une « cité turque » dont le rayonnement culturel fit « école », au point que l'histoire littéraire turque cite « l'école de Pécs ».

Les coteaux qui bordent la ville ont favorisé la culture de la vigne et la production de vins réputés. C'est dans les caves qui se superposent sur cinq niveaux sous le centre-ville que s'affine le vin pétillant de la région. À partir du début du mois de septembre, Pest est en fête. Début octobre, réjouissances, musique et danse accompagnent le **Festival de la grappe et du vin**..., tout pour satisfaire Bacchus.

UN PEU D'HISTOIRE

Les Romains remplacèrent les Celtes au 3e s. et en firent le chef-lieu d'une province nommée Valeria. La ville portait alors le nom de Sopianae (aujourd'hui, nom d'une marque de cigarettes hongroises). Au 9e s. arrivèrent les Magyars. Le roi Étienne, dans le cadre de l'organisation du pays, en fit un diocèse dans une charte qui date d'août 1009. S'ensuivirent des évêques et archevêques qui donnèrent à Pécs un développement culturel qui conduisit à la fondation de la première université de Hongrie en 1367. Parmi les évêques renommés qui dirigèrent le diocèse, le plus connu fut **Janus Pannonius**, qui en fut le responsable de 1459 à 1472. Il écrivit de nombreux poèmes en latin qui le firent apprécier dans toute l'Europe de la Renaissance. Après avoir supporté le roi Mathias, il s'éleva contre lui lorsqu'il s'attaqua à l'Autriche et à la Bohême. Janus Pannonius prêtre s'inquiétait plus du peuple, des hommes et de leur environnement que de l'éternité. Jugez-en par ses paroles : « regardez autour de vous et n'oubliez pas d'être un véritable homme du présent, Hic et nunc ».

La période ottomane – Dix-sept ans après la défaite de Mohács, en 1543, les Turcs s'installèrent dans la ville après avoir chassé les habitants du centre. Ils transformèrent les églises en mosquées ou les détruisirent, et firent de Pécs un centre administratif et culturel. En 1686, Louis de Bade libéra la ville. Abandonnée, elle dut attendre l'arrivée d'immigrants venus d'Allemagne et de Bohême pour reprendre lentement vie. C'est à nouveau un évêque, György Klimó, qui soutint le développement culturel pendant le 18e s. En effet, la bibliothèque de Pécs, créée en 1774, fut la première bibliothèque publique de Hongrie, elle compte aujourd'hui 300 000 volumes. C'est en 1921, après le traité de Trianon, que l'université de Pozsony (Bratislava) fut transférée à Pécs.

CURIOSITÉS

★★ **Szent Péter Székesegyház (Basilique St-Pierre)** – Elle s'appuie sur des fondations du 11e s. et recouvre une crypte de la même époque. Posée sur un socle de 27 m de large sur 77 m de long, la basilique est flanquée de quatre tours placées à chacun des angles. Cette église que les Turcs utilisèrent comme mosquée a été transformée au cours des âges. Elle a pris son aspect actuel à la fin du 19e s. Les parties les plus intéressantes sont la **crypte**★★, les chapelles placées sous chacune des tours et l'ensemble des peintures et fresques dues pour la plupart à des artistes hongrois. Au Nord-Ouest, la chapelle dédiée à la Vierge Marie et au Nord-Est celle du Cœur de Jésus ont été décorées par Bertalan Székely (le peintre de nombreux tableaux et fresques dont les *Les Femmes d'Eger*) et Károly Lotz. La chapelle du Corps du Christ au Sud-Ouest comporte un bel autel fait du même marbre rouge que celui de la chapelle Bakócz d'Esztergom. Enfin, au Sud-Est, la chapelle Mór, du nom d'un évêque de Pécs.

Descendant de la basilique vers Szent István tér, au niveau du **palais épiscopal** (Püspöki palota), les mélomanes peuvent saluer Franz Liszt au balcon d'une fenêtre de la partie Sud ddu palais. Immobile, Liszt, figé dans le bronze, brave le temps, contemplant la place Szent István.

★★ **Ókeresztény Mauzóleum** Ⓥ – Cette curieuse sépulture qui date de l'an 350 avant notre ère fut découverte par hasard en 1975. Dans la crypte, voir un sarcophage et des fresques bien conservées qui représentent la *Désobéissance d'Adam et Ève*, *Daniel dans la fosse aux lions.*

★★★ **Csontváry Múzeum** Ⓥ – *Janus Pannonnius utca 11.* Dans un ancien lycée sont exposées les principales œuvres de Tivadar Csontváry Kosztka. Né en 1853, la même année que Van Gogh, Csontváry, assistant pharmacien d'origine, eut également une vie tragique. Il est mort en 1919, et n'a été reconnu que récemment. Picasso, découvrant son œuvre lors d'une exposition à Paris, aurait dit en toute modestie : « Je ne savais pas qu'avec moi, il y avait un autre grand peintre dans ce siècle. » Les œuvres les plus importantes de Csontváry sont exposées là. Huit grands tableaux au total dont *Le Cèdre solitaire*, *Baalbek*, sans compter une œuvre graphique du plus haut intérêt.

Revenir à Dóm tér.

Káptalan utca – La rue du Chanoine compte plusieurs musées, avis aux amateurs !

Endre Nemes Múzeum ⓥ – *Au n° 5.* Œuvres d'Endre Nemes (1909-1985), peintre né près de Pécs, mais qui vécut en Suède. Ce musée abrite également les œuvres d'un autre peintre hongrois qui, lui, vécut à Zagreb, Zlatko Prica.

PÉCS

Batthyány u	BY	3
Ferencesek utcája	AX	
Garay u	AXY	7
Hungária u	AX	8
Jókai tér	ABX	
Káptalan u	AX	9
Kazinczy u	BX	12
Király u	BX	
Kodály Zoltán u	AX	13
Majorossy Imre (Dr.)	BX	14
Mátyás király u	AX	16
Móricz Zsigmond tér	ABY	17
Széchenyi tér	BX	21
Szepessy Ignác u	ABX	23
Teréz u	BX	24
Váradi Antal u	AXY	25

Belvárosi Templom	BX	
Ferences Templom	AX	
Jakováli Hasszán Dzsámi	AX	
Musées		
Csontváry Múzeum	AX	
Modern Magyar képtár	AX	
Nemes Endre Múzeum	AX	M¹
Régészeti Múzeum	AX	M²
Zsolnay Múzeum	AX	
Őskeresztény Mauzóleum	AX	N
Pécsi Nemzeti Színház	BX	
Püspöki palota	AX	
Szent Péter Székesegyház	AX	
Szerecsen Patika	ABX	
Zsinagóga	BX	

T. Hortobagyi/MAGYAR KEPEK Kft

Pécs – Ancienne mosquée

★★ **Modern Magyar Képtár** Ⓥ – *Au n° 4.* Dans une ancienne villa du 19ᵉ s., la **galerie d'Art moderne** présente des œuvres de peintres de la fin du 19ᵉ s. et de la première moitié du 20ᵉ s. Vous y trouverez une très belle collection des peintres hongrois les plus célèbres : Károly Ferency, László Gulácsy, Simon Hollósy, Ödön Márffy, József Rippl-Rónai et bien d'autres. Vous pourrez les admirer dans le calme, souvent seul à seul avec les tableaux. Un charmant jardin s'offrira à vous en fin de visite comme un havre de fraîcheur fort appréciable en été.

★ **Vasarely Múzeum** Ⓥ – *Au n° 3.* Le musée a été créé en 1976. Győző Vásárhelyi, plus connu sous le nom de Victor Vasarely, est né en 1908 dans la région de Pécs. Il a émigré en France en 1930 où il a réalisé l'ensemble de son œuvre (il est mort à Paris en 1997). Est-elle l'expression artistique de la haute qualité de l'esprit scientifique hongrois ? Cette peinture baptisée bien après les premières œuvres de Vasarely « op'art » (pour optical art) a joué avec les formes géométriques, les illusions d'optique. Vasarely a su utiliser toutes les sortes de supports, la toile, la tapisserie, la mosaïque monumentale comme à Caracas, le métal, le verre, etc. La Hongrie lui rend hommage chez lui. Au sous-sol du musée, une autre exposition est consacrée à la mine.

★★ **Zsolnay Múzeum** Ⓥ – *Au n° 2.* C'est là que vous verrez les produits fabriqués à la manufacture de Zsolnay, destinés entre autres à la décoration des bâtiments et à l'usage domestique. De très belles porcelaines sont exposées.

Prendre à droite Hunyadi János utca et descendre vers Széchenyi tér.

★ **Régészeti Múzeum** Ⓥ – *Széchenyi tér 12.* Cette ancienne maison d'un dignitaire turc sert de cadre au département archéologique du János Pannonius Múzeum. Le musée présente l'histoire de la région depuis la préhistoire jusqu'à l'arrivée des Magyars. C'est une exposition très didactique qui retrace la vie quotidienne des habitants de la région en s'appuyant sur des objets découverts lors de fouilles ou reconstitués, ou à l'aide de maquettes. Sans comprendre la langue, l'organisation du cheminement est telle que l'on peut suivre avec intérêt l'évolution d'une société. Vous pourrez y admirer quelques maquettes, dont celle de l'église Szent Bertalan (St-Barthélemy) réalisée à partir de petits cailloux taillés comme des pierres.

Belvárosi templom (Dzsámi) – L'ancienne mosquée du pacha Ghazi Kassim est aujourd'hui une église catholique. C'est l'édifice le plus important restant de la période turque. Édifié peu après l'installation des Turcs vers 1580, il fut construit avec les pierres récupérées de la démolition de l'église médiévale Szent Bertalan. Au départ des Turcs, elle fut prise par les catholiques et consacrée à la pratique de la religion. Le minaret fut abattu au 18ᵉ s.

Szerecsen Patika (Pharmacie du Sarrasin) – Toujours sur la place, au Sud-Ouest, à l'angle du débouché de Apáca utca, la pharmacie rassemble de belles céramiques de Zsolnay. À côté de l'officine, petite exposition de céramiques.

Király utca – Une rue piétonne, un passage presque obligé pour les touristes, où il est agréable de déambuler et de faire une petite pause à la terrasse d'un café ou encore de manger un petit morceau dans l'un des nombreux restaurants. Au n° 5, le **Palatinus Hotel**, l'hôtel chic de la ville construit en 1913 et très bien rénové, mérite un coup d'œil pour son hall d'entrée style Art nouveau.

Pécsi Nemzeti Színház (Théâtre national de Pécs) – Construit à la fin du 19e s., c'est un bâtiment rococo qui introduit un espace sympathique dans la promenade sur Király utca.

Prendre à droite Kazinczy utca puis Perczel utca.

Jókai tér – Petite place entourée de commerces, cafés et restaurants.

Ferencesek utcája – Dans cette rue piétonne très passante se croisent étudiants, touristes et habitants de Pécs.

Ferences templom – L'**église des Franciscains** construite dans la première moitié du 18e s. révèle un intérieur baroque très fin certainement exécuté par des moines. Statue du saint près de la fontaine aux Pigeons (Galambos kút).

Revenir à Széchenyi tér et prendre Irgalamasok utcája à droite.

En passant devant la **mairie** (Polgármesteri Hivatal), vous découvrirez un peu plus loin la **fontaine en émail** issue de la manufacture de Zsolnay.

★**Zsinagóga** – *Kossuth tér.* Sur cet emplacement, la première synagogue fut construite en 1843. Détruite, elle fut remplacée par celle-ci réalisée en 1869. Dans la synagogue, orgue Angster, meubles sculptés et décorations peintes. À Pécs, près de 3 000 Juifs furent déportés, et à peine 10 % retrouvèrent leur cité.

Prendre Citrom utca. Au bout de la rue, de l'autre côté de Jókai utca, apparaît la façade de la **poste** (Posta), un bel exemple d'Art nouveau.

★**Jakovali Hasszan Dzsámi** – *Rákóczi út.* C'est le monument de culte islamique le mieux conservé de Hongrie qui a gardé intact son minaret et où sont exposés quelques éléments de l'art turc.

Se loger

Főnix – *Hunyadi u. 2. ☎ 72/311 680. Fax 72/324 113. 15 chambres de 18 à 33 €.* Près de l'ancienne mosquée, un petit hôtel sympathique à l'entrée originale. Chambres simples et propres.

Toboz Panzió Falatozó – *Fenyves sor 5. ☎ 72/325 232. Fax 72/210 631. 11 chambres de 29 à 138 €.* Au milieu des pins, *panzió* familiale sur les hauteurs de la ville.

Aranyhajó Fogadó – *Király u. 3. ☎ 72/310 263. Fax 72/212 733. 11 chambres de 36 à 46 €.* Certainement le plus vieil hôtel de la ville voire de Hongrie. Il a été fondé en 1802 et le bâtiment date de 1695. Chambres spacieuses. Restaurant, bar et billard.

Palatinus – *Király u. 5. ☎ 72/233 022. Fax 72/232 261. 100 chambres de 72 à 82 €.* Hôtel de standing de style Art nouveau. Belle salle de restaurant très aérée. Bowling et sauna.

Se restaurer

Cellarium Étterem – *Hunyadi u. 2. ☎ 72/314 453.* Situé à côté de la mosquée, ce restaurant est installé dans une grande cave joliment décorée datant de la période turque. Spécialités hongroises et belle carte des vins.

Bagolyvár – *Felső Havi dűlő 6.* Restaurant avec une très belle vue sur la vallée. Cet établissement produit ses propres vins (vignes en contrebas). Cuisine hongroise de qualité.

Aranykacsa Étterem – *Teréz u. 4.* Restaurant au décor moderne, un peu froid, mais à la cuisine raffinée. Il y a également une cave à vins vieille de plusieurs centaines d'années et un bar.

Kalamáris étterem – *Rákóczi út 30. ☎ 72/312 573.* Bonne cuisine et grand choix de vins.

Tettye Vendéglő Gasthof – *Tettye tér 4. ☎ et fax 72/310 438.* Une bonne adresse très prisée par les « locaux ». Décor quelque peu vieillot. Terrasse très agréable. Animation musicale fréquente.

Afium – *Irgalmasok u. 2.* Dans une cave, ce bar-restaurant au décor vieillot est le rendez-vous d'artistes. Atmosphère conviviale.

Un bon café pour vous remonter – Si vous avez besoin d'un peu de détente et de repos après les visites de musées, un conseil, arrêtez-vous au **Café Morik** *(Jókai tér)*. En salle ou en terrasse, vous aurez, si vous aimez le café, le choix entre 40 sortes ; l'offre ne se limite pas au café, tout y est bien servi et de bonne qualité, les pâtisseries par exemple. Vous pouvez vous arrêter également au **Café Capri** *(Citrom utca 7)* ou au **Café Dante**, dans le même bâtiment que le musée Csontváry.

TV-torony (Tour de télévision) – *Accès par le bus n° 35 au départ de Indóház tér au Sud de Nagy Lajos király útja.* Cela vaut la peine. Située sur la colline de Misina (535 m), la tour de télévision haute de 176 m domine la ville et ses environs. Un ascenseur vous conduit au premier plateau où se trouvent un café et un restaurant. Splendide **panorama★★**.

EXCURSIONS

Les monts Mecsek – Du Sud-Ouest au Nord-Est de Pécs s'étend le massif du Mecsek constitué de collines et de forêts qui forment un véritable écran protecteur contre les vents du Nord. Ce massif a modestement son point le plus haut à 680 m, mais le contraste est tel entre la dépression de Pécs et cette masse rocheuse qu'il prend volontiers des allures de montagne. Ce secteur quelque peu protégé est propice à de belles balades pour tous ceux qui recherchent calme et nature.

Orfű – *12 km au Nord-Ouest. Quitter Pécs en prenant successivement Nagy Lajos király útja, József Attila utca, Athinai utca, Nendvitch Andor utca, puis juste avant Makai István utca, prendre à droite Páfrány utca.*
Le **parcours★** est très agréable. Par moments, la traversée de la forêt se fait sous un vrai tunnel de verdure.
Orfű offre aux petits, aux grands et aux moins grands toutes les distractions d'une station de vacances. Plusieurs petits lacs ont été aménagés pour la baignade, la pêche ou le canotage. Un grand camping où l'on peut louer des emplacements et des bungalows est à la disposition des vacanciers. La baignade est protégée, l'eau filtrée. Orfű est très fréquenté par les Hongrois, mais aussi par des touristes venus principalement d'Allemagne et d'Autriche et également des Pays-Bas.

Abaliget – *4 km d'Orfű.* Il est possible de visiter une grotte. Sur un parcours d'environ 500 m se succèdent stalactites et stalagmites dans une atmosphère à température constante et au degré d'humidité élevé. Un hôtel, un centre équestre, un camping, quelques chambres chez l'habitant, l'hébergement ne fait pas défaut dans ce petit village de 600 habitants.

Siklós – *Voir ce nom.*

Zengővárkony – *11 km au Nord-Est. Prendre la route n° 6 en direction de Bonyhád.*

À l'entrée de ce petit village qui a gardé tout son charme naturel, vous découvrirez le **musée des Œufs décorés★**. Léguée par une Allemande d'origine hongroise, une étonnante collection de plusieurs centaines d'œufs peints, découpés, ciselés, est présentée dans une petite maison installée au fond d'une parcelle gazonnée. On ne peut que rester admiratif devant ces fragiles coquilles devenues des œuvres d'art grâce au don, à la patience et à la délicatesse d'artisans anonymes. L'atelier de tissage voisin fait revivre de vieux métiers et propose à la vente plusieurs pièces de toile et services de table.

PUSZTA

Voir BUGAC-PUSZTA et HORTOBÁGY-PUSZTA

SÁROSPATAK★

Département de Borsod-Abaúj-Zemplén – 15 000 habitants

Carte Michelin n° 925 A 13

« Cambridge hongrois », « Athènes de Hongrie », ces expressions qualifient parfaitement Sárospatak, bien mieux que la « ville du torrent boueux », qui serait la traduction littérale du nom.
Dominant la rivière Bodrog et ses ramifications, la ville s'étire sur l'une des rives du cours d'eau, ne laissant sur l'autre rive qu'une petite zone d'habitation « Kis Patak ». Une longue avenue appelée successivement Arany János út, Rákóczi út et enfin Kazinczy Ferenc út permet d'accéder aux principaux points d'intérêt.
Sárospatak est célèbre pour avoir été la ville des Rákóczi dont le plus connu est Ferenc II. C'est aussi la ville natale de sainte Élisabeth (Szent Erzsébet), toujours très honorée en Hongrie.
Tombée dans les mains des Magyars à la fin du 10e s. et au début du 11e s., la ville fut intégrée au domaine royal aux environs des années 1050. Au 12e s., une immigration de familles italiennes dynamisa son développement et introduisit un certain goût. Redevenu bourg royal par la grâce de Sigismond, le roi Mathias permit aux « Pálóczi », seigneurs de la ville, d'y construire un château fort.

Ferenc (François) II Rákóczi, prince de Transylvanie – La famille Rákóczi possédait des terres et domaines qui représenteraient une superficie de plus de un million d'hectares aujourd'hui. Ferenc naquit en 1676, peu de temps avant la mort de son père Ferenc Ier. Ce dernier s'était préoccupé de l'avenir de sa femme Ilona Zrínyi, nièce de Miklós Zrínyi héros de Szigetvár, dont il avait préparé l'union avec Imre Thököly, chef *kuruc* (ce nom désigne les victimes de l'oppression autrichienne qui ont pris les

Se loger

Dóra Vendégházak – *Dózsa György u. 13.* ☎ *47/312 365. 4 chambres de 15 à 25 €.* Dans une rue tranquille, petite *panzió* familiale.

Bodrog – *Rákóczi u. 58.* ☎ *47/311 744. 50 chambres de 39 à 50 €.* Le seul hôtel de la ville. Extérieurement il n'a rien d'attirant mais les chambres sont spacieuses, propres et confortables. Le service est de qualité. Sauna et salle de musculation. Restaurant.

Se restaurer

Vár Sörözö Vendéglő – *Árpád u. 35.* Selon les « locaux », le meilleur restaurant de la ville. Il est vrai que les plats sont savoureux et copieux. De plus, la vue sur la rivière Bodrog et le château constitue un atout supplémentaire.

Rákóczi Étterem – *Szent Erzsébet tér 10.* À deux pas du château, restaurant traditionnel dans une belle cave voûtée.

armes). Thököly initia d'abord Ferenc à la vie militaire. Il connut avec sa mère pendant trois ans la vie dans un fort assiégé à Mohács.

Après son mariage en 1694, il revint dans sa région natale et malgré les pressions, refusa d'entrer en rébellion contre les Autrichiens. Puis devant la violence de la répression et les traitements infligés aux paysans, il se résolut à prendre la tête de la révolte contre les Habsbourg.

Honnête homme au sens classique du terme, Ferenc II Rákóczi était « un personnage ». Cultivé, curieux, il partageait son temps entre ses obligations aux affaires et les plaisirs de la vie. Ses réflexions et ses écrits reflètent un esprit porté à la méditation et soucieux des rapports sociaux.

Esthète et gourmet, il mit en valeur un vin de ses vignobles, le *tokaj*. Il le porta sur la table de Louis XIV qui le qualifia de « roi des vins et vin des rois ».

Pendant un temps, Ferenc Rákóczi attira l'attention de Pierre le Grand de Russie et de Louis XIV, mais leur intérêt fut de courte durée. Ferenc Rákóczi se retrouva seul pour lutter contre la maison d'Autriche. Peu à peu, ses troupes se désagrégèrent et le cinquième prince de Transylvanie dut partir en exil. Son destin le conduisit en Russie, en Pologne, puis en France.

En 1717, Ferenc Rákóczi venu en Turquie, sollicita l'appui du Sultan. Ce dernier lui accorda asile et pension dans une petite ville au bord de la mer de Marmara. C'est là qu'il mourut en 1735 après avoir consacré son temps à la théologie, à la réflexion, à l'écriture et... au travail du bois.

CURIOSITÉS

★★ **Rákóczi-vár** Ⓥ **(Château Rákóczi)** – *Kádár Kata utca.* La partie restaurée ouverte à la visite n'est qu'un élément d'une forteresse entourée de murs, périmètre à l'intérieur duquel se trouvent un parc et quelques constructions.

Szelényi/MAGYAR KEPEK Kft

Sárospatak – Château Rákóczi

La partie la plus ancienne de cette construction modifiée au cours des siècles est la **Vörös torony** – la **tour Rouge** –, ancien donjon médiéval datant du 15e s. Le nom de tour Rouge viendrait, pense-t-on, du fait qu'elle fut à l'origine revêtue d'un enduit de couleur rouge. Au début du 16e s., les propriétaires, la famille Perényi, reconstruisirent le château dans un style Renaissance ajoutant un palais entouré de murs, d'inspiration italienne. Par la suite, le palais fut réaménagé et occupé par la famille Rákóczi jusqu'en 1711.
Un pont de bois conduit à l'entrée au pied de la tour. Dès l'entrée, trois salles voûtées permettent de sentir l'atmosphère du château. Dans l'une d'elles sont exposés ustensiles, récipients, éléments de vaisselle anciens. Dans ce château, il faut retenir les parties et éléments Renaissance qui sont les mieux conservés en Hongrie, la **grande salle** ou **Nagy Palota** ornée d'éléments sculptés, d'où l'on peut accéder par un escalier étroit à une plate-forme qui aujourd'hui forme le toit de la **tour Rouge** et offre de beaux **points de vue** sur la ville, la campagne environnante et la rivière Bodrog.
Toujours dans la tour Rouge se trouve la **salle à la cheminée** de style Renaissance ; enfin une autre salle, riche de valeur symbolique, qui est dans la tour d'angle comme une sorte de balcon fermé de forme semi-circulaire. Les nervures des petites voûtes se réunissent autour d'une « clef de voûte », une rose sous laquelle les conjurés de la lutte pour l'indépendance nationale s'engageaient en secret. L'expression *sub rosa* (sous la rose) est restée pour désigner tout accord conclu en secret.

★ **Szent Erzsébet templom** – *Szent Erzsébet tér.* Elle date de la fin du 15e s. À l'origine église catholique romaine, elle fut transformée et reprise par l'Église réformée. À l'intérieur, un tableau évoque la mémoire de sainte Élisabeth. Un immense retable baroque dédié à la Vierge Marie décore le maître-autel.
À l'extérieur, on remarque deux sculptures en bronze de Imre Varga. L'une représente sainte Élisabeth qui plusieurs fois fit le voyage à cheval entre Sárospatak et le château de Varburg. L'autre représente son époux Louis.

Református Kollégium – *Rákóczi út, 1.* C'est à ce collège fondé en 1531 que Sárospatak doit une part de sa réputation d'« Athènes de Hongrie ». L'épouse de György Rákóczi, Zsuzsanna Lorántffy, invita en 1650 un humaniste tchèque, **János Amos Comenius**, renommé pour ses qualités pédagogiques. Il organisa l'enseignement au collège et y resta quatre années. La famille Rákóczi mit son imprimerie à sa disposition. Comenius put ainsi éditer de nombreux ouvrages en latin et le premier manuel d'enseignement illustré ***Orbis Pictus*** destiné aux enfants. À la suite des persécutions de la Contre-Réforme, c'est le roi George II d'Angleterre qui sauva le collège en intervenant auprès de la cour de Vienne. Parmi les Hongrois célèbres qui firent leurs études en ce lieu : Ferenc Kazinczy, qui réforma la langue hongroise ; Mihály Csokonai Vitéz, l'un des plus grands poètes hongrois ; Lajos Kossuth, homme d'État ; Zsigmond Móricz, écrivain, et bien d'autres qui comme eux ont leur buste ou leur statue dans le parc, communément appelé « Iskolakert » (jardin de l'école).
Dans la cour, un petit bâtiment abrite deux expositions permanentes : collection d'art appliqué et histoire du collège.

★★ **Bibliothèque** – Environ 200 000 ouvrages (en grec, hébreu, latin et hongrois) y sont conservés. Dans cette longue salle, la coupole qui sied habituellement aux bibliothèques dignes de ce nom a été remplacée par une peinture en trompe-l'œil. Une galerie en bois reposant sur des colonnes en chêne fait le tour de la pièce. À chaque extrémité, des peintures représentent les Arts et les Sciences.

Reprendre Rákóczi út vers le centre-ville, sur la droite à environ 250 m tourner dans Eötvös utca.

Comenius Tanítóképző – L'**École normale** pour la formation des maîtres est une réalisation de Jenő Lechner. Construit en 1912, cet ensemble aux belles proportions mêle les styles Sécession et Renaissance de la Haute-Hongrie.
En face, la **Művelődési Ház** (maison de la culture) est une œuvre de **Imre Makovecz**, le maître de l'architecture dite « organique ».

Szent Erzsébet

Née en 1207 à Sárospatak, Erzsébet (Élisabeth) est descendante des Árpád, fille du roi André (Endre) II. À 14 ans, elle épouse Louis de Marburg, comte de Thuringe. Un amour réciproque les lie, mais en 1227 Louis meurt. Erzsébet reste à Marburg avec ses enfants et sa vocation charitable la conduit à aider les pauvres malgré sa belle-mère qui la poursuit de ses reproches et la surveille en permanence. Un jour d'hiver, en plein mois de février, Erzsébet descend du château par un petit escalier pour aller donner aux pauvres quelque nourriture qu'elle a enveloppée dans un tablier. Quand sa belle-mère l'arrête lui demandant ce qu'elle porte, Erzsébet affolée ne sachant que répondre dit sans réfléchir en ouvrant son tablier : « je viens de cueillir des roses »... et c'est un tablier rempli de roses qui s'offre au regard de la mégère.
Erzsébet meurt en 1231 âgée seulement de 24 ans. Elle est canonisée en 1235. Tous les ans, le pays célèbre sa fête le 19 novembre. Bon nombre de Hongroises portent ce prénom.

SIKLÓS

Département de Baranya – 11 000 habitants

Carte Michelin n° 925 I 6 – Schéma : BALATON

La ville la plus méridionale de Hongrie est réputée pour son château planté sur les hauts de la colline depuis le 15e s. et qui impose sa masse semblant défier le temps. Une autre richesse non seulement de Siklós mais de la région est le vin. Dans le Sud du pays, les **Villány** disputent aux **Szekszárd** la place de meilleurs vins rouges de Hongrie. Ce sont les Romains qui apportèrent la vigne et le vin dans cette région. Ils occupèrent le lieu qu'ils baptisèrent Serea.

★VÁR ⓥ (CHÂTEAU)

Les premières traces connues remontent au 13e s., mais le bâtiment qui existe aujourd'hui et qui a toujours été occupé est formé de la partie médiévale construite au 15e s. et des agrandissements des 16e et 18e s.

C'est le seul château de Hongrie dont la partie ancienne soit aussi bien conservée. Le plus célèbre de ses propriétaires fut Kázmér Batthyány, héros de l'indépendance, qui déjà dans son domaine avait affranchi les serfs, et que Lajos Kossuth nomma ministre des Affaires extérieures dans le gouvernement fondé à Debrecen. Dans les années 1959-1960, le château fut restauré et aménagé pour recevoir des expositions ainsi qu'un hôtel de tourisme et un restaurant.

L'entrée se fait par un ancien pont-levis en traversant une cour défendue par des meurtrières. Le **chemin de ronde** permet de découvrir un beau paysage et notamment les coteaux de Villány. La **chapelle gothique** (15e s.) aux fines arcades a conservé quelques fragments de fresques ainsi qu'une fenêtre Renaissance. À visiter également la **salle des Chevaliers**, l'**ancienne prison** et la **salle des tortures** présentée ici dans sa nudité terrible, où sont seulement indiqués les modes de fonctionnement des instruments de supplice.

AUTRE CURIOSITÉ

Malkocs Bej Dzsámija – *Vörösmarty utca.* La **mosquée du bey Malkoch** est une reconstitution faite des restes d'un bâtiment de la moitié du 16e s. Reconstitué à partir de quelques pans de murs et selon des gravures et descriptions de l'époque, le monument mérite une attention particulière, notamment pour son plafond en bois.

EXCURSIONS

Nagyharsány – *3 km à l'Est par la route n° 5701.* Ce village est très connu en Hongrie. C'est là qu'on y enregistre les températures les plus élevées du pays. En 1967, un parc à l'usage des sculpteurs venant du monde entier fut installé comme lieu de rencontres entre artistes. Toutes les œuvres sont taillées dans la pierre et portent le nom de leur auteur.

⚕⚕ **Harkány** – *5 km à l'Ouest par la route n° 5804.* Harkány est une station thermale renommée dont les eaux jaillissent du sol à 60-62°. Elles contiennent du fluor et du soufre, et l'odeur est là pour le rappeler. On y pratique les bains de boue qui s'avèrent efficaces contre les rhumatismes, les maladies articulaires et certaines affections gynécologiques. Les hôtels pour les touristes et les curistes sont presque tous situés sur Bajcsy-Zsilinszky face à l'entrée principale des bains. Le long de Kossuth Lajos utca s'alignent petits restaurants, cafétérias et pâtisseries. Comme dans toutes les villes de cure !

MAGYAR KEPEK Kft

Château de Siklós

Máriagyűd – *5 km au Nord-Ouest.* À mi-pente des monts Tenkes à quelques kilomètres au Nord de Harkány, le lieu de pèlerinage de Máriagyűd est le plus ancien de Hongrie. En 1006, les bénédictins de Pécsvárad construisent une première chapelle où se trouve déjà une statue de la Vierge Marie, laquelle statue plus tard disparaît. En 1687, la Vierge apparaît à deux paysans. En 1698, une nouvelle statue est installée. Durant la lutte de libération de 1703 à 1711, elle est transportée à Siklós puis à Esztergom, où elle se trouve toujours. En 1713, une autre statue est offerte par l'évêque de Pécs, l'église est agrandie. De 1723 à 1799, 302 miracles se produisent. En 1802, Pie VII consacre Máriagyűd en lieu de pèlerinage officiel.

La route des vins – *13 km à l'Est par la route n° 5701.* **Villány** est un bourg de 2 500 à 3 000 habitants, qui chaque vendredi soir d'été s'offre une petite fête du vin. Il y a bien sûr un **musée du vin** ⓥ (Bormúzeum) que l'on peut visiter et qui commercialise les produits du cru. Tout autour, des boutiques et des caves font de même. Autour de Villány qui donne son nom aux vins de la région, d'autres bourgs abritent caves et producteurs, comme **Palkonya**, **Villánykövesd**, où vous pourrez descendre dans les celliers creusés dans le sol le long de Petőfi utca. Ouverts de mai à octobre, on y goûte les *kékoportó, oportó, cabernet, cabernet sauvignon, merlot,* et aussi quelques blancs, *olaszrizling, hárslevelű.* Mais attention, si boire un petit coup c'est doux, le taux d'alcool au volant en Hongrie est de 0 !

SOMLÓ

Département de Veszprém

Carte Michelin n° 925 E 4 – 45 km à l'Ouest de Veszprém

Posé sur la plaine à quelques kilomètres de Somlójenő, le **mont Somló** ou chapeau de Dieu culmine à 432 m. C'est, dit-on, un lieu magique qui porte des vignes de qualité et qui produit un très bon vin, le blanc de Somló, pour accompagner les plats de poisson. Toutefois, sa vertu principale est d'assurer aux futures mamans qui le souhaitent la naissance d'un garçon. La légende ne dit pas à quel moment le consommer ni en quelle quantité. Pendant la période communiste, la production du vin a été sérieusement touchée. Aujourd'hui s'est constituée une association des défenseurs du vin de Somló pour reconstituer le vignoble démantelé à la suite de l'autorisation de construire des pavillons de vacances pour les ouvriers des mines d'aluminium voisines.

Montée au sommet – Les grimpeurs courageux qui entreprendront l'ascension du mont auront le plaisir de découvrir un beau **panorama**★ depuis le belvédère de Szent István. En redescendant, ils pourront visiter les caves à vins, et notamment la **Somlói Borok Háza** (Maison des vins de Somló) qui est la plus grande cave où l'on peut déguster la production locale.
En redescendant du mont et en prenant sur la droite vers Somlószőlős et de nouveau à droite, vous pourrez voir le **château de Doba** du 19e s. construit sur un petit promontoire. Il est entouré d'un parc botanique de 80 ha.

SOPRON★★

Département de Győr-Moson-Sopron – 55 000 habitants

Carte Michelin n° 925 C 2

Sopron ou la petite Prague, ancienne Ödenburg de l'Empire austro-hongrois, est une charmante ville dont presque toutes les curiosités sont situées au centre, à l'intérieur de la partie appelée « vieille ville ». Elle a gardé presque tous les bâtiments de son histoire. Ceux qui ont été endommagés pendant la Seconde Guerre mondiale ont été restaurés grâce à un homme, Endre Gatsk, qui travailla un demi-siècle à la remise en état du patrimoine architectural de Sopron et à sa conservation. À Sopron, l'architecture médiévale se mêle au baroque, et des dimensions que l'on dirait réduites lui confèrent un charme particulier.
Les fins de semaine sont autrichiennes. Beaucoup d'habitants du pays voisin sont très nombreux à passer la frontière, tout simplement pour venir faire leurs emplettes, acheter vêtements, vins, charcuteries, pâtisseries, moins chers et de très bonne qualité, et s'offrir un ou deux jours de détente.

Les vins de Sopron – 75 % des vins produits dans la région de Sopron sont des vins rouges. Beaucoup de cabernet Sauvignon, quelques merlot, cabernet, peu de pinot noir. Ici, les vins rouges ont une légère acidité et sont riches en tanin. Pour vous faire une idée, goûtez un soproni cabernet sauvignon de 1995, un Sauvignon blanc de la même année.

Les habitants de Sopron souffriraient-ils tous des dents et des yeux ? – On pourrait le croire vu le nombre de cabinets de chirurgiens-dentistes, d'oculistes, d'opticiens ou de cliniques. Mais non, les habitants de la ville ne sont pas frappés d'une malédiction particulière. On vient de l'Autriche voisine à Sopron, comme dans beaucoup de villes de l'Ouest hongrois, se faire examiner, soigner, traiter, parce que les soins y sont moins chers, que les praticiens hongrois sont de haut niveau, qu'ils sont équipés des appareils les plus perfectionnés. Il paraîtrait que l'économie faite sur le coût des soins compenserait largement le séjour en hôtel.

« Civitas fidelissima », la ville la plus fidèle

Sopron est en Hongrie parce que ses habitants l'ont voulu. En effet, en 1921, ceux-ci refusèrent par référendum les conclusions du traité de Trianon qui avait placé Sopron en Autriche et demandèrent à rester hongrois. Voilà pourquoi sur la carte, Sopron semble avoir été détachée de l'Autriche pour être contournée par la frontière qui la place en Hongrie à 6 km du pays voisin. Les habitants affichent une certaine fierté quant au choix fait par leurs anciens maires. Leur ville exprime une certaine nostalgie et l'atmosphère qui y règne laisse au visiteur l'impression que si le choix a été fait, il reste cependant quelque nostalgie.

UN PEU D'HISTOIRE

Les Celtes furent apparemment les premiers à s'installer dans la région sur le site de Sopron. Les Romains, arrivés au 1er s., construisirent sur l'emplacement de la vieille ville un camp appelé « Scarbantia » et ils y restèrent durant plus de trois siècles. Scarbantia fut élevée au rang de « municipe », c'est-à-dire bénéficiant de la citoyenneté romaine. Sopron était placée sur la route de l'ambre qui conduisait de la Baltique à l'Italie, et la transcontinentale Nord-Sud d'Europe centrale passait également par la ville. Cette condition de carrefour lui donnait un grand intérêt. Vers la fin du 4e s., l'empereur Valentin renforça les défenses, mais celles-ci ne tardèrent pas à être détruites. À partir du 5e s., les occupants se succédèrent. Avars, Germains, Slaves et finalement Magyars qui s'installeront dans la cité, reconstruiront de hauts murs (5 m d'épaisseur, 15 m de hauteur), fortifieront la ville qui, au 11e s., résistera aux aventuriers conduits en croisade par Pierre l'Ermite.

En 1277, Sopron reçoit son statut de ville royale, qui lui donne la liberté de commerce sans avoir à subir les droits et pressions des seigneurs. Elle se renforce à nouveau, s'entoure de remparts, érige 34 tours et donjons et peut ainsi protéger ses quelque 22 000 âmes. À l'abri de ces fortifications se développent toutes sortes d'activités qui génèrent un commerce prospère. Sopron, appuyée sur une importante classe de marchands et d'artisans, devient un centre actif où s'élabore une société évoluée qui reçoit des artistes, des scientifiques venus de l'étranger.

En 1557 se crée à Sopron le premier établissement secondaire de la ville. En 1722, les œuvres de Haydn *(voir Fertőd)* sont imprimées à Sopron, et 1769 s'ouvre le théâtre. Pendant tout ce temps, la ville a augmenté le nombre de ses établissements scolaires et notamment créé une école supérieure d'exploitation forestière qui fonctionne encore aujourd'hui au milieu d'un splendide jardin botanique.

BALADE DANS LA VIEILLE VILLE

La « vieille ville » est entourée par le « Várkerület » à l'Est et au Nord, Színház utca et Petőfi tér à l'Ouest et Széchenyi tér au Sud.

★★ **Fő tér** – *Illustration p. 74.* Sur cette place qui est l'espace le plus aéré de la « vieille ville », on peut s'arrêter quelques instants au pied de la colonne de la Peste ou de la Trinité (1701) et appréhender quelques bâtiments de caractère.

Várostorony Ⓥ **(Tour de la Cité)** – C'est le plus haut bâtiment, il s'élève à 61 m et est communément appelé **Tűztorony** (Tour du Feu ou tour du Guet). Du balcon de la tour, le guetteur surveillait la ville pour prévenir des dangers d'incendie. Il est aujourd'hui accessible aux visiteurs offrant les toits et la structure de la « vieille ville » à leurs regards ainsi qu'un **panorama**★ sur les alentours et les contreforts des Alpes autrichiennes. La tour, appuyée sur des fondations et une base romaines, est un composé de différents styles. La partie du rez-de-chaussée de forme carrée avec des murs de 2 m d'épaisseur date du 12e s. Posé sur ce socle, s'appuie un cylindre autour duquel s'enroule le balcon à arcade. Ces deux éléments ont été réalisés au 16e s. Le couronnement baroque qui coiffe l'ensemble fut posé en 1680. De ce balcon, tourné vers Fő tér, on domine les toits de l'hôtel de ville.

Városháza (Hôtel de ville) – Il fut construit dans le style dit éclectique à la fin du 19e s. Outre les services municipaux, la mairie abrite 15 000 ouvrages et 5 000 documents médiévaux, chartes, bulles royales, fragments de manuscrits, accumulés depuis 1381.

Storno-ház Ⓥ **(Maison Storno)** – *Fő tér 8.* Construite au 15e s., elle a été transformée à plusieurs reprises et reconstruite dans le style baroque au 18e s. Elle a accueilli des hôtes célèbres parmi lesquels le roi Mathias en 1482 et Franz Liszt en 1820 et 1881. Aujourd'hui, outre une exposition sur Sopron du 16e s. à nos jours, la maison a conservé une partie de l'héritage Storno qui est exposé là et qui permet de découvrir le cadre de vie d'une famille bourgeoise du 19e s. La famille Storno était une famille d'immigrés italiens qui a restauré de nombreux monuments de la région.

Fabricius-ház Ⓥ **(Maison Fabricius)** – *Fő tér 6.* Elle s'élève comme la plupart des édifices de la ville sur des fondations romaines et sa forme actuelle remonte au 18e s. La maison Fabricius abrite trois expositions, parmi lesquelles aux premier et deuxième étages une histoire de la route de l'ambre qui peut retenir l'attention de spécialistes historiens.

L'exposition sur la vie quotidienne à Sopron au 18e s. est plus intéressante pour son cadre et surtout pour la qualité, le nombre et la présentation des objets d'usage domestique (meubles de grande valeur, coffres renfermant des « trousseaux », poêles de faïence et parmi les objets de cuisine, un étrange tournebroche à plusieurs vitesses).

★ **Musée romain** – Le sous-sol, splendide espace à voûtes gothiques en brique, sert de cadre à une exposition de pierres tombales de l'époque romaine ainsi qu'à trois grandes statues représentant Jupiter, Minerve et Junon, qui furent trouvées lors de la construction de l'hôtel de ville.

Patikaház múzeum Ⓥ **(Musée de la Pharmacie)** – *Fő tér 2.* La première pharmacie créée à Sopron, baptisée **pharmacie de l'Ange**, date de 1595 (pour certains 1601). En 1623 s'ouvrit la deuxième appelée pharmacie du Lion. À la fin du 19e s., Sopron comptait onze pharmacies, soit une pour 6 000 habitants. Il existe encore à ce jour une **pharmacie du Lion** au n° 29 de Várkerület.
La pharmacie de l'Ange expose de nombreux objets de l'époque de sa création, pots en verre bleuté ou en faïence émaillée pour tenir les onguents, pommades, potions à l'abri de la lumière, tiroirs où étaient rangés par ordre alphabétique, nommés par leur nom latin les plantes séchées, les instruments, outils, récipients servant aux préparations, etc. Les pots sont décorés d'un ange ou d'un lion selon leur appartenance à l'une ou l'autre des pharmacies. Le livre de la société Bayer qui contient la formule de l'aspirine est exposé là.

Tournant le dos à la tour du Feu et quittant Fő tér sur la droite, vous pourrez entreprendre le tour de la « vieille ville » en empruntant Templom utca (la rue de l'Église).

Kecske templom (Église de la Chèvre) – *Templom utca 1.* Selon une légende, les bêtes d'un chevrier auraient découvert un trésor dont il aurait profité, mais pris de remords, le chevrier aurait fait construire cette église avec une partie de sa « fortune ». D'autres pensent que cette église porte ce nom à cause des sculptures, visibles en plusieurs endroits, sur lesquelles figurent une tête de chèvre et de chevreau, et qui seraient les armoiries de la famille du donateur « anonyme ». Toutefois, ceci n'efface pas la légende.
Les franciscains entreprirent la construction de cette église à la fin du 13e s. Les travaux durèrent jusqu'au début du 14e s. Ensuite, le monastère fut occupé par les sœurs bénédictines, c'est pourquoi l'église porte parfois leur nom. La peinture du maître-autel est due à Dorfmeister dont on retrouve les œuvres dans de nombreuses églises hongroises. Cet artiste vécut à Sopron et reste l'un des grands maîtres de la peinture baroque. On peut remarquer également un tabernacle de la fin du 15e s. ainsi qu'une chaire de la même époque.
La **salle du chapitre** est une belle salle gothique voûtée d'ogives dont les nervures descendent jusqu'au pied des colonnes. Au 17e s., cette église servit de siège à cinq diètes, et trois reines y furent couronnées.

Központi Bányászati Múzeum Ⓥ **(Musée de la Mine)** – *Templom utca 2.* En face de l'église de la Chèvre, un bâtiment baroque, ancienne résidence de la famille Esterházy dont les armes figurent au-dessus de la porte, abrite aujourd'hui un

B. Koch/PHOTONONSTOP

Sopron – Pharmacie du Lion

musée de la Mine. En effet, dans la région de Sopron se trouvent les plus anciennes mines de Hongrie, qui furent ouvertes au 18e s. La visite est intéressante, toutes les techniques d'exploitation, anciennes et nouvelles, des mines souterraines y sont expliquées. De très grandes maquettes animées illustrent le fonctionnement de monstres mécaniques, impressionnants tarauds des filons de charbon.

C'est dans l'hôtel particulier voisin *(au n° 4)* que les représentants de l'Entente, c'est-à-dire les Alliés, contrôlèrent en 1921 les résultats du référendum demandé par les habitants de Sopron.

Evangélikus templom (Église luthérienne) – Elle date du 18e s. Construite en 1782-1783, elle ne reçut son clocher que 80 ans plus tard, car Joseph II, l'empereur d'Autriche, en avait interdit la construction pour les églises luthériennes. Elle peut recevoir 4 000 fidèles sur trois niveaux. L'orgue à 3 claviers, 52 registres et 1 860 tuyaux

Se loger

Palatinus Hotel – *Új utca 23. ☎ et fax 99/311 395. 32 chambres de 41 à 57 €.* Les chambres sont petites. Cet hôtel vaut pour son emplacement en plein centre de la vieille ville.

Sopron Hotel – *Fövényverem utca 7. ☎ 99/312 184. Fax 99/311 090. 112 chambres de l'ordre de 104 €.* Un hôtel clair et agréable même si son architecture des années 70 est un peu lourde. Les chambres qui donnent sur la vieille ville offrent en supplément un beau panorama sur les collines du Lővér. Piscine extérieure, tennis, centre de fitness, restaurant, brasserie, bar, et la vieille ville à quelques minutes.

Pannonia Med Hotel – *Várkerület 75. ☎ 99/312 180. Fax 99/340 766. 60 chambres de 49 à 102 €.* Installé sur le boulevard intérieur qui ceinture la vieille ville, c'est un établissement de très bon confort. Sa cuisine est de qualité.

En dehors de la ville, dans la partie verte sur les collines du Lővér, vous trouverez de nombreux hôtels dont certains n'ont pas encore perdu leur décor de l'époque communiste.

Szieszta Hotel – *Lővér krt. 37. ☎ 99/314 260. Fax 99/316 923. 280 chambres de 43 à 72 €.* Une masse de béton mais un hôtel entouré de verdure et des prix intéressants. La rénovation des chambres et des parties communes se fait étage par étage.

Maroni Hotel – *Lővér krt. 74. ☎ 99/312 549 Fax 99/341 182. 180 chambres de 22 à 47 €.* Bien situé dans un espace de verdure.

Szilenció Hotel – *Lővér krt. 33. ☎ 99/314 033. Fax 99/314 265. 64 chambres de 22 à 37 €.* Comme son nom l'indique, un hôtel situé dans un coin tranquille.

Panoráma Hotel – *Panoráma út 38. ☎ 99/312 745. Fax 99/322 745. 18 chambres de l'ordre de 23 €.* Bonne situation sur les collines et bons services : parking, jardin, télévision dans les chambres. Le restaurant prépare les repas sur commande.

Se restaurer

Dans la ville vous trouverez de bons restaurants installés dans des cadres très différents, au fond d'une cour, dans un passage sous des murs du Moyen Âge. Vous dégusterez d'excellentes glaces ou pâtisseries et de merveilleux cafés, par exemple chez **Carpigiani** *(Szent György utca 12)*, ou à la **pâtisserie Stefánia** située dans la même rue.

Pannonia Med Hotel – *Várkerület utca 75.* L'hôtel possède un très agréable restaurant où la cuisine est de qualité.

Gambrinus – *Fő tér 3.* Dans la vieille ville, au rez-de-chaussée de la maison Gambrinus, tant en terrasse qu'à l'intérieur, on vous servira repas ou consommations à toute heure du jour. Plats consistants.

Corvinus – *Fő tér 4.* Il est accueillant, plus adapté à un repas rapide et simple.

Gyógygödör Borozó – Depuis l'établissement précédent, le Corvinus, vous descendrez dans une cave où est installé ce restaurant qui propose d'excellents vins de la région pour accompagner les plats.

Halászcsárda – *Fövényverem utca 15. ☎ 99/338 403.* Sympathique restaurant de poisson – le **Danube** et le **lac Fertő** sont à proximité – est situé à quelques minutes du centre, juste en dessous de l'hôtel Sopron dont la masse est reconnaissable au Nord de la vieille ville. Les prix sont corrects. Pour le soir, prendre ses précautions, car il ferme à 21 h.

Gabriel Étterem – *Előkapu 2-4. ☎ 99/340 311.* Modeste et bon marché. Fréquenté par les habitants du lieu.

Cézár Pince – *Hátsókapu 2.* Au Sud-Est de la vieille ville, à proximité d'Orsolya tér. Une cave où l'on peut déguster d'honnêtes vins locaux.

est le plus grand de Hongrie. L'autel principal fut acheté aux enchères à Vienne. Au sommet, on remarque Dieu le Père et saint Michel entourés de six anges sculptés dans le bois. Quatre cloches habitent le clocher. La plus grande, qui pèse 3 400 kg, baptisée « cloche des Héros », porte les noms des luthériens qui moururent lors de la Première Guerre mondiale ; sur la seconde « cloche de la Paix » est gravé le portrait de Luther ; la troisième, plus petite, ne sonne que lorsque le pasteur récite le Pater Noster, d'où son nom « cloche du Pater » ; la quatrième est celle qui sonna le résultat du référendum, elle porte le nom de « cloche de la Fidélité ».

Descendre Templom utca et emprunter Fegyvertár utca à gauche.

Orsolya tér – Petite place sur laquelle donnent l'**église de la Vierge Marie** ainsi qu'une ancienne maison à arcades, **Lábasház** Ⓥ (maison sur pieds), où sont présentées des expositions temporaires. Au centre de la place, la fontaine de Marie date du 16ᵉ s., mais elle ne fut placée là qu'en 1930.

★ **Zsinagóga** Ⓥ – *Új utca 22-24.* Cette rue fut aussi nommée rue des Juifs en raison des Juifs qui s'installèrent en cet endroit dans le courant du 9ᵉ s. Ils en furent chassés en 1526. Au début du 14ᵉ s., ils construisirent une synagogue qui fut transformée en maison d'habitation après leur expulsion. Aucun Juif ne fut mentionné comme habitant de Sopron entre 1526 et le milieu du 19ᵉ s. La synagogue retrouvée en 1967 a depuis été restaurée avec beaucoup de soin. Ce petit espace mérite bien une visite. Au n° 28, une plaque rappelle qu'en 1944 cette rue fut pour les Juifs de Sopron le ghetto où on les enferma avant de les acheminer vers les camps de la mort.

Liszt Ferenc Kultúrház – Remontant vers Fő tér, au Sud de la « vieille ville », le **centre culturel Franz Liszt** – à ne pas confondre avec le musée Franz Liszt – qui ne présente aucun souvenir de Liszt. Le centre culturel abrite l'agence officielle de tourisme Tourinform, une bibliothèque, une salle de spectacles, etc.

Néprajzi Gyűjtemény Ⓥ **(Collections ethnographiques)** – *Deák tér 1.* Il est encore souvent appelé **Liszt Ferenc Múzeum**, en hommage au grand compositeur dont la mémoire fut honorée là jusqu'en 1990. Aujourd'hui, on peut y voir une magnifique collection d'objets artisanaux, d'instruments et d'outils populaires.

À Sopron, on verbalise en allemand. En cas d'infraction, la contravention que vous trouverez sous l'essuie-glace sera rédigée en allemand. Sopron avec son centre médiéval s'est organisée pour être accueillante aux Autrichiens, comme si elle voulait les prier de l'excuser de les avoir quittés. Ceci est sensible dans tous les contacts, échanges ou commerces, et ici plus qu'ailleurs sont fréquemment évoqués les souvenirs malheureux du traité de Trianon qui dilapida l'empire austro-hongrois.

AUTRE CURIOSITÉ

Pékmúzeum Ⓥ **(Musée de la Boulangerie)** – *Bécsi út 5.* Cette ancienne boulangerie transformée en musée conserve encore les odeurs de la fabrication du pain et des pâtisseries.

EXCURSIONS

★★ **Lac Fertő** – *15 km au Nord-Est. Prendre la route en direction de Tómalom, Sopronkőhida.* Une halte au village de **Fertórákos** s'impose pour visiter les **carrières**★ qui évoquent les Baux-de-Provence. Du sentier qui borde la partie supérieure de l'ancienne zone d'exploitation des pierres, la **vue** plongeante est des plus spectaculaires. En été, des concerts sont donnés dans cet univers chaotique.
La route redescend vers Üdülőtelep et traverse des champs de roseaux qui poussent sur les bords du lac. Les bords mêmes de cette réserve naturelle protégée – dont la plus grande partie se trouve en Autriche (lac de Neusiedl) – sont aménagés en lieu de villégiature très fréquenté en été, agréable et rafraîchissant. Le **lac**, dont les eaux disparurent mystérieusement au 19ᵉ s. et réapparurent tout aussi mystérieusement, est également un paradis pour les oiseaux et les ornithologues. Voir aussi les habitations lacustres voisines reliées par des passerelles en bois sur pilotis. Le lac est maintenant navigable sur toute son étendue. Des promenades en bateau sont organisées donnant au lac un intérêt supplémentaire. Pendant la saison touristique, de 9 h à 18 h, un poste-frontière permet de passer de Hongrie en Autriche et réciproquement.

Fertőd – *Voir ce nom.*

Nagycenk – *Voir ce nom.*

SZEGED★★

Département de Csongrád – 170 000 habitants

Carte Michelin n° 925 H 10

Ville frontière où se rejoignent trois pays, la Hongrie, la Roumanie et la Yougoslavie. Szeged est une belle et agréable ville, un petit Paris. Déroulant boulevards et avenues, étalant places, squares, parcs et jardins, toujours arrosée par la Tisza qui fut son malheur et qui, aujourd'hui contenue, lui a permis d'être ce qu'elle est. Szeged dégage un bonheur de vivre qui fait penser à celui de ces gens qui ayant frôlé la mort en reviennent savourant chaque instant de vie comme accordé en supplément. Szeged séduit et charme... et se met au pied des femmes *(voir papucs, prononcer papoutche, p. 241)*. C'est aussi la « ville du soleil », la ville de Hongrie qui compte le plus d'heures d'ensoleillement.

LA VILLE SAUVÉE DES EAUX

Avant la catastrophe – Déjà son nom, déformation, dit-on, du mot hongrois *sziget* (île), indique sa relation étroite avec l'eau. Après la fondation de la Hongrie et durant 200 ans, Szeged fut un centre de distribution du sel sur lequel elle exerçait un monopole royal. Elle fut pratiquement détruite par les Mongols et son développement fut interrompu. Au moment où il reprenait, l'envahisseur turc pilla, saccagea à nouveau la ville qui par la suite bénéficia de la protection du sultan. Ce dernier y installa son domaine personnel jusqu'en 1686. Après le départ des Turcs, il fallut attendre la fin du 18e s. avant que la prospérité ne revienne.

La catastrophe – Un siècle plus tard, dans la nuit du 12 mars 1879, à 2 h 30, les digues contenant la Tisza se rompirent en plusieurs points. Les eaux montèrent en quelques heures de 8,06 m au-dessus du niveau de référence. Certains quartiers restèrent sous trois mètres d'eau durant deux mois. Szeged faillit disparaître de la carte. Sur les 5 785 maisons que comptait la ville, 265 résistèrent aux flots. Beaucoup pensaient que Szeged ne revivrait jamais. (Le déroulement de cette « catastrophe » est parfaitement illustré sur une maquette lumineuse au mémorial d'Ópusztaszer dans la maison des gardiens de digue). Une autre crue encore plus importante, en 1970, vit les eaux de la Tisza monter à la cote 9,60 m. Cette fois les digues ont tenu, mais les conséquences n'auraient pas été les mêmes, la nouvelle Szeged ayant été construite à un niveau supérieur par rapport à l'ancienne.

La promesse – Cinq jours après le déchaînement des eaux, l'empereur François-Joseph, venu de Vienne, promettait que « Szeged renaîtrait plus belle que jamais ». Il dépêcha sur place un commissaire royal, Lajos Tisza, pour assurer, contrôler, coordonner et surveiller les travaux.

La résurrection – La reconstruction de la ville commença à se réaliser selon les plans de Lajos Tisza. De nombreuses villes européennes aidèrent Szeged dans son entreprise de renaissance, et aujourd'hui, Szeged est la plus européenne des villes. En reconnaissance de l'aide et des dons, les boulevards de la deuxième couronne reçurent les noms des capitales et villes donatrices : Bruxelles, Londres, Paris, Rome, Vienne. Moscou est apparue après la guerre pour des raisons politiques ainsi qu'Odessa, remplacée en 1989 par Temesvári krt.

LA VILLE RIVE DROITE

★ **Széchenyi tér** – Au cœur de la ville, cette place de plus de 5 ha, plantée d'arbres (platanes, noisetiers, sycomores, érables, magnolias), décorée de statues, de fontaines, et ornementée de parterres fleuris ne paraît pas démesurée. Parmi les statues, celles de sauveteurs, hommages rendus à quelques anonymes, et une double personnification de la Tisza, la destructrice et la généreuse. Széchenyi tér est traversée, arpentée, parcourue, occupée, toujours en mouvement, elle permet de s'arrêter, de s'asseoir, de flâner, de rêver, de se reposer. Fréquentée par des gens de tous âges, étudiants, retraités, jeunes et moins jeunes y vivent au printemps des soirées parfumées, aux beaux jours d'été des après-midi ombragés et des soirées rafraîchies, en automne un enchantement de couleurs, en hiver de réchauffantes batailles de boules de neige sur un magnifique tapis blanc.

Városháza (Hôtel de ville) – Un des bâtiments les plus importants autour de la place. Ce bel immeuble jaune, baroque, est flanqué d'une tour de guet dont le carillon sonne chaque quart d'heure. La cour intérieure est un lieu agréable où, durant l'été, sont donnés des concerts de musique de chambre dans la série des **Városházi Esték** (Soirées de l'hôtel de ville).

À côté de l'hôtel de ville, au n° 11, est installé le bureau du maire dans un immeuble construit avant l'inondation et relié à la mairie par un pont fermé appelé le **« pont des Soupirs »** (Sóhajok hídja), allusion à son modèle universellement connu de Venise. L'immeuble s'appelle le **Bérház**. Ce petit pont fut construit en 1883, à l'occasion de la journée du « Roi », pour permettre à l'empereur François-Joseph, en visite à Szeged, de passer directement du lieu où sa suite et lui-même avaient leurs appartements à la mairie.

Se loger

Tisza Hotel – *Széchenyi tér 3. ☎ 62/478 278. 48 chambres et 6 appartements de 29 à 80 €.* Garage privé ou parking protégé. Cet hôtel rénové bénéficie d'une très bonne situation en plein centre-ville et au calme de surcroît. La salle pour le petit-déjeuner est magnifique, le service aimable.

Royal Hotel – *Kölcsey u. 1-3. ☎ 62/475 275. Fax 62/420 223. 95 chambres de l'ordre de 58 €.* Un des rares hôtels implantés dans le centre-ville, près de Klauzál tér. Convenable.

Mátrix Hotel – *Zárda u. 8. ☎ 68/556 000. Fax 68/556 010. 10 chambres de l'ordre de 39 €.* Un de ces petits hôtels propres et bien tenus.

Marika Panzió – *Nyíl u. 45. ☎ 62/443 861. Chambres de 23 à 34 €.*

Csirke Panzió – *Bocskai u. 3/B. ☎ 62/426 188. Fax 62/423/367.*

Se restaurer

Halászcsárda – *Roosevelt tér 12-14. ☎ 62/424 111.* Un très bon restaurant de poisson. Prix assez élevés.

Botond Restaurant – *Széchenyi tér 13. ☎ 62/312 435.* Accueil chaleureux. Bonne cuisine, spécialités hongroises.

Székely Étterem – *Thököly u. 41. ☎ 62/401 791.* Des plats traditionnels et un service rapide.

★★ **Klauzál tér** – Quittant Széchenyi tér et prenant Kárász u. sur environ 50 m, vous arrivez à Klauzál tér, une longue place perpendiculaire à la rue piétonne qui, elle, se prolonge jusqu'à Árpád tér. La place Klauzál est une place classique bien ordonnancée qui participe à l'élégance de Szeged. Au milieu, une statue de Lajos Kossuth qui prononça là son dernier discours avant son départ en exil. Un conseil, si vous êtes un peu gourmand ou simplement gourmet, oubliez l'histoire et le reste, arrêtez-vous au Sud de la place à la **pâtisserie Virág** (Virág cukrászda). Vous avez le choix : gâteaux, glaces ou friandises. Selon la saison ou vos goûts, vous pourrez choisir de vous asseoir sous les parasols à l'une des tables ou vous arrêter sur les bancs ou les marches.

Korzó – Les habitants de Szeged appellent « corso » l'allée centrale très animée qui commence à Széchenyi tér et se poursuit tout au long de Kárász u. Vous marcherez 300 m environ tournant le dos à la Klauzál tér, croiserez Kölcsey u. que vous prendrez sur la droite jusqu'à Kálvin tér où vous pourrez prendre du recul pour « admirer » un étonnant immeuble, le **Reök palota**★, très bien rénové, bel exemple de l'art baroque. Ses proportions, la diversité de ses ouvertures, son ornementation lui donnent une « classe », une élégance que l'on peut ne pas aimer, mais qui sont indéniables.

★ **Le quartier universitaire** – Un vrai « quartier latin » comme à Paris, qui exprime sa personnalité, sa couleur, son ambiance, et qui mérite que l'on s'y attarde. Quittant Kálvin tér, c'est-à-dire laissant le Reök palota sur votre gauche en longeant la place, vous atteindrez Tisza Lajos körút que vous prendrez sur votre gauche et qui traverse immédiatement une grande place, Dugonics tér. Sur la partie de la place située côté centre-ville à l'extrémité des jardins se trouve l'**université József Attila** du nom du grand poète qui, alors qu'il était étudiant, fut exclu de l'université pour avoir écrit ces vers en 1924 (sous la régence de Miklós Horthy) :

« Je n'ai ni père, ni mère,
Je n'ai ni Dieu, ni pays. »

Dans ce bâtiment de style éclectique travailla une autre célébrité, **Albert Szent-Györgyi**. Il reçut le prix Nobel en 1937 pour ses travaux, poursuivis à Szeged, sur la vitamine C tirée du paprika.
C'est aussi dans cette université que les étudiants de Szeged se réunirent en 1956 pour demander la suppression du russe, alors obligatoire, et pour demander une organisation étudiante indépendante du parti communiste.
Au centre de cette place, plusieurs fois par jour, au printemps et en été, une **fontaine musicale** édifiée pour le 100e anniversaire de l'inondation joue quelques mélodies. De nombreuses manifestations artistiques, concerts, spectacles de danse se déroulent en cet endroit durant le festival de Szeged.

Hősök kapuja (Porte des Héros) – Continuez sur le boulevard Tisza Lajos, jusqu'à cette arche qui introduit Boldogasszony sugárút (avenue de la Bienheureuse Vierge) sur **Aradi vértanúk tere** (place des Martyrs de Arad, les treize généraux hongrois qui furent exécutés en 1849 sur les ordres du général autrichien Haynau, appelé aussi la hyène de Brescia). Cette porte est gardée par deux impressionnantes et presque terrifiantes statues de soldats. Elles représentent les gardes blancs de Horthy qui furent chargés de liquider les « rouges » après la défaite de la république des Conseils dirigée par Béla Kun.

Sur la place, deux monuments rappellent les luttes contre les Habsbourg : une statue équestre de Ferenc II Rákóczi et une colonne à la mémoire des victimes de la bataille de Szőreg (5 août 1849) avec au sommet le *turul*. De Aradi vértanúk tere, vous passerez un portail de métal vers Rerrich Béla tér où se trouve une copie d'une statue du Moyen Âge (1373) dont l'original est à Prague et qui représente saint Georges terrassant le dragon.

Fogadalmi templom – La cathédrale de Szeged, appelée aussi l'église votive, se situe sur **Dóm tér**, une place de 12 000 m^2 entourée des bâtiments de l'université. Cette place connaît une folle effervescence pendant le festival d'été. Une scène et des gradins pouvant accueillir 6 000 spectateurs sont en effet installés pour cette grande manifestation culturelle. L'église fut construite entre 1913 et 1930 à la suite de vœux formulés après l'inondation de 1879. Sa façade ornée d'une mosaïque représentant les douze apôtres est flanquée de deux tours néoromanes. Le tour de la place sous les arcades vous permettra de découvrir le **Panthéon national** et de faire connaissance avec plus de 80 célébrités hongroises (toutes masculines !) dans les domaines de l'art, de la culture et de l'histoire. Un étranger parmi ces personnages illustres, l'ingénieur britannique Adam Clark, à qui les Budapestois doivent le pont des Chaînes.

Dömötör torony (Tour St-Dimitrius) – Ce bâtiment médiéval se trouve devant la cathédrale. Sa base carrée est du 12e s. et ses trois étages supérieurs octogonaux du 13e s. Cette tour faillit être détruite pour laisser la place à l'église votive, mais elle résista suffisamment à la dynamite pour faire croire à un miracle, aussi fut-elle restaurée.

Szerb ortodox templom – *Somogy utca*. L'**église orthodoxe serbe** du 18e s. mérite une visite pour son « arbre d'or », une très belle **iconostase★** réalisée au milieu du 18e s. Aux branches de l'arbre sont accrochées 80 icônes.
Descendant Somogyi u. vers la Tisza, vous arriverez au-dessus de la voie sur berge et sur la droite vous trouverez une sympathique promenade le long de la rivière, où viennent flâner bon nombre de gens. Vous pourrez vous reposer près d'un personnage de bronze assis sur un banc.

★ **Móra Ferenc Múzeum** Ⓥ – Ce musée porte le nom de celui qui en fut le directeur de 1917 à 1934. Vous trouverez une collection ethnographique, une collection archéologique ainsi qu'une galerie de tableaux. L'exposition illustrant la **vie des Avars★** (peuple d'origine mongole qui envahit une partie de l'Europe au 8e s.) est fort intéressante. À l'intérieur d'une grande yourte, on peut admirer de splendides bijoux, découvrir les ustensiles de la vie quotidienne et comprendre la relation de ces hommes avec les animaux.
Face à l'entrée, une salle est consacrée aux tableaux ayant pour thème l'inondation de 1879. Ces peintures ont été réalisées par des maîtres hongrois du début du 20e s., Pál Vágó, Mednyánszky, Munkácsy, Nyáry. L'un des tableaux représente François-Joseph venu se rendre compte de l'ampleur de la catastrophe. Dans les autres salles, vous retrouverez également des peintures d'István Csók, de Rippl-Rónai.
À l'étage, vous pouvez voir une exposition sur l'ancien Szeged, le folklore, l'artisanat (vêtements brodés à la laine, coffres peints et ornementés)), les spécialités locales, l'illustration de différents métiers, l'apiculture, la bourrellerie, la broderie, et la fabrication des célèbres **papucs**. Ce mot, dont la prononciation se rapproche de babouche, désigne les pantoufles de femmes fabriquées à Szeged. Plusieurs tailles, mais une seule forme qui s'adaptera au pied. Colorées, brodées, les *papucs* sont certainement un héritage des Turcs. Vous les verrez aux pieds des femmes lors des spectacles de danses folkloriques, mais elles sont généralement portées comme chaussures d'intérieur. Vous pouvez acheter des *papucs* chez Sándor Rátkai, le meilleur artisan et fabricant de la ville *(Munkácsy u. 5)*.

Várkert (Jardin du château) – On y trouve quelques vestiges de l'ancien château construit au 13e s., qui servit de prison avant d'être détruit après l'inondation. Une collection exposée dans le musée a été transférée dans ce qui reste des ruines. Le jardin du château d'un côté surplombe la voie sur berge et de l'autre est bordé par Stefánia qui se prolonge par Dózsa u. Entre les deux s'élève l'ancien hôtel Kass, devenu la résidence Deutsch. Ce n'est pas une légende, l'hôtel Kass offrait ce qu'il y avait de mieux dans le domaine de la restauration avec ses spécialités hongroises et françaises.
Devant la terrasse de l'hôtel, une statue figure un homme aux longues moustaches serrant un violon, sans aucun doute la seule statue d'un musicien tzigane. Il s'agit de Pista Dankó, qui parcourut le monde, subjugua et ensorcela tous ceux qui eurent la chance de pouvoir l'écouter.

Szegedi Nemzeti Színház (Théâtre national) – *Deák Ferenc utca 12*. Construit après l'inondation en 1883, il brûla en 1885 et rouvrit l'année suivante. Le Théâtre national prend toute sa splendeur le soir lorsqu'il est illuminé. Il a servi de décor pour de nombreuses scènes de films.
Sur Szent István tér, une curiosité : la première construction en béton armé de Szeged, **Víztorony**, littéralement la tour d'eau, un réservoir qui culmine à 91 m de hauteur.

Grófi Palota – *Tisza Lajos krt. 18-20.* Un bel exemple de l'Art nouveau.

★★ **Új Zsinagóga (Nouvelle synagogue)** – *Gutenberg utca 20.* Si la synagogue de Budapest est plus grande, celle de Szeged est considérée comme la plus belle de Hongrie et, dit-on, d'Europe. Construite entre 1900 et 1903 sous la direction du grand rabbin Emmanuel Loew, elle a été conçue par Lipót Baumhorn en style Art nouveau assorti d'éléments mauresques. Un immense dôme, soutenu par 24 colonnes qui représentent les heures, symbolise le monde. Il est décoré de roses blanches qui symbolisent la foi et d'étoiles bleues qui donnent la dimension infinie de l'univers. Au sommet, l'étoile de David rayonne comme un soleil. Miksa Róth, célèbre verrier qui a décoré de nombreux bâtiments dont l'Académie de musique à Budapest, a réalisé les vitraux. De nombreux concerts sont donnés dans la nouvelle synagogue qui bénéficie de surcroît d'une très bonne acoustique.

Dans le hall, les noms de 1 874 Juifs assassinés lors de la Seconde Guerre mondiale sont gravés sur des plaques de marbre blanc, et dans une niche se trouve le tombeau symbolique des disparus.

Sur le même emplacement, l'ancienne synagogue est toujours présente et sert de salle de théâtre.

Une légende dit que lors de l'inondation de 1879, les eaux qui avaient atteint la synagogue montaient, s'approchant dangereusement de l'Arche d'Alliance qui protège la Torah, quand soudain le flot s'arrêta et le livre sacré fut sauvé.

MAGYAR KEPEK Kft
Église des Franciscains

Alsóvárosi templom (Église de la ville basse) ou **Havas Boldogasszony Templom (Église de la Dame-des-Neiges)** – À partir de la place Vértanúk tere, faisant face aux deux sentinelles qui flanquent la porte de Boldogasszony sgt., vous prendrez sur la droite Szentháromság u. que vous suivrez jusqu'à Mátyás tér où vous trouverez l'**église des Franciscains** qui date de la fin du 15e s. et dont le clocher fut construit en 1772. La chaire et les autels sont baroques. L'autel principal s'accorde parfaitement à l'abside, il est soutenu symétriquement par deux autels latéraux plus sobres, ce qui lui conserve sa splendeur. La **maison des Franciscains** jouxte l'église. Dans ce quartier qui a gardé un aspect presque campagnard, on peut encore voir d'anciennes maisons aux pointes de pignon faites de planches souvent ajustées comme les rayons d'un soleil.

LA VILLE RIVE GAUCHE

Szeged s'est peu développée sur l'autre rive de la Tisza. Traverser la rivière en empruntant Belvárosi híd. Sur la gauche à la sortie du pont, plusieurs hôtels sont accessibles à partir de Szent-Györgyi Albert. u., de même qu'un complexe de bains.

Ligetfürdő – Bains thermaux chauds et froids. Grand toboggan.

Partfürdő – *Közép Kikötő.* Cet ensemble sportif et de loisirs étend ses plages et ses piscines le long de la Tisza.

Népliget – Dans l'axe du pont, le **bois du Peuple** est un parc qui comprend une partie attractions, le Vidámpark.

SZÉKESFEHÉRVÁR★★

Département de Fejér – 110 000 habitants

Carte Michelin n° 925 C 4 – Schéma : BALATON

Székesfehérvár, c'est « la perle dans le coquillage ». Ne la manquez pas, beaucoup d'étrangers passent à côté de cette ville sans la voir. De l'autoroute qui mène de Budapest au lac Balaton ou de la route n° 8 qui conduit à Veszprém, on ne voit de Székesfehérvár que l'aspect industriel et l'habitat collectif qui écrase l'horizon. Osez faire le détour et vous découvrirez la vieille ville qui offre un charme inattendu.

LA CITÉ ROYALE

Székes (siège ou trône), Fehér (blanc), Vár (forteresse) ou Alba Regia fut après Esztergom, la ville la plus importante du royaume de Hongrie, où s'installèrent les rois qui, à partir d'Étienne en 1038 et jusqu'à János Szapolyai (Jean Ier) en 1540, y furent tous couronnés et enterrés. Ce fut Étienne qui y construisit son palais ainsi que la cathédrale conçus l'un et l'autre par des architectes italiens. Les joyaux de la couronne furent conservés à Székesfehérvár ainsi que les archives nationales. Construite au milieu des marais, la ville était facile à défendre, mais ceci ne l'empêcha pas de tomber aux mains des Turcs en 1543. Comme en beaucoup d'endroits, l'occupation ne ménagea pas Székesfehérvár, cathédrale et palais furent saccagés et détruits. Les tombes royales furent profanées. À leur départ, les Turcs abandonnèrent un champ de ruines. Même si l'empereur Léopold rendit à la ville ses privilèges et son rang « de cité royale libre », ceci ne resta qu'un vœu. C'est à la suite de la décision de Marie-Thérèse de fonder le diocèse de Székesfehérvár que la reconstruction débuta lentement pour être effective à la fin du 18e s. Les marais furent drainés, la région assainie et le chemin de fer fut un des facteurs de son développement. Mais durant la Seconde Guerre mondiale, la ville qui représentait un nœud ferroviaire important fut l'objet de sérieux combats, les troupes allemandes se battirent dans ce secteur, elle changea plusieurs fois de mains et subit des dégâts importants (le centre ancien fut toutefois moins touché). Après la guerre et durant la période communiste, cet évêché fut regardé avec quelque suspicion. Toutefois, compte tenu de sa position stratégique, son développement économique s'imposa au point que l'industrie de l'aluminium, la fabrication et le montage des autobus ainsi que la production des téléviseurs furent installés à Székesfehérvár. La population doubla en moins d'une décennie, ce qui explique la présence de ces grands ensembles autour de la ville.

La première charte des Droits de l'homme ? – C'est sur une colline proche de Székesfehérvár que le roi André (Endre) II attacha son sceau à la Bulle d'or qu'il proclama en 1222 et que certains appellent la première constitution hongroise. On peut la considérer également comme une esquisse de la charte des Droits de l'homme. Écrite et proclamée opportunément pour répondre à la pression des barons de l'Empire dont le roi avait besoin, elle leur reconnaît le droit de se rebeller contre leur souverain dans la mesure où celui-ci abuserait de son pouvoir. Elle interdit également à quiconque tout abus de pouvoir.

MAGYAR KEPEK Kft

Székesfehérvár – Vue du centre-ville

BALADE DANS LA VIEILLE VILLE

Laisser la voiture dans l'un des parkings payants répartis autour du centre de la ville ancienne. Celui-ci est délimité par trois rues : au Nord et à l'Ouest par Mátyás Király körút prolongé vers le Sud sur quelques mètres par Piac tér, à l'Est Vár körút dont le prolongement au Sud est fermé par un court tronçon de Budai utca.

Ce similitriangle dans lequel s'inscrit le centre est séparé en deux par deux longues places dans le prolongement l'une de l'autre : Városház tér (place de la Mairie) et Koronázó tér (place du Couronnement). Ces places sont difficilement dissociables, elles sont dominées par un « pignon » du palais épiscopal et tout à côté par l'église franciscaine en face de laquelle se trouve **Polgármesteri Hivatal**, l'hôtel de ville. Le **Püspöki Palota** (palais épiscopal) fut construit en style copf (certains disent Zopf, *voir dans Invitation au voyage, La Hongrie et les arts*) au début du 19e s. avec les pierres du palais royal et les restes de la basilique médiévale.

Nemzeti Emlékhely (Mémorial national) – Appelé également jardin des ruines, il présente les fondations de la basilique qui fut détruite en 1601 par l'explosion de la poudre à canon que les Turcs y avaient entreposée. C'est un lieu sacré où 37 rois de Hongrie furent couronnés et 17 d'entre eux enterrés. C'est aussi là que furent trouvées les tombes de Béla III et de sa femme. Dans ce jardin sont exposées des pierres des époques romaine, gothique ou Renaissance. Près de l'entrée, le sarcophage de marbre blanc renfermerait les restes de Géza, d'Étienne, ou d'Imre le fils cadet de Géza.

★ **Kossuth Lajos utca** – Cette rue charmante et pleine de vie, sur laquelle se branchent des passages, des cours intérieures, intègre intelligemment l'architecture contemporaine en béton dans un contexte ancien et varié.
À la jonction de Táncsics Mihály u. et de Kossuth Lajos u., vous trouverez les bains **Árpád Fürdő** et tout à côté un immeuble rose de style Sécession. Parcourant cette rue, n'hésitez pas à passer les porches, visiter les cours pour découvrir de merveilleux espaces urbains.
Descendre Kossuth Lajos u. jusqu'à Szent István tér, sorte de jardin public où l'on peut voir la **statue équestre de saint Étienne** devant l'hôtel du département. Tourner ensuite à droite, longer Petőfi u pour remonter par Arany János u. À l'angle de ces deux rues, la **fontaine Maulbertsch** porte le nom de l'artiste autrichien dont les fresques baroques ornent de nombreuses églises ou châteaux.

Megyeház utca – Une rue intéressante, même si elle n'a ni l'animation ni l'architecture de Kossuth Lajos utca. Vous pourrez la suivre et y admirer quelques maisons, les nos 7 et 11, qui sont des exemples de constructions néo-romantiques de la fin du 18e s. Profiter de quelques portes ouvertes sur les cours intérieures pour en apprécier le charme et le calme. Au n° 17, le **musée de l'Histoire de la ville** Ⓥ (Várostörténeti Múzeum) s'est adjoint au **musée des Poupées**★★ (Baba Múzeum Ⓥ) qui séduira parents et enfants et surtout les petites filles.

Budenz-Ház – *Arany János u. 12.* Cette maison où habita József Budenz (1836-1892), spécialiste des langues finno-ougriennes, abrite un musée permanent où est exposé un legs de Miklós Ybl, le plus connu des architectes hongrois de la fin du 19e s.

Szent István székesegyház – *Arany János u.*. L'église d'origine bâtie au 13e s. fut consacrée aux apôtres Pierre et Paul. Le roi Béla IV y fut couronné en 1235.
La **cathédrale** actuelle fut construite au 18e s. grâce à l'aide de Marie-Thérèse. C'est une église baroque conçue par Franz Anton Hildebrandt, architecte de la cour. Johann Cymball a peint les fresques du plafond. À l'extérieur, sur le mur Nord, un Christ en croix est dédié aux victimes de l'insurrection de 1956.

Se loger

Magyar Király – *Fő u. 10. ☎ 22/311 262. Chambres de l'ordre de 47 €.* La façade et l'escalier ont de l'allure. Les chambres sont plutôt simples.

Alba Regia – *Rákóczi u. 1. ☎ 22/313 484. Fax 22/316 292. 104 chambres de l'ordre de 41 €.* Bien situé à deux pas du centre piétonnier. Un immeuble sans charme particulier mais les chambres sont très confortables.

Se restaurer

Szárcsa Csárda – *Szárcsa u. 1. ☎ 22/325 700.* À la sortie de la ville, le restaurant actuellement à la mode. Les plats et le décor sont raffinés. Également *panzió* (chambres de 36 à 44 €).

Vastija Vendéglő – *Kossuth u. 3. ☎ 22/315 091.* Dans une rue pittoresque réservée aux piétons, ce petit restaurant (belle salle au plafond voûté) propose des spécialités du pays : filet mignon et foies de volaille.

Ősfehérvár Étterem – *Koronázó tér 3.* Le restaurant le plus connu de la ville. Décor soigné, sobre. Spécialité : filet mignon à la hongroise.

Szent Anna kápolna – La **chapelle Ste-Anne**, seul édifice survivant de l'époque médiévale (1470), est un petit bâtiment très sobre qui affirme modestement sa présence face à la cathédrale. Sur le parvis, on peut voir la statue de Domonkos Kálmáncsehi. D'origine paysanne, il devint évêque, puis prévôt de Székesfehérvár et chef de la justice. À l'intérieur, un autel baroque du 18e s. retient l'attention.

★ **Fekete Sas patika (Pharmacie de l'Aigle noir)** – *Fő utca 9.* L'ancienne pharmacie des jésuites fut rachetée au moment de la suppression de l'ordre en 1773 et baptisée de ce nom par son nouveau propriétaire. Elle est restée en fonction jusqu'en 1971. C'est un très beau volume intérieur aux meubles sculptés et ajustés, œuvres d'un frère jésuite, où sont exposés aujourd'hui tous les instruments et récipients dont usaient les pharmaciens d'autrefois pour leurs « préparations ».

MAGYAR KEPEK Kft

★ **Szent János Nepomuk templom** – L'**église St-Jean-Népomucène** fut construite par les jésuites entre 1745 et 1751 et reprise par les cisterciens. À l'intérieur, des fresques ornent la totalité des surfaces des murs et des voûtes. À remarquer une chaire en bois sculpté et doré du 18e s. Une visite de la **sacristie**★★ s'impose pour y admirer un ensemble rococo de meubles en chêne et en tilleul exécutés par un frère jésuite et parfaitement ajustés au volume de la pièce.

★★ **Király István Múzeum** ⓥ – *Országzászló tér 3.* Le musée présente au rez-de-chaussée une collection de pierres et sculptures romaines dont les pièces les plus importantes proviennent de la ville romaine de Gorsium *(voir ce nom)*. Le premier étage est consacré à l'histoire archéologique de la région depuis la préhistoire jusqu'à la fin de l'occupation turque.
À quelques pas vers le Nord, à l'angle de Fő utca et Ady Endre utca, s'élève **Mátyás Király Emlékműve**, monument inauguré en 1990 à l'occasion du 500e anniversaire de la mort du roi Mathias Corvin. À l'extrémité de Fő utca, le **théâtre Vörösmarty** (Vörösmarty Színház) illustre le style éclectique. **István Csók Galéria** *(Bartók Béla tér 1)* présente des expositions temporaires illustrant les tendances actuelles de la peinture hongroise.

AUTRES CURIOSITÉS

Ancien quartier serbe – *Prendre Ady Endre utca puis son prolongement Tobak utca jusqu'à Rác utca.* C'est au 16e s. sous l'occupation ottomane que les Serbes s'installèrent dans ce quartier. **Rác utca** (rue Serbe) rappelle cette période avec une rangée de douze maisons traditionnelles magnifiquement restaurées qui constituent aujourd'hui un véritable **musée de plein air** ⓥ (Palotavárosi Skanzen). L'**église** (Rác Templom) abrite une très belle **iconostase**★★ du 18e s.

★ **Bory-vár** ⓥ **(Château Bory)** – *Quitter le centre par le Nord, prendre Szekfü Gyula, Berény út, poursuivre sur Béla út et après le cimetière, tourner à droite dans Bicskei u. puis Máriavölgy u. pour arriver à Bory tér.*
Cette curieuse construction, un château dans lequel se mêlent différents styles, fut réalisée par Jenő Bory (1879-1959), architecte et sculpteur né à Székesfehérvár. Pendant 40 années de sa vie, il profita de ses vacances pour construire de ses propres mains cet étonnant ensemble.

EXCURSIONS

★★ **Gorsium** – *Voir ce nom.*

★ **Velencei-tó (Lac de Velence)** – *10 km à l'Est par la route n° 70.* Ce plan d'eau couvert de roseaux qui s'étend sur 26 km^2 est une remarquable réserve naturelle faisant partie de l'ensemble touristique de la région du Balaton. La rive Sud-Ouest est à la fois un paradis pour les amis de la nature et les ornithologues. La rive Sud s'est développée pour accueillir les vacanciers.

Várpalota – *19 km à l'Ouest par la route n° 8.* La curieuse masse de **Thúry-vár** ⓥ s'impose au centre de la ville. Le **château** se tient en haut d'un petit square et présente une sorte de fronton appuyé sur la muraille que renforcent deux énormes tours carrées. Surnommé à l'époque « Pierre Courage », il fut détruit et reconstruit vers 1445. Aux limites de l'avancée des armées turques, il résista à de nombreux sièges. L'un de ses capitaines, György Thúry, est resté célèbre.
La visite des salles permet de revivre l'histoire du château.

SZENTENDRE★★

Département de Pest – 19 000 habitants

Carte Michelin n° 925 C 8 – Schéma : DUNAKANYAR

Szentendre est une excursion presque obligée pour tous ceux qui séjournent dans la capitale hongroise. Malgré un afflux de touristes en constante progression qui tend à donner à la ville un côté commercial évident – le nombre de cafés, restaurants, boutiques et magasins de souvenirs est là pour le rappeler –, la petite ville, qui fait partie du circuit communément appelé la « courbe ou boucle du Danube », mérite assurément une visite.

S'étalant sur la rive droite du fleuve, Szentendre a une allure de village romantique. Il n'est donc pas étonnant que des artistes y aient trouvé là dès la fin du 19e s. une source d'inspiration et qu'ils s'y soient même installés (aujourd'hui au Nord d'Ady Endre utca, dans un parc de sculptures).

Szentendre, c'est aussi un lieu de détente et de loisirs, où l'on vient pour se reposer au bord du Danube, s'adonner à la pratique du canoë ou profiter de la plage aménagée.

UN PEU D'HISTOIRE

Szentendre fut sans doute habitée dès l'époque préhistorique. Cependant, les premiers habitants pour lesquels il y a certitude sont les Celtes (4e s. avant J.-C.) et les Illyriens (peuples qui vivaient dans la partie Nord des Balkans). Les Romains sous le règne d'Auguste installèrent un camp militaire et des fortifications visant à défendre les *limes*. Des vestiges de l'époque romaine sont visibles dans Római sánc utca à l'emplacement du camp militaire d'Ulcisia Castra.

La communauté serbe – L'implantation serbe remonte principalement à 1690, quand les Turcs assoiffés de conquêtes occupèrent la capitale de la Serbie actuelle. Protégée par l'empereur Léopold, une communauté d'environ 6 000 Serbes s'est installée à Szentendre bénéficiant de privilèges. Rejoints plus tard par d'autres compatriotes, les Serbes ont formé une véritable enclave dans la ville, conservant leurs coutumes et leur religion, à savoir la religion orthodoxe. Au 18e s., Szentendre connut son âge d'or. Hongrois, Serbes, Grecs et Dalmates qui se trouvaient réunis firent de la ville un centre de commerce florissant. Chaque entité édifiait, embellissait ses demeures, ses lieux de culte. Ces derniers extérieurement prirent l'aspect des églises baroques d'Occident tout en restant fidèles dans leur aménagement à chaque confession. C'est pourquoi on trouve aujourd'hui dans cette petite ville située en territoire catholique plusieurs églises orthodoxes.

LA VIEILLE VILLE

En saison touristique, on s'y bouscule. Voyageurs individuels, groupes accompagnés – caméscopes et appareils photo prêts à bondir – suivant docilement leur guide arpentent les rues et les ruelles, tandis que les commerçants en faction devant leur porte essayent de convaincre chacun de venir jeter un coup d'œil à l'intérieur. Pour les emplettes, vous aurez l'embarras du choix dans **Bogdányi utca, Bercsényi utca, Alkotmány utca, Szerb utca,** ou **Dumtsa Jenő utca**.

Se loger

Horváth Fogadó – *Daru Piac 2. ☎ 26/313 950. 7 chambres de 27 à 35 €. Panzió* aux chambres simples et calmes.

Bükkös Hotel – *Bükkös part 16. ☎ 26/312 021. Fax 26/310 772. 16 chambres de 36 à 41 €.* Cet hôtel est le plus fréquenté de la ville. Réservation indispensable.

Se restaurer

Aranysárkány – *Alkotmány u. 1. ☎ 26/301 479.* Dans une ruelle montante. Les plats sont délicieux, les prix raisonnables. Le cerf aux myrtilles, le foie gras grillé, l'agneau à l'estragon sont un régal !

Rab Ráby – *Péter Pál u. 1. ☎ 26/310 819.* Dans un décor original et convivial, l'un des restaurants les plus connus de la ville. Rendez-vous d'artistes.

Bárczy Fogadó – *Bogdányi u. 30. ☎ 26/310 825.* Dans une maison du 18e s., restaurant spécialisé dans la cuisine serbe et hongroise. Décor original avec ses murs blancs et ses nappes bleues rappelant les maisons des îles grecques.

Korona – *Fő tér 18-19. ☎ 26/311 516.* Sur la petite place centrale de la ville, charmant restaurant avec une agréable terrasse. Néanmoins, les prix sont élevés et c'est très touristique. Spécialité : la goulasch.

Labirintus Étterem – *Bogdányi u. 10. ☎ 26/317 054.* Un voyage au pays du vin. Ce bar propose de déguster la plupart des vins nationaux et de visiter son petit musée décrivant les différentes régions vinicoles. Attention aux abus ! Restaurant attenant.

★★ **Fő tér** – Classée monument historique, cette place pavée, la place principale de Szentendre, se présente sous la forme d'un triangle d'où partent plusieurs rues, certaines descendant vers le Danube, d'autres montant vers la colline. Son centre est orné d'une **croix de la Peste**, telle que l'on en voit dans beaucoup de villes hongroises. Ce monument fut élevé en 1763 par l'association des marchands serbes afin de commémorer une épidémie de peste qui avait épargné la ville. Grâce fut ainsi rendue à Dieu. La croix en fer forgé ouvragé s'élève sur un pilier en marbre dont chaque côté est décoré d'icônes. Tout autour de la place se succèdent boutiques et restaurants qui étalent leurs terrasses en été. Près du monument, en voiture pour un tour de ville ! En effet, c'est de là que partent les calèches tirées par deux chevaux bien paisibles et conduites par un cocher en uniforme d'époque. Une promenade ô combien appréciée des enfants mais aussi une photo pour enrichir l'album de vacances.

Kmetty Múzeum ⓥ – *Fő tér 21*. Dans une ancienne maison de commerçant, ce musée est entièrement consacré au peintre **János Kmetty**, né le 23 décembre 1889 à Miskolc et décédé le 16 novembre 1975 à Budapest. Lors de son premier voyage à Paris en 1911, il est influencé par des maîtres comme Cézanne, influence qui se révélera dans la peinture de ses premiers paysages. Puis il rejoint Lajos Kassák et le groupe des artistes dits activistes. À partir de 1930, il passe ses étés à Szentendre et devient en 1945 membre de la colonie d'artistes locale.
Son œuvre laisse une part importante aux autoportraits et natures mortes dont une sélection est exposée ici (titre des tableaux en anglais et hongrois). Citons au rez-de-chaussée *Autoportrait avec une barbe* (1912), *Autoportrait aux yeux bleus* (1919-1920) où l'artiste fixe le spectateur de son regard intense, *Nature morte avec un vase jaune* (1930) et *Nature morte aux fruits avec un vase bleu* (1930), compositions très colorées, de même que *Nature morte avec autoportrait*. Au sous-sol, des tableaux réalisés dans les années 1960 montrent un changement total dans l'expression des mêmes sujets : les traits sont droits, les formes plus schématiques.

Blagoveštenska – Extérieurement, l'**église de l'Annonciation**, du 18e s., due à András Mayerhoffer (architecte hongrois d'origine autrichienne), ne laisse en rien supposer qu'il s'agit d'un édifice serbe de confession orthodoxe. Pour s'en rendre compte, il faut pénétrer à l'intérieur de l'église par la porte située dans la petite rue voisine, Görög utca. Sitôt les quelques marches descendues, des chants slaves s'élèvent du sanctuaire et les yeux se portent aussitôt vers l'**iconostase** de style rococo dont les panneaux représentent principalement des saints peints sur un fond imagé.
Les hauts sièges en bois sculpté ressemblant à des stalles ont la particularité de posséder des bras surélevés afin de permettre aux fidèles de s'accouder tout en suivant l'office en position debout.

★ **Kovács Margit Múzeum** ⓥ – Une ancienne maison de marchand du 18e s. très bien rénovée sert de cadre aux œuvres de la céramiste **Margit Kovács** (1902-1977). Après des études graphiques et de peinture sur porcelaine, elle fait plusieurs voyages d'études dans de grandes villes européennes (Vienne, Munich, Copenhague, Sèvres...) et obtient en 1937 un diplôme d'honneur à l'Exposition universelle de Paris. Vingt et un ans plus tard, elle se voit de nouveau primée à l'Exposition universelle de Bruxelles. Les compositions de cette artiste talentueuse et prolifique sont très variées. Œuvres en argile vernie, en terre cuite, peintes avec du vernis blanc ou coloré sur des thèmes aussi divers que figures de genre, traditions populaires, sujets religieux ou mythologiques, objets décoratifs, toutes ces compositions tantôt sombres, tantôt naïves ou gaies, voire humoristiques, dénotent un art très personnel, une vision du monde propre, l'ensemble ne pouvant que séduire. Citons quelques exemples pouvant illustrer les différents thèmes : un ravissant *Album de famille*, composé d'une mère radieuse avec ses deux enfants (salle 1) ; *La Madone de Kugelhopf*, belle figurine en terre cuite travaillée au tour (salle 2) ; *Noce campagnarde*, tableau mural reflétant une page de la vie paysanne et *Les Parques*, déesses infernales qui chez Margit Kovács se métamorphosent en jeunes filles gracieuses – tout au moins deux d'entre elles (salle 3) ; *Femmes de pêcheurs*, femmes enveloppées dans de longs manteaux attendant avec angoisse le retour des maris (salle 4). La visite se poursuit dans la cave voûtée en berceau : *Les Évangélistes*, représentés de façon inhabituelle

Album de famille
par Margit Kovács

par leurs attributs et sous forme de cruches (l'homme : Matthieu, le lion : Marc, le bœuf : Luc, l'aigle : Jean) ; *Ange jouant de la harpe*, sculpture peinte et vernie, remarquable par la fraîcheur de ses coloris (salle 5) ; objets décoratifs (salle 7) ; sculptures sans vernis dont *Poterie avec joueur de cornemuse* (salle 8) ; inquiétant *Magicien* et *La Bonne Fée et la Méchante Fée* (salle 10). À signaler également quelques meubles ayant appartenu à l'artiste et des photos la montrant en plein travail.

Marcipán Múzeum – *Dumtsa Jenő utca 7.* Vos charmants bambins aimeront certainement ce petit musée auquel on accède en traversant une pâtisserie-salon de thé. Si la pâte d'amandes, cette friandise molle et sucrée, trouve bon nombre d'amateurs chez les jeunes et aussi les moins jeunes, il est inattendu de la trouver ici sous la forme de compositions artistiques, pourrait-on dire. Des maîtres confiseurs ont ainsi réalisé plusieurs tableaux colorés de dimensions variables, faisant preuve de minutie, de patience et de persévérance. Le Parlement de Budapest, le pont des Chaînes, François-Joseph et Sissi, Michael Jackson (grandeur nature et... en chocolat blanc), Mozart, Blanche-Neige et les sept nains, l'École espagnole d'équitation de Vienne, les personnages du Muppet Show et bien d'autres vous étonneront. Attention en retraversant la boutique, le comptoir et la vitrine sont bien tentants !

Nemzeti Bormúzeum ⓥ – *Bogdány utca 10.* Dépendant du restaurant voisin, ce **musée du vin** présente dans une belle cave voûtée les vingt régions hongroises productrices de vin. Quelque 170 sortes de vins et 5 000 bouteilles sont rassemblées pour la plus grande joie du profane ou du connaisseur. Un bijou : un tokaj de 1936 à 6 puttony *(voir Tokaj)*.

Várdomb (Colline du Château)

Emprunter Alkomány utca, petite rue en montée qui s'embranche dans Fő tér.

Templom tér – Sur cette placette (artisans en saison) s'élève l'**église catholique** dédiée à saint Jean Baptiste. À l'extérieur, les parties les plus visibles datent du début du 14e s. L'intérieur, baroque, montre des autels en bois peint décorés de statues également en bois d'inspiration populaire. Les fresques peintes dans le chœur sont de facture moderne et dues à la colonie d'artistes de Szentendre.

De l'autre côté de l'église, le **Czóbel Múzeum** ⓥ est consacré à **Béla Czóbel** (1883-1976), peintre hongrois membre de l'école de Paris, qui partagea son temps entre Budapest et la capitale française. Plusieurs tableaux d'ailleurs représentent des vues de Paris ou de la Seine. Portraitiste de talent, Czóbel attache une importance particulière aux femmes. Ses portraits sont variés, les couleurs éclatantes.

Szerb Egyházi Múzeum ⓥ – Le **musée serbe d'Art sacré** (explications en anglais et hongrois) réunit sur deux niveaux des pièces très intéressantes parmi lesquelles on peut retenir : l'iconostase de l'église orthodoxe serbe de Buda (19e s.), une Mise au tombeau en bois sculpté du 18e s. due au ciseau de Teodor Phelonin Grunkoviæ, plusieurs grands manteaux du 18e s. portés par les popes pendant l'office, des icônes serbes et russes ainsi qu'un incunable en 4 volumes (sous verre) de la fin du 15e s.

Belgrád-templom (Beograda) – À proximité du musée, la **cathédrale épiscopale serbe** prit le nom de Belgrade car elle fut construite par des réfugiés serbes venus de cette région. Ce bel édifice rouge dont la flèche s'élance vers le ciel s'ouvre par une porte rococo en chêne sculpté. L'intérieur produit grand effet. L'iconostase resplendissante de dorures est décorée de peintures représentant des saints et dans la rangée supérieure la vie de Jésus.

J.-C. Saturnin/MICHELIN

Szentendre – Musée hongrois de plein air

ENVIRONS

★★ **Szabadtéri Néprajzi Múzeum** ⓥ **(Musée hongrois de plein air)** – *4 km au Nord, direction Skanzen. En bus, départ près de la gare du HÉV.*

Fondé en 1967, ce musée reconstitue les intérieurs des maisons rurales, simples ou cossues, les ateliers de différents métiers de plusieurs régions hongroises, et illustre la vie régionale aux 18e et 19e s. Hongrie du Nord, Haute-Tisza, Moyenne-Tisza, Hongrie du Nord-Est, Grande Plaine, Transdanubie du Sud, Transdanubie centrale, Transdanubie de l'Ouest, Kisalföld, chaque région est précédée d'un plan (explications en anglais) destiné à aider le visiteur à se repérer.

Dans la Haute-Tisza, le village possédait une rue centrale s'élargissant au centre de l'agglomération. Voir l'église calviniste avec son intérieur peint et son beffroi en bois ainsi que le moulin à manège mu par des chevaux qui tournaient en rond. Dans la Grande Plaine hongroise, les maisons s'allongent réunissant sous le même toit habitation, remises et écuries. Dans la région de Kisalföld, les habitations se répartissent de chaque côté de la rue centrale, une chapelle votive marque le début de la rue. Voir aussi l'épicerie. Plus haut dans la Transdanubie de l'Est, reconnaissable à son campanile en bois au milieu du chemin, on s'arrêtera pour visiter l'école au toit de chaume, la pièce voisine où vivaient le maître, sa femme et son nouveau-né, la forge, la maison de Baglad où vivaient des paysans aisés.

SZIGETVÁR

Département de Baranya – 12 000 habitants

Carte Michelin n° 925 H 5

Cette ville tranquille de province conserve le souvenir du siège de 1566 qui marqua l'histoire hongroise.

Un contre quarante – Il en mourut plus de vingt-cinq mille et le chef eut même son attaque personnelle. Szigetvár ou le « château sur l'île » était installé sur une île dans une partie marécageuse de l'Almás à l'Ouest de Pécs.

Dans leur projet de prendre Vienne et de poursuivre la conquête de l'Europe, les Turcs ne pouvaient laisser aucune forteresse derrière eux. Ils s'attaquèrent au château de Miklós Zrínyi en 1566 où, du 8 août au 6 septembre, 2 500 soldats croates et hongrois résistèrent à 100 000 Turcs. Durant un mois, Miklós Zrínyi et ses hommes refusèrent de se rendre à Soliman le Magnifique, le vainqueur de Mohács. Ce ne fut que lorsque les vivres et l'eau furent épuisés qu'ils tentèrent une sortie sans espoir. L'empereur d'Autriche, Maximilien, avait refusé de dépêcher des troupes en renfort. C'est dans un sanglant corps à corps que les soldats abandonnant le château en feu se battirent contre les Turcs. Miklós Zrínyi fut tué au cours de ce combat. On dit que dans cette bataille un quart des soldats turcs furent tués, ce qui laisse supposer que chaque soldat du château en tua au moins dix ! Soliman mourut également d'une attaque, mais cardiaque. Pendant la bataille, son cadavre fut installé sur un trône dans sa tente ouverte, afin de laisser aux soldats le sentiment d'avoir toujours un chef. Son fils eut tout le temps d'être prévenu pour venir reprendre le commandement.

Cette bataille du château de Zrínyi a été célébrée par Bertalan Székely (le même qui illustra la bravoure des femmes d'Eger) et par un arrière-petit-fils du héros portant le même nom que son ancêtre, Miklós Zrínyi. Celui-ci, homme de plume et stratège, écrivit *Le Désastre de Sziget* à la mémoire de son aïeul, texte qui est encore étudié dans les écoles.

Vár – La **forteresse** abandonnée aux flammes et aux Turcs fut transformée et utilisée par l'occupant qui la renforça et construisit une mosquée dans la cour. Elle fut reconstruite par les Hongrois au 18e s. et restaurée en 1960.

Zrínyi Miklós Múzeum ⓥ – Il occupe l'ancienne mosquée, on y raconte le siège de 1566. Une statue équestre du héros est visible dans le parc près du musée. À l'extérieur, près de la porte principale du château, statue du poète joueur de luth Sebestyén Tin di Lantos, chantre de l'épopée du château. Cette visite est à considérer comme une halte reposante dans le parcours de la Transdanubie du Sud. À l'intérieur des murs, le calme du parc et l'atmosphère rafraîchissante des ombres portées par les arbres sont loin du fracas des combats anciens.

À côté du château, **mémorial** en souvenir des troupes soviétiques qui ont libéré la Hongrie.

Tinódi (Maison de la culture) – *Olaj Lajos utca 8.* Construite en 1985, elle est due à **Imre Makovecz**, le maître de l'architecture organique.

Római katolikus Templom – L'ancienne mosquée d'Ali Pacha construite en 1567 a été transformée en église baroque. Les fresques illustrant le siège de 1566 sont de István Dorfmeister.

EXCURSION

Ormánság – *25 km au Sud.* Cette partie de la vallée de la Dráva est une zone de marécages qui était fréquemment inondée. Dans les secteurs très exposés, les maisons étaient construites sur roulettes de façon à pouvoir les déplacer et les monter sur les parties hautes pour échapper à l'eau. Vous pourrez voir un exemplaire de ces maisons appelées *talpas házak* à **Sellye**, au musée de l'Ormánság, qui présente également de nombreux objets domestiques ainsi que des costumes et des meubles décorés. À **Vajszló**, sur la route n° 5804 entre Sellye et Harkány, plusieurs maisons « sur pieds » sont aussi visibles.

SZOLNOK

Département de Jász-Nagykun-Szolnok – 83 000 habitants

Carte Michelin n° 925 E 10

Installée sur la rive droite de la Tisza, Szolnok (nom ancien Zounouk) est la ville principale de cette partie de la Grande Plaine appelée la Plaine Centrale. C'est un centre industriel et surtout un centre de thermalisme qui attire de nombreux visiteurs. La présence de la Tisza, des zones de loisirs et de repos, les bains thermaux ainsi qu'une vie culturelle très dense font tout l'attrait de la ville.

Szolnok dans le passé – Même si les traces du passé sont peu visibles, l'histoire tend à prouver l'importance de ce lieu. Le roi Béla IV vint chercher appui dans cette région occupée par un peuple de bergers, les *jász*, et un peuple de cavaliers, les *cumans*. Les Turcs, qui occupèrent la ville durant 130 ans, en firent un de leurs principaux centres administratifs. Szolnok était acquise à la cause de Ferenc II Rákóczi. En guise de représailles, les Habsbourg firent sauter le château. Ce ne fut qu'au 19e s. que Szolnok trouva véritablement les conditions de son développement. Le commerce, l'aménagement de la Tisza, la construction de la ligne de chemin de fer reliant la ville à la capitale contribuèrent à favoriser son expansion et son enrichissement. Szolnok est restée une ville du chemin de fer à partir de laquelle on peut joindre directement de nombreuses villes de Hongrie ou des capitales étrangères telles que Varsovie ou Bucarest.

Damjanich János Múzeum ⓥ – *Kossuth Lajos tér 4.* Cette ancienne auberge restaurée abrite un musée qui rassemble plusieurs expositions (acheter un ticket pour chaque exposition). Trois sections essentielles méritent la visite : l'exposition des fouilles archéologiques présente de belles pièces, le département montre de façon didactique les caractéristiques des peuples qui se sont succédé dans la région, la troisième section du musée est celle des peintres de « l'école de Szolnok ». Cette école ou plutôt « colonie », pour reprendre la traduction littérale du mot hongrois, s'est implantée à Szolnok en 1902 dans des ateliers financés par la municipalité. C'est de l'autre côté du pont qui enjambe la Zagyva sur Gutenberg tér que les artistes habitaient et travaillaient, parmi eux quelques peintres de grande valeur dont vous admirerez les toiles accrochées aux cimaises du musée : Adolf Fényes, István Nagy, János Mednyánszky.

Le long de la Tisza, entre la rivière et la Templom utca, **Tisza Park** et **Verseghy Park** forment un lieu de promenade agréable.

Szolnoki Galéria – *Templom utca 2.* L'ancienne synagogue a été transformée en galerie de peinture où sont présentées des expositions temporaires. Le bâtiment est intéressant pour son architecture.

Tisza Hotel és Gyógyfürdő – *Verseghy Park 2.* Un hôtel thermal dont le **décor**★ et l'atmosphère vous ramèneront quelques décennies en arrière ou vous feront penser à quelques décors de cinéma. Les eaux y soignent entre autres les rhumatismes.

János Damjanich, un héros de la guerre d'indépendance

Victime de la parole trahie, János Damjanich, dont le musée porte le nom, est un des « treize martyrs » exécutés par le général autrichien Haynau à Arad le 6 octobre 1849 pour avoir résisté à la maison des Habsbourg. Au printemps de cette même année, les troupes hongroises contrôlaient parfaitement la situation militaire devant les Autrichiens. L'empereur François-Joseph demanda l'aide du tsar Nicolas Ier. Les forces russes et autrichiennes, supérieures en nombre et en armement, reprirent rapidement la situation en main. La lutte devenant inégale, les Hongrois durent capituler. Le général Haynau, surnommé la « hyène de Brescia » en raison de sa cruauté, devint le maître absolu de la Hongrie. Il promit au tsar d'éviter toute vengeance haineuse envers les vaincus. Manquant à sa parole, il fit fusiller les généraux hongrois. Le même 6 octobre, qui reste pour la Hongrie un jour de deuil commémoré chaque année, Haynau faisait fusiller à Budapest, le Premier ministre modéré Lajos Batthyány et plusieurs ministres.

Se loger et se restaurer

Tisza Hotel – *Verseghy park 2. ☎ 56/371 155. Fax 56/421 520. 33 chambres de 46 à 49 €.* De bon confort à des prix abordables. Pour le cadre, l'ambiance et la qualité de la table, le restaurant de l'hôtel mérite bien un repas.

Róza – *Petőfi Sándor u. 34.* Vous y goûterez la meilleure cuisine hongroise de la ville.

Tiszaliget – Dans ce quartier situé sur l'autre rive de la Tisza, vous trouverez autour du petit lac de **Csónakázótó** piscine et bains pour vous détendre.

EXCURSION

Cegléd – *35 km à l'Ouest par la route n° 4.* Cette petite ville possède un charme discret, presque timide. Elle honore la mémoire de **György Dózsa**, grand défenseur de la liberté. Cet homme de rigueur, au courage exemplaire, périt dans d'atroces souffrances. György Dózsa (1470-1514) était un soldat anobli après plusieurs exploits militaires. En 1514, l'archevêque d'Esztergom l'appela pour commander une armée levée parmi les paysans pour combattre les Turcs. Mais Dózsa rencontrant tant de difficultés pour organiser la lutte, sensible aux doléances et aux plaintes des paysans, prit leur parti et se retourna contre ses commanditaires. Il fut vaincu à Temesvár (Timişoara en Roumanie actuelle). Fait prisonnier, il fut torturé à mort par les nobles qu'il avait combattus. Au milieu de Kossuth Lajos tér, une statue – œuvre de József Somogyi – a été élevée à sa mémoire.
L'autre événement marquant lié à Cegléd est l'appel lancé par **Lajos Kossuth** contre les Habsbourg le 24 septembre 1848. Le **Kossuth Múzeum** Ⓥ *(Múzeum utca 5)* illustre sa vie au moyen de tableaux et d'objets personnels.

SZOMBATHELY

Département de Vas – 85 000 habitants

Carte Michelin n° 925 E 2

Ville universitaire active et bouillonnante, elle se différencie des villes touristiques comme Sopron ou Kőszeg. Créée par les Romains, elle se développe au Moyen Âge. Successivement, les Mongols, les Turcs et les Habsbourg la détruisent ou entravent son développement. Au 18e s., elle prend son essor dans tous les domaines. Par la suite, le chemin de fer favorise ses échanges commerciaux avec le Sud de l'Autriche. Son nom est une référence à son activité commerciale passée. Au Moyen Âge, le samedi *(szombat)* était souvent un jour de marché, *hely* signifiant lieu, endroit.
C'est à Szombathely que l'écrivain irlandais **James Joyce** fait naître le père de l'un des personnages de son roman *Ulysse*.

Un soldat romain aujourd'hui vénéré – L'homme, qui un soir d'hiver coupa son manteau en deux pour en donner la moitié à un pauvre qui avait froid, est né en 316 à Szombathely (alors Savaria). Quel destin que celui de ce jeune légionnaire romain, qui se convertit ensuite au christianisme, devint évêque de Tours, fonda de nombreux monastères et fut canonisé. Son nom : **saint Martin**.

CURIOSITÉS

Püspöki Palota – *Berzsenyi tér.* Le palais épiscopal et la cathédrale constituent les principaux centres d'intérêt de la ville. Ces deux bâtiments commandés par l'évêque János Szily à la fin du 18e s. ont été conçus par un architecte de Vienne, Melchior Hefeli, ainsi que la plupart des immeubles du quartier formant ainsi un quartier homogène.
Au rez-de-chaussée du palais épiscopal, la **Sala Terana** expose des fresques de Dorfmeister qui représentent les ruines romaines ; des objets et vêtements de culte, missels et bibles sont exposés ainsi que des photographies de la cathédrale avant les bombardements.

Romkert – Derrière la cathédrale, dans un parc, le **jardin des ruines** permet de découvrir les vestiges romains.
Colonia Claudia Savaria, la colonie fondée par l'empereur Claude en 43, devint la cité principale de la Haute-Pannonie. Plusieurs voies de communication se croisaient à Savaria. Les découvertes exposées dans le Romkert ont été mises au jour en 1938. À cet endroit fut bâtie une basilique dédiée à saint Quirin, dont on peut admirer quelques mosaïques.

Iseum Ⓥ – *Rákóczi út.* Reconstruction en béton d'un temple d'Isis, béton sur lequel sont incrustés quelques éléments d'origine. C'est assez triste mais on ne peut le manquer. Chaque année sont données dans ce décor des représentations d'opéras et des concerts.

Dominant ce sanctuaire, au n° 12 Rákóczi utca, la **galerie d'Art★** permet de faire connaissance avec l'art hongrois du 20e s. Dans cette même rue, l'ancienne **synagogue** avec ses deux tours à bulbe fait également partie des curiosités de la ville.

Savaria Múzeum Ⓥ – *Kisfaludi S. utca 9.* Le musée s'ouvre sur un jardin agréable. C'est un musée d'art populaire où sont exposées de nombreuses œuvres de bergers : collection d'objets et d'ustensiles domestiques de l'époque romaine, ainsi que des fioles et récipients en verre. Un musée d'histoire locale permet de mesurer les dégâts de la Seconde Guerre mondiale.

Arborétum – Au Nord de la ville, situé entre deux grandes avenues, Paragvári útja et 11-es-huszár u., que l'on quitte pour l'arboretum Kamoni. Plus de 2 000 plantes sont répertoriées dans un décor particulièrement rafraîchissant en été.

Vasi Múzeumfalu Ⓥ – *Árpád út 30.* Musée ethnographique de plein air illustrant la vie régionale du 18e au 20e s.

Dans le voisinage se trouvent deux lacs, **Horgásztó** et **Csónakázótó**, sur lesquels on peut s'adonner au plaisir du canotage.

EXCURSIONS

Ják – *12 km au Sud.* Cette petite commune conserve une splendide **église★★** abbatiale romane, considérée avec Zsámbék et Bélapátfalva comme un magnifique exemple de ce type d'architecture en Hongrie. La construction de cette église commandée par la famille Márton Nagy a commencé en 1220. Elle a été dédiée à saint Georges en 1256. L'établissement de monastères et la construction d'églises à cette époque exprimaient la puissance et le pouvoir des familles qui les commandaient. Cela s'exprimait également dans la conception et la réalisation des bâtiments où par exemple une galerie était réservée entre les deux clochers pour les membres de la noblesse.

Szelényi/MAGYAR KEPEK Kft

Ják – Portail de l'église

Ayant échappé à la destruction mongole, l'église a « subi » de nombreuses restaurations. Les dernières en date ont été faites entre 1896 et 1904 par l'architecte Frigyes Schulek qui a construit le bastion des Pêcheurs à Budapest. La plupart des sculptures du **portail** et notamment celles du tympan furent remplacées, des vitraux ajoutés et quelques éléments baroques retirés. Près de l'église abbatiale se trouve la chapelle St-Jacques.

Bük – *23 km au Nord-Ouest.* Station thermale très renommée dont les sources sont considérées comme les plus abondantes de Hongrie et même d'Europe centrale. Les eaux jaillissent à une température de 58°. Alcalines, elles sont indiquées pour les affections de la motricité et en gynécologie. Sous forme de cure, elles traitent affections biliaires et maladies gastriques. Un parcours international de golf de 18 trous est à la disposition des curistes ainsi que de nombreuses autres distractions.

Sárvár – *26 km à l'Est par les routes nos 86 et 88.* Sárvár est une station thermale approvisionnée par une eau qui surgit de 2 000 m de profondeur à une température de 83°. Cette eau contient du chlorure alcalin, du brome, de l'iode, des sulfates et des oligoéléments. On y soigne l'asthme, les maladies des voies respiratoires, les rhumatismes et les douleurs articulaires.

Sárvár, c'est aussi la ville où se trouve le château de la princesse vampire, Erzsébet Báthori, l'épouse de Ferenc II Nádasdy, prince du Sárvár, militaire héroïque appelé le « Capitaine noir », qui s'illustra dans la guerre contre les Turcs. Femme diabolique, elle torturait ses servantes jusqu'à la mort. Elle fut transportée en Transylvanie et enfermée dans un château où elle mourut. Son histoire aurait, dit-on, inspiré l'auteur de Dracula. Son portrait exposé dans la galerie du château Nádasdy ne laisse pourtant transparaître aucune méchanceté.

★★ **Nádasdy-vár** Ⓥ – Le château pentagonal actuel date du 16e s. Il appartenait à la famille Nádasdy, ouverte et cultivée, qui installa à Sárvár l'imprimerie qui édita les premiers livres en hongrois, une grammaire latine et une traduction du Nouveau Testament.

La cavalerie magyare

Les hussards s'inscrivent dans la tradition de l'armée et des troupes composées de Hongrois. La réputation de la cavalerie magyare remonte aux 10e et 11e s. Ses qualités étaient liées à la robustesse de leur monture, chevaux endurants et rapides. D'autre part, les cavaliers qui, de Hongrie, vinrent effrayer les paysans de la botte italienne, de la lointaine péninsule ibérique, des rives de la Baltique enrichissent histoires et légendes de leurs exploits. Ainsi, celui de Lehel, un chef hongrois qui, fait prisonnier, assomma le prince qui le retenait lui disant : « Tu me précéderas où tu voulais me conduire et tu y seras mon serviteur ». En effet, selon la croyance, toute personne qui en avait tué une autre de ses propres mains devenait son esclave dans l'au-delà.
La force de la cavalerie, sa suprématie tenait à sa légèreté, à la rapidité et à la précision du tir à l'arc des Hongrois. Les Hongrois avaient « inventé » l'arc à recul fait d'os et de bois collés. Petit, cet arc était très maniable, et les cavaliers tiraient sans ralentir leur monture. Sa forme et sa conception lui donnaient autant de force qu'un grand arc. Il avait une faiblesse, sa sensibilité à l'eau et à la pluie, qui détendait les cordes et décollait les éléments.

Le château Nádasdy abrite aujourd'hui un musée. Au 1er étage, la plus grande partie de ce musée illustre la vie des hussards (mannequins en uniformes, armes, cuirasses, etc.).
Également à l'étage, il est impossible de manquer la grande salle dite **salle des Chevaliers★★**, richement peinte et décorée. Les fresques du plafond datent du milieu du 17e s. et sont l'œuvre de Hans Rudolf Miller. Elles représentent des scènes de batailles contre les Turcs. Sur les murs, les peintures sont du 18e s., les scènes bibliques ont été réalisées par Dorfmeister.

Arborétum – De l'autre côté de Várkerület, l'arboretum dû à la famille royale de Bavière, dont le dernier occupant du château est mort en 1921, vous permettra une promenade calme et reposante, et aussi enrichissante pour qui voudra lire les noms en latin et hongrois des plantes et essences plantées là.

TAPOLCA

Département de Veszprém – 18 200 habitants

Carte Michelin n° 925 F 4 – Schéma : BALATON

Tapolca, petite ville sans caractère particulier, offre en plein centre un paysage agréablement organisé. Un petit lac en plein air, Malom-tó (lac du Moulin), alimenté par l'eau provenant des sources souterraines, est entouré de placettes et de terrasses très animées à la belle saison.

★ **Tavas-barlang** Ⓥ **(Grotte du Lac)** – *Kisfaludi utca 2.*
L'extraction de la bauxite dans les mines voisines impliquait un assèchement des nappes souterraines. Le pompage de cette eau a fait disparaître le lac souterrain de Tapolca qui pendant 7 ans est resté « sec ».
Découvert par hasard en 1902 par un maçon qui creusait un puits, le lac de Tapolca habite une suite de cavités creusées dans la masse de rochers calcaires du sous-sol. Il est situé à environ 18 m de profondeur et est facilement accessible grâce à 72 marches plus quelques pentes douces. Bien aménagé, ce site souterrain, dont la visite demande 45 mn environ, est intéressant.
Deux possibilités sont offertes aux visiteurs : une simple descente dans les grottes qui permet de comprendre et d'observer cette curiosité souterraine, ou la descente plus un tour du lac sur une petite barque métallique que l'on confie à l'une des trois personnes qui peuvent s'y asseoir.
L'air de ces grottes, totalement pur, est à 95 % d'humidité. La température de l'eau en permanence à 25°.

Se loger et se restaurer

Gabriella Hotel – *Batsányi tér 7.* ☎ *et fax 87/412 642. E-mail : mludasz@mail.elender.hu. 14 chambres de l'ordre de 38 €.* L'ancien moulin est devenu l'hôtel Gabriella, un petit hôtel très bon marché et familial avec restaurant. À la belle saison, il faut réserver.

Les cures de Tapolca – *Ady Endre utca 3.* Les sources chaudes et l'air au degré d'humidité supérieur à 95 % permettent de soigner efficacement les maladies des bronches, l'asthme notamment.

Iskola Múzeum Ⓥ – Le **musée de l'École** pourra étonner les plus jeunes et rappeler à certains des souvenirs d'enfance.

EXCURSION

★★ **Sümeg** – *18 km au Nord-Ouest.* Quel que soit le chemin qui vous conduira à Sümeg, le **château**★★ (Sümegi vár), posé sur son promontoire comme une miniature, s'imposera à votre regard. Sa silhouette découpée sur le ciel suscite la curiosité. Le château fut construit au 13ᵉ s. et renforcé au cours des ans. Jamais les Turcs ne purent le prendre. C'est en définitive les Autrichiens qui le détruisirent en 1710.

Sa visite compense les efforts nécessaires pour l'atteindre, ne serait-ce que pour les **vues**★ que l'on découvre lors de la montée : à l'Est, volcans éteints de Tapolca, monts Bakony. Dans la tour du 13ᵉ s., exposition de meubles, armes, armures... Dans la cour, à certaines heures, spectacles équestres et « petit tour à cheval ».

Dans la ville, l'**église paroissiale** (Római katolikus plébaniatemplom) sur Deák Ferenc tér fut construite par l'évêque Márton Padányi Bíró, un bienfaiteur de la cité. Il faut voir l'intérieur pour ses **fresques**★★ réalisées par Franz Anton Maulbertsch, peintre autrichien dont les œuvres couvrent les murs de nombreuses églises hongroises du 18ᵉ s. Cette église est parfois appelée la « Sixtine du rococo ». La comparaison est certes excessive, mais la visite est intéressante.

TATA★

Département de Komárom-Esztergom – 25 000 habitants

Carte Michelin n° 925 D 6

Une ville de l'eau et non pas une ville d'eaux, même si elle offre comme beaucoup de villes hongroises des bains thermaux. En effet, le drainage des marais, la régulation des cours d'eau ont entraîné un aménagement où l'eau prend toute son importance. Des canaux ont été créés, deux lacs importants, Öreg-tó (le vieux lac), Cseke-tó (le petit lac), agrémentent la ville, de nombreuses sources dont certaines sont chaudes jaillissent ici ou là... et ceci explique peut-être la présence du centre d'entraînement de l'équipe de natation hongroise.

Tata entre les monts Vértes et Gerecse a très tôt séduit les rois qui en firent leur résidence. Au 14ᵉ s., le roi Sigismond construisit un château à l'endroit où se trouve Öregvár (le vieux château). Avant de se rendre au couronnement de son fils Lajos, Erzsébet, la fille du roi, s'y cacha après avoir dérobé la couronne de Szent István. Le roi Mathias Corvin ajouta à sa résidence de Visegrád le château de Tata pour en faire un domaine de chasse royal. Lors de la grande peste de Buda, Ladislas y installa la Diète.

Tata, lieu de séjour, de loisirs, de promenades, offre la dernière semaine de juin un festival riche en spectacles, animations et présentations d'artisanat.

CURIOSITÉS

Tata possède deux lacs : **Öreg-tó**★★ (le vieux lac), plus de 250 ha, autour duquel est installée la ville, et Cseke-tó, le petit lac, dans la ville.

★★ **Öregvár** – L'origine du **vieux château** remonte au 14ᵉ s. Une tour subsiste de cette époque. Le château actuel est une construction néogothique du 19ᵉ s. Il abrite aujourd'hui le **musée Domonkos Kuny** ⌚★, du nom d'un maître céramiste de Tata.

Dans ce musée sont exposées des découvertes archéologiques, pierres romaines, médiévales... Au premier étage, illustration de la vie dans le château avec un très beau poêle en forme d'église gothique. Et en toute logique, une exposition de porcelaines que vous trouverez au 2ᵉ étage. Vous verrez également un billard grand modèle importé à la fin du 19ᵉ s. par un Anglais venu entraîner des chevaux au moment du développement des courses.

Les moulins – L'eau est aussi source d'énergie. Tata, ville des moulins, a compté de nombreux moulins à eau dont le dernier, construit en 1587, a fonctionné jusqu'en 1968.

Plusieurs moulins sont encore visibles, parmi ceux-ci : **Cifra Malom** dont il ne reste que des ruines *(Bartók Béla u. 3)*, **Nepomucenus Malom** *(Alkotmány u. 2)*, bien restauré et transformé en musée de la Minorité allemande qui fut importante à Tata.

Se loger et se restaurer

Tóvárosi Fogadó – *Tópart u. 11. ☎ 34/381 599. Chambres de 28 à 36 €.* Dans une belle maison traditionnelle, *panzió* donnant sur le lac.

Kristály – *Ady Endre u. 22. ☎ 34/383 577. Fax 34/383 614. 25 chambres de 30 à 45 €.* Une belle maison bicentenaire transformée en hôtel. Les chambres sont simples. Restaurant.

Gottwald – *Fekete u. ☎ 34/381 760. 15 chambres de l'ordre de 51 €.* Dans un environnement boisé, bel hôtel de standing avec restaurant.

Zöld Lovag Étterem – *Ady Endre u. 17.* Ce bar-restaurant vaut pour son cadre (cave voûtée) et sa décoration. Serveuses en costumes traditionnels.

Országgyűlés tér – Le **clocher** octogonal en bois datant du 18e s. montre la variété des talents de Jakab Fellner, qui construisit également la Esterházy-ház, aujourd'hui transformée en hôpital, dans la partie Ouest de la ville sur Hősök tere. C'est dans cette maison que François Ier, empereur héréditaire d'Autriche, trouva refuge avant de signer le traité de Schönbrunn avec Napoléon le 14 octobre 1809.

R. Palotas

Château de Tata

Nagy templom – Toujours dans le même secteur sur Kossuth tér, la grande église est une autre œuvre de Fellner.

Kálvária-domb (Colline du Calvaire) – Au sommet de cette colline, Fellner édifia une chapelle et une tour de 45 m de hauteur dont l'ascension est récompensée par un beau **point de vue★** sur la ville, les collines du Gerecse, parfois le Danube et la Slovaquie.

Cseke-tó – L'autre lac, plus petit, une dizaine d'hectares, est situé au Nord-Est de la ville dans une partie boisée entourée d'un parc à l'anglaise d'environ 200 ha. On y trouve le calme et la fraîcheur, l'ombre et la lumière des reflets dans l'eau. Dans ce parc, se tient une étrange église. Elle est faite de fausses ruines reconstituées par un architecte français, Charles Moreau, qui réutilisa les pierres d'une ancienne abbaye ainsi que des pierres tombales romaines. Près de l'entrée Sud du lac se trouve le centre d'entraînement de l'équipe nationale de natation.

ENVIRONS

Vértesszőlős – *5 km au Sud-Est par la route n° 100.* C'est dans cette région que vécut l'un de nos ancêtres, l'*homo erectus sapiens*, dont les restes furent découverts par László Vértes en 1960 le jour de la saint Samuel. Ce lointain parent, appelé *Samuel*, aurait été parmi les premiers bipèdes humanoïdes à penser. Certains éléments sont conservés au musée ethnographique de Budapest ; restent à Vértesszőlős quelques traces et souvenirs abrités et protégés.

Kocs – *8 km au Sud-Ouest.* Kocs (prononcez Kotche) est célèbre. C'est en effet en ce lieu que fut inventé le « coche » ou voiture hippomobile fermée à l'origine, tirée par 3 chevaux dont deux attelés en tête, le troisième tirant à partir de l'essieu arrière. Il n'y avait pas encore de suspension ou d'amortisseur entre la « caisse et les essieux », aussi les inventeurs du *kocsi* avaient-ils installé des coussins remplis de duvet et recouvert la partie réservée aux voyageurs d'une bâche, afin de rendre les voyages plus confortables. Le nom de cette voiture exportée dans toute l'Europe fut transformé en « coche » en français, « coach » en anglais..., contribution de la langue hongroise à l'enrichissement des autres langues.

TIHANY★★★

Département de Veszprém – 1 700 habitants

Carte Michelin n° 925 F 5 – Schéma : BALATON

Le site est étonnant. Il séduit par son aspect sauvage et sa silhouette longue de 5 km qui avance dans le lac Balaton et semble vouloir rejoindre l'autre rive. Malgré l'affluence des jours d'été, l'approche du village et de l'abbaye donne le sentiment d'un lieu exceptionnel. Réserve naturelle peuplée d'oiseaux, la presqu'île est déclarée site protégé depuis 1952.

LA PRESQU'ÎLE

Si vous choisissez d'accéder à la presqu'île par voie de terre, vous emprunterez naturellement la route n° 71. Mais vous pouvez d'une façon originale traverser le lac en prenant le bac à Szántód sur la rive Sud du Balaton. L'accès par la route longe une zone marécageuse appelée « lac extérieur » (Külső-tó). Le village de Tihany se situe sur une colline. En contrebas, des champs de lavande encerclent le « lac intérieur » (Belső-tó), étendue d'une trentaine d'hectares dont le niveau est à 25 m au-dessus du Balaton. Il faut bien compter une journée de marche pour rêver, méditer, admirer le site et la nature. Des sentiers généralement bien balisés permettent de parcourir la presqu'île avec en permanence la possibilité de se repérer par rapport à l'abbaye située en altitude.

Du belvédère situé à gauche de l'église, la **vue**★★ est magnifique sur le lac Balaton.

★★ APÁTSÁG ⓥ (ABBAYE)

Au milieu du 11e s., le roi André (András) Ier, qui avait épousé à Kiev en 1060 la fille du roi Jaroslav le Sage, fonda l'abbaye bénédictine de Tihany. André est le fils aîné de Vazul, cousin d'Étienne, à qui le roi avait fait crever les yeux et expulser les fils pour écarter cette lignée du pouvoir.

En 1267, la place est fortifiée. Elle résistera aux attaques successives des Turcs, mais ce sont finalement les Habsbourg qui détruiront en 1702 le château dont il ne reste aujourd'hui que quelques ruines.

★★ **Église abbatiale** – Elle fut construite au milieu du 18e s. sur le site de la première église.

L'**intérieur** est l'œuvre d'un frère qui aménagea, sculpta et décora l'ensemble dans le style baroque et rococo de l'époque. Les autels, le trône du père abbé, la balustrade du chœur et l'orgue sont l'œuvre de Sebastian Stuhlhof. Une partie des fresques du plafond a été peinte par Bertalan Székely, l'un des peintres du Panorama d'Ópusztaszer *(voir ce nom)*, Lajos Deák-Ebner et Károly Lotz à la fin du 19e s. Les fonts baptismaux et l'autel de Lourdes sont du 20e s.

L'orgue d'origine est l'œuvre du facteur allemand Silbermann. Détruit en 1945 par une grenade, il sera restauré. En 1993, un facteur hongrois d'Aquincum installe un nouveau mécanisme. Les concerts d'orgue donnés en été remportent un vif succès.

G. Durand/PHOTONONSTOP

Tihany – Église abbatiale

Crypte – C'est le seul vestige de l'abbaye romane. De belles voûtes d'arêtes soutenues par des piliers massifs abritent le tombeau du fondateur, le roi André Ier, mort à Zirc en 1060. Cette tombe royale a la particularité d'être la seule qui soit restée dans son état original. Au mur, on peut voir la copie de l'acte de fondation de l'abbaye (l'original se trouve dans l'abbaye de Pannonhalma).

Musée – Installé dans un bâtiment du 18e s. accolé à l'église, le musée présente des expositions temporaires ainsi qu'une exposition sur Charles IV de Habsbourg, dernier roi de Hongrie (1916-1918), qui attendit en vain à Tihany d'être rétabli sur son trône. Un lapidarium complète le musée, avec des pierres et sculptures d'origine romaine et médiévale.

Se loger

Kántás Panzió – *Csokonai u. 49. ☎ et fax 87/448 684. Chambres à 39 €.* Une adresse sympathique au cœur du petit village.

Panoráma – *Lepke sor 9-10. ☎ et fax 87/448 494. 30 chambres de l'ordre de 39 €.* Au bord du lac, cet hôtel porte vraiment bien son nom. Les chambres sont confortables et respirent le calme.

Tihanyi Kastélyszálló – *Fürdőtelepi u. 1. ☎ et fax 87/448 611. 25 chambres de 23 à 73 €. Ouv. mai au 15 oct.* Au bord du lac Balaton, cet hôtel de luxe situé dans un parc de 5 ha fut jadis le manoir de l'archiduc Joseph. Une petite folie !

Se restaurer

Fogas Csárda – *Kossuth Lajos u. 9.* La plus vieille auberge de la ville sert principalement des plats de poissons du lac Balaton. Laissez-vous tenter par le célèbre fogas, sorte de sandre. En été, préférer la terrasse avec vue sur la vallée.

Echo Étterem – *Visszhang u. 23, 8237 Tihany. Ouv. avril-sept.* Restaurant offrant une vue imprenable sur le lac Balaton. Il a également la particularité de se trouver au sommet de la colline de l'Écho.

Pál Csárda – *Visszhang u. 19.* Une petite auberge traditionnelle avec terrasse et buvette extérieure. Spécialités hongroises.

Tihanyi Babamúzeum – *Visszhang u. 4.* Prenez un verre au café du musée de la Poupée, c'est charmant.

AUTRES CURIOSITÉS

À proximité de l'abbaye, deux rues particulièrement touristiques : **Árpád utca** et ses inévitables boutiques de souvenirs, et **Pisky István sétány**.

Halászház (Maison du pêcheur) – Elle retrace la vie traditionnelle d'un pêcheur du Balaton et expose des produits de l'artisanat populaire.

Csúcs – L'ascension de la colline de Csúcs (alt. 232 m), située au Nord-Ouest de la presqu'île, offre un superbe **point de vue★★**.

Les petites grottes – Creusées par les moines russes du temps du roi André Ier, ces grottes sont encore visibles, ainsi qu'un puits, vestige de la vie domestique des moines.

La colline de l'Écho – Même si ce n'est plus vérifié aujourd'hui, cette colline est connue pour son écho qui renvoyait jusqu'à 16 syllabes.

★ **Les anciens geysers** – Dans un paysage volcanique, plus d'une centaine de cônes marquent l'emplacement des geysers qui jaillissaient sur la péninsule et qui se sont trouvés pétrifiés à la suite d'éruptions volcaniques. Le plus beau se situe derrière **Aranyház** (Maison d'Or).

TISZA-TÓ

Lac de la TISZA – Département de Jász-Nagykun-Szolnok

Carte Michelin n° 925 D 11

La Tisza, source de richesses qui irriguait les terres mais aussi source de dangers *(voir Szeged)*, a été régularisée grâce aux grands travaux lancés par Széchenyi dans le premier tiers du 19e s. Après la Seconde Guerre mondiale, les besoins en énergie conduisirent les autorités locales à étudier le projet du barrage sur la Tisza, dont la **retenue** est le Tisza-tó, le lac de la Tisza. L'autre vocation de cette retenue était d'irriguer les terres que la régulation de la rivière avait asséchées et qui étaient recouvertes de sel.

Aujourd'hui, la retenue qui couvre 127 km? s'étale en une succession de plans d'eau aux formes dissemblables. Peu profonds, ils offrent une eau calme, proposent des îles, des criques, un paradis pour les pêcheurs avec, hélas diront certains, des zones réservées au motonautisme.

Vacances et protection de la nature sont malgré tout les maîtres mots de la région. Lors de la régulation de la Tisza, un pont fut construit, qui mettait Tiszafüred sur la route de Debrecen vers Budapest. Au Nord de ce pont, une zone de protection de la nature, inaccessible sans autorisation, a été instituée, qui permet l'étude, la surveillance des plantes et des animaux. Au Sud, des aménagements variés, du camping à l'hôtel de standing en passant par le thermalisme, toutes les formes d'hébergement existent, qu'accompagnent les distractions et plaisirs liés à l'eau.

TISZAFÜRED 15 000 habitants

C'est la principale station de vacances du secteur. De nombreux étrangers viennent y séjourner pour profiter du calme et généralement s'adonner aux plaisirs aquatiques. Pêcher, nager, faire du bateau, du ski nautique ou tout simplement s'allonger au soleil après un bain dans une eau chaude (le lac peu profond s'échauffe vite sous le soleil d'été), pas de doute les journées sont ici bien remplies. Sur place, les agences de

Se loger et se restaurer

À Tiszafüred

Vadász – *Szöllősi u. 4. ☏ et fax 59/351 910. Chambres à 10 € sans petit-déjeuner.* Un petit hôtel simple et charmant.

Fidibus – Près du camping Horgász, ce bateau amarré à la rive peut vous faire rêver même si l'horizon est tout proche.

Füzes – Spécialités de *lángos*, beignets enduits d'ail, salés, fourrés à la viande.

tourisme vous permettront d'obtenir les permis de pêche nécessaires, de louer un bateau ou de prendre les tickets pour des promenades sur le lac.

En flânant dans la partie Sud de la ville, vous découvrirez plusieurs maisons traditionnelles ainsi que des poteries. Vous pourrez aussi visiter le **Kiss Pál Múzeum** ⓥ *(Taricsky sétány 6)*, sorte de musée du pêcheur qui présente également des selles de cavaliers – il est vrai que la région de l'Hortobágy *(voir ce nom)* est toute proche.

Villes d'eaux

Circuit de 145 km – compter une journée. Quitter Tiszafüred par la route n° 34 au Sud.

Berekfürdő – Station thermale très agréable surtout fréquentée par les Hongrois.

Karcag – La ville du fer forgé possède quelques curiosités dignes d'intérêt. Le **Győffy István Múzeum** *(Kálvin u. 4)* expose non seulement des objets artisanaux mais aussi des éléments forgés par les artisans du lieu. Voir également : **Kántor Sándor Fazekaház** *(Erkel Ferenc u. 1)*, maison de la poterie, et **Nagykunsági Tájház** *(Jókai u. 16)*, maison régionale meublée traditionnellement.

Prendre au Sud la route n° 4 vers Kisújszállás et Szolnok.

Kenderes – Cette petite bourgade est connue en tant que ville natale et résidentielle de l'amiral Miklós Horthy, chef d'État de 1920 à 1944 en qualité de régent. On dit qu'il avait fait construire à travers la campagne une conduite d'eau de 30 km qui reliait la Tisza à sa résidence familiale. Exilé au Portugal, il mourut en 1957. Ses cendres furent ramenées dans sa ville natale en 1994.

Prendre la route n° 3404 puis 3221 vers le Nord pour retrouver le lac.

Kisköre – Cette petite station au Sud-Ouest du lac près du barrage est moins fréquentée que Tiszafüred. Elle offre les mêmes services et les mêmes distractions à ceux qui aiment une ambiance familiale.

Revenir à Tiszafüred par la route qui longe le barrage et la rive Est.

TOKAJ

Département de Borsod-Abaúj-Zemplén – 5 500 habitants

Carte Michelin n° 925 B 13 – Schéma : BÜKK

Une petite ville dont le nom évoque un vin des plus célèbres baptisé par Louis XIV le « roi des vins et le vin des rois ».
Le vin de Tokaj doit sa réputation à sa qualité, mais la reconnaissance du Roi-Soleil lui aura donné et lui donne encore une notoriété certaine. Le bourg de Tokaj est modeste et donne son nom aux différents vins d'une région qui compte 6 000 ha de vignes et de nombreux crus. Le vin qui séduit le roi de France lui fut apporté par Ferenc Rákóczi venu chercher sa protection. Le plus connu des vins est aujourd'hui le **tokaji aszú** *(voir le chapitre sur la Gastronomie)* auquel une préparation spéciale confère un goût particulier.

Les vins de Tokaj – Les vins de Tokaj connus depuis le Moyen Âge s'exportent depuis cette époque. Leur popularité n'a jamais baissé. Un dicton polonais affirmait : « ce qui n'est de Tokaj, n'est pas vin », de quoi faire pâlir certains viticulteurs. Les grands, les rois aimaient ce vin. Même le pape Pie IV disait : « voilà un vin qui convient au Pape ». Pierre le Grand de Russie se fit acheter un vignoble de la région. Beethoven, Voltaire, Schubert buvaient le tokaj et en vantaient les qualités. Des Grecs fuyant devant les Turcs s'installèrent à Tokaj et dans la région aux 17e et 18e s. Ils contribuèrent activement au développement du commerce des vins.

CURIOSITÉS

Petite ville au confluent des rivières Bodrog et Tisza, la rénovation de son centre lui a donné le caractère d'une agglomération provinciale heureuse qui sait recevoir notamment les amateurs de vins. Malgré son éloignement de la capitale (233 km), la région dont les attraits touristiques sont divers et variés attire tout au long de l'année touristes et visiteurs. Il n'est pas rare de voir en fin de semaine des groupes d'une vingtaine de personnes, cadres d'entreprises et leurs épouses en « formation » culturelle et gustative, qui viennent apprendre à connaître les vins pour pouvoir en parler et porter au loin la réputation des produits hongrois. Quelques caves comme **Rákóczi Pince** *(Kossuth Lajos tér 13)* savent organiser des dégustations qui permettent de découvrir les vins. Rákóczi Pince se trouve à l'entrée d'une ancienne cave creusée dans le sol qui s'allonge sur plusieurs kilomètres. Sont stockés là tonneaux et bouteilles qui vieillissent en attendant l'acheteur.

Tokaji Múzeum ⓥ – *Bethlen Gábor utca 7.* Le **musée de Tokaj** est installé dans la demeure d'un négociant d'origine grecque. La cave et les combles sont consacrés au vin. Dans la cave : hottes, tonneaux de Gönc, bouteilles d'âges et de cépages différents, objets et instruments qui servent à la vinification, à la mise en bouteilles, etc. L'exposition dans les combles est consacrée à la culture et à la préparation de la vigne. Au rez-de-chaussée : objets religieux dont un prie-Dieu incrusté d'ivoire, un ostensoir, plusieurs crucifix sculptés dans le bois et peints, une collection d'icônes parmi lesquelles un petit triptyque. Au premier étage, reconstitution de l'appartement du négociant grec qui dans la région a participé au règlement de nombreux contrats concernant la corporation des vignerons et producteurs de vin.

TOUR DU MASSIF DU ZEMPLÉN

Circuit de 172 km – compter une journée

Quitter Tokaj par la route n° 3615 en direction de Tarcal, puis prendre à gauche la route n° 37.

Szerencs – Habitée depuis les grandes invasions, Szerencs a – comme toutes les cités de Hongrie – vu se succéder de nombreux occupants. Une abbaye bénédictine s'est installée sur le site au 13ᵉ s., mais c'est à partir du 16ᵉ s. que Szerencs fut célèbre pour son **château**. C'est sur les ruines de l'abbaye que fut construit au 16ᵉ s. le château fort qui, à la fin du siècle, devint propriété des Rákóczi. Dans ce château, István Bocskai fut élu prince de Transylvanie, puis de toute la Hongrie. Il reçut la couronne royale offerte par le sultan, mais, prudent, il ne s'engagea pas et ne la porta pas. La famille Rákóczi succéda à István Bocskai. C'est dans ce château que Zsigmond Rákóczi accéda au trône. Après l'échec de la lutte pour l'indépendance, malgré les bonnes relations établies avec Louis XIV et avec le tsar, Ferenc II Rákóczi dut se résoudre à l'exil. Il sera accueilli en Turquie par le sultan et y restera jusqu'à sa mort. « Honnête homme », il partage son temps entre l'étude, l'écriture, l'artisanat et la chasse. Ses cendres seront rapatriées en Hongrie en 1906, il sera enterré à Kassa, une ville qui, depuis le traité de Trianon, se trouve de l'autre côté de la frontière, aujourd'hui en République slovaque. Le château récupéré par les Habsbourg fut offert en guise de récompense aux serviteurs de la cour.
Restauré après la Seconde Guerre mondiale, il a changé de fonction. Il abrite aujourd'hui des services municipaux, une bibliothèque, une salle de théâtre, un musée d'histoire locale et un hôtel (Huszárvár, le Château du Hussard).

Quitter Szerencs au Nord par la route n° 3712.

La route traverse une campagne verdoyante et vallonnée tout au long du parcours et permet de faire le tour du massif du Zemplén.

★ **Vizsoly** – C'est dans ce village que se trouve l'imprimerie qui, en 1590, édita la première Bible en hongrois. La traduction revint à Gáspár Károli qui était pasteur à Gönc. L'événement est d'importance car c'était le premier ouvrage imprimé en hongrois. De l'autre côté de la large rue qui traverse Vizsoly, l'**église réformée** (Református Templom), parfaitement restaurée, découvre dans un éclairage très étudié de splendides **fresques**★★ dont certaines datent du 13ᵉ s., les plus récentes ayant été peintes avant la fin du 15ᵉ s. Lorsque la réforme calviniste s'imposa, ces fresques furent recouvertes d'enduit blanc. Ce n'est qu'en 1940 qu'elles réapparurent. Une inscription dit : « Si tu n'es pas ici pour prier, ne t'attarde pas. » Prenez quand même le temps de vous arrêter et de regarder.

MAGYAR KEPEK Kft

Vignes dans la région de Tokaj

Se loger et se restaurer

Makk Marci – *Liget köz 1. ☎ 47/352 336. Chambres de l'ordre de 25 €.* Dans le centre-ville, une sympathique *panzió* familiale. Accueil chaleureux. Pizzeria.

Toldi Fogadó – *Hajdú köz 2. ☎ 47/353 403. Chambres de l'ordre de 35 €.* Dans une rue piétonne, le restaurant le plus connu de Tokaj. Atmosphère conviviale. Cuisine hongroise et internationale. Quelques chambres.

Dans les environs

Tokaj Disznókő – *☎ 47/361 371.* À une dizaine de kilomètres de Tokaj, sur la N 37, à l'intersection avec la route 3615, ce domaine viticole propose des visites et des dégustations du fameux tokaji aszú. Le domaine existe depuis le 18e s. et a été repris par la société française AXA-Millésime en 1992. Il y a également un restaurant réputé dans les caves d'un beau château du 17e s. Cuisine internationale de qualité.

Gönc – Ce village est le pays des tonneliers, dont le tonneau dit de Gönc est devenu l'unité de mesure pour le tokaji aszú.

Poursuivre jusqu'à Bózsva et peu après prendre à gauche, puis passer Nyíri et Füzérkomlós.

Hollóháza – Célèbre fabrique de porcelaines (vases décorés de motifs floraux) dont la réputation s'étend au-delà des frontières.

Rebrousser chemin et à Füzérkomlós prendre une petite route à gauche.

On aperçoit très bien, campé sur une butte, le château fort de **Füzér** qui a appartenu à la famille Rákóczi.

Pálháza – L'**église réformée** (Református Templom) est un édifice baroque avec un clocher en bois. Si vous avez le temps, faites une balade agréable à travers bois en prenant le petit train forestier à voie étroite qui vous emmènera jusqu'à Kőkapu.

Széphalom – Ce village eut comme résident **Ferenc Kazinczy** (1759-1831) qui au 18e s. fut le rénovateur de la langue hongroise.

De Széphalom à Sátoraljaújhely, la route suit la frontière qui sépare la Hongrie de la Slovaquie.

Sátoraljaújhely – Cette ville frontière fut aussi le domaine des Rákóczi.

★ **Sárospatak** – *Voir ce nom.*

La route n° 37 termine la boucle autour du Zemplén.

VÁC

Département de Pest – 35 000 habitants

Carte Michelin n° 925 C 8 – Schéma : DUNAKANYAR

Une ville sur le Danube, sans doute moins brillante et moins riche qu'Esztergom, peut-être moins pittoresque et moins visitée que Szentendre, mais qui pourtant mérite une visite. Sa situation sur la rive gauche la différencie déjà des autres. Carrefour fluvial au 2e s. sous le nom romain d'*Uvcenum*, Vác se vit doter d'un évêché sous le règne d'Étienne Ier. Au 18e s., les évêques lui donnèrent ce côté baroque qu'elle affiche toujours aujourd'hui.

CURIOSITÉS

Promenade le long du Danube – Du Nord au Sud, successivement Liszt Ferenc sétány, Ady Endre sétány et József Attila sétány, cette longue promenade est un lieu très fréquenté pendant les beaux jours. On peut y flâner, pique-niquer, les enfants peuvent s'y amuser. L'été, le fleuve rafraîchit l'atmosphère, il semble qu'un léger courant d'air accompagne le cours du Danube pour le bien-être des promeneurs... Entre Liszt Ferenc sétány et Ady Endre sétány, un embarcadère vous permet de prendre le bac qui transporte aussi les voitures sur l'île de Szentendre. Un peu plus loin, l'**église franciscaine** (Ferences templom) mérite une halte. Cette petite église baroque et la placette qui la borde (Géza király tér) marquent le centre de la ville médiévale. À l'intérieur de l'édifice repose le roi Géza Ier. La chaire a été sculptée par un frère qui y a représenté les quatre vertus cardinales (Justice, Prudence, Force et Tempérance).

Prendre à gauche Budapesti Fő út.

Konstantin tér – Cette grande place rectangulaire doit sa disposition aux différents évêques qui se sont succédé. L'imposante **cathédrale** néoclassique qui s'ouvre par un portique à six colonnes corinthiennes est attribuée à un architecte français, Isidore Canevale, qui, en fait, a poursuivi l'œuvre commencée par deux architectes autrichiens, Frany Anton Pilgram et Johann Hausmann. À l'intérieur, une fresque orne la coupole. Œuvre de Franz Anton Maulbertsch, elle représente la rencontre de la Vierge et de sainte Élisabeth. Dans la crypte subsistent des vestiges de la cathédrale médiévale.

Face à la cathédrale se trouve l'**ancien palais épiscopal** (Püspöki Palota) entouré d'un parc. En poursuivant sur Köztársaság út, vous passerez devant la **colonne de la Trinité** (18e s.) et l'**église des Piaristes** (Piarista Templom) bordée d'un marché couvert réalisé dans le style « organique » par László Sáros.

Március 15 tér – Tout en longueur, cette place est bordée de maisons baroques à un seul étage. Au n° 11, l'**hôtel de ville** (Városháza) commencé en 1736 ne fut terminé que pour la visite de Marie-Thérèse en 1764. De très bonnes proportions, le bâtiment est orné d'un balcon en fer forgé et de sculptures représentant la Justice, les armes de Hongrie, mais aussi celles de la famille Migazzi.
Köztársaság út se termine par un **arc de triomphe** dû à l'évêque Migazzi pour la visite de Marie-Thérèse. Cet arc de triomphe jouxte un édifice offert à la ville de Vác par Marie-Thérèse, d'où son nom Theresianum.

Theresianum – Aujourd'hui maison d'arrêt, c'était à l'origine une académie destinée aux jeunes Hongrois de familles nobles, qui fonctionna jusqu'en 1855. Après l'échec de la révolution de 1848, le bâtiment fut transformé en prison. Le régent, Miklós Horthy, en fit entre les deux guerres mondiales l'établissement pénitentiaire le plus dur et le plus sûr du pays. Les prisonniers politiques y étaient incarcérés. Le régime communiste en conserva l'affectation sans en adoucir la discipline. Parmi les hôtes forcés de cette prison, un certain Abraham Lajbi Hoch qui en réchappa. Plus connu sous le nom de **Robert Maxwell** et devenu un magnat de la presse, il eut une fin tragique (pour certains mystérieuse). En 1991, il tomba à l'eau de son bateau et se noya.

EXCURSION

Vácrátót – *10 km au Sud-Est par la route n° 2104.* L'**arboretum** ⓥ★★ peut être considéré comme un paradis pour les botanistes, une merveille pour les amateurs. Fondé par le comte Sándor Vigyázó en 1870, ce parc était à l'origine un grand jardin à l'anglaise s'étendant sur 29 ha. Vilmos Jámbor, botaniste paysagiste, le transforma en un lieu d'études et de recherches scientifiques sans lui enlever son charme. Plus de 12 000 espèces y sont conservées dans des conditions rappelant leur milieu naturel.

VESZPRÉM★

Département de Veszprém – 64 000 habitants

Carte Michelin n° 925 E 5 – Schéma : BALATON

Au Nord du lac Balaton, accrochée à plusieurs collines, la ville universitaire de Veszprém offre un visage original. La partie la plus agréable et la plus pittoresque est la vieille ville ou quartier du château.

La ville des reines – Le roi Étienne Ier fonda l'évêché de Veszprém et fit construire la forteresse au 11e s. Depuis le couronnement de Gisèle (Gizella), l'épouse d'Étienne Ier, toutes les reines de Hongrie furent couronnées par l'archevêque de Veszprém. Très attachées à la ville, les souveraines en firent un de leurs lieux de résidence préférés.
L'histoire n'a pas épargné Veszprém. Avant les invasions turques, les rivalités entre Ferdinand de Habsbourg et János Szapolyai entraînèrent une première destruction de la ville. Par la suite, les luttes et combats entre les armées autrichiennes et les Turcs conduisirent Vienne à détruire la forteresse en 1702. La guerre d'indépendance soutenue par Rákóczi acheva la destruction de ce qui restait de Veszprém.
Le lieu restait intéressant, l'Église participa à sa reconstruction et la plupart des bâtiments que l'on peut admirer aujourd'hui datent de la fin du 18e s. et du début du 19e s.

★LA VIEILLE VILLE

Laisser la voiture sur Óváros tér.

On pénètre dans la vieille ville par **Hősök Kapuja**, la porte des Héros. Juste avant de franchir cette porte, il est intéressant de monter au sommet de **Tűztorony** (tour du Feu) pour découvrir un très beau **panorama**★★ sur la ville et ses environs dont les monts Bakony.

Vár utca – La seule rue de la vieille ville commence à la porte des Héros. Tout au long se succèdent des bâtiments de différentes époques. L'**église des Piaristes** de 1836 se trouve au n° 14. Juste après, l'**École de l'Ordre** au n° 10, construite en 1740. En face, au n° 21, une construction de Jakab Fellner, l'architecte de Tata qui construisit également le **palais épiscopal** au n° 16 ainsi que le bâtiment du personnel de l'évêché au n° 14.
Les bâtiments n'offrent pour la plupart que leurs façades qui participent à l'atmosphère particulière de cette rue où généralement s'engouffre le vent, ce qui fait dire qu'à Veszprém « ou le vent souffle ou les cloches sonnent » car le carillon de la tour du Feu sonne à chaque heure.

★ **Gizella-kápolna** – La chapelle **Gisèle** fut découverte au 18e s. au début de la construction du palais. Elle date vraisemblablement du 13e s. comme en témoignent les fresques d'inspiration byzantine qui décorent ses parois.

Ph. Roy/HOA QUI

Veszprém – Dans la vieille ville

Cathédrale Szent Mihály – Son origine remonte au 11ᵉ s., elle fut détruite et reconstruite à plusieurs reprises. Seule la **crypte★** gothique a survécu, elle est originale et mérite une visite. Durant les mois d'été, des expositions temporaires y sont présentées.
À proximité, plusieurs vestiges sont visibles sous un dôme transparent. Ils proviennent de la **chapelle St-Georges** (Szent György kápolna) fondée au 10ᵉ s.

Gizella Múzeum – *Vár utca 35.* Objets de culte provenant du trésor de l'évêché ainsi que des œuvres d'art chrétien.

L'**église Szent István** (St-Étienne) de l'ordre des Franciscains jouxte le musée.
La rue Vár utca se termine à l'extrémité des remparts et est surnommée le « Bout du Monde ». De cet endroit, la **vue** s'étend jusqu'à Benedek Hegy (la colline Bénédictine) et jusqu'au viaduc qui enjambe le cours d'eau Séd. Les statues de saint Étienne et de la reine Gisèle érigées pour le 900ᵉ anniversaire de la mort du premier roi de Hongrie semblent veiller sur la ville.

AUTRES CURIOSITÉS

Au Sud, au pied de la colline du château.

Megyeház – *Megyeház tér.* Le siège du Conseil de département est un bâtiment éclectique de la fin du 19ᵉ s.

Petőfi Színház – *Óvári Ferenc utca 2.* Le **théâtre Petőfi** mérite un coup d'œil pour ceux qui s'intéressent à l'Art nouveau.

Laczkó Dezső Múzeum – Des costumes des communautés qui ont habité les régions slovaques, allemandes, hongroises, et des objets d'usage domestique y sont exposés. Également une exposition archéologique relatant l'occupation romaine de la région.
Sortant du musée, vous verrez sur la gauche la **Bakony ház**, une maison paysanne du 18ᵉ s. reconstruite et transformée en atelier de souffleur de verre.

EXCURSIONS

Chemin des arts de la table : porcelaine et cristal – *Circuit de 65 km. Quitter Veszprém à l'Ouest par la route nº 8.*

Herend – Attention fragile ! Et pourtant cela fait plus d'un siècle et demi que les porcelaines d'Herend sont dressées sur les tables prestigieuses. Le motif Victoria « fleurs et papillons » est toujours répété. Un arrêt à Herend s'impose pour la visite du **musée de la Porcelaine** (Herendi Porcelán Múzeum) qui présente les plus belles **pièces★** de la collection. Un ensemble moderne a été construit pour mettre en valeur les produits de la manufacture d'Herend. Fermant une place agrémentée d'un bassin avec jets d'eau, trois bâtiments en brique abritent des ateliers qui montrent la fabrication des porcelaines. Pour finir la visite, un passage obligé, le magasin de vente : de très belles pièces, les prix sont à la hauteur.
En 1826, un habitant de Sopron qui travaillait dans une manufacture de porcelaine s'installa à Herend. Malheureusement, il accumula des dettes et en 1839 dut céder son « affaire » à l'un de ses créditeurs, Mór Fischer, fabricant de porcelaine de Tata. Celui-ci la développa techniquement et commercialement, améliorant les produits au point d'atteindre la qualité de la porcelaine viennoise. Il fit venir des techniciens étrangers, s'inspira du style et de la technique de Meissen (où un chimiste avait découvert le secret de la porcelaine blanche et des possibilités de la décorer). À cette époque, les por-

MAGYAR KEPEK Kft

celaines japonaises et chinoises étant achetées à prix d'or, la porcelaine de Herend pouvait les concurrencer. Herend proposa ses premières pièces décorées de fleurs et de papillons. En 1851, les produits de Herend étaient présentés à l'Exposition universelle de Londres parmi les 19 manufactures les plus importantes. La reine Victoria fut séduite par les fleurs et les papillons et commanda un service complet pour la table royale.
Quelques années plus tard, à l'occasion d'une exposition à New York, le président des États-Unis de l'époque acheta toute la production disponible réalisée en 15 ans. Mais Mór Fischer, plus préoccupé de l'aspect artistique que commercial, vit l'entreprise décliner ; elle déposa son bilan et l'homme qui l'avait créée mourut.
Pour éviter la fermeture, les nouveaux dirigeants se lancèrent dans une production intensive. À partir de 1870 furent produites de petites statues, des scènes de chasse, etc. En 1936-1937, la manufacture fut relancée après avoir gagné des médailles d'or aux expositions de Bruxelles et Paris. Nationalisée en 1948, elle a été rachetée par ses ouvriers en 1992 et est de nouveau florissante.

Prendre la petite route en direction de Szentgál et Úrkút.

Ajka – Le bon vin s'épanouit dans le cristal. Pour compléter la porcelaine, un beau service de verres en cristal permettra d'apprécier vins et boissons. Aussi un deuxième arrêt à Ajka s'impose-t-il, ne serait-ce que pour flâner dans les nombreux magasins qui vendent services et objets de cristal.
Cette région de forêts appartenant au domaine royal fut progressivement découpée et cédée à des seigneurs féodaux. C'est ainsi que la famille Ajkay s'installa au confluent de deux cours d'eau, la Torna et la Csinger.
Une industrie vit le jour à Ajka en 1878, importée par la famille Zichy. Établie à Úrkút, cette famille déplaça son atelier à Ajka où il fonctionna jusqu'en 1918. Relancée en 1921, cette industrie ne cesse de se développer depuis.
Aujourd'hui encore, les techniques utilisées sont traditionnelles, utilisant notamment le soufflage à la bouche. La production est distribuée en Europe de l'Ouest et en Amérique du Nord.

Bányászati Múzeum, le musée de la Mine, est installé dans la forge.

Magyarpolány – Dans ce charmant village, 36 maisons datant de la fin du 19e s. et du début du 20e s. font partie de l'héritage national de Hongrie. Dans l'une d'elles, vous trouverez un petit musée populaire ainsi qu'un atelier artisanal.

Revenir à Veszprém par la route n° 8.

Öskü – *14 km au Nord-Est. Prendre la route n° 8 en direction de Székésfehérvár.*
Une curiosité dans le paysage : un gros champignon unique en son genre qui devrait attiser votre curiosité. Ce n'est pas une création de Walt Disney, mais tout simplement une **chapelle** ronde coiffée d'un toit hémisphérique. Les murs sont du 11e s., la toiture et le chœur du 15e s.

VISEGRÁD★★

Département de Pest – 2 100 habitants

Carte Michelin n° 925 C 7 – Schéma : DUNAKANYAR

« La forteresse haute » est une halte obligée pour tous ceux qui entreprennent de suivre la courbe du Danube en voiture. On s'y arrête pour contempler le fleuve mythique. Ce n'est pas par hasard que rois et reines y construisirent châteaux et résidences. Il y avait bien entendu des raisons stratégiques, mais il y avait surtout la beauté et la richesse du site. De nombreux souverains d'Europe furent reçus à Visegrád.

UN PEU D'HISTOIRE

Avant le 10e s., les Romains dans leur aventure s'arrêtèrent devant le Danube. Ils occupèrent la rive droite du fleuve et construisirent une place forte sur ce site habité par des Slaves qui appelaient l'endroit **Visegrád** (la forteresse haute). Deux siècles et demi après la fondation de la Hongrie, sur les instructions du roi Béla IV furent entrepris les travaux de construction d'un château-résidence au pied du mont et d'une citadelle au sommet. Le roi Charles Robert d'Anjou, qui régna de 1307 à 1342, décida de la construction du palais royal dont les ruines ont été mises au jour en 1934 seulement. En 1335, le roi reçut à Visegrád le roi de Pologne, le roi Jean de Bohême, le prince Rodolphe de Saxe, le prince de Bavière Henri de Wittelsbach et les représentants de l'ordre des chevaliers Teutoniques. Cette réunion dura deux mois et permit de mettre un terme aux différends entre le roi de Pologne et l'ordre Teutonique et aussi de déterminer le tracé d'une voie commerciale passant par Vienne. Les successeurs de Charles Robert revinrent à Buda tout en poursuivant les travaux et en résidant à Visegrád selon leur bon plaisir. Le roi Mathias et la reine Béatrice firent intervenir des artistes italiens de la Renaissance, qui enrichirent le château de fontaines, de décors, de jardins. Le couple royal y reçut des hôtes de marque, parmi eux un légat du pape qui décrivit le palais de Visegrád comme « un paradis sur terre ».

La destruction du palais par les Turcs, l'utilisation du château comme carrière, le temps firent tomber dans l'oubli jusqu'à l'image du château. Personne ne croyait qu'en cet endroit un palais de 600 m de long sur 300 m de large avait été le témoin des fastes du royaume. C'est en 1934 qu'un architecte, Frigyes Schulek (créateur du bastion des Pêcheurs sur la colline du Château à Budapest), commença à dégager le site.

Se loger

Haus Honti – *Fő u. 66. ☎ et fax 26/398 120. 27 chambres de 32 à 48 €.* Dans le centre du village, une *panzió* fort convenable.

Silvanus – *Fekete-hegy. ☎ et fax 26/398 311. 72 chambres de 71à 89 €.* Situé juste au-dessus de la forteresse, cet hôtel moderne offre une vue splendide sur la fameuse courbe du Danube.

Se restaurer

Jáger Csárda – *☎ 26/398 070.* À quelques centaines de mètres de la forteresse, cet immense restaurant très touristique possède plusieurs terrasses donnant sur le Danube. Spécialités de gibier.

Gulyás Csárda – *Nagy Lajos kir. u. 4.* Restaurant traditionnel joliment décoré d'ail et de paprika. Spécialités hongroises : soupe de framboises, salade d'écrevisses, gibier.

CURIOSITÉS

Salamon-torony Ⓥ **(Tour Salomon)** – On la découvre en arrivant de Budapest. Il faut soit laisser la voiture sur le parking le long du Danube, soit faire une soixantaine de mètres et tourner à gauche pour prendre Salomon-torony utca. Cette tour hexagonale de 31 m de hauteur, aux murs atteignant jusqu'à 8 m d'épaisseur, possède 5 niveaux. Elle servait autrefois de tour de guet pour surveiller le fleuve.

Királyi Palota Ⓥ **(Palais royal)** – Revenant de la tour Salomon, il ne faut pas reprendre la route de la rive, mais poursuivre parallèlement sur Fő utca où au n° 27, à environ 500 m, on trouve les restes du palais royal parmi lesquels divers documents et des copies d'ornements architecturaux permettent de reconstituer l'ensemble. Au 15e s., avec plus de 300 pièces, le palais connut l'apogée de sa splendeur. On peut voir la cour d'honneur, deux fontaines, **Herkules-kút** (fontaine d'Hercule) ornée des armes et **Oroszlános kút** (fontaine aux Lions).

★★ **Fellegvár** Ⓥ **(« Château des nuages »)** – *À gauche après l'église, prendre une route qui part de Fő utca. Elle conduit à la citadelle où l'on peut facilement laisser sa voiture.* La citadelle, construite entre 1240 et 1255, domine le fleuve d'une altitude de 350 m. Un fait historique reste lié à l'histoire du château. Celui-ci jusqu'en 1440 conservait la couronne royale avant qu'elle ne soit dérobée par Élisabeth de Luxembourg qui l'emporta à Székesfehérvár où elle voulait faire couronner son fils Lajos V.

La montée au château demande un petit effort, mais à l'arrivée le spectacle offert au regard sera proche de celui qu'admiraient les rois et les reines de jadis. L'attraction unique de Visegrád est incontestablement le **point de vue**★★★ que l'on découvre depuis la citadelle. C'est là que l'expression courbe ou boucle du Danube prend son véritable sens. Venant de la Slovaquie voisine et marquant sur environ 100 km la frontière entre les deux pays, le fleuve décrit un méandre entre les montagnes de Börzsöny et de Pilis avant de poursuivre son cours vers la capitale hongroise.

Dans la tour du château, au centre, une exposition retrace l'histoire de sa construction. Une autre exposition est consacrée aux activités traditionnelles des habitants du château et des environs : chasse, pêche, etc.

Pendant la saison estivale, des spectacles (tournois, combats, tir à l'arc, etc.) sont donnés soit dans le périmètre du château, soit autour des murs.

ZALAEGERSZEG

Département de Zala – 63 000 habitants

Carte Michelin n° 925 F 2

Ce chef-lieu de département possède trois musées intéressants. Évitée par le chemin de fer au début du 20e s., la ville de Zalaegerszeg a vu son développement favorisé par l'exploitation du pétrole dès le début des années 1930.

★★ **Göcseji Falumúzeum** ⓥ – *Falumúzeum u.* Le premier musée de plein air de Hongrie ou musée-village du Göcsej est l'un des plus beaux du pays. Les maisons et autres bâtisses de l'architecture rurale qui agrémentent cet ensemble ont été transportées depuis leur lieu d'origine et remontées à l'identique. C'est une trentaine de constructions, du petit beffroi en bois à la ferme en passant par le moulin à eau. Vous y découvrirez dans un cadre agréable l'environnement domestique des populations rurales de la région. Tout a été reconstitué à l'extérieur comme à l'intérieur, les clôtures de bois tressé, les arbres à pots, le mobilier des différentes pièces, les réserves, les granges, le stockage, etc. L'aménagement très aéré autour de plans d'eau donne la possibilité de piqueniquer en toute tranquillité.

★ **Magyar Olajipari Múzeum** ⓥ **(Musée de l'Exploitation pétrolière hongroise)** – *Falumúzeum u.* Il comprend une partie en plein air où sont exposés des engins, des matériels désaffectés, et une partie couverte où des maquettes animées expliquent et illustrent l'histoire de l'exploitation des sous-sols miniers. On peut voir dans ce musée les engins mis au point par des ingénieurs hongrois pour éteindre les puits de pétrole incendiés lors de la guerre du Golfe en 1991 : en fait, des réacteurs d'avion montés sur char d'assaut de façon à projeter un souffle d'air à la base des flammes.

Göcseji Múzeum ⓥ – *Batthyányi Lajos u. 2.* Ce musée est divisé en trois parties. L'une présente l'œuvre de Zsigmond Kisfaludi Strobl (1884-1975), qui compte parmi ses réalisations la statue du monument de la Libération à Budapest au sommet du mont Gellért. À l'origine, Kisfaludi avait réalisé cette sculpture à la mémoire d'István Horthy, le fils du régent qui dirigea la Hongrie de 1920 à 1944. István Horthy périt dans un accident d'avion en 1942. Du portrait au réalisme socialiste, Kisfaludi, dont les qualités de sculpteur sont réelles, aura répondu à toutes les sollicitations de son époque.

Une autre section est consacrée à l'histoire locale ainsi qu'à l'artisanat.

Enfin, compte tenu de son importance dans le développement local, la dernière partie illustre l'industrie pétrolière.

MAGYAR KEPEK Kft

Musée de plein air du Göcsej

ZIRC

Département de Veszprém – 8 000 habitants

Carte Michelin n° 925 E 5 – 21 km au Nord de Veszprém

Installée au sein des monts Bakony, Zirc mérite une visite pour son abbaye cistercienne construite dans la première moitié du 18e s. à l'endroit même où le roi Béla III avait créé un monastère.

★ L'ABBAYE

L'abbaye située dans la ville est protégée par une place plantée de grands arbres et par un mur qui s'ouvre sur une vaste cour. Passé le portail on découvre une immense façade bloquée sur la gauche par des tours et l'entrée de l'église. Le reste se développe symétriquement de chaque côté d'un avant-corps qui domine le bâtiment.

Église – Rénovée, elle présente à l'intérieur, au-dessus du maître-autel et de l'autel Sud, des fresques de l'artiste autrichien F.A. Maulbertsch.

★ **Bibliothèque** – Dans le corps principal, la bibliothèque regroupe quelque 66 000 volumes. Parmi les documents d'un grand intérêt, des manuscrits rares des 14e et 15e s., une histoire universelle de Schedel, le missel grégorien de Boillon du 16e s., le texte de la Loi du Tripartion de la Hongrie considéré comme la source du droit hongrois, une Bible polyglotte en 9 langues et un texte de la Constitution française présenté à Louis XVI en 1791 par l'Assemblée nationale.
Dans l'une des salles réalisées par des menuisiers et ébénistes de Zirc sont incrustés des éléments de 97 essences provenant des forêts des Bakony.
Le plafond voûté à caissons est décoré des symboles de la Science.

Reguly Antal Múzeum Ⓥ – Dans le même bâtiment se trouve le musée ethnographique, du nom d'un ethnographe linguiste né à Zirc, célèbre pour ses recherches sur les peuples. Ce musée présente la faune et la flore locales de façon très intéressante. On y croise de nombreux groupes d'enfants qui semblent passionnés.

Arborétum – On peut terminer la visite par l'**arboretum** planté d'essences rares qui s'étend sur 20 ha derrière l'abbaye.

R. Palotas

Abbaye de Zirc

Conditions de visite

En raison des variations du coût de la vie et de l'évolution incessante des horaires d'ouverture de la plupart des curiosités, nous ne pouvons donner les infomations ci-dessous qu'à titre indicatif.

Ces renseignements s'appliquent à des touristes voyageant isolément et ne bénéficiant pas de réduction. Pour les groupes constitués, il est généralement possible d'obtenir des conditions particulières concernant les horaires ou les tarifs avec un accord préalable.

Les caisses des musées ferment dans la plupart des cas 1/2 h avant l'heure indiquée.

Les prix sont donnés en forints (Ft.).

Dans la partie descriptive du guide, les curiosités soumises à des conditions de visite sont signalées par le signe ⓥ.

A

AGGTELEK

Parc national – Été : 8h-18h ; hiver : 8h-15h. 600Ft. ☎ 48/343 029. Site Internet www.matav.hu/uzlet/anp

AJKA

Bányászati Múzeum – Mar.-ven. 11h-16h, w.-end. 10h-16h (dernière entrée 1/2h av. fermeture). Fermé Pâques, 25-26 déc. 40Ft. ☎ 88/312 033.

B

BAJA

Türr István Múzeum – De mi-mars à mi-nov. : tlj sf lun. 10h-16h. Fermé Pâques et Pentecôte. 80Ft. ☎ 79/324 173.

Nagy István Képtár – De mi-mars à mi-nov. : mar., jeu.-ven. 10h-16h. Fermé Pâques et Pentecôte. 80Ft. ☎ 79/324 649.

BALATONFÜRED

Petőfi Sándor u. 8 – ☎ 87/342 237

Jókai Múzeum – Mai-sept. : tlj sf lun. 10h-17h. 120Ft. ☎ 86/343 426.

BÉKÉSCSABA

Munkácsy Mihály Múzeum – Été : tlj sf lun. 10h-18h ; hiver : tlj sf lun. 10h-16h. Fermé 1er janv., Pâques, Pentecôte, 24-26, 31 déc. 100Ft. ☎ 66/323 377.

Szlovák Tájház – Oct-mars : tlj sf lun. 9h-17h.

Meseház – Lun.-ven. 8h-16h. 20Ft. ☎ 66/326 370.

BÉLAPATFALVA

Église – De mi-mars à fin oct. : tlj sf lun. 10h-16h ; nov.-mi-mars : s'adresser à Imre Kakuk, Rózsa F. utca 42. 100Ft. ☎ 36/354 228.

BUDAPEST

V., Sütő u. 2 – ☎ 1/317 9800

Funiculaire (Sikló) – Fonctionne sf lun. semaines paires : 7h30-22h30, montée 400Ft, descente 300Ft, enfants 200Ft.

Magyar Nemzeti Galéria – Tlj sf lun. 10h-18h. Fermé 1er janv. 400Ft. ☎ 1/375 8584.

Budapesti Történeti Múzeum – Mars-oct. : 10h-18h ; nov-fév. : 10h-16h. Fermé mar. de mi-sept. à mi-mai, 1er janv., 24-26 déc. 500Ft. ☎ 1/355 8849. Site Internet www.btm.hu

Ludwig Múzeum – Tlj sf lun. 10h-18h. 400Ft. ☎ 1/375 9175.

Patikamúzeum – Tlj sf lun. 10h30-17h30. 100Ft. ☎ 1/375 9972.

Magyar Borok Háza – 12h-20h. Fermé 1er janv., 24-26 déc. 3 000Ft. ☎ 1/212 1031. Site Internet www.kernet.hu/mbh

Mátyás Templom – Lun.-ven. 9h-17h, sam. 9h-13h, dim. 13h-17h. Église : 300 Ft, musée : 300 Ft.

Wostok Press

Magyar Nemzeti Múzeum – Poignard de Lajos Kossuth

Egyháztörténeti Gyujtemény – Tlj 9h-17h. 400Ft avec l'église.

Zenetörténeti Múzeum – Avr.-oct. : tlj sf lun. 10h-18h. 400Ft. ☎ 1/214 6770.

Középkori Zsidó Imaház – Mai-oct. : tlj. 10h-18h. 200Ft. ☎ 1/355 8849.

Magyar Kereskedelmi és Vendéglátóipari Múzeum – Mer.-ven. 10h-17h : w.-end 10h-18h. 100Ft. ☎ 1/375 6249.

Várbarlang – Mar.-ven. 10h-18h. 300 Ft. ☎ 1/214 3121.

Budavári Labirintus – 9h30-19h30. 900Ft (enf. : 700Ft.). ☎ 1/212 0207.

Telefónia Múzeum – Tlj sf lun. 10h-18h. 100Ft. ☎ 1/201 8188.

Hadtörténeti Múzeum – Avr.-sept. : tlj sf lun. 10h-18h ; oct.-mars : tlj sf lun. 10h-16h. 250Ft. ☎ 1/356 9522.

Semmelweis Orvostörténeti Múzeum – Tlj sf lun. 10h30-18h. Fermé 1er janv., 15 mars, 25 déc. 200Ft. ☎ 1/375 3533.

Országház – Visite toutes les heures, tickets porte n° 10, lun.-ven. : 8h-18h, sam. 8h-16h, dim. 8h-14h. Visite guidée (1h) en français sam. et dim. à 11h. 1 300Ft.

Néprajzi Múzeum – Mars-oct. : tlj sf lun. 10h-18h ; nov.-fév. : tlj sf lun. 10h-17h. Fermé 1er janv., Pâques, 24-25 déc. 500Ft. ☎ 1/473 2400. Site Internet www.neprajz.hu

Collection des pièces et billets – Jeu. 9h-14h. Gratuit.

Szent István Bazilika : tour Nord – Tlj. 10h-18h. 500Ft.

Földalatti Vasúti Múzeum – Tlj sf lun. 10h-17h. 100Ft. ☎ 1/461 6500.

Ady Endre Emlékmúzeum – Mars-oct : tlj sf lun. 10h-17h30 ; nov.-fév. : tlj sf lun. 10h-16h. Fermé 1er janv., 25-26 déc. 100Ft. ☎ 1/337 8563.

Petőfi Irodalmi Múzeum – Tlj sf lun. 10h-18h. Fermé 1er janv., 25-26 déc. 250Ft. ☎ 1/317 3611.

Magyar Nemzeti Múzeum – De mi-mars à mi-oct. : tlj sf lun. 10h-18h ; de mi-oct. à mi-mars : tlj sf lun. 10h-17h. Fermé 1er janv., 25-26 déc. 400Ft. ☎ 1/317 7806. Site Internet http://origo.hnm.hu

Zsidó Múzeum – De mi-avr. à fin oct. : lun.-jeu. 10h-17h, ven., dim. 10h-14h ; de déb. nov. à mi-avr. : lun.-ven. 10h-15h, dim. 10h-14h. 600Ft. ☎ 1/342 8949.

Iparművészeti Múzeum – De mi-mars à fin oct. : tlj sf lun. : 10h-18h ; de déb. nov. à mi-mars : tlj sf lun. 10h-16h. Fermé 1er janv., 15 mars, 25 déc. 500Ft. ☎ 1/217 5222.

Bélyegmúzeum –Tlj sf lun. : 10h-18h. Fermé 1er janv., 24-25 déc. 100Ft. ☎ 1/341 5526.

Postamúzeum – Tlj sf lun. 10h-18h. 100Ft. Fermé 2 janv., 24-25 déc. ☎ 1/268 1997.

Magyar Állami Operaház – Visite guidée en français (3/4h) à 15h et 16h. 1 200Ft (enf. : 600Ft). ☎ 1/332 8197.

Liszt Ferenc Emlékmúzeum – Tlj sf dim. 10h-18h, sam. 9h-17h. Fermé 1er janv., 15 mars, 1-20 août, 23 oct., 24-26, 31 déc. 250Ft. ☎ 1/322 9804.

Kodály Zoltán Emlékmúzeum – Mer. 10h-16h, jeu.-sam. 10h-18h, dim. 10h-14h. Fermé 1er janv., 15 mars, Pâques, Pentecôte, 2e quinz. août, 23 oct., 24-26 déc. 150Ft. ☎ 1/352 7106.

Hopp Ferenc Kelet-Ázsiai Művészeti Múzeum – Avr.-oct. : tlj sf lun. 10h-18h ; nov.-mars : tlj sf lun. 10h-16h. 160Ft.

Ráth György Múzeum – Avr.-oct. : tlj sf lun. 10h-18h ; nov.-mars : tlj sf lun. 10h-16h. 160Ft. ☎ 1/342 3916.

Szépművészeti Múzeum – Tlj sf lun. 10h-17h30. 500Ft. ☎ 1/343 9759.

Magyar Mezőgazdasági Múzeum – De déb. avr. à mi-nov. : mar.-sam. 10h-17h, dim. 10h-18h ; de mi-nov. à fin mars : mar.-sam. 10h-16h, dim. 10h-17h. 300Ft. ☎ 1/343 0573.

Közlekedési Múzeum – Mai-sept. : mar.-ven. 10h-17h, w.-end et j. fériés 10h-18h ; oct.-avr. : mar.-ven. 10h-16h, w.-end et j. fériés 10h-17h. Fermé 1er janv., 25 déc. 200Ft. ☎ 1/343 0565. Site Internet www.km.iif.hu

Magyar Természettudományi Múzeum – Avr.-sept. : tlj sf mar. 10h-18h ; oct.-mars : tlj sf mar. : 10h-17h. Fermé 24 déc. 400Ft. ☎ 1/333 0655. Site Internet www.nhmus/muzeum

Aquincum – **Ruines** : mai-sept. : tlj sf lun. 9h-18h, de mi à fin avr. et oct. : 9h-17h. **Musée** : mai-sept. : tlj sf lun. 10h-18h ; de mi à fin avr. et oct. : 10h-17h. 400Ft. ☎ 1/368 8241. Site Internet http://origo.hnm.hu/aquincum

Kassák Lajos Múzeum – Tlj sf lun. 10h-18h. Fermé 1er janv., 24-25 déc. 150Ft. ☎ 1/368 7021.

Varga Imre Gyűjtemény – Tlj sf lun. 10h-18h. 200Ft. ☎ 1/250 0274.

Vasarely Múzeum – Tlj sf lun. 10h-18h. 200Ft. ☎ 1/250 1540.

Gül Baba Türbe.– Mai-nov. : tlj sf lun. 10h-18h ; oct. : tlj sf lun. 10h-16h. ☎ 1/355 8849.

Gyermekvasút – À **Hűvösvölgy**, de mi-mars à mi-oct. : mar.-ven. 9h05-16h05, w.-end 8h45-16h15 ; de mi-oct. à mi-mars : tlj sf lun. 9h05-16h05. À **Széchenyi-hegy**, de mi-mars à mi-oct. : mar.-ven. 9h45-17h30, w.-end 10h-17h ; de mi-oct. à mi-mars : tlj sf lun. 10h-17h. 160Ft. ☎ 1/397 5394.

Télésiège (Libegő) – Mi-mai-mi-sept. 9h-17h ; mi-sept.-mi-mai 9h30-16h. 300Ft. Fermé 2e lun. du mois.

Pálvölgyi Barlang – Tlj sf lun. 10h-16h. 400Ft. ☎ 1/325 9505.

Szemlő-hegyi barlang – Tlj sf mar. 10h-15h, w.-end 10h-16h. Fermé 24 déc.-1er janv., Pâques. 350Ft. ☎ 1/325 6001.

Bartók Béla Emlékház – Fév.-nov. : tlj sf lun. 10h-17h ; déc.-janv. : tlj sf lun. 10h-16h. Fermé 1er janv., 15 mars, Pâques, Pentecôte, 20 août, 23 oct., 25 déc. 300Ft. ☎ 1/394 2100.

Nagytétényi Kastélymúzem – Mars-avril : tlj sf lun. 10h-16h ; mai 10h-18h ; juin-août : 10h-18h, w.-end 10h-20h ; sept.-oct. : 10h-18h ; nov.-déc. : 10h-16h. Fermé lun., 16 mars, lun. Pâques et Pentecôte. 300Ft. ☎ 1/226 8547.

Szobopark – Mars-nov. : 10h-tombée de la nuit ; déc-fév. : w.-end et j. fériés aux mêmes heures. 300Ft (enf. : 200Ft). ☎ 1/227 7446. Site Internet www.szoborpark.hu

BUGAC

Pásztormúzeum – Mai-oct. : tlj sf lun. 10h-17h. 100Ft. ☎ 76/372 583.

C

CEGLÉD

Kossuth Múzeum – Avr.-oct. : tlj sf lun. 10h-18h ; nov.-mars : tlj sf lun. 9h-15h. Fermé 1er janv., Pâques, Pentecôte, 24-26, 31 déc. ☎ 53/310 637.

CSONGRAD

i Fő u. 16 – ☎ 63/481 008

Tari László Múzeum – Mar.-ven. 13h-17h, sam. 8h-12h, dim. 8h-12h et 13h-17h. Fermé j. fériés. ☎ 63/383 103.

D

DEBRECEN

ℹ Piac u. 20 – ☎ 52/412 250

Református Teológiai Akadémia – Lun.-sam. 9h-17h, dim. 9h-13h. Fermé j. fériés.

Déri Múzeum – Avr.-oct. : tlj sf lun. 10h-18h ; nov.-mars : tlj sf lun. 10h-16h. Fermé 15 mars, Pâques, 23 oct., 24-26 déc. 180Ft. ☎ 52/417 577.

E

EGER

ℹ Dobó István tér 2 – ☎ 36/321 807

Dobó István Múzeum – Avr.-août : 8h-20h ; nov.-fév. : 9h-17h, mars et oct. 8h-18h, sept. 8h-19h. ☎ 36/312 744.

Kazamaták – 9h-17h. ☎ 36/312 744.

Éremverde et Panoptikum – Tlj sf lun. 9h-17h.

Íjászpálya – Avr.-oct. : tlj sf lun. 10h-18h ; nov.-mars : tlj sf lun. 10h-16h.

Líceum – Janv.-mars : w.-end 9h30-13h30 ; avr.-sept. : tlj sf lun. 9h30-15h ; oct.-déc. : w.-end 9h30-13h30. Fermé du 22 déc. au 16 mars. ☎ 36/321 211.

Minorita templom – Tlj sf dim. 10h-18h ; été : dim. 10h-17h. ☎ 36/313 304.

Minaret – Avril-oct. : 10h-18h. ☎ 36/410 233.

ESZTERGOM

Keresztény Múzeum – Été : tlj sf lun. 10h-17h30 ; hiver : tlj sf lun. 10h-16h30. Fermé janv.-fév., 25 déc. 2 000Ft. ☎ 33/413 880.

Duna Múzeum – Tlj sf lun. 9h-16h. ☎ 33/550 250. Site Internet www.dunamuzeum.org.hu

F

FERTŐD

ℹ Madách sétány 1 – ☎ 99/370 544

Esterházy-Kastély – De mi-avr. à mi-oct. : tlj sf lun. 9h-17h ; de mi-oct. à mi-avr. : tlj sf lun. 10h-16h. Fermé 1er janv., mar.-mer. en janv.-fév, Pâques, 25 déc. 800Ft. ☎ 99/370 971.

G

GÖDÖLLŐ

ℹ Király kastély – ☎ 28/415 402

Visite du château royal – Avr.-oct. : tlj sf lun. 10h-18h ; nov.-mars : tlj sf lun. 10h-17h. Fermé en janv., 24-26, 31 déc. 600Ft, droit de filmer 3 000Ft. ☎ 28/410 124. Site Internet www.c3.hu/~kastely

Mezőgazdasági Gépmúzeum – Tlj sf lun. 10h-16h. ☎ 28/310 200.

GORSIUM

Camp romain – Mai-sept. : tlj sf lun. 8h-18h ; oct.-avr. : 10h-16h. 100Ft (200Ft de mi-juin à fin août). ☎ 22/362 243.

GYÖNGYÖS

ℹ Fő tér 10 – ☎ 37/311 155

Mátra Múzeum (Orczy-kastély) – Mars-oct. : tlf sf lun. 9h-17h ; nov.-fév. : tlj sf lun. 10h-14h. Fermé 1er janv., 24-25, 31 déc. ☎ 37/311 447.

GYŐR

ℹ Árpád u. 32 – ☎ 96/311 771

Patikamúzeum – Tlj sf mer. 7h30-16h. Fermé w.-end, Pâques, Pentecôte, 25 déc. ☎ 96/320 954.

Xantus János Múzeum – Mar.-ven. : 10h-18h. Fermé Pâques, Pentecôte, 25 déc. 150Ft. ☎ 96/310 588.

Vastuskós-ház – Avr.-sept. : tlj sf lun. 10h-18h. Fermé Pâques, Pentecôte, 25 déc. 120Ft. ☎ 96/310 588.

Városi Művészeti Múzeum – Mars-oct. : tlj sf lun. 10h-18h ; nov.-fév. : tlj sf lun. 10h-17h. Fermé 15 mars, 20 août, 23 oct. 100Ft. ☎ 96/318 141. Site Internet www.home.arrabonet/cultura/muzeum/varosi/index.html

GYULA

ℹ Kossuth Lajos u. 7 – ☎ 66/463 421

Vár, Erkel Emlékház, Dürer terem, Kohán György képtár, Ladics ház – Mai-sept. : tlj sf lun. 9h-17h ; oct.-avr. : tlj sf lun. et mar. 10h-16h. 100Ft. ☎ 66/361 236.

H

HEREND

Herendi Porcelánmúzeum – Avr.-oct. : 9h-18h30 ; nov.-mars : 9h-16h30. 1 000Ft (enf. : 300Ft). ☎ 88/261 144. Site Internet www.porcelanium.com/

HOLLÓKŐ

Postamúzeum – Avr.-oct. : tlj sf lun. 9h-18h. 200Ft. ☎ 52/369 105.

HORTOBÁGY

ℹ Pásztormúzeum – ☎ 52/369 119

Hortobágyi Pásztormúzeum – Été : 9h-18h ; hiver : 10h-14h. 200Ft. ☎ 52/369 119.

K

KALOCSA

Magyar Füszerpaprika Múzeum – De mi-avr. à mi-oct. : tlj sf lun. 9h-17h. 100Ft. ☎ 78/461 819.

Viski Károly Múzeum – De mi-mars à fin oct. : tlj sf lun. 9h-17h. 600Ft. ☎ 78/462 351.

Schöffer Miklós Múzeum – Tlj sf lun. 9h-12h, 14h-17h. Fermé j. fériés. ☎ 78/362 253.

Népművészeti Tájház – Voir Magyar Füszerpaprika Múzeum. Site Internet http://korosnet.externet.hu/kalocsatours/

KAPOSVÁR

ℹ Fő u. 8 – ☎ 82/320 404

Rippl-Rónai József Emlékmúzeum – Avr.-oct. : tlj sf lun. 10h-18h ; nov.-mars : tlj sf lun. 10h-16h. ☎ 82/422 144. Site Internet www.smmi.hu/

KECSKEMÉT

ℹ Kossuth tér 1 – ☎ 76/481 065.

Cifrapalota – De déb. fév. à mi-déc. : tlj sf lun. 10h-17/18h, dim. 13h-17/18h. Fermé Toussaint, Pâques. ☎ 76/480 776.

Tudomány és Technika Háza – Lun.-ven. 10h-18h. Fermé j. fériés. ☎ 76/487 611.

Bozsó Múzeum – De mi-mars à mi-déc. : ven.-dim. 10h-18h. ☎ 76/324 625.

Leskowsky Hangszergyüjtemény – Tlj sf dim. 9h-17h. Fermé j. fériés. ☎ 76/486 616.

Magyar Népi Iparművészeti Múzeum – De déb. janv. à mi-déc. : mar.-sam. 10h-17h. 200Ft. ☎ 76/327 203.

KESZTHELY

ℹ Kossuth Lajos u. 28 – ☎ 83/314 144

Festetics Kastély – Juin et sept.-mai : tlj sf lun. et lend. j. fériés 9h-17h ; juil.-août : 9h-18h. 1 400Ft (étudiant : 700Ft). ☎ 83/312 190.

Georgikon Majormúzeum – Mai-nov. : tlj sf lun. 10h-17h, dim. 18h. 150Ft. ☎ 83/311 563.

Balaton Múzeum – Mai-oct. : tlj sf lun. 10h-18h ; nov.-avr. : tlj sf dim.-lun. 9h-17h. Fermé 1er janv., Pâques, 1er mai, 20 août, 24-26 déc. 200Ft. ☎ 83/312 351.

KISKŐRÖS

Petőfi Szülőháza – Tlj sf lun. 9h-17h. Fermé Pâques, 25 déc. 100Ft. ☎ 78/312 566.

KISKUNFÉLEGYHÁZA

Kiskun Múzeum – De mi-mars à fin oct. : mer.-dim. 9h-17h. Fermé j. fériés. 120Ft. ☎ 76/461 468.

KISKUNHALAS

Csipkeház –Tlj 9h-12h, 13h-16h. Fermé Pâques, 25-26 déc. 100Ft. ☎ 77/421 797.

Thorma János Emlékmúzeum – Mars-oct. : mar.-sam. 9h-17h. 100Ft. ☎ 77/422 864.

KOMÁROM

Monostori Erőd – De mi-mars à fin oct. : tlj sf lun. 9h-17h. 600Ft. ☎ 34/344 152. Site Internet www.fort-monostor.hu

KŐSZEG

Jurisics Múzeum – Tlj sf lun. 10h-17h. Fermé Pâques, Pentecôte, 25 déc.

M

MAJKPUSZTA REMETESEG

Visite – Avr.-oct. : visite guidée tlj sf lun. 10h-17h. 250Ft.

MARTONVÁSÁR

Beethoven Emlékmúzeum – Mar.-ven. 10h-12h, 14h-16h, w.-end 10h-16h (18h en été). Fermé 22 déc.-2 janv. ☎ 22/569 500.

MOHÁCS

Mohácsi Törtélnelmi Emlékhely – Mai-oct. : tlj sf lun. 9h-17h.

N

NAGYCENK

Széchenyi-kastély – Avr.-sept. : tlj sf lun. 10h-18h ; oct.-mars : tlj sf lun. 10h-14h. Fermé 1er janv, Pâques, Pentecôte, 25-26, 31 déc. 400Ft. ☎ 99/360 023.

NAGYVÁZSONY

Posta Múzeum – Avr.-oct. : tlj sf lun. 10h-18h. 50Ft. ☎ 88/364 300.

NYÍREGYHÁZA

i Országzászló tér 6 – ☎ 42/312 606

Jósa András Múzeum – Tlj sf lun. 9h-16h, dim. 9h-14h. Fermé 1er janv., Pâques, Pentecôte, 25-26, 31 déc. 100Ft. ☎ 42/315 722.

O

ÓPUSZTASZER

Panorama – Avr.-oct. : 9h-18h ; nov.-mars : tlj sf lun. 9h-16h. Fermé 1er janv., 25-26 déc. 1 600Ft. Séance toutes les 1/2h. ☎ 62/275 257. Site Internet www.opusztaszer.hu

Rotonde – Avr.-oct. : 9h-19h ; nov.-mars : tlj sf lun. 9h-17h. Fermé 1er janv., 25-26 déc. 400Ft. ☎ 62/275 257.

Parc – Avr.-oct. : tlj 10h-18h30. 600Ft. ☎ 62/275 257.

P

PANNONHALMA

i Petőfi u. 25 – ☎ 96/471 733

Abbaye – De mi-mars à fin mai et de déb. oct. à mi-nov. : tlj sf lun. 9h-16h ; juin-sept. : 9h-17h ; de mi-nov. à mi-mars : 10h-15h. ☎ 96/570 191.

PÁPA

i Fő tér 12 – ☎ 89/311 535

Késkfestő Múzeum – Avr.-oct. : tlj sf lun. 9h-17h ; nov.-mars : tlj sf lun. 9h-16h. Fermé 1er jan., 25-26 déc. 200Ft. ☎ 89/324 390.

PARÁD

Kocsimúzeum – Avr.-sept. : 9h-17h ; oct.-mars : 10h-16h. Fermé j. fériés. ☎ 36/364 387.

PÉCS

ℹ Széchenyi tér 9 – ☎ 72/213 315

Ókeresztény Mauzóleum – De mi-avr. à fin oct. : tlj sf lun. 10h-18h, dim. 10h-16h ; de déb. nov. à mi-avr. : tlj sf lun. 10h-16h. Fermé 1er janv., 24-26, 31 déc. 300Ft. ☎ 72/312 719.

Csontváry Múzeum – De mi-avr. à oct. : dim. 10h-16h ; déb. nov. à mi-avr. : tlj sf lun. 10h-18h. 300Ft. ☎ 72/310 544.

Martyn Ferency Múzeum – Fermeture temporaire.

Endre Nemes Múzeum – De mi-avr. à fin oct. : tlj sf lun. 10h-14h. 300Ft. ☎ 72/310 172.

Modern Magyar Képtár – De mi-avr. à fin oct. : dim. 10h-16h ; déb. nov.-mi-avr. : tlj sf lun. 10h-18h. Fermé 1er janv. 24-26, 31 déc. 150Ft. ☎ 72/324 822.

Vasarely Múzeum – Tlj sf lun. 10h-18h, dim. 10h-16h de mi-avr. à fin oct. 300Ft. ☎ 72/324 822.

Zsolnay Múzeum – Tlj sf lun. 10h-18h, dim. 10h-16h de mi-avr. à fin oct. Fermé 1er janv., 24-25, 31 déc. 350Ft. ☎ 72/324 822.

Régészeti Múzeum – De mi-avr. à fin oct. : tlj sf lun. 10h-14h ; déb. nov. à mi-avr. : tlj sf lun. 10h-16h. Fermé 24 déc.-1er janv. 150Ft. ☎ 72/312 719.

S

SÁROSPATAK

Rákóczi vár – Mai-oct. : tlj sf lun. 10h-18h ; nov.-fév. : tlj sf lun. 10h-17h. Fermé 1er jan., 24-25 déc. 300Ft. ☎ 47/311 083. Site Internet http://origo.hnm.hu/saros-patak

SÁRVÁR

Nádasdy-vár – Tlj sf lun. 10h-17h. Fermé j. fériés.

SIKLÓS

Vár – De mi-avr. à mi-oct. : tlj sf lun. 9h-18h ; de mi-oct. à mi-avr. : tlj sf lun. 9h-16h. Fermé j. fériés. 90Ft. ☎ 72/351 433.

SIÓFOK

ℹ Víztorony Pf. 75 – ☎ 84/315 355

Kálmán Imre Emlékmúzeum – Avr.-oct. : 9h-17h, nov.-mars : 9h-16h. ☎ 84/311 287.

SOPRON

ℹ Liszt Ferenc u. 1 – ☎ 99/338 892

Várostorony-Tüztorony – De mi-avr. à fin sept. : tlj sf lun. 10h-18h. 300Ft. ☎ 99/311 327.

Storno-ház – Mai-sept. : tlj sf lun. 10h-18h ; oct.-avr. : tlj sf lun. 10h-14h. 300Ft. ☎ 99/311 327.

Fabricius-ház – Mai-août : tlj sf lun. 10h-18h ; sept. : tlj sf lun. 10h-14h. 200Ft. ☎ 99/311 327.

Patikaház múzeum – Tlj sf lun. 9h-18h. 150Ft. ☎ 99/311 327.

Központi Bányászati Múzeum – Tlj sf lun. 10h-18h. Fermé 1er janv., 24-26, 31 déc. 200Ft. ☎ 99/312 667.

Lábasház – Tlj sf mar. 9h-17h. 150Ft. ☎ 99/311 327.

Zsinagoga – Mai-août : tlj sf mar. 9h-17h ; sept. : tlj sf mar. 10h-14h. 200Ft. ☎ 99/311 327.

Néprajzi Gyűjtemény – Mai-août : tlj sf lun. 10h-18h. 200Ft. ☎ 99/311 327.

Pékmúzeum – Mai-août : tlj sf lun. 10h-14h. 150Ft. ☎ 99/311 327.

SZÁNTÓD

Szántód-puszta Majormúzeum – De mi-mars à fin avr. et de déb. oct. à mi-oct. : mar.-ven. 9h-14h ; de déb. mai à mi-juin et sept.-oct. : 9h-18h ; de mi-juin à fin août : 9h-19h. Fermé de mi-oct. à mi-mars. 300Ft. ☎ 84/343 946.

SZEGED

ℹ Victor Hugo u.1 – ☎ 62/311 711

Móra Ferenc Múzeum – Tlj sf lun. 10h-17h. ☎ 62/312 033.

SZÉKESFEHÉRVÁR

ℹ Városház tér 1 – ☎ 22/312 818

Várostörténeti Múzeum – Mars-oct. : tlj sf lun. 14h-18h. Fermé 15 mars, Pâques, Pentecôte, 1er mai. ☎ 22/315 583.

Baba Múzeum – Tlj sf lun. 9h-17h. Fermé 15 mars, Pâques, Pentecôte, 1er mai. 200Ft. ☎ 22/315 583.

Budenz-ház – Mai-sept. : tlj sf lun. 10h-16h ; oct.-avr. : tlj sf lun. 10h-14h. Fermé de nov.-mars. 100Ft. ☎ 22/315 583.

Fekete Sas patika – Tlj sf lun. 10h-18h. Fermé 24 déc.-1er janv. 100Ft. ☎ 22/315 583.

Király István Múzeum – Mai-sept. : tlj sf lun. 10h-16h ; oct.-avr. : tlj sf lun. 10h-14h. Fermé 24 déc-28 fév., 15 mars, Pâques, Pentecôte, 1er mai. 100Ft. ☎ 22/315 583.

Bory-vár – **Château** : w.-end 10h-12h, 15h-17h. **Jardins** : mars-oct. : 9h-17h. Fermé 1er janv, 15 mars, Pâques, 1er mai, Pentecôte, 25 déc. ☎ 22/305 570. Site Internet www.fehervar.hu/kultura/boryvar

Palotavárosi Skanzen – Tlj sf lun.-mar. 10h-16h. Fermé 24 déc.-1er mars, 15 mars, Pâques, Pentecôte, 1er mai. ☎ 22/315 583.

SZEKSZÁRD

Megyeház – Avr.-sept. : tlj sf lun. 9h-17h ; oct.-mars : mar-sam. 9h-15h. 50Ft., gratuit mar. ☎ 74/312 154.

Wosinsky Mór Múzeum – Avr.-sept. : tlj sf lun. 10h-18h ; oct-mars : mar-sam. 10h-16h. 50Ft., gratuit mar. ☎ 74/316 222.

Maison natale de Mihály Babits – Avr.-sept. : tlj sf lun. 9h-17h ; oct.-mars : mar.-sam. 9h-15h. 50Ft., gratuit mar. ☎ 74/312 154.

SZENNA

Szabadtéri Néprajzi Gyűjtemény – Avr.-oct. : tlj sf lun. 10h-18h ; nov.-mars : tlj sf lun. 10h-16h. ☎ 82/484 025.

SZENTENDRE

ℹ Dumtsa Jenő u. 22 – ☎ 26/317 965

Kmetty Múzeum – Tlj 10h-16h. Fermé 1er j. de la sem. suivant un j. férié. 150Ft. ☎ 26/310 790.

Kovács Margit Múzeum – De mi-mars à fin oct. : 10h-18h ; de nov. à mi-mars : 10h-16h. Fermé 1er j. de la sem. suivant un j. férié. 250Ft. Visite guidée en français : 3 000Ft. ☎ 26/310 790.

MAGYAR KEPEK Kft

Székesfehérár – Baba Múzeum

Nemzeti Bormúzeum – 10h-22h. Fermé 24 déc. 100Ft., 800Ft. avec dégustation. ☎ 26/317 054.

Czóbel Múzeum – De mi-mars à fin oct. : 10h-16h ; de nov. à mi-mars : ven.-dim. 10h-16h. ☎ 26/312 721.

Szerb Egyházi Múzeum – Été : tlj sf lun. 10h-18h ; hiver : tlj sf lun. 10h-16h. Fermé 1er janv-28 fév. sf w.-end. 100Ft. ☎ 26/314 457.

Szabadtéri Néprajzi Múzeum/Skanzen – De déb. avr. à mi-nov. : tlj sf lun. 9h-17h. 500Ft. ☎ 26/502 519. Site Internet www.sznm.hu

SZIGETVÁR

Zrínyi Miklós Múzeum – Juil.-août : 9h-18h, lun. 9h-15h ; sept.-oct. et avr.-juin : tlj sf lun. 9h-15h. 120ft. ☎ 73/311 407.

SZILVÁSVÁRAD

Musée du Cheval – Tlj sf lun. 9h-12h, 13h-16h. ☎ 36/355 155.

SZOB

Börzsöny Múzeum – De mi-mars à fin oct. : tlj sf lun. 10h-18h ; de déb. nov. à mi-mars : ven.-dim. 10h-16h. Fermé Pâques, Pentecôte, 25 déc. 60Ft. ☎ 27/372 037.

SZOLNOK

ℹ Ságváry Endre krt. 4 – ☎ 56/424 803

Damjanics János Múzeum – Mai-oct. : tlj sf lun. 9h-17h ; nov.-avr. : tlj sf lun. 10h-16h. Fermé Pâques, Pentecôte, 25 déc. 100Ft. ☎ 56/421 602.

SZOMBATHELY

Iseum – Fermeture provisoire. ☎ 94/312 554.

Savaria Múzeum – De mi-avr. à mi-oct. : mar.-jeu. 10h-17h, ven. 10h-19h, w.-end 10h-16h ; de mi-oct. à mi-avr. : mar.-jeu. 10h-17h, ven. 10h-19h. Fermé j. fériés. 120Ft. ☎ 94/312 554.

Vasi Múzeumfalu – Avr.-oct. : tlj sf lun. 10h-16h. ☎ 94/312 554.

T

TAPOLCA

ℹ Deák Ferenc u. 20 – ☎ 87/323 415

Tavas-barlang – Juin-août : 10h-18h ; avr.-mai et sept.-oct. : tlj sf lun. 10h-17h. Fermé nov.-mars. 160 Ft. ☎ 87/412 579.

Iskola Múzeum – De mi-mai à fin août : tlj sf dim. 9h-16h ; de déb. sept. à mi-mai : tlj sf dim et lun. 9h-16h. Fermé j. fériés.

TATA

ℹ Ady Endre u. 9 – ☎ 34/384 806

Kuny Domonkos Múzeum – Été : tlj. sf. lun. 10h-18h ; hiver : mer.-ven. 10h-14h, w.end 10h-16h (dernière entrée 1/2h av. fermeture). Fermé 23-31 mars, 25 déc. 150Ft. ☎ 34/487 888.

TIHANY

ℹ Kossuth u. 20 – ☎ 87/448 804

Apátság – Mai-sept. : lun.-sam. 9h-18h, dim. 11h-18h ; nov.-mars : lun.-sam. 10h-15h, dim. 11h-15h ; avr. et oct. : 10h-16h. 180Ft. ☎ 87/448 405.

TISZAFÜRED

ℹ Húszöles út 21a – ☎ 59/353 000

Kis Pál Múzeum – Tlj sf lun. 9h-12h, 13h-17h. Fermé j. fériés. ☎ 56/352 106.

TOKAJ

ℹ Serház u. 1 – ☎ 47/353 390

Tokaji Múzeum – Été : tlj sf lun. 9h-17h ; hiver : tlj sf lun. 10h-16h. 200Ft. ☎ 47/352 636.

V

VÁCRÁTÓT

Csányi körút. 45 – ☏ 27/316 160

Arborétum – 8h-16h. ☏ 28/360 122.

VÁRPALOTA

Thúry-vár – Avr.-oct. : tlj sf lun. 11h-17h. Fermé Pâques. 70Ft. ☏ 88/472 391.

VESZPRÉM

Rákóczi u. 3 – ☏ 88/404 548

Gizella Múzeum – Mai-oct. : 9h-17h. 100Ft. ☏ 88/426 088.

Laczkó Dezső Múzeum – Mai-sept. : tlj sf lun. 10h-18h ; déb. oct. à mi-mars : tlj sf lun. 12h-16h. 120Ft. ☏ 88/426 081.

VILLÁNY

Bormúzeum – Tlj sf lun. 9h-17h. Fermé Pâques, 25 déc. ☏ 72/492 130.

VISEGRÁD

Salamon-torony – Mai-sept. : tlj sf lun. 9h-16h30. 200Ft. ☏ 26/398 026.

Királyi palota – Tlj sf lun. 9h-16h30. Fermé 24-25 déc. 120Ft. ☏ 26/398 026.

Fellegvár – Juil.-août : 9h-18h ; déb. sept. à mi-nov. et de mi-mars à fin juin : 10h-17h. 200Ft. ☏ 26/398 101.

Z

ZALAEGERSZEG

Kossuth Lajos u. 17-19 – ☏ 92/316 160

Göcseji Falumúzeum – Juil.-août : tlj sf lun. 10h-18h ; sept.-oct. et avr.-juin : tlj sf lun. 10h-17h. 170Ft. ☏ 92/313 494. Site Internet http://alpha.dfmk.hu/~muzeum

Magyar Olajipari Múzeum – Mai-sept. : tlj sf lun. 10h-18h ; avr. et oct. : tlj sf lun. 10h-17h. ☏ 92/313 632.

Göcseji Múzeum – Avr.-oct. : tlj sf lun. 10h-18h ; nov.-mars : tlj sf w.-end 10h-17h. Fermé 1er janv., 25-26 déc. 170Ft. ☏ 92/314 537. Site Internet http://alpha.dfmk.hu/~muzeum

ZIRC

Reguly Antal Múzeum – Mai-août : mar.-sam. 9h-12h, 13h-17h, dim. 10h-12h, 14h-16h ; sept.-avr. : mar.-sam. 9h-12h, 13h-16h. Fermé j. fériés. 100Ft. ☏ 88/415 422.

Index

Pécs . . . . Villes, curiosités et régions touristiques.
Baranya . . . . Département.
Kossuth (Lajos) . . . . Noms historiques et termes faisant l'objet d'une explication.

Les curiosités isolées (châteaux, abbayes, barrages, cols, cascades...) sont répertoriées à leur nom propre.

A

B

C

D

E

F

G

H

I

J

K

L

M

N

O

P

R

S

T

V

W

Y

Z

Notes